금융감독법

금융감독법

초판1쇄 인쇄 2025년 5월 29일
초판1쇄 발행 2025년 6월 5일

저 자 고동원
발행인 노현철
발행처 도서출판 해남

출판등록 1995. 5. 10 제 1-1885호
주 소 서울특별시 마포구 마포대로8길 9 영명빌딩 405호
전 화 739-4822
팩 스 720-4823
이 메 일 haenamin30@naver.com
홈페이지 www.hpub.co.kr

ISBN 978-89-6238-202-0 93360

Financial Supervision Law

금융감독법

고동원 지음

「금융위원회의 설치 등에 관한 법률」, 「한국은행법」 및
「예금자보호법」에 대한 철저 분석

도서출판 해남

머리말

우리나라 금융감독기관은 금융위원회와 금융감독원이지만, 한국은행과 예금보험공사도 일부 금융감독 업무를 수행한다. 통화신용정책을 수행하는 한국은행은 금융감독원과 공동검사 등 일부 금융감독권을 갖고 있으며, 예금보험제도를 운영하고 부실금융기관을 정리하는 업무를 수행하는 예금보험공사도 금융감독원과 공동검사 및 조사권 등의 일부 금융감독권을 갖고 있다. 그래서 이 책은 관련 법률인 「금융위원회의 설치 등에 관한 법률」, 「한국은행법」 및 「예금자보호법」에 대한 분석을 주로 다루고 있는데, 그동안 발표했던 관련 논문들을 수정·보완하고 일부 내용을 추가하여 가다듬은 것이다.

제1장은 금융감독의 의의와 수단 및 금융감독기관의 유형 등 금융감독에 대한 개관을 하고 있다. 이 책의 중요한 부분인 제2장은 「금융위원회의 설치 등에 관한 법률」을 중심으로 해서 금융감독기구 체제의 현황과 문제점을 살펴보면서 바람직한 개편 과제를 다루고 있다. 올바른 금융감독기구 체제를 구축하는 것은 금융산업의 발전에 아주 중요하고 필요한 일이다. 금융기관 건전성 감독과 금융소비자 보호를 주된 임무로 하는 금융감독기관이 그 역할을 제대로 하지 못하면 금융산업과 금융시장은 제대로 발전할 수 없다. 그동안 여러 차례 금융감독 실패 사례가 발생하면서 금융위원회와 금융감독원으로 수직적으로 나뉘어 있는 이원적 금융감독기구 체제에 대한 개편 필요성이 꾸준히 제기되어 왔다. 그 논의의 핵심은 금융감독

기관의 독립성을 확보하는 것이다. 금융위원회가 금융산업정책뿐만 아니라 금융감독정책 기능까지 수행하고 있는 현행 체제는 금융감독기관의 독립성 확보라는 면에서 보면 문제가 많다. 정치권이나 정부의 영향을 받지 않고 독립적으로 금융감독을 수행하기 위해서는 정부가 아닌 공적 민간기구가 금융감독 기능을 수행하는 것이 맞다. 올바른 금융감독기구 체제 개편이 있어야 하는 이유이다. 제3장은 대표적인 금융감독 수단인 금융기관에 대한 검사 및 제재에 관한 사항을 다루고 있다. 금융기관 및 그 임직원에 대한 제재는 제재 대상자에게 불이익을 주는 조치라는 점에서 제재 절차의 공정성과 투명성을 확보할 필요가 있다. 제재 조치를 내리는 금융감독기관이 제정한 감독규정(規程)에 제재 절차가 규정되어 있는 것은 제재 대상자의 권익을 보호한다는 면에서 볼 때 문제가 있다. 제재 절차에 관한 사항을 법률에 규정하여 통제할 필요가 있다. 제4장은 통화신용정책을 수행하는 한국은행의 조직과 기능 및 금융감독 업무에 대하여 「한국은행법」을 중심으로 하여 살펴보고 있다. 제5장은 예금보험제도를 운영하는 예금보험공사의 조직과 기능 및 금융감독 업무에 대하여 「예금자보호법」의 내용을 분석하고 있다.

이 책이 금융감독 관련 업무에 종사하고 있는 실무자들, 정책 담당자들과 연구자들에게도 많은 도움이 되면 좋겠다. 특히 바람직한 금융감독기구 체제 개편 방안을 도출하는 데 길잡이 역할을 할 수 있다면 더할 나위 없이 좋을 것 같다. 이 책이 나올 수 있도록 도와주신 모든 분들께 감사드린다. 특히 바람직한 금융감독기구 체제 개편을 위해서 그동안 많은 고민을 함께 나누어 왔던 윤석헌 교수님(전 금융감독원장), 전성인 교수님, 김상조 교수님, 원승연 교수님, 빈기범 교수님께도 감사의 말씀을 드린다. 그리고 금융감독 체계 개편에 열정을 갖고 항상 격려를 해 주시는 최흥식 박사님(전 금융감독원장)에게도 감사드린다. 또한 언제나 든든한 후원자 역할을 하는 사랑하는 아내 송현주와 두 아들 건호, 대호 및 큰며느리 최정원에게도 고마운 마음을 전한다. 끝으로 출판 시장이 어려운데도 불구하고 기꺼이 출판을 맡아준 도서출판 해남의 노현철 대표님께 감사의 말씀을 드리며, 편집 일을 맡아 수고해 주신 김태임 실장님에게도 감사드린다.

2025년 5월

고동원 씀

차례

머리말 _ 4
차례 _ 7

제1장 총론

제1절 총설 _ 15
제2절 금융감독 개관 _ 17
Ⅰ. 금융감독의 의의 _ 17
Ⅱ. 금융감독의 목적 _ 18
Ⅲ. 금융감독의 방법 _ 19
제3절 금융감독기관의 유형 _ 22
Ⅰ. 서설 _ 22
Ⅱ. 기관별 체제 _ 24
Ⅲ. 단일통합형 체제 _ 27
Ⅳ. 쌍봉형 체제 _ 29
참고문헌 _ 36

제2장 금융감독기구

제1절 총설 _ 41
제2절 금융감독기관의 조직 및 기능 _ 43
Ⅰ. 서설 _ 43
Ⅱ. 금융위원회 _ 44
Ⅲ. 증권선물위원회 _ 57
Ⅳ. 금융감독원 _ 64
Ⅴ. 금융감독 관련 기관 사이의 관계 _ 70

제3절 금융감독기구 체제의 개편 과제 _ 78
Ⅰ. 서설 _ 78
Ⅱ. 금융감독기구 체제의 문제점 _ 79
Ⅲ. 개편 방향 _ 106
제4절 결론 _ 137
참고문헌 _ 141

제3장 금융기관 검사 및 제재

제1절 총설 _ 149
제2절 금융기관 검사 _ 150
Ⅰ. 서설 _ 150
Ⅱ. 검사 개관 _ 151
Ⅲ. 검사 방법 _ 154
Ⅳ. 검사 절차 _ 156
제3절 금융기관 및 임직원 제재 _ 158
Ⅰ. 서설 _ 158
Ⅱ. 제재 사유 및 종류 _ 161
Ⅲ. 제재 절차 _ 185
제4절 주요국 입법례 _ 196
Ⅰ. 미국 _ 196
Ⅱ. 영국 _ 216
제5절 제재 제도의 개선 과제 _ 231
Ⅰ. 서설 _ 231
Ⅱ. 개선 방안 _ 233
참고문헌 _ 246

제4장 중앙은행과 금융감독

제1절 총설 _ 251

제2절 중앙은행의 목적과 독립성 _ 252

I. 한국은행의 설립 목적 _ 252

II. 중앙은행의 독립성 _ 258

III. 통화신용정책 수행 관련 기본원칙 _ 264

제3절 중앙은행의 조직 _ 270

I. 한국은행의 법적 지위 _270

II. 금융통화위원회 _ 272

III. 집행기관 및 감사 _ 279

IV. 한국은행의 회계 _ 284

제4절 중앙은행의 기능 _ 285

I. 서설 _ 285

II. 「한국은행법」에 따른 금융기관의 범위 _ 286

III. 한국은행의 업무 _ 298

IV. 정부와 국회 등과 관계 _ 330

제5절 중앙은행의 금융감독 _ 332

I. 서설 _ 332

II. 금융기관에 대한 자료 제출 요구권 _ 333

III. 금융감독원에 대한 금융기관 검사 요구권 등 _ 337

IV. 금융기관 및 영리기업에 대한 조사·확인권 _ 341

V. 금융통화위원회의 금융위원회 금융감독 관련 조치에 대한 재의 요구권 _ 343

VI. 금융안전망기구와 정보 공유 _ 344

참고문헌 _ 348

제5장
예금보험기구와 금융감독

제1절 총설 _353

Ⅰ. 서설 _353

Ⅱ. 적용 대상 금융기관의 범위 _354

Ⅲ. 예금보험 대상이 되는 '예금 등'의 범위 _355

Ⅳ. 부실금융기관 및 부실우려금융기관의 정의 _359

제2절 예금보험기구의 조직 _360

Ⅰ. 예금보험위원회 _361

Ⅱ. 예금보험공사 _363

제3절 예금보험기구의 기능 _368

Ⅰ. 서설 _368

Ⅱ. 예금보험기금 및 예금보험기금채권상환기금의 설치 및 운영 업무 _369

Ⅲ. 예금보험 제도의 운영 업무 _377

Ⅳ. 부실관련자에 대한 책임 추궁 업무 _386

Ⅴ. 부실금융기관의 정리 업무 _390

Ⅵ. 착오송금 반환 지원 업무 _401

제4절 예금보험기구의 금융감독 _404

Ⅰ. 서설 _404

Ⅱ. 부보금융기관 등에 대한 자료 제출 요구권 _406

Ⅲ. 부보금융기관 등에 대한 조사권 _407

Ⅳ. 금융감독기관에 대한 부보금융기관 검사 요구권 등 _412

Ⅴ. 금융감독기관에 대한 부보금융기관 자료 제공 요청권 _416

Ⅵ. 부실금융기관 등의 부실관련자 등에 대한 조사권 _420

참고문헌 _422

〈부록〉 금융감독 관련 기고문 _ 425
찾아보기 _ 469

01

총론

제1절 총설
제2절 금융감독 개관
제3절 금융감독기관의 유형

법령 약어

「가상자산 이용자 보호 등에 관한 법률」 → 가상자산법
「금융산업의 구조개선에 관한 법률」 → 구조개선법
「금융소비자 보호에 관한 법률」 → 금융소비자법
「금융실명거래 및 비밀보장에 관한 법률」 → 금융실명법
「금융위원회의 설치 등에 관한 법률」 → 금융감독기구법
「금융회사의 지배구조에 관한 법률」 → 지배구조법
「자본시장과 금융투자업에 관한 법률」 → 자본시장법

제1절 총설

금융산업은 한 나라의 경제에서 중요한 위치를 차지한다. 가계나 기업 등에 자금 공급 역할을 하는 금융산업이 제대로 구축되지 않으면 튼튼한 경제를 유지하기가 어렵다. 그만큼 금융산업이 중요하다는 의미이다. 자금수요자와 자금공급자의 중개 역할을 하는 금융기관들이 파산하면 금융기관 자체에 머무르지 않고 전체 금융시장에 영향을 미치고, 더 나아가 국가 경제 전체에도 영향을 준다. 그만큼 금융산업은 다른 산업과 달리 특수성을 갖고 있다는 점에서 달리 취급할 필요가 있다. 금융기관이 파산하지 않도록 금융기관의 업무와 재무 상황에 대한 감시와 감독이 있어야 하는 이유이기도 하다. 또한 금융기관은 금융상품을 금융소비자에게 판매하는 업무를 영위한다는 점에서 정보비대칭성이 존재하는 금융시장에서 금융소비자를 보호해야 할 필요도 있다. 이처럼 특수성이 있는 금융산업에서 금융기관이 관련 법령과 규정 등을 잘 준수하고 있는지를 감시하고 감독하는 일이 필요하다. 그러한 역할을 하는 것이 바로 금융감독기관이다. 금융감독기관이 금융기관을 잘 감독해서 건전한 금융산업을 만들고 안정된 금융시장을 구축하면서 금융소비자를 잘 보호할 수 있어야 금융산업이 제대로 성장할 수 있고 경제 발전도 이룩할 수 있다. 금융감독이 필요한 이유이고, 금융감독기관의 역할이 중요한 이유이기도 하다.

이 책에서는 금융감독과 관련된 법률 및 관련 규정의 내용을 분석하고 있는데, 주로 **금융감독기구법**, 「**한국은행법**」, 「**예금자보호법**」을 분석 대상으로 하고 있다. 제2장에서는 금융감독법의 영역에서 중요한 금융감독기구 체제에 대하여 분석하고 있다. 특히 효율적이고 국제적인 기준에 맞는 금융감독기구 체제를 구축할 필요가 있다는 점에서 현행 금융감독기구 체제의 문제점을 지적하면서 바람직한 개편 방향을 제시하고 있다. 제3장에서는 금융기관 검사 및 제재에 관한 내용을 살펴보고 있다. 검사와 제재 처분이 침익적(侵益的) 행정행위라는 점에서 제재 대상자의 권익을 보호할 수 있는 제도 개선 방안을 제시하고 있다. 한편 중앙은행인 한국은행도 통화신용정책 수행을 위해서 필요한 경우에는 일정 부분 금융감독 기능을 수행할 필요가 있다. 한국은행은 은행 등 금융기관에 대한 직접적인 검사 및 감독 권한은 없지만 제한적으로 금융감독 업무를 수행하고 있다. 그래서 제4장에서는 「한국은행법」을 중심으로 해서 한국은행의 조직 및 기능과 금융감독 업무 내용을 살펴본다. 또한 예금보험제도를 운영하고 부실금융기관 정리 업무를 담당하는 예금보험공사도 그 역할을 충실히 수행하기 위해서 일정 부분 제한적으로 금융감독 업무를 담당하므로 제5장에서는 「예금자보호법」을 중심으로 해서 예금보험공사의 조직 및 기능과 금융감독 업무에 대하여 살펴본다.

제2절 금융감독 개관

I. 금융감독의 의의

'**금융감독**'(financial supervision)이란 금융기관이 법령이나 규정 또는 규칙 등을 제대로 준수하고 있는지 감시하는 행위라고 할 수 있다.[1] 구체적으로 금융감독을 "금융감독 당국이 금융회사의 경영건전성 확보, 금융시장의 신용질서 및 공정거래 관행 확립, 금융소비자의 보호 등을 도모하고자 금융회사와 금융시장에 대해 인·허가, 건전성에 관한 규제, 경영개선 조치, 검사 및 제재 등의 기능을 수행하는 제반 활동"이라고 정의하기도 하고,[2] "규정의 준수 여부의 확인과 집행"이라고 하기도 한다.[3] 유사한 개념으로 '**금융규제**'(financial regulation)가 있는데, 금융감독과 혼용되어서 쓰이기도 한다. 그러나 엄밀하게 말하면 금융규제는 사전적(事前的)으로 "어떤 행위에 대하여 규칙이나 규정을 설정하는 것"(establishment of specific rules of behaviour)[4]을 말하는 것이고, 금융감독은 규정이나 규칙 등의 준수 여

1 감시(monitoring)와 감독(supervision)을 구분하여 감시는 규칙이 준수되고 있는지 관찰하는 것이고, 감독은 금융기관의 행위에 대한 보다 일반적인 관찰을 하는 것이라고 하는 설명도 있다. Llewellyn(1999), p. 6("a distinction needs to be made between regulation (the establishment of specific rules of behaviour), monitoring (observing whether the rules are obeyed), and supervision (the more general observation of the behaviour of financial firms.").

2 금융감독원(2024), 4면.

3 정순섭(2024), 715면.

4 Llewellyn(1999), p. 6.

부를 사후적(事後的)으로 감시하는 의미라는 점에서 구분될 수 있다.[5]

II. 금융감독의 목적

왜 금융감독을 해야 하는가? 이는 금융산업의 특수성과 관계가 있다. 다른 일반 기업과 달리 금융기관의 파산은 국가 경제에 악영향을 미칠 수 있다. 우리는 1997년 외환위기를 통해서 금융산업의 건전성을 유지하는 것이 얼마나 중요한가를 경험한 바 있다. 바로 금융감독도 건전한 금융산업을 유지해서 경제 안정에 이바지하기 위한 것이라고 할 수 있다.

구체적으로 보면, 금융감독의 목적은 크게 세 가지로 나눌 수 있다.[6] 첫째는 금융기관의 건전성(soundness of financial institutions)을 유지하는 것이다.[7] 이는 개별 금융기관에 대한 **건전성 감독**(prudential supervision)으로 실현된다. 즉, 자기자본비율 규제 감독 등 자본적정성 감독과 유동성비율 규제 감독 등을 통해 금융기관의 건전성을 유지하도록 함으로써 금융기관이 파산하지 않도록 감독한다. 둘째는 금융시장 질서를 유지(orderly markets)하고 **금융소비자를 보호**(protection of financial consumers)하는 것이다.[8] 이는 자본시장에서 시세조종행위 등 불공정거래행위를 감독하거나 금융기관의 **영업행위 감독**(business conduct supervision)을 통해서 실현된다. 셋째는 **금융안정**(financial stability or systemic stability)을 유지하는 것이다.[9] 개별 금융기관의 파산 사태가 전체 금융체제의 불안정으로 연결되지 않도록 하는 것으로서 **거시건전성**

5 같은 설명은 금융감독원(2024), 4면.
6 Schoenmaker & Kremers(2015), pp. 30~31; Llewellyn(1999), p. 9.
7 Schoenmaker & Kremers(2015), pp. 30~31; Llewellyn(1999), p. 9.
8 Schoenmaker & Kremers(2015), pp. 30~31; Llewellyn(1999), p. 9.
9 Schoenmaker & Kremers(2015), pp. 30~31; Llewellyn(1999), p. 9.

감독(macro-prudential supervision)을 통해 실현된다.

금융감독기구법도 제1조 목적 조항에서 "금융산업의 선진화와 금융시장의 안정을 도모하고 건전한 신용질서와 공정한 금융거래 관행을 확립하며 예금자 및 투자자 등 금융수요자를 보호"하기 위한 목적으로 금융감독기관을 설립한다고 하고 있는데, 바로 금융감독의 목적이 반영된 것이라고 할 수 있다.

III. 금융감독의 방법

1. 서설

금융감독기관이 금융감독 업무를 수행하기 위해서 다양한 방법 내지 수단이 이용된다. 금융감독기관은 법령의 위임을 받아 감독 규정이나 규칙을 제정하거나 개정하기도 하고, 금융업 진출을 위한 진입 단계에서는 인가, 허가, 등록 심사 등의 권한으로 금융감독을 수행한다. 승인 또는 신고나 보고 제도를 통해서도 금융감독을 수행하며, 행정지도를 통해서도 금융감독을 수행하기도 한다. 사후적인 감독 수단으로서 검사 및 제재 권한도 행사한다.

2. 감독규정의 제·개정

금융감독기관은 법령의 위임을 받아 감독규정을 제정하거나 개정함으로써 금융감독 업무를 수행한다. 금융감독기구법에 의하면 금융위원회가 감독규정(은행업감독규정, 금융투자업규정, 보험업감독규정 등) 제·개정 권한이 있고(제17조 제7호), 금융감독원은 감독규정의 위임을 받아 시행세칙(은행업감독업무시행세칙, 금융투자업규정시행세칙, 보험업감독업무시행세칙 등)을 제·개정하는 권한이 있다(제34조 제1항). 앞서 본 것처럼, 감독규정의 제정이나 개정은 금융규제로 분류할 수도 있지만, 넓은 의미에서는 금융감독으로 포섭할 수도 있다.

3. 인가·허가·등록·승인

금융업에 진출할 때 진입규제로서 금융감독기관은 인가, 허가, 등록 심사 등의 권한 행사를 통해 금융감독을 수행한다. 예를 들어, 은행업, 투자매매업, 투자중개업, 신탁업, 집합투자업은 인가 사항이고(「은행법」 제8조, 자본시장법 제12조), 투자자문업이나 투자일임업은 등록 사항이고(자본시장법 제18조), 보험업 영위는 허가가 필요하다(「보험업법」 제4조). 금융기관의 합병이나 해산 등에 대해서 인가 사항인 경우가 있다(「은행법」 제55조, 구조개선법 제4조). 또한 금융기관이 특정 행위를 하고자 할 때는 금융감독기관의 승인을 얻어야 하는 경우도 있는데, 승인이라 함은 "감독 주체가 감독 객체의 특정한 행위에 대하여 부여하는 일종의 동의 또는 승인"을 말한다.[10] 예를 들어, 은행의 주식을 일정한 한도를 초과해서 보유하고자 하는 경우에는 금융감독기관의 승인을 얻어야 한다(「은행법」 제15조 제3항).

4. 명령·지시

금융감독기관은 필요한 명령이나 지시 등을 통해서도 금융감독을 수

10 한국은행 은행감독원(1993), 49면.

행한다. 금융감독기구법은 금융위원회가 명령이나 지시를 할 수 있음을 규정하고 있고(제41조 제1항 제1호), 「은행법」도 이와 같은 규정을 두고 있다(제44조). 구조개선법에 따른 적기시정조치의 하나로서 경영개선명령(제10조 제1항)도 금융감독기관의 명령에 해당한다.

5. 신고·보고

금융기관이 업무 관련 일정한 행위를 하거나 한 경우에는 금융감독기관에게 사전에 신고를 하거나 사후에 보고를 하도록 하는 경우도 있다. 예를 들어, 은행의 경우 약관의 제정이나 변경 사항은 사전 신고 또는 사후 보고 사항이다(「은행법」 제52조 제1항). 이러한 신고나 보고 행위를 통해서 금융감독기관은 금융감독을 수행한다.

6. 행정지도

금융감독기관은 구속력이 없는 행정지도를 통해서도 금융감독을 수행하기도 한다. 행정지도란 "행정 주체가 일정한 행정 목적을 실현하기 위하여 조언, 권고 등의 방법으로 상대방을 유도하는 비권력적 사실행위"를 말한다.[11] 「행정절차법」은 '행정지도'를 "행정기관이 그 소관 사무의 범위에서 일정한 행정 목적을 실현하기 위하여 특정인에게 일정한 행위를 하거나 하지 아니하도록 지도, 권고, 조언 등을 하는 행정작용"이라고 하고 있다(제2조 제3호). 금융감독기관이 내리는 지침(guideline)이나 모범규준(best practice)이 행정지도에 해당한다. 사실 행정지도는 비권력적 행위이지만 사실상의

11 김남철(2020), 363면.

구속력이 있는 경우도 많다는 점에서 금융감독기관이 이를 선호할 여지도 있어 이에 대한 통제가 필요하다. 그래서 금융 분야에서는 금융행정지도의 통제를 위해서 국무총리 훈령으로 제정된 「금융규제 운영규정」이 있고, 금융행정지도의 원칙과 방식 등에 대하여 규정하고 있다(제7조 내지 제14조).

7. 검사 및 제재

금융감독기관은 사후적 감독 방법으로서 금융기관에 대한 검사를 통해서 감독을 수행하기도 한다. 즉, 금융기관이 관련 법령이나 규정 등을 잘 준수하고 있는지 금융기관의 업무와 재산 상황을 확인하고 점검하는 행위이다. 또한 금융기관이 관련 법령이나 규정 등을 준수하지 않았을 때는 집행력 확보를 위해 제재 조치를 취하기도 한다. 검사와 제재에 관한 자세한 사항은 제3장에서 다룬다.

제3절 금융감독기관의 유형

I. 서설

일반적으로 금융감독기구 체제는 **'기관별 체제'**(institutional regulator), **'기능별 체제'**(functional regulator), **'단일통합형 체제'**(integrated regulator), **쌍봉형**(twin-peaks) **체제**로 나눌 수 있다.[12] 기관별 체제는 은행, 증권회사, 보험회

사 등 각 금융기관을 대상으로 하는 별도의 금융감독기관을 두는 체제를 말한다. 따라서 은행이 증권 업무를 영위하더라도 그러한 증권 업무에 대해서는 은행감독기관이 감독을 한다. 우리나라가 1997년 말 외환위기 발생 이전에 운영했던 형태이다. 중국, 홍콩, 멕시코 등의 국가가 이 체제를 운영하고 있다.[13] 기능별 체제는 해당 특정 전문 금융감독기관이 금융기관의 유형에 상관없이 특정 업무를 영위하는 금융기관을 감독하는 체제를 말하는데,[14] 통상은 기관별 체제하에서 기능별 체제가 보완적으로 적용되는 경우가 많다.[15] 예를 들어, 증권감독기관은 증권회사이든 은행이든 상관없이 증권 업무를 영위하는 모든 금융기관을 감독한다. 미국, 이탈리아, 브라질, 스페인 등의 국가가 이 체제를 운영하고 있다.[16] 기능형 체제는 기관별 체제를 유지하면서 채택되는 유형이므로 넓은 의미에서는 기관별 체제로 분류할 수 있다. 따라서 아래 논의에서는 기능별 체제를 포함하는 기관별 체제에 관하여 살펴본다. 단일통합형 체제는 하나의 금융감독기관이 모든 금융기관을 감독하는 체제이다. 우리나라가 1997년 말 외환위기 이후 취하고 있는 유형이다. 독일, 일본, 스위스, 싱가포르, 스웨덴, 카타르(Qatar) 등의 국가가 이 체제를 운영하고 있다.[17] 쌍봉형 체제는 건전성감독기관과 영업행위감독기관을 별도로 두는 체제를 말하며, '규제 목적(objective)별 체제'라고도 한다.[18] 영국, 호주, 뉴질랜드, 네덜란드, 캐나다, 벨기에가 이

12 Schooner & Taylor(2010), pp. 260~268. 금융감독기구 유형에 대한 자세한 설명은 김홍범(2009), 60면 참조. 또한 Group of Thirty(2008)도 금융감독기구 유형에 따른 각국의 사례를 분석하면서 자세한 설명을 하고 있다.

13 Group of Thirty(2008), pp. 57~82.

14 Schooner & Taylor(2010), p. 262.

15 Schooner & Taylor(2010), p. 260.

16 Group of Thirty(2008), pp. 85~122.

17 Group of Thirty(2008), pp. 137~184.

18 Schooner & Taylor(2010), p. 267.

체제를 운영하고 있다.[19]

II. 기관별 체제

1. 서설

기관별 체제는 은행, 증권회사, 보험회사 등 금융기관별로 감독기관을 두게 됨으로써 각 해당 분야의 전문성을 갖출 수 있다는 점에서 장점이 있다. 그러나 복합금융상품(예를 들어, 은행상품과 증권상품의 성격을 다 갖는 금융상품)의 출현 등에 따라 각 감독기관이 관할권 다툼을 하거나 규제의 사각지대가 발생할 수 있는 문제도 있다. 또한 은행이 증권 업무를 영위하는 경우에 은행감독기관이 감독을 해야 하는지, 아니면 증권감독기관이 감독을 해야 하는지에 관한 관할권 문제도 발생한다. 그래서 이를 보완하기 위해 기능형 체제를 채택하는 국가도 있으며, 더 나아가서 단일통합형 체제로 전환하는 국가도 있다.

2. 주요국 사례

1) 미국

미국은 전형적인 기관별 체제(구체적으로는 기능별 체제)를 유지하는 국가이다. 은행, 증권, 보험별로 별도의 금융감독기구를 두고 있으며, 은행의 경우에도 여러 금융감독기구가 있다. 우선 은행감독기관을 살펴보면,

19 Group of Thirty(2008), pp. 197~204.

연방은행감독기관과 주(州) 은행감독기관이 있다. 연방은행감독기관은 **통화감독청**(Office of the Comptroller of the Currency: OCC), **연방준비제도이사회**(Board of Governors of the Federal Reserve System: FRB) 및 **연방예금보험공사**(Federal Deposit Insurance Corporation: FDIC)가 있다. 「1876년 연방은행법」(National Bank Act of 1876)에 의거하여 설립된 통화감독청은 재무부 산하의 독립된 기관으로서 연방인가은행(national banks)의 주(主) 감독기관(primary regulator)이다.[20] 「1913년 연방준비은행법」(Federal Reserve Act of 1913)에 의거하여 설립된 FRB는 금융(은행)지주회사의 감독기관이면서 '연방준비제도가입주인가은행'(state member banks)의 주 감독기관이다.[21] 「1934년 연방예금보험법」(Federal Reserve Insurance Act of 1934)에 의거하여 설립된 FDIC는 '연방준비제도비가입·연방예금보험가입주인가은행'(state non-member insured banks)의 주 감독기관이다. 이외에도 주별로 은행감독기관을 두고 있는데, '연방준비제도비가입·연방예금보험비가입주인가은행'(state non-member non -insured banks)의 주 감독기관으로서 역할을 수행한다.[22]

증권회사 및 증권거래 감독은 연방 차원에서 「1934년 증권거래법」(Securities Exchange Act of 1934)에 의거하여 설립된 **연방증권거래위원회**(Securities and Exchange Commission: SEC)가 담당하며, 이외에도 주별로 두고 있는 증권감독기관도 각 주 증권법(blue sky laws)에 의거하여 증권거래 감독을 담당한다.[23] 보험회사에 대해서는 연방 차원의 감독기관은 없으며, 주별로 보험감독기관(Department of Insurance)이 감독을 한다.[24] 그리고 신용협동조합(credit union) 감독에 대해서는 연방 차원에서 「1934년 연방신용협동

20 Malloy(2003), pp. 27~29.
21 Malloy(2003), pp. 30~33.
22 Malloy(2003), pp. 34~35.
23 Carnell *et al.*(2013), pp. 600~602.
24 Lovett & Malloy(2014), p. 386.

조합법」(Federal Credit Union Act of 1934)에 의거하여 설립된 **전국신용협동조합 감독청**(National Credit Union Administration: NCUA)이 연방신용협동조합(federal credit unions)과 '예금보험가입주인가신용협동조합'(federally insured state credit unions)에 대한 감독권을 행사하며, 주별로 감독기관이 '예금보험미가입주인가신용협동조합'(federally non-insured state credit unions)에 대한 감독권을 행사한다.[25]

미국도 이렇게 여러 금융감독기관으로 나누어져 있는 감독기구 체제를 개편하려고 시도했으나 성공하지 못했다. 1994년 클린턴(Clinton) 행정부는 연방은행감독기관을 하나로 통합하는 방안을 추진했던 적이 있으며,[26] 2008년 3월 재무부는 '목적중심규제 체계'(objectives-based regulatory structure)에 기반하여 시장안정감독기관(market stability regulator), 건전성감독기관(prudential financial regulator) 및 영업행위감독기관(business conduct regulator)을 두는 체제를 제시한 보고서를 발표했으나[27] 현실화되지 못한 바 있다. 그만큼 미국도 감독기구 체제에 문제점이 있다는 것을 인지하고 있다고 할 수 있다.

2) 중국

중국은 기관별 체제를 유지하고 있지만 단일통합형으로 가는 추세이다. 중국은 1992년 개혁 개방 이전까지 중앙은행인 중국인민은행이 은행, 증권회사, 보험회사 등 모든 금융기관에 대한 감독 기능을 수행하고 있었는데, 1992년 이후 감독 기능을 분리하여 각각 1998년 4월 **증권감독관리 위원회**(China Securities Regulatory Commission: CSRC), 1998년 11월 보험감독관

25 Carnell *et al.*(2013), p. 62.
26 Carnell *et al.*(2013), p. 64.
27 US Department of the Treasury(2008), pp. 137~138.

리위원회(China Insurance Regulatory Commission: CIRC), 2003년 4월 은행감독관리위원회(China Banking Regulatory Commission: CBRC)를 국무원 산하 기관으로 설립해서 기관별 감독기구 체계를 갖추었다.[28] 그러다가 2018년 4월 은행감독관리위원회와 보험감독관리위원회가 합쳐져서 은행보험감독관리위원회(China Banking Insurance Regulatory Commission: CIBRC)로 출범하고, 이후 다시 2023년 5월 18일 이를 확대 개편한 **국가금융관리총국**(National Administration of Financial Regulation: NAFR)이 출범했는데, 국가금융관리총국은 종전 은행보험감독관리위원회가 수행하던 은행과 보험 감독 기능을 이관받고, 증권감독관리위원회가 수행하던 투자자 보호 기능을 넘겨받았으며, 중국인민은행이 수행하던 금융지주회사에 대한 감독 기능도 이관받았다.[29] 그래서 중국은 국가금융관리총국과 증권감독관리위원회의 이원화 체제로 되어 있다.

III. 단일통합형 체제

1. 서설

단일통합형 체제는 기관별 체제의 문제점에 대응하기 위해서 나타난 금융감독기구 체제 유형이다. 은행이 증권 업무를 영위하고 증권회사도 은행상품과 유사한 상품을 취급하는 등 금융의 복합화 현상이 나타나면서 이에 효율적으로 대처하기 위해 출현한 금융감독기구 체제이다. 우리나라도

28 금융감독원(2014), 130~135면.
29 Clifford Chance(2023), pp. 1, 3.

기관별 금융감독기구 체제를 유지하다가 1997년 외환위기를 거치면서 단일통합형으로 전환하였다. 그러나 단일통합형은 한편으로는 권한의 집중에 의한 감독의 비효율성이 나타나고, 하나의 감독기관이 모든 금융기관을 감독하므로 전문성 부재의 문제점이 지적되기도 한다. 이를 보완하기 위해 새롭게 등장한 유형이 쌍봉형 체제이다.

2. 주요국 사례

1) 독일

독일의 금융감독기관은 단일통합형으로서 **'연방금융감독원'**(Bundesanstalt für Finanzdiensleistungsaufsicht: BaFin)(Federal Financial Supervisory Authority)이다. 재무부 산하 기관인 연방금융감독원은 「연방금융감독원설치법」(Gesetz über die Bundesanstalt für Finanzdienstleistungsaufsicht: FinDAG)(Act Establishing the Federal Financial Supervisory Authority) 제1조에 의거하여 2002년 5월 1일 종전의 은행감독원, 증권감독원, 보험감독원을 통합하여 설립된 금융감독기관이다. 연방금융감독원은 은행, 보험회사, 자산운용회사 등 전체 금융기관에 대하여 감독 및 검사하는 권한을 갖고 있다(FinDAG, Section 1(1)). 다만 은행감독과 관련해서는 중앙은행인 **'독일연방은행'**(Deutsche Bundesbank)도 감독 권한을 갖고 있다.[30] 이에 따라 연방금융감독원이 관련 규정(rules)을 제정 또는 개정하려고 하는 경우에는 독일연방은행과 협의해야 하며, 은행에 대한 상시감시 업무도 독일연방은행이 주로 담당한다.[31] 이런 점에서 연방금융감독원이 진정한 의미의 단일 금융감독기관이 아니라는 평가도 있다.[32]

30 Pan(2011), p. 850.
31 Pan(2011), p. 850.
32 Pan(2011), p. 851.

2) 일본

일본의 금융감독기관은 단일통합형으로서 **'금융청'**(金融廳, Financial Services Agency)이다. 「금융청설치법」에 의거하여 2000년 7월 설립된 금융청은 1998년 6월 설립된 금융감독청(Financial Supervisory Agency)[과거 대장성(大藏省, Ministry of Finance)에서 분리된 기구로서 금융감독·검사 업무를 담당하였다]이 확대 개편되면서 금융산업정책 기능까지 담당하게 되었으며, 내각부(內閣府, Cabinet Office) 산하 정부기관이다.[33] 1998년 6월 전에는 대장성이 금융산업정책뿐만 아니라 금융감독 사무도 담당했었는데, 업무 수행에 있어서 정치적 영향으로부터 자유롭지 못하여 금융감독 업무를 제대로 수행하지 못했다는 비판이 제기되면서 대장성으로부터 금융감독 기능을 분리하였고, 2000년 7월에는 대장성이 수행하던 금융산업정책 업무도 이관받은 것이다.[34] 그리고 재무성 산하의 각 지방 재무국이 금융청 장관의 위임을 받아 지방 금융기관에 대한 감독 및 검사 업무를 담당한다.[35]

IV. 쌍봉형 체제

1. 서설

쌍봉형 체제는 1995년 영국의 마이클 테일러(Michael Taylor) 박사가 최초로 주장한 개념이다.[36] 이 체제는 1998년 호주에서 최초로 채택되었다. 쌍

33 〈http://www.fsa.go.jp/common/about/suii/index.html〉 및 영문 소개서(booklet)〈http://www.fsa.go.jp/en/about/pamphlet.pdf〉.

34 Pan(2011), p. 853; 변천 과정은 금융감독원(2014), 17면.

35 금융감독원(2014), 16면.

36 Taylor(1995). 쌍봉형 금융감독기구 체제에 대한 자세한 논의는 고동원(2013) 참조.

봉형 체제에 대한 주장의 주요 근거는 다음과 같다. 첫째, 건전성 규제와 영업행위 규제는 서로 이해상충 관계에 있으므로 이를 분리 운영할 필요가 있다. 즉, 금융제도의 안정성 보호라는 건전성 규제의 목적과 소비자 보호라는 영업행위 규제 목적이 서로 다르고 추구하는 바가 달라서 하나의 기관이 수행하면 이해상충 문제가 발생할 수 있으므로 별도의 분리된 기관이 수행해야 한다는 것이다.[37] 둘째, 건전성 규제와 영업행위 규제를 하나의 기관이 수행하면 자연스럽게 권력의 집중 현상이 일어나 규제 대상 기관과는 유리된 강력한 관료적인 금융감독기관이 탄생될 우려가 많아 감독의 비효율성이 발생할 수 있다는 것이다.[38] 셋째, 건전성 규제와 영업행위 규제가 하나의 기관에서 이루어지면 아무래도 영업행위 규제가 건전성 규제에 종속되게 되어 영업행위 규제, 즉 금융소비자 보호 업무가 소홀하게 되므로 금융소비자 보호를 잘할 수 없다는 것이다.[39] 그렇기 때문에 두 기관으로 분리하는 경우에 금융소비자 보호 업무를 더 강화할 수 있다는 것이다. 넷째, 건전성 규제기관과 영업행위 규제기관은 분리되어 있어 각자 해당 업무에 전념할 수 있고, 건전성 규제와 영업행위 규제는 서로 다른 감독 기술(skill)이 필요하므로 분리하는 경우 각 해당 분야에 전문화를 도모할 수 있어 감독의 효율성을 높일 수 있다는 것이다.[40] 이러한 주장에 대해서는 반대의 견해도 제기되는데, 두 기관의 분리에 따른 규제의 중복 문제, 규제의 사각지대 발생, 규제 비용의 과다 발생, 두 기관 사이의 업무 협조의 부재 가능성에 따른 감독의 비효율성 등의 문제점이 지적된다.[41]

---

37 Taylor(1995), p. 15; 같은 내용의 설명은 정순섭(2009), 50~51면. 예를 들어, 금융기관의 불법적인 판매행위에 의해서 초래된 고객의 손해를 보상하라는 업무행위 규제 조치는 해당 금융기관의 재무 건전성에 영향을 미칠 수 있다는 것을 말한다(장덕조(2010), 301면).

38 Taylor(1995), p. 15; 같은 설명으로는 정순섭(2009), 51면.

39 Levitin(2010), p. 113(장덕조(2010), 298면에서 재인용).

40 Taylor(2011), pp. 9, 12.

2. 주요국 사례

1) 호주

호주의 쌍봉형 체제는 1998년에 출범하였다. 1990년대 들어 호주의 금융 환경이 급변하면서 변화된 금융산업과 금융시장에 맞는 효율적인 규제 체계와 감독 체계를 만들 필요성이 제기되었고, 이에 따라 호주 정부는 1996년 6월 '금융제도조사위원회'(Financial System Inquiry)를 구성하여[42] 금융규제 체제의 개혁에 관한 논의를 하였다. 이 위원회는 1997년 3월 '금융제도조사보고서'(Financial System Inquiry Final Report, 'Wallis Report'라고 불린다)를 발표하였다.[43] 이 보고서는 호주의 금융감독기구 체제를 쌍봉형 체제로 개편할 것을 권고하였다. 이에 따라 금융기관별로 연방과 주로 나누어져 있던 금융감독기구를 건전성감독기관과 영업행위감독기관으로 통합하였다. 즉, 건전성감독기관으로 **'호주건전성감독원'**(Australian Prudential Regulation Authority: APRA, 이하 "APRA")을 1998년 7월 설립하였고,[44] 영업행위감독기관으로 **'호주증권투자위원회'**(Australian Securities and Investments Commission: ASIC, 이하 "ASIC")[45]를 1998년 설립하였다.[46] APRA의 설립 근거법은 「1998년 호주건전성감독원법」(Australian Prudential Regulation Authority Act 1998)이며, 예금

41 영업행위 규제기관의 별도 설립에 대한 비판론에 대해서는 장덕조(2010), 295~296면.

42 이 위원회의 의장은 스탄 왈리스(Mr. Stan Wallis)이었는데, 이 이름을 따 일명 '왈리스위원회'(Wallis Committee)라고 한다.

43 Australian Treasury(1997).

44 APRA 홈페이지〈http://www.apra.gov.au/AboutAPRA/Pages/Default.aspx〉.

45 ASIC는 1991년 출범한 호주증권위원회(Australian Securities Commission: ASC)가 확대 개편된 기구이며, 호주증권위원회는 종전의 연방기업증권위원회(National Companies and Securities Commission: NCSC)와 각 주의 회사관리국(Corporate Affairs Offices)이 통합하면서 만들어진 기구이다〈http://www.asic.gov.au/asic/asic.nsf/byheadline/How+we+operate?openDocument〉.

46 호주의 쌍봉형 체제에 대한 자세한 설명은 Group of Thirty(2008), pp. 188~196.

수취금융기관인 은행, 신용협동조합(credit union), 건설조합(friendly societies)뿐만 아니라 보험회사와 연금운용회사(superannuation industry)에 대한 건전성 규제 감독을 한다.[47] ASIC의 설립 근거법은 「2001년 호주증권투자위원회법」(Australian Securities and Investments Commission Act 2001)이며, 금융기관의 영업행위 규제 업무, 회사 등록 관련 업무, 증권시장 규제 업무 등을 수행한다.[48]

2) 영국

영국은 2013년 4월부터 쌍봉형 체제로 전환하였다.[49] 통합 금융감독기구인 '금융감독원'(Financial Services Authority: FSA)을 **'건전성감독원'**(Prudential Regulation Authority: PRA)과 **'금융행위감독원'**(Financial Conduct Authority: FCA)으로 분리하였다.[50] PRA는 처음에는 영국중앙은행(Bank of England)의 산하에 별도의 자회사로 두었다가, 현재는 영국중앙은행 내의 기관으로 되었으며,[51] FCA는 영국중앙은행 내가 아닌 외부의 별도 기구로 두고 있다.[52] PRA는 예금수취금융기관(은행, 건설조합(building societies), 신용협동조합(credit union) 등), 보험회사, 규모가 큰 증권회사(investment firms)와 자산운용회사의 건전성 규제 업무를 담당한다.[53] FCA는 모든 금융기관의 영업행위 규제 업무와 증권시장 규제 업무를 수행하며, 규모가 작은 증권회사와 자산운

---

47 APRA 홈페이지〈http://www.apra.gov.au/AboutAPRA/Pages/Default.aspx〉.

48 "ASIC is Australia's corporate, markets and financial services regulator." *ASIC Annual Report 2011-2012*, p. 10(〈http://www.asic.gov.au/asic/ASIC.NSF/byHeadline/Our%20role〉). "[ASIC] is responsible for market conduct relative to financial services and general corporate and business legal standards." Group of Thirty(2008), p. 189.

49 Bailey, Breeden & Stevens(2012), p. 1.

50 Bailey, Breeden & Stevens(2012), p. 1.

51 〈https://www.bankofengland.co.uk/explainers/what-is-the-prudential-regulation-authority-pra〉.

52 Bailey, Breeden & Stevens(2012), p. 1.

53 Bailey, Breeden & Stevens(2012), p. 1.

용회사의 건전성 규제 업무를 담당한다.[54] 영국에서 쌍봉형 체제로 전환을 한 배경을 살펴보면, 2007년 노던럭(Northern Rock)은행의 파산과 2008년 세계적 금융위기로 인하여 금융제도 전반의 위험을 파악할 수 없는 금융감독기구 체제의 문제점이 지적되면서 금융감독기구 체제를 개혁해야 한다는 움직임이 나타났고, 이에 대한 해법으로 노동당은 FSA의 권한을 확대하자는 입장인 반면에 보수당은 영국중앙은행의 권한을 강화하자는 입장으로 나누어졌고, 2010년 5월 총선에서 보수당이 집권하면서 쌍봉형 체제로 개편을 추진하게 되었다.[55] 따라서 영국에서 쌍봉형 체제로 전환한 것은 다분히 정치적인 영향을 받았다고 보는 시각이 있다.[56]

3) 뉴질랜드

뉴질랜드에서 건전성 규제는 **뉴질랜드중앙은행**(Reserve Bank of New Zealand: RBNZ, 이하 "RBNZ"이라 한다)이 담당하고, 영업행위 규제는 **'금융시장감독원'**(Financial Markets Authority: FMA)이 담당한다. 은행에 대한 건전성 규제 업무를 수행하고 있던 RBNZ는 2008년 9월부터 비은행예금수취금융기관(non-bank deposit-takers: NBTDs)에 대한 건전성감독기관이 되었고, 2010년 9월부터는 보험회사에 대한 건전성 감독 업무도 수행하게 되었다.[57] FMA도 1978년 설립된 증권위원회(Securities Commission)가 2011년 경

54 Bailey, Breeden & Stevens(2012), p. 1.

55 HM Treasury(2011), p. 3.

56 김홍기(2011), 178면; 양희산(2012), 73면.

57 Reserve Bank of New Zealand(2011), pp. 21~22. 비은행예금수취금융기관은 소매금융회사(retail-funded finance companies), 건설조합(building societies)과 신용협동조합 등 저축금융기관(savings institution)을 포함한다(Reserve Bank of New Zealand(2011), pp. 21~22). 그 배경을 살펴보면, 2006년 경제개발부(Ministry of Economic Development)가 주도한 『금융상품과 금융업자에 관한 검토보고서』(Review of Financial Products and Providers)는 보험회사와 비은행예금수취금융기관(NBDTs)에 대한 건전성 규제 감독을 RBNZ에 부여하기로 결정하였고, 이에 따라 2007. 11. 1. RBNZ 내에 건전성감독국(Prudential Supervision

제개발부(Ministry of Economic Development)의 증권 발행 심사 기관(Registrar of Companies)과 연금 업무 담당 기관(Government Actuary)을 통합하면서 확대 개편되어 만들어진 영업행위감독기관이다.[58] FMA의 설립 근거법은 「2011년 금융시장감독원법」(Financial Markets Authority Act 2011)이다.[59] FMA는 증권시장 규제 감독 업무, 금융자문업자와 신탁회사 등 시장참가업자(market participants)에 대한 감독 업무를 수행한다.[60] 뉴질랜드는 호주와 달리 중앙은행이 직접 건전성 감독을 한다는 점이 특징적이다.

4) 네덜란드

네덜란드는 2002년 기관별 감독 체제에서 쌍봉형 체제로 전환하였다.[61] 건전성 규제는 **네덜란드중앙은행**(De Netherlandshce Bank: DNB)이 담당하고, 영업행위 규제는 **'금융시장감독원'**(Netherlands Authority for the Financial Markets: AFM)이 담당한다. 중앙은행이 아닌 별도의 건전성규제감독기관을 설치한 호주와 달리 뉴질랜드처럼 중앙은행이 금융기관 건전성 규제를 담당하는 점이 특징적이다. 네덜란드중앙은행은 2004년 10월 연금보험감독원(Pension and Insurance Supervisory Authority of the Netherlands: PVK)을 통합함으로써 은행뿐만 아니라 보험회사와 연금운용회사에 대한 건전성 규제감독 업무를 수행하게 되었다.[62] 금융시장감독원은 2002년 3월 증권위원회(Securities Board of the Netherlands)를 확대 개편하여 설립된 영업행위감독기

Department)이 신설되었다(Fiennes & O'Connor-Close(2012), p. 1).

58 FMA 홈페이지〈http://www.fma.govt.nz/about-us/who-we-are/role-and-purpose/〉.

59 FMA 홈페이지〈http://www.fma.govt.nz/about-us/who-we-are/role-and-purpose/〉.

60 Financial Markets Authority(2012), p. 9; FMA 홈페이지〈http://www.fma.govt.nz/about-us/what-we-do/〉.

61 De Netherlandsche Bank, "History of DNB," p. 2; Oppelaar(2005).

62 DNB 홈페이지〈http://www.dnb.nl/en/about-dnb/organisation/history/index.jsp〉.

관이다.[63] DNB와 AFM 두 기관은 1999년에 설치된 금융감독기관협의회(Council of Financial Supervisors)를 통하여 상호 협력을 모색하고 있다.[64]

63 AFM 홈페이지〈http://www.afm.nl/en/over-afm.aspx〉.
64 De Netherlandsche Bank, "History of DNB," p. 9; Oppelaar(2005).

참고문헌

고동원, 「쌍봉형(Twin Peaks) 금융감독기구 체제 도입 논의의 검토」, 『성균관법학』 제25권 제1호, 성균관대학교 법학연구원, 2013. 3.

금융감독원, 『주요국의 금융감독체계와 금융소비자 보호제도』, 2014. 4.

______, 『금융감독개론』, 2024.

김남철, 『행정법강론』 제6판, 박영사, 2020.

김홍기, 「우리나라의 금융감독 체계의 문제점 및 개선방안」, 『상사법연구』 제31권 제3호, 한국상사법학회, 2012. 11.

김홍범, 「금융감독체계 개편 분석: 미국·영국·EU와 한국」, 『금융감독체계의 개편 방향』, 서울대학교 금융경제연구원 심포지엄 자료집, 2009. 11. 23.

양희산, 「국내 금융환경에서 바라본 쌍봉형 감독체계의 적합성 여부」, 『외국의 쌍봉형 감독 모델 운영 경험과 한국에서의 시사점』, 한국보험학회 2012년도 정책 세미나 발표 자료집, 2012. 12. 7.

장덕조, 「독립 금융소비자보호기구 설립 동향과 시사점」, 『상사법연구』 제29권 제1호, 한국상사법학회, 2010. 5.

정순섭, 「금융규제개혁과 금융소비자보호」, 『상사판례연구』 제24집 제4권, 한국상사판례학회, 2009. 12.

______, 『은행법』 제2판, 지원출판사, 2024.

한국은행 은행감독원, 『은행법 해설』, 1993.

Australian Treasury, *Financial System Inquiry Final Report (Wallis Report)*, Mar. 1997〈http://fsi.treasury.gov.au/content/finalreport.asp〉.

Bailey, Andrew, Sarah Breeden & Gregory Stevens, "The Prudential Regulatory

Authority," *Quarterly Bulletin 2012*, Bank of England, Dec. 2012〈http://www.bankofengland.co.uk/publications/Documents/quarterlybulletin/qb120405pre.pdf〉.

Carnell, Richard Scott, Jonathan R. Macey and Geoffrey P. Miller, *The Law of Financial Institutions*, Wolters Kluwer, 2013.

Clifford Chance, "CHINA ESTABLISHES NEW FINANCIAL REGULATOR-AMONGST MAJOR PRIORITIES IN POST-COVID ERA," June 2023〈https://www.cliffordchance.com/content/dam/cliffordchance/briefings/2023/06/China-Establishes-New-Financial-Regulator%E2%80%93amongst-Major-Priorities-in-Post-Covid-Era.pdf〉.

De Netherlandsche Bank, "History of DNB"〈http://www.dnb.nl/en/binaries/History%20DNB_tcm47-144511.pdf〉.

Fiennes, Toby & Cavan O'Connor-Close, "The Evolution of Prudential Supervision in New Zealand," *Bulletin*, Vol. 75, No. 1, Federal Reserve of New Zealand, Mar. 2012.

Financial Markets Authority, "Statement of Intent 2012-2015," Mar. 2012.

Group of Thirty, *The Structure of Financial Supervision: Approaches and Challenges in a Global Marketplace*, 2008.

HM Treasury, "A New Approach to Financial Regulation: Building a Stronger System," Feb. 2011.

Hugo Oppelaar, "Financial Services: Regulators Reshape to Match Consolidation," *International Financial Law Review*, May 23, 2005〈http://www.iflr.com/Article/1984886/Search/Results/Financial-services-Regulators-reshape-to-match-consolidation.html?PageId=201716&Keywords=hugo+oppelaar&OrderType=1〉.

Levitin, Adam J., *The Consumer Financial Protection Agent* 1789 PLI/Corp 105, Chicago, 2010.

Llewellyn, Dvaid, "The Economic Rationale for Financial Regulation," FSA Occasional Paper Series 1, Financial Services Authority, April 1999.

Lovett, William A. & Michael P. Malloy, *Banking and Financial Institutions Law in a Nutshell*, 8th ed., West Academic Publishing, 2014.

Malloy, Michael P., *Principles of Bank Regulation*, 2nd ed., Thomson West, 2003.

Pan, Eric J., "Structural Reform of Financial Regulation," *Transnational Law & Contemporary Problems*, Vol. 19, 2011.

Reserve Bank of New Zealand, "Briefing on the Reserve Bank of New Zealand," Dec. 2011.

Schoenmaker, Dirk & Jeroen Kremers, "Financial Stability and Proper Business Conduct," *Institutional Structure of Financial Regulation: Theories and International Experiences*, Robin Hui Huang & Dirk Schoenmaker, eds., Routledge Taylor & Fancis Group, 2015.

Schooner, Heidi Mandanis & Michael W. Taylor, *Global Bank Regulation: Principles and Policies*, Elsevier, 2010.

Taylor, Michael W., *Twin Peaks: A Regulatory Structure for the New Century*, Centre for the Study of Financial Innovation, Dec. 1995.

______, "Regulatory Reform after Financial Crisis: Twin Peaks Revisited," PPT Presentation, Center for Competition and Policy, 2011. 2〈http://denning.law.ox.ac.uk/news/events_files/Twin_Peak_Revisited.pdf〉.

US Department of the Treasury, *Blueprint for a Modernized Financial Regulatory System*, Mar. 2008.

02

금융감독기구

제1절 총설

제2절 금융감독기관의 조직 및 기능

제3절 금융감독기구 체제의 개편 과제

제4절 결론

제1절 총설

금융감독기구의 조직과 운영에 관한 법도 금융감독법의 중요한 영역 중의 하나이다. 이 장에서는 금융감독기구의 조직 및 운영에 대한 사항을 살펴보면서 문제점을 지적하고 바람직한 금융감독기구 체제 개편 방향을 제시한다.

한 나라의 금융제도에서 어떤 금융감독기구 체제를 구축하고 운영하느냐의 문제는 중요한 과제 중의 하나이다. 즉, 어느 나라의 금융제도를 평가할 때 얼마나 효율적인 금융감독기구 체제를 갖추고 있는지는 그 나라의 금융제도 및 금융산업의 발전 척도를 가늠할 수 있는 중요한 잣대가 된다. 그래서 각 나라마다 효율적이면서 작동이 잘 되는 금융감독기구 체제를 갖추려고 한다. 그런데 우리나라 금융감독기구 체제는 많은 문제점을 갖고 있으며, 시급히 개선되어야 한다. 특히 금융감독기구 체제는 2008년 2월 이명박 대통령 정부가 출범하면서 정부 조직 개편이 이루어질 때 충분한 논의 없이 서둘러 만들어진 것이어서 기형적인 모습을 띠고 있으므로 개편 필요성은 더욱 크다.

가장 큰 문제는 금융위원회와 금융감독원이라는 수직적인 이원화 체제(vertical dual system)로 나누어져 있다는 점이다. 중앙행정기관인 **금융위원회는 금융산업정책[1] 기능뿐만 아니라 금융감독정책[2] 기능도 수행**한다. 특

1 금융산업정책 기능이라 함은 금융 관련 법률 제·개정안의 마련, 시행령(대통령령) 및 시행

수법인 형태의 민간 조직인 **금융감독원은 금융감독 업무의 집행기관**[3]이다. 금융위원회는 2008년 2월 정부 조직 개편에 의하여 종전의 금융감독위원회가 확대 개편된 정부기관이다. 즉, 금융위원회는 종전 재정경제부가 수행하던 금융산업정책 기능(금융정보분석원 포함)과 종전 금융감독위원회가 수행하던 금융감독정책 기능을 통합하여 설립된 위원회 조직이다.[4][5] 2008년 2월 개편되기 전에 금융감독기구는 금융감독에 관한 최고의결기관인 금융감독위원회와 집행기관인 금융감독원으로 나뉘어 있었다. 이 체제는 1998년 4월 1일 시행된 「금융감독기구의 설치 등에 관한 법률」에 따라 한국은행 은행감독원, 증권감독원, 보험감독원, 신용관리기금 등 4개 금융감독기관을 통합한 것이었다. 현행 금융감독기구 체제는 2008년 2월 29일 「금융감독기구의 설치 등에 관한 법률」을 금융감독기구법으로 개정하고, 「금융위원회와 그 소속기관 직제」를 제정(대통령령 제20684호, 2008년 2월 29일 공포 시행)하여 금융감독위원회를 금융위원회로 확대·개편하면서 이루어진

규칙(총리령 또는 부령)의 제·개정에 관한 사무를 통해 구현된다고 볼 수 있다.

2 금융감독정책 업무는 주로 관련 금융업감독규정(예를 들어, 은행업감독규정, 금융투자업규정, 보험업감독규정 등)의 제·개정을 통해 수행된다.

3 금융감독집행 업무는 주로 관련 감독규정시행세칙(예를 들어, 은행업감독업무시행세칙, 금융투자업규정시행세칙, 보험업감독업무시행세칙 등)의 제·개정을 통해 수행된다.

4 2008년 2월 개편되기 전에는 금융 관계 법령의 제·개정권 행사를 통한 금융산업정책의 수립 권한은 재정경제부가 행사하고 있었다. 그러나 2007년 12월 대통령 선거에서 이명박 후보가 당선되면서 정부 조직 개편 주장이 제기되었고, 2008년 1월 제17대 대통령직인수위원회는 「정부 조직과 기능 개편」 방안을 발표하여 정부 조직의 개편 방향을 제시하였다. 정부 조직 개편 방향에 따라 금융행정 체계의 전면 재조정의 필요성도 제기되었다. 이에 따라 기존 금융감독위원회의 금융감독 기능과 재정경제부의 금융산업정책 기능(금융정보분석원 포함)을 통합하기로 결정하였다.

5 이러한 금융감독기구 개편에 대해서 시민단체와 학자들의 반대 주장이 제기되었다. 경제정의실천시민연합, 참여연대, 경제개혁연대 등 시민단체들은 우려의 목소리를 나타냈으며(경제정의실천시민연합, 참여연대, 경제개혁연대 공동 주최, "금융분야 정부 조직 개편 방안의 문제점과 개선 방향에 대한 토론회," 2008. 1. 31.), 경제·경영·금융 관련 학자들 147명이 반대 성명서를 발표하는(연합뉴스 기사, 2008. 2. 11.) 등 금융감독과 금융산업정책 기능의 통합에 따른 문제점을 지적하기도 하였다.

것이다. 이와 동시에 재정경제부 내부 산하 조직이었던 금융정보분석원을 금융위원회 소속으로 두고, 금융위원회의 사무를 처리하기 위한 공무원 조직으로 사무처를 신설하였다.

금융위원회는 "금융산업의 선진화와 금융시장의 안정을 도모하고 건전한 신용질서와 공정한 금융거래 관행을 확립하며 예금자 및 투자자 등 금융수요자를 보호"하기 위한 목적으로 설립되었으며(제1조), **금융산업정책 기능과 금융감독정책 기능을 수행**하고 있다(제3조 제1항). 즉, 금융감독 업무에서도 **금융감독정책 업무는 금융위원회가 수행**하며, **금융감독 집행 업무는 금융감독원이 수행**함으로써(제24조) 수직적인 이원적 체제를 유지하고 있다. 금융감독기구법은 금융위원회와 금융감독원으로 하여금 "그 업무를 수행함에 있어 공정성을 유지하고 투명성을 확보하며 금융기관의 자율성을 저해하지 않도록 노력하여야 한다."라고 규정하여(제2조), 금융감독 업무 수행에 공정성과 투명성을 강조하고 있다.

제2절 금융감독기관의 조직 및 기능

I. 서설

금융감독기구법은 **금융산업정책 기능과 금융감독정책 기능을 수행하는 금융위원회**를 두도록 하고 있으며(제3조, 제17조), 이외에도 금융위원회의 산하 위원회로서 증권선물위원회를 두도록 하고 있다. 증권선물위원회는 자본시장 불공정거래(내부자 거래 및 시세조종행위 등) 조사 업무나 기업회계의 기준 및 회계감리에 관한 업무를 주 업무로 하는 위원회이다(제19조). 증권선물위원회는 금융위원회의 산하 위원회 조직이면서 독자적인 사무 수행을 하고 있다. 금융기관에 대한 검사 및 제재 업무를 수행하는 금융감독 집행기관으로서 금융감독원이 있다. 즉, 금융감독 업무를 수행하는 기관이 금융위원회, 증권선물위원회, 금융감독원으로 나누어져 있다. 이하에서는 세 기관의 조직, 기능 및 운영 등에 대해 살펴본다. 또한 금융감독기구법은 금융감독 관련 기관으로서 중앙은행 및 예금보험기구와 공동검사 등 상호 관계에 관한 내용도 규정하고 있어 여기서 살펴본다.

II. 금융위원회

1. 법적 지위

금융위원회는「정부조직법」제2조에 따른 중앙행정기관으로서(제3조 제2항) **국무총리 소속 기관**이다(제3조 제1항). 금융감독기구법은 종전 금융감독위원회의 경우처럼 금융위원회가 정부기관이라는 점을 명확히 하고 있다.[6] 금융감독기구법은 "금융위원회는 … 그 권한에 속하는 사무를 독립적으로 수행한다."라고 하고 있는데(제3조 제2항), 이 의미가 무엇인지 생각해 볼 필요가 있다. 이를 금융위원회가 다른 정부기관이나 정치권 등의 영향을 받지 않고 금융산업정책 및 금융감독정책 업무를 독립적 내지 중립

6 개정 전과 달리 금융감독기구법은 "중앙행정기관"이라는 문구를 추가하면서 정부기관이라는 점을 명확히 하였다. 물론 개정 전에도 "국무총리 소속하에 금융감독위원회를 둔다."라는 문구에 비추어 보아 정부기관이라고 보는 데는 의문이 없었을 것이다.

적으로 수행하는 것으로 볼 수 있는 것인지,[7] 아니면 금융위원회가 국무총리 소속 정부기관이지만 국무총리의 지시나 간섭을 받지 않고 독자적으로 그 업무를 수행하는 것을 의미하는 것인지[8]에 대한 해석의 여지가 있을 수 있다. 이에 대해서는 금융위원회가 국무총리 소속 기관이므로 국무총리의 지시나 간섭을 받을 가능성이 있어서 이를 차단하기 위해 둔 규정이라고 보는 것이 타당하다.[9] 만약 금융산업정책이나 금융감독 업무의 독립성 내지 중립성을 보장하려는 취지라면 별도의 조항을 신설하여 "금융위원회의 독립성(중립성) 확보"라는 제목에 "금융위원회는 그 업무를 수행함에 있어 독립성(중립성)을 유지하여야 한다."라는 문구를 추가해야 할 것이다.[10]

2. 조직

정부 중앙행정기관인 금융위원회는 합의제 의결기구로서 9인의 위원

---

7 김병태(2004. 11.), 624면("금융[감독]위원회와 금융감독원의 운영상의 독립성은 형식상 법률로 보호받고 있다."라고 하면서 근거 조항으로 제1조의 목적 조항과 제3조 제2항을 들고 있다).

8 고동원(2004), 36면 각주 77).

9 이는 비슷한 조항을 두고 있는 「독점규제 및 공정거래에 관한 법률」의 해석에 비추어 보아도 타당성이 있다. 즉, 제35조 제1항이 "이 법에 의한 사무를 독립적으로 수행하기 위하여 국무총리 소속하에 공정거래위원회를 둔다."라는 규정의 해석을 "독립기관인 공정거래위원회가 공정거래법을 운용하고 있다."라고 보는 것처럼(이남기(1998), 323면), 공정거래위원회도 국무총리 소속 행정기관이지만 독립기관으로서 업무를 독자적으로 수행한다는 뜻으로 해석하는 것과 같다고 볼 수 있다.

10 이러한 조항이 필요한 이유로 한국은행의 경우를 들 수 있다. 한국은행의 경우 1997년 12월 개정된 「한국은행법」에 한국은행이 수행하는 통화신용정책의 중립성을 보장한다는 명시적인 조항(제3조)이 들어가면서 실제로 이후에 한국은행의 중립성이 많이 확보되었다고 평가된다. 금융 선진국에서도 「헌법」이나 중앙은행법에 중앙은행의 중립성 내지 독립성이 보장되어야 한다는 명시적인 조항을 두고 있다는 점도 참고할 만하다. 스위스의 경우 Federal Act on the Swiss National Bank Act, Article 6, 독일의 경우 Bundesbank Act, Section 12, 유럽중앙은행의 경우 Protocol (No. 3) on the Statute of the European System of Central Banks and of the European Central Bank, Article 7.

으로 구성된다. 그리고 금융위원회의 사무를 보좌하는 사무처가 있다.

1) 구성

금융위원회는 중앙행정기관이지만 위원회 조직이다. 금융위원회는 대통령에 의해 임명되는 임명직 위원 5인과 당연직 위원 4인을 포함한 9인의 위원으로 구성된다(제4조). 당연직 위원은 기획재정부 차관, 금융감독원 원장, 예금보험공사 사장, 한국은행 부총재 등 4인이다. 당연직 위원을 두고 있는 것은 금융정책 및 감독 업무가 정부의 경제정책이나 중앙은행의 통화신용정책, 그리고 예금보험공사의 예금보험 업무와 밀접하게 관련된 사항이 있을 수 있기 때문이다. 5인의 임명직 위원은 금융위원회 위원장, 부위원장, 2인의 상임위원, 1인의 비상임위원이다(제4조 제1항, 제4조 제4항).

금융위원회 위원장은 국무총리의 제청으로 대통령에 의해 임명되는데, 국회 인사청문 절차를 거쳐야 한다(제4조 제2항). 금융위원회 부위원장은 위원장의 제청으로 대통령에 의해 임명된다(제4조 제2항). 2인의 상임위원은 금융전문가로서 위원장의 추천으로 대통령에 의해 임명된다(제4조 제1항 제5호, 제4조 제3항). 경제계를 대표하는 1인의 비상임위원은 대한상공회의소 회장의 추천으로 대통령에 의해 임명된다(제4조 제1항 제5호, 제4조 제3항). 금융위원회 위원장 및 부위원장은 정무직 공무원으로 보(補)하며, 2인의 상임위원은 고위공무원단에 속하는 일반직 공무원으로서 임기제 공무원으로 보한다(제4조 제4항). 금융위원회 위원장·부위원장은「정부조직법」제10조(정부위원)에도 불구하고 정부위원이 된다(제4조 제5항).

종전 금융감독위원회의 위원 구성과 비교해 보면, 위원이 9인인 점은 같다. 그런데 당연직 위원이 3인에서 4인으로 늘어났으며(금융감독원 원장 추가), 위원장 및 부위원장을 제외한 임명직 위원의 경우 추천 기관이 종전 재정경제부, 금융감독위원회, 법무부 및 대한상공회의소의 4개 기관에서 금융위원회 및 대한상공회의소의 2개 기관으로 줄어들어 각계를 대표하는 다양성이 없어졌다. 특히 종전에는 비상임 민간위원이 3인이었으나(재정경제부, 법무부 및 대한상공회의소 회장이 추천하는 전문가 3인), 현재는 1인(대한상공회의소 회장이 추천하는 경제계 대표)뿐이며, 상임위원의 숫자도 종전 3인(금융감독위원회 위원장·부위원장 및 금융감독위원회 위원장이 추천하는 금융전문가 1인)에서 4인(금융위원회 위원장·부위원장 및 금융위원회 위원장이 추천하는 금융전문가 2인)으로 늘어났다. 따라서 민간 비상임위원 1인이 금융위원회의 심의·의결 과정에서 경제계 등 민간의 의견을 반영하여 견제 역할을 충실히 할 수 있는지에 대한 의문이 제기된다. 즉, 금융감독정책 결정이 독립적·중립적으로 이루어질 수 있는지에 대한 비판이 제기될 수 있는 문제이다. 이런 점에서 민간 비상임위원의 숫자를 늘리는 것이 필요한데, 당연직 위원을 없애고(이 경우에는 관련 부처나 기관에게 의견 진술의 기회를 주면 될 것이다) 민간 비상임위원의 수를 늘려야 한다. 이렇게 될 때 금융감독의 독립성·중립성을 제고할 수 있다.

2) 위원의 임기

임명직 위원들인 금융위원회 위원장·부위원장, 상임위원 및 비상임위원의 임기는 3년이며, 1차에 한해 연임할 수 있다(제6조 제1항). 임명직 위원에 결원(缺員)이 있는 때에는 새로 임명하되, 새로 임명된 위원의 임기는 임명된 날로부터 기산한다(제6조 제2항).

3) 위원장의 권한

금융위원회 위원장은 금융위원회를 대표하며, 금융위원회의 회의를 주재하고, 사무를 통할한다(제5조 제1항). 위원장은 금융위원회의 예산 및 행정 사무를 총괄하며(제15조 제3항), 금융감독기구법 또는 다른 법령에 따라 금융위원회의 소속으로 두는 기관(예를 들어, 금융정보분석원)의 예산 및 행정 사무도 총괄한다(제15조 제3항). 위원장은 국무회의에 출석하여 발언할 수 있다(제4조 제6항). 위원장이 부득이하게 직무를 수행할 수 없는 때에는 부위원장이 위원장의 직무를 대행하며, 위원장·부위원장이 모두 부득이한 사유로 인하여 직무를 수행할 수 없는 때에는 금융위원회가 미리 정한 위원이 위원장의 직무를 대행한다(제5조 제2항).

4) 임명직 위원의 결격 사유 및 신분 보장 등

(1) 임명직 위원의 결격 사유

금융감독기구법은 임명직 위원의 결격 사유를 규정하여 자격 있는 자로 하여금 소관 업무를 집행할 수 있도록 함으로써 위원회 업무의 신뢰성을 확보하고자 하고 있다. 임명직 위원의 결격 사유는 ① 대한민국 국민이 아닌 사람, ② 피성년후견인 또는 피한정후견인, ③ 파산선고를 받은 자로서 복권되지 아니한 사람, ④ 금고 이상 형의 집행유예 선고를 받고 그 유예기간 중에 있는 사람, ⑤ 금고 이상의 실형 선고를 받고 그 집행이 종료(집행이 종료된 것으로 보는 경우를 포함)되거나 집행이 면제된 날부터 5년이 지나지 아니한 사람, ⑥ 금융감독기구법, 금융 관계 법령(외국의 금융 관계 법령을 포함)에 의하여 벌금형의 선고를 받고 5년이 지나지 아니한 사람, ⑦ 금융감독기구법, 금융 관계 법령(외국의 금융 관계 법령을 포함)에 의하여 해임되거나 면직된 후 5년이 지나지 아니한 사람이 해당된다(제8조). 결격 사유 중 대한민국 국민이 아닌 자는 임명직 위원이 될 수 없으므로 외국인은 아직 금융위원회 위원장이나 부위원장, 상임위원 또는 비상임위원이 될 수 없다.

(2) 임명직 위원의 신분 보장

금융위원회의 임명직 위원은 당연 해임 사유에 해당하는 경우를 제외하고는 임기 전(前)에 그 의사에 반하여 해임되지 아니한다(제10조 제1항).

이는 위원의 신분 보장을 통하여 금융산업정책 및 금융감독 업무를 보다 독립적으로 수행할 수 있도록 하기 위한 것이다. 그러나 보다 중요한 것은 이러한 신분 보장이 실질적으로 운영될 수 있도록 하는 것이다. 사임(辭任)의 형식을 통하여 임기 중 사퇴하는 경우가 있을 수 있기 때문이다. 임명직 위원에 대한 당연 해임 사유는 ① 금융감독기구법 제8조에 규정된 위원의 결격 사유에 해당하는 경우, ② 심신의 장애로 인하여 직무를 수행할 수 없게 된 경우, ③ 금융감독기구법에 의한 직무상의 의무를 위반하여 금융위원회 위원으로서 직무 수행이 부적당하게 된 경우이다(제10조 제1항). 임명권자가 이러한 해임 사유에 해당되는지 여부에 대한 판단을 하여 해임권을 행사하게 될 것이다. 임명직 위원이 위의 사유로 해임되는 경우 해임되기 전에 위원으로서 행한 행위는 그 효력을 상실하지 아니한다(제10조 제2항).

(3) 임명직 위원의 정치 활동 금지

임명직 위원은 「정당법」 제22조에도 불구하고 정당에 가입할 수 없으며, 정치 활동에 관여할 수 없다(제7조). 이는 금융산업정책 및 금융감독 업무를 수행하는 금융위원회가 정치적인 영향을 받지 않고 소관 업무를 충실히 수행할 수 있도록 하기 위한 것이다.

(4) 임명직 위원(비상임위원 제외)의 겸직 금지

비상임위원을 제외한 임명직 위원은 일정한 직(職)을 겸하는 것이 금지되며, 영리를 목적으로 하는 사업을 영위할 수 없다(제9조). 금융위원회 위원장·부위원장 및 상임위원은 ① 국회의원 또는 지방의회의원의 직, ② 국가공무원 또는 지방공무원의 직, ③ 금융감독기구법과 다른 법령에 의하여 감독 대상이 되는 단체의 임직원의 직, ④ 그 밖에 보수를 받는 직을 겸할 수 없다(제9조). 이는 위원이 해당 직무를 충실히 수행할 수 있도록 하기 위한 것이다.

5) 사무처

금융위원회의 사무를 처리하기 위하여 사무처를 둔다(제15조 제1항). 금융위원회의 조직 및 정원에 관한 사항은 대통령령으로 위임되어 있는데(제15조 제1항), 「금융위원회와 그 소속 직제」가 2008년 2월 29일 대통령령으로 제정되어, 금융위원회의 조직에 대하여 자세히 규정하고 있다. 사무처장은 금융위원회 위원장·부위원장과 마찬가지로 「정부조직법」 제10조에도 불구하고 정부위원이 된다(제4조 제5항).

3. 기능

1) 금융산업정책 및 금융감독정책 기능 수행

금융위원회는 금융산업정책 및 금융감독정책에 관한 최고의사결정기관으로서 금융산업정책과 금융감독정책에 관한 사무 이외에도 「외국환거래법」에 따른 외국환업무취급기관의 건전성 감독 업무를 수행한다(제3조, 제17조). 금융위원회의 구체적인 소관 사무는 다음과 같다(제17조).

① 금융에 관한 정책 및 제도에 관한 사항
② 금융기관 감독 및 검사·제재(制裁)에 관한 사항
③ 금융기관의 설립, 합병, 전환, 영업 양수·양도 및 경영 등의 인가·허가에 관한 사항
④ 자본시장의 관리·감독 및 감시 등에 관한 사항
⑤ 금융소비자의 보호와 배상 등 피해구제에 관한 사항
⑥ 금융중심지의 조성·발전에 관한 사항
⑦ 위의 ① 내지 ⑥에 관련된 법령 및 규정(規程)의 제정·개정 및 폐지에 관한 사항

⑧ 금융 및 외국환업무취급기관의 건전성 감독에 관한 양자 간 협상, 다자 간 협상 및 국제협력에 관한 사항
⑨ 외국환업무취급기관의 건전성에 관한 사항
⑩ 그 밖에 다른 법령에서 금융위원회의 소관으로 규정된 사항

위에서 보는 것처럼, 금융위원회는 금융산업정책 업무와 금융감독정책 업무를 둘 다 수행하고 있음을 알 수 있다. 금융위원회의 소관 사무를 종전의 금융감독위원회의 사무와 비교해 보면, ①, ⑤, ⑥, ⑦, ⑧, ⑨ 등의 사무가 추가되었는데, ①의 금융에 관한 정책 및 제도에 관한 사항은 종전에는 재정경제부의 소관 사무였으나, 금융위원회가 그 업무를 이관받은 것이다. ④는 2009년 2월 4일 시행된 자본시장법을 효과적으로 집행하기 위해서 종전 금융감독위원회의 소관 사무로 되어 있었던 "증권·선물시장의 관리·감독 및 감시 등과 관련된 주요 사항"에 관한 사무를 "자본시장의 관리·감독 및 감시 등에 관한 사항"으로 변경한 것이다. ⑤의 사무는 2014년 5월 금융감독기구법을 개정하면서 추가된 것이다. ⑥의 사무는 "금융중심지(financial hub)의 조성과 발전에 필요한 사항을 규정하여 금융산업의 경쟁력을 강화하고 금융시장을 선진화함으로써 국민 경제의 발전에 기여함"을 목적으로 하여 제정된 「금융중심지의 조성과 발전에 관한 법률」(2007년 12월 21일 제정)에 따른 사무를 수행하기 위한 것으로 종전 재정경제부가 수행해 왔던 소관 사무를 이관받은 것이다. ⑦의 금융 관련 법령 및 규정의 제정·개정 및 폐지에 관한 사항은 종전 재정경제부의 금융산업정책 기능이 금융위원회로 이관되면서 감독규정의 제정·개정 업무 이외에 금융 관련 법령의 제정·개정 업무도 금융위원회의 소관 사무가 된 것이다. ⑧과 ⑨의 사무의 경우에는 기획재정부가 외환정책 업무 등 국제금융 업무를 담당하게 되고, 금융위원회는 그와 관련된 외국환업무취급기관의 건전성 감

독과 그와 관련된 국제 협력 등의 사무를 담당하게 되면서 종전 재정경제부가 수행하던 사무를 이관받은 것이다. 한편 금융감독기구법은 감독 대상인 금융기관의 범위에 대하여 규정하고 있지 않지만, 제38조가 금융감독원의 검사 대상 금융기관을 규정하고 있으므로 해석상 금융감독기구법 제38조에 열거되어 있는 금융기관이 금융위원회의 감독 대상 금융기관이라고 볼 수 있다.

2) 금융감독원에 대한 지도·감독

금융위원회는 금융감독 업무의 집행기관인 "금융감독원의 업무·운영·관리에 대한 지도·감독"을 하며, ① 금융감독원의 정관 변경에 대한 승인, ② 금융감독원의 예산 및 결산 승인, ③ 그 밖에 금융감독원을 지도·감독하기 위하여 필요한 사항을 심의·의결한다(제18조).

종전 금융감독위원회가 금융감독원에 대해서 가졌던 심의·의결 사항과 비교해 볼 때 차이가 나는 부분은 다음과 같다. 첫째, 종전 금융감독위원회의 권한 사항에 속해 있었던 금융감독원의 조직 및 기구에 관한 사항과 금융감독원 직원의 보수 기준 결정 사항(개정 전 제18조 제2호 및 제4호)은 금융위원회의 권한에서 삭제되었다. 둘째, 종전 금융감독위원회는 금융감독원의 집행간부인 부원장과 부원장보를 임명할 수 있는 권한만을 보유하고 있었으나, 금융위원회는 부원장을 임명할 수 있는 권한(제29조 제3항)뿐만 아니라(부원장보에 대한 임명권은 금융감독원 원장에게 부여하는 것으로 변경되었다. 제29조 제3항), 원장 임명 제청에 있어서 사전 의결권을 갖고 있어(제29조 제2항) 원장 임명에 관여할 수 있도록 하고 있다는 점이다.

한편 금융위원회는 금융감독원의 업무를 지도·감독하는 데 필요한 명령을 할 수 있으며(제61조 제1항), "금융감독원의 처분이 위법하거나 공익보호 또는 예금자 등 금융수요자 보호 측면에서 매우 부당하다고 인정하면 그 처분의 전부 또는 일부를 취소하거나 그 집행을 정지"시킬 수 있는 권한도 있다(제61조 제2항). 이처럼 금융위원회가 금융감독원을 지도·감독할 수 있는 권한을 갖고 있어 금융감독과 관련하여 상호 협조를 해야 하는 두 기관 사이에 갈등과 마찰을 초래하는 요인이 되고 있다. 금융감독기구 체제의 문제점이 나타나고 있는 것이다. 금융감독기구를 통합해야 하는 이유이기도 하다.

4. 회의 운영

1) 서설

금융위원회의 운영에 관하여 금융감독기구법 및 다른 법령에 규정된 것 이외의 사항은 금융위원회의 규칙으로 정한다(제16조). 이에 근거하여 금융위원회는 「금융위원회 운영규칙」을 제정하였다. 금융위원회의 운영에 관해서는 금융감독기구법 및 「금융위원회 운영규칙」에서 자세히 규정하고 있다.

2) 회의

(1) 회의 소집

금융위원회의 회의는 3인 이상의 위원의 요구가 있는 때에 위원장이 소집한다(제11조 제1항 본문). 다만 위원장은 단독으로 회의를 소집할 수 있다(제11조 제1항 단서). 「금융위원회 운영규칙」은 금융위원회의 회의를 정례회의와 임시회의로 구분하면서, 정례회의는 매월 2회 소집하는 것을 원칙으로 하고 있다(제6조 제2항). 위원회의 회의는 위원장이 소집하므로 정례회의는 위원장이 소집하게 된다. 임시회의는 3인 이상의 위원의 요구가 있는 때 또는 위원장이 필요하다고 인정하는 때에 위원장이 소집한다(규칙 제6조 제2항).

(2) 의안 제의

금융위원회 위원은 3인 이상으로 의안(議案)을 제의할 수 있다(제11조 제3항 본문). 다만 위원장은 단독으로 의안을 제의할 수 있다(제11조 제3항 단서). 「금융위원회 운영규칙」은 의안 사항에 대한 자세한 규정을 두고 있다. 의안 사항은 의결 사항과 보고 사항으로 구분된다(규칙 제7조 제2항).

(3) 금융감독원 원장의 안건 상정 요청

금융감독원 원장은 금융위원회 위원장에게 금융감독기구법 제37조에서 규정한 금융감독원 업무의 범위 안에서 필요한 안건의 상정을 요청할 수 있으며, 이 경우 위원장은 특별한 사유가 없는 한 이에 응하여야 한다(제11조 제7항). 「금융위원회 운영규칙」은 그러한 "특별한 사유"로서 "안건이 관계 법규와 상충되는 내용을 포함하는 것"을 들고 있다(제7조의2 제3항 본문). 이러한 안건 상정 요청권을 부여한 이유는 금융감독원이 금융감독 업무 집행 과정에서 금융산업정책이나 금융감독정책 수립에 반영할 필요가 있는 사항을 금융위원회에서 심의·의결할 수 있도록 하기 위한 것이다.

(4) 의결 요건

금융위원회의 결의 방법에 관하여 금융감독기구법 또는 다른 법률에 특별한 규정이 있는 경우를 제외하고는 재적 위원 과반수의 출석과 출석 위원 과반수의 찬성으로 의결한다(제11조 제2항). 따라서 회의는 위원이 직접 출석해야 성립된다. 그런데 「금융위원회 운영규칙」은 이에 대한 예외로서 서면 의결을 허용하고 있다. 금융위원회 위원장이 불가피하다고 인정하는 때에는 의안을 서면으로 의결할 수 있으며, 이 경우 불가피성을 설명하는 이유서를 첨부하도록 하고 있다(규칙 제9조). 서면 의결을 하는 것은 직접 출석 요건에 대한 중대한 예외 사유에 해당한다. 그런데 이러한 중요한 사항을 법이 아닌 하위 규정인 규칙으로 정한 것은 문제가 있다. 법에 규정해야 할 것이다.

(5) 위원의 제척 사유

금융위원회 위원이 금융위원회의 심의·의결에서 제척(除斥)되는 사유는 ① 자기와 직접적인 이해관계가 있는 사항, ② 배우자, 4촌 이내의 혈족, 2촌 이내의 인척의 관계에 있는 자 또는 자기가 속한 법인과 이해관계가 있는 사항, ③ 금융감독원 원장 및 예금보험공사 사장이 위원인 경우에는 당해 기관의 예산·결산 및 정관 변경 등에 관한 사항이다(제11조 제4항).

(6) 기피 신청 및 회피

심의·의결 안건의 해당 당사자는 위원에게 심의·의결의 공정을 기대하기 어려운 사정이 있는 경우에는 기피(忌避) 신청을 할 수 있으며, 위원장은 기피 신청에 대하여 금융위원회의 의결을 거치지 아니하고 결정한다(제11조 제5항). 위원 본인이 위의 제척 사유의 어느 하나에 해당하거나, 기피 신청 사유에 해당하는 경우에는 스스로 그 사항의 심의·의결을 회피할 수 있다(제11조 제6항).

(7) 의견 청취

금융위원회는 심의에 필요하다고 인정하는 때에는 금융감독원 부원장·부원장보 및 그 밖의 관계 전문가 등으로부터 의견을 청취할 수 있다(제13조).

3) 의결서 작성 및 의사록 공개

금융위원회가 의결하는 경우에는 의결서를 작성하여야 하며, 의결에 참여한 위원은 의결서에 기명하고 날인 또는 서명하여야 한다(제12조 제1항). 금융위원회는 의사록을 작성하고, 금융위원회가 정하는 바에 따라 이를 공개하여야 한다(제12조 제2항). 의사록 공개는 금융감독의 독립성·중립성과 투명성을 확보하기 위한 좋은 수단이 된다. 금융위원회가 정하는 의사록의 공개 방법은 다음과 같다. 금융위원회의 간사는 회의에 관하여 속기록을 작성한 후, 속기록을 근거로 출석 위원의 성명 및 주요 발언 내용 등을 포함한 의사록을 작성한다(규칙 제11조 제1항, 제3항). 이렇게 작성된 의사록은 “재판 수사에 영향을 미칠 우려가 있거나 금융시장의 안정에 중대한 영향을 미칠 우려가 있는 사항” 등 일정한 경우를 제외하고는 공개해야 한다(규칙 제11조 제7항).[11] 의사록은 회의 종료 후 2개월 이내에 금융위원회 홈페이지에 게시하여 공개해야 하는데, 위원이 요청하는 경우에는 위원장과 협의하여 공개 시기를 달리 정할 수 있다(규칙 제11조 제8항).

회의록 공개는 중요한 문제인데, 공개 예외가 되는 사항을 금융위원회 규칙으로 정하는 것은 문제가 있다. 「헌법」상의 국민의 알 권리[12]를 침해할 여지가 있다는 점에서 국민의 자유와 재산을 침해하는 침익적(侵益的) 행정행위 등 국민에게 영향을 미치는 본질적인 중요한 사항은 반드시 법률의 근거를 필요로 한다는 ‘법률유보(留保)원칙’에 위반된다고 볼 여지가 있다. 법에 공개 예외 사항을 명시적으로 규정해야 할 것이다. 그리고 속기록에는 발언 위원 이름을 기재하지 않고 단지 “위원”으로만 표시할 수 있도록 하고 있는데(즉, 해당 발언자의 이름을 기재하지 않을 수 있다는 것을 말한다)(규칙 제11조 제1항 제4호), 이는 공개하는 의사록에도 해당 발언 위원의 이름이 나타나지 않는다는 것을 말한다. 그런데 위원의 책임성을 높이고 소신 있는 발언을 할 수 있도록 해당 발언 위원의 이름이 의사록에 기재되도록 해야 할 것이다.

4) 금융위원회 위원장의 긴급 조치

금융위원회 위원장은 “내우(內優)·외환(外患)·천재(天災)·지변(地變) 또

11 반면에 속기록은 비공개가 원칙이다(규칙 제11조 제5항).

12 국민의 알 권리는 「헌법」상 기본적으로 표현의 자유(제21조)와 관련하여 인정되는 것이다(대법원 1999. 9. 21. 선고 97누5114 판결).

는 중대한 금융경제상의 위기로 긴급 조치가 필요한 경우로서 금융위원회를 소집할 시간적 여유가 없을 때에는 금융위원회의 권한 범위 안에서 필요한 조치"를 취할 수 있다(제14조 제1항). 위원장은 긴급 조치를 취하였을 때에는 지체 없이 금융위원회 회의를 소집하고 그 내용을 보고하여야 한다(제14조 제2항). 금융위원회는 이러한 긴급 조치를 확인·수정 또는 정지할 수 있다(제14조 제3항).

5) 「금융위원회 운영규칙」에 대한 평가

「금융위원회 운영규칙」의 내용을 살펴보면, 단순한 운영에 관한 사항뿐만 아니라 금융위원회의 권한에 관련된 사항(의결 사항과 보고 사항의 구분, 규칙 제7조)이나 위원장에 대한 권한 위임에 관한 사항(제15조) 등 단순한 운영 사항이라고 보기에는 타당하지 않은 조항들이 있어서 법적 근거를 결여하는 규정들이 있다. 즉, 법률유보원칙에 위반되는 조항들이 있다. 법이나 시행령에 위임에 관한 법적 근거를 확실히 규정할 필요가 있다.

III. 증권선물위원회

금융위원회의 산하 위원회로서 **자본시장의 감시와 회계감리 등에 관한 사무**를 주된 업무로 하는 **증권선물위원회**가 있다(제19조).

1. 법적 지위

증권선물위원회는 ① 자본시장의 불공정거래(내부자 거래나 시세조종행위 등) 조사 업무, ② 기업회계의 기준 및 회계감리(監理) 업무, ③ 금융위원회의 소관 사무 중 자본시장의 관리·감독 및 감시 등과 관련된 주요 사항에 대한 사전 심의 등을 수행하기 위하여 설치된 금융위원회의 산하 위원회이다(제19조). 즉, 금융위원회 내에 금융위원회 부위원장을 위원장으로 해서(제20조 제2항) 설치된 위원회로서 금융위원회와 마찬가지로 합의제 의결기관으로 볼 수 있다. 금융위원회의 하부 위원회이므로 금융위원회와 마찬가지로 「정부조직법」 제2조에 따른 중앙행정기관으로 보아야 할 것이다(제3조 제2항).

2. 조직

1) 서설

증권선물위원회는 5인의 위원으로 구성되어 있다. 증권선물위원회의 사무를 보좌하는 사무처 조직에 대해서는 법이 명시적으로 규정하고 있지 않으나, 시행령인 「금융위원회와 그 소속 직제」에 따르면, 금융위원회의 사무처가 보좌 사무를 수행하도록 하고 있다(제11조의2, 제11조의3). 이는 증권선물위원회가 금융위원회의 하부 위원회이므로 금융위원회의 사무처가 증권선물위원회의 사무처 역할을 수행하고 있다고 볼 수 있다. 이하에서는 증권선물위원회의 조직에 대하여 위원회의 구성, 위원의 임기, 위원의 결격 사유 및 신분 보장 등을 중심으로 하여 살펴본다.

2) 구성

증권선물위원회는 위원장 1인을 포함한 5인의 위원으로 구성하고, 위원장은 금융위원회 부위원장이 겸임한다(제20조 제1항 및 제2항). 나머지 4인의 위원은 일정한 자격 요건을 충족하는 자 중에서 금융위원회 위원장의 추천으로 대통령이 임명한다(제20조 제2항). 그러한 자격 요건은 ① 금융·증권·파생상품 또는 회계 분야에 관한 경험이 있는 2급 이상의 공무원 또는 고위공무원단에 속하는 일반직 공무원이었던 사람, ② 대학에서 법률학·경제학·경영학 또는 회계학을 전공하고, 대학이나 공인된 연구기관에서 부교수 이상 또는 이에 상당하는 직(職)에 15년 이상 있었던 사람, ③ 그 밖에 금융, 증권, 파생상품 또는 회계 분야에 관한 학식과 경험이 풍부한 사람이다(제20조 제2항). 금융위원회 위원과 달리 자격 요건이 상당히 구체적으로 규정되어 있다. 전문성이 요구되는 증권선물위원회의 성격상 바람직하다. 위원장을 제외한 위원 중 1인은 상임으로 한다(제20조 제1항). 상임위원은 고위공무원단에 속하는 일반직 공무원으로서 임기제 공무원으로 보(補)한다(제20조 제3항).

3) 위원 임기

증권선물위원회 위원의 임기는 3년으로 하며, 1차에 한하여 연임할 수 있다(제20조 제5항). 위원장은 금융위원회 부위원장이 겸임하므로 부위원장의 임기와 같게 된다(제6조 제1항). 임명직 위원에 결원이 있는 때에는 새로 임명하되, 새로 임명된 위원의 임기는 임명된 날로부터 기산(起算)한다(제20조 제6항, 제6조 제2항).

4) 위원의 결격 사유 및 신분 보장 등

금융위원회의 임명직 위원에 대한 결격 사유, 신분 보장, 겸직 금지, 정치 활동 금지에 관한 규정은 증권선물위원회 위원에 대하여도 동일하게 적용된다(제20조 제6항→제7조 내지 제10조).

5) 사무처

증권선물위원회의 조직에 관하여 필요한 사항은 금융위원회의 규칙으로 정한다고 하고 있는데(제22조 제1항), 아직 제정된 규칙은 없다. 증권선물위원회도 합의제 의결기구이므로 증권선물위원회의 사무를 처리하고 보좌하는 조직이 있을 필요가 있다. 명시적으로 사무처를 둔다는 조항은 두고 있지 않으나, 금융위원회에 사무처를 두도록 하고 있고(제15조 제1항), 증권선물위원회가 금융위원회의 산하 위원회이므로 결국은 금융위원회의 사무처가 증권선물위원회의 사무를 처리하는 조직이라고 볼 수 있다. 대통령령인 「금융위원회와 그 소속 직제」에서도 금융위원회의 사무처 업무로서 증권선물위원회의 고유 권한인 자본시장 불공정거래의 조사 및 회계감리에 관한 사무가 포함되어 있어서(제11조의2, 제11조의3) 금융위원회의 사무처가 증권선물위원회의 사무도 처리한다고 볼 수 있다. 그러나 보다 명확하게 하기 위해서는 금융위원회의 사무처가 증권선물위원회의 사무도 처리한다는 명시적인 조항을 두어야 할 것이다.

3. 소관 사무

1) 자본시장 및 회계 관련 사무

증권선물위원회는 ① 자본시장의 불공정거래 조사, ② 기업회계의 기준 및 회계감리에 관한 업무, ③ 금융위원회 소관 사무 중 자본시장의 관리·감독 및 감시 등과 관련된 주요 사항에 대한 사전 심의, ④ 자본시장의 관리·감독 및 감시 등을 위하여 금융위원회로부터 위임받은 업무, ⑤ 그 밖의 다른 법령에서 증권선물위원회에 부여된 업무를 수행한다(제19조). 따라서 증권선물위원회의 핵심 사무는 자본시장의 불공정거래 조사 업무와 기업회계 및 회계감리에 관한 업무라고 볼 수 있고, 이에 관한 업무는 증권선물위원회가 최종적으로 결정하게 된다.

2) 금융감독원에 대한 지도 · 감독

증권선물위원회도 금융위원회와 마찬가지로 위의 ① 내지 ⑤의 업무에 관하여 금융감독원을 지도·감독하며(제23조), 금융감독원의 업무를 지도·감독하는 데 필요한 명령을 할 수 있다(제61조 제1항).

4. 회의 운영

1) 서설

증권선물위원회의 운영에 관하여 금융감독기구법에 규정된 사항 이외에 필요한 사항은 증권선물위원회 규칙으로 정한다(제22조 제2항). 이에 따라 「증권선물위원회 운영규칙」이 제정되어 시행되고 있다.[13] 운영규칙을 제정하거나 변경하는 경우에는 금융위원회의 승인을 얻어야 한다(제22조 제3항). 이하에서는 금융감독기구법 및 운영규칙에 규정된 증권선물위원회의 운영에 관한 사항을 살펴본다.

2) 회의

(1) 회의 소집

증권선물위원회의 회의는 2인 이상의 위원의 요구가 있는 때에 위원장이 소집한다(법 제21조 본문). 다만 위원장은 단독으로 회의를 소집할 수 있다(제21조 단서). 「증권선물위원회 운영규칙」은 증권선물위원회의 회의를 정례회의와 임시회의로 구분하면서, 정례회의는 매월 2회 소집하는 것을 원칙으로 한다고 규정하고 있다(제4조 제2항). 위원회의 회의는 위원장이 소집

13 「증권선물위원회 운영규칙」은 금융위원회 고시(告示)로 되어 있어 제정 주체가 금융위원회인데, 이는 법 규정에 맞지 않다. 해석상 증권선물위원회가 제정 주체라고 보아야 할 것이다.

하므로(규칙 제4조 제1항) 정례회의는 위원장이 소집하게 된다. 임시회의는 2인 이상의 위원의 요구가 있는 때 또는 위원장이 필요하다고 인정하는 때에 위원장이 소집한다(규칙 제4조 제2항).

(2) 의안 제의

증권선물위원회 위원은 3인 이상의 찬성으로 의안을 제의(提議)할 수 있으며, 위원장은 단독으로 의안을 제의할 수 있다(규칙 제11조 제1항). 의안은 의결 사항과 보고 사항으로 구분한다(규칙 제11조 제2항 전단). 그런데 운영규칙은 의결 사항과 보고 사항의 범위에 대해서 자세히 규정하고 있지 않다. 운영규칙은 금융감독원 원장의 의안 상정 요청권에 대하여도 규정하고 있는데(규칙 제11조 제3항), 이는 법에는 규정되지 않은 사항인데 법에 반영되어야 할 것이다.

(3) 위원의 제척 사유

증권선물위원회 위원이 증권선물위원회의 심의·의결에서 제척되는 사유는 ① 자기와 직접적인 이해관계가 있는 사항, ② 배우자, 4촌 이내의 혈족, 2촌 이내의 인척의 관계에 있는 자 또는 자기가 속한 법인과 이해관계가 있는 사항이다(제21조 제3항→제11조 제4항 제1호, 제2호).

(4) 기피 신청 및 회피

증권선물위원회 심의·의결 안건의 해당 당사자는 위원에게 심의·의결의 공정을 기대하기 어려운 사정이 있는 경우에는 기피 신청을 할 수 있으며, 위원장은 이 기피 신청에 대하여 증권선물위원회의 의결을 거치지 아니하고 결정한다(제21조 제3항→제11조 제5항). 위원 본인이 위원의 제척 사유의 어느 하나에 해당하거나 기피 신청 사유에 해당하는 경우에는 스스로 그 사항의 심의·의결을 회피할 수 있다(제21조 제3항→제11조 제6항).

(5) 의견 청취

증권선물위원회는 심의에 필요하다고 인정하는 때에는 금융감독원 부원장·부원장보 및 그 밖의 관계 전문가 등으로부터 의견을 청취할 수 있다(제21조 제3항→제13조).

(6) 의결 요건

증권선물위원회의 회의는 3인 이상의 찬성으로 의결한다(제21조 제2항). 따라서 적어도 3인 이상이 참석하여야 회의가 성립될 수 있을 것이다. 서면으로 의결하는 예외가 운영규칙에 규정되어 있다. 즉, 증권선물위원회 위원장이 불가피하다고 인정하는 때에는 의안을 서면으로 의결할 수 있으며, 이 경우 그 불가피성을 설명하는 이유서를 첨부하여야 한다(규칙 제6조). 서면 의결이 예외적으로 허용되는 중요한 사항이라는 점에서 법에 규정되어야 할 것이다.

3) 의결서 작성 및 의사록 공개

증권선물위원회가 의결하는 경우에는 의결서를 작성하여야 하며, 의결에 참여한 위원은 의결서에 기명하고 날인 또는 서명하여야 한다(제20조 제3항→제12조 제1항). 또한 증권선물위원회는 의사록을 작성하고, 증권선물위원회가 정하는 바에 따라 이를 공개하여야 한다(제20조 제3항→제12조 제2항). 의결서의 작성 및 의사록 공개에 관한 자세한 사항은 금융위원회의 의결서 작성 및 의사록 공개에 관한 사항과 같으므로(규칙 제7조, 제8조), 위에서 설명한 부분을 참조하면 된다.

4) 「증권선물위원회 운영규칙」에 대한 평가

「증권선물위원회 운영규칙」의 내용도 「금융위원회 운영규칙」과 마찬가지로 법적 근거를 결여한 규정들이 있다. 예를 들어, 증권선물위원회의 권한 위임에 관한 규정(규칙 제12조, 제13조), 증권선물위원회의 의결 사항과 보고 사항의 구분(규칙 제11조 제2항) 등은 운영에 관한 사항으로 보기는 어렵다. 특히 금융감독원 원장의 의안 상정 요청권(규칙 제11조 제3항)은 금융위원회의 경우와 달리 법에 근거 규정 없이 운영규칙에 정하고 있어 문제이다.

IV. 금융감독원

1. 법적 지위

금융감독원은 무자본특수법인이므로(제24조 제2항) 정부기관은 아니다. 행정법적으로 금융감독원을 민간기구로 볼지, 아니면 공공기관 내지 공공단체[14]로 볼지에 대해서는 견해가 나누어질 수 있는데, 금융감독원이 "공법에 의하여 설립되었고 금융감독이라는 국가 사무를 수행하므로" 공법상의 법인체, 즉 국가의 간접행정기관[15]으로서 **공법상의 '영조물법인'**(營造物法人)[16]으로 보는 견해[17]가 설득력이 있다. 만약 순수 민간기구로 보게 되면 행정법적으로는 금융감독 업무를 국가로부터 위임받아 수행하는 '공무수탁사인'(公務受託私人)으로 볼 수 있을 것이다.[18] 금융감독원은 "공법상 독립적인 행정 주체"[19]로서 금융감독기구법이라는 특별법에 의해 설립된 법

14 공공단체에는 "공법상의 영조물법인, 공공조합, 공법상의 재단"이 있다(강현호(2003), 132면).

15 국가행정기관은 "중앙행정기관, 지방행정기관, 독립행정청, 국가간접행정기관으로서의 영조물법인"으로 나눌 수 있다(강현호(2003), 128~132면).

16 영조물법인이란 "일정한 행정 목적을 달성하기 위하여 설립된 인적·물적 시설의 종합체로서 독립한 법인격을 취득한 [법인]"을 말한다(강현호(2003), 132면).

17 강현호(2003), 137면; 이원우(2006), 258면; 이외에 금융감독원을 한국은행과 같은 독립적인 법인격을 갖춘 일종의 영조물법인으로 보는 견해는 김남진(2000), 61면; 박윤흔(1999), 80면; 김동희(1999), 47면(이상 홍준형(2001), 115면에서 재인용).

18 강현호(2003), 137면.

인이므로 특수법인이고, 금융기관에 대한 감독·검사 업무 등 공적 업무를 수행하고, 금융감독원 원장이 대통령에 의해 임명되는 등 집행 조직 구성에 국가가 관여하므로, 공법인(公法人)의 성격을 갖고 있는 공공기관 내지 공공단체인 영조물법인으로 보는 것이 보다 타당하다.[20]

2. 조직

1) 집행간부의 구성

금융감독원은 집행간부로서 원장 1인, 부원장 4인 이내, 부원장보 9인 이내와 감사 1인을 둔다(제29조 제1항).[21] **금융감독원 원장은 금융위원회의 의결을 거쳐 금융위원회 위원장의 제청으로 대통령이 임명**하며(제29조 제2항), 부원장은 원장의 제청으로 금융위원회가 임명하고, 부원장보는 금융감독원 원장이 임명한다(제29조 제3항). 감사는 금융위원회의 의결을 거쳐 금융위원회 위원장의 제청으로 대통령이 임명한다(제29조 제4항). 2008년 개정 전에는 금융감독원 원장은 금융감독위원회 위원장이 겸임하고, 부원장과 부원장보는 원장의 제청으로 금융감독위원회가 임명하는 것으로 되어 있었으며(개정 전 제29조 제2항 및 제3항), 감사는 금융감독위원회의 제청으로 대통령이 임명하는 것으로 되어 있었다(개정 전 제29조 제4항). 이 중 종전과 가장 큰 차이가 나는 점은 금융감독위원회 위원장이 금융감독원 원장을 겸

---

19 백윤기(2000), 13면.

20 김성수(2008), 251면도 "[금융감독원이] '특수법인'이라는 것은 공법상의 영조물법인의 성격을 가지고 있다는 뜻으로 해석할 수 있[으며], … 금융감독원은 검사 대상 금융기관에 대한 시정 요구나 징계 요구 등 행정 처분에 가까운 공권력 행사 등 그 전체적인 업무를 고려해 볼 때 행정 주체로서 공법상 영조물법인이며, 국가의 간접행정을 수행하는 행정기관의 일종으로 보아야 한다."고 하고 있다.

21 감사가 집행간부에 포함될 수 있는지 여부에 대해서는 다소 논란이 될 수 있으나, 여기서는 논의의 편의상 집행간부의 범위에 포함하는 것으로 보아 서술한다.

임했으나, 이제는 분리되었다는 점이다. 이것은 금융감독원이 금융위원회의 하부 집행기관이라는 점을 더욱 확실히 확인하게 된 셈이다.

2) 집행간부의 직무

금융감독원 원장은 금융감독원을 대표하며, 그 업무를 통할한다(법 제30조 제1항). 원장이 부득이한 사유로 인하여 직무를 수행할 수 없는 때에는 정관이 정하는 순서에 따른 부원장이 원장의 직무를 대행한다(제30조 제2항). 원장의 이익과 금융감독원의 이익이 상반되는 사항에 관하여는 정관이 정하는 순서에 따라 직무를 대행하는 부원장이 금융감독원을 대표한다(제31조). 부원장은 원장을 보좌하고 금융감독원의 업무를 분장하며, 부원장보는 원장과 부원장을 보좌하고 금융감독원의 업무를 분장한다(제30조 제3항). 감사는 금융감독원의 업무와 회계를 감사한다(제30조 제4항).

3) 집행간부의 임기

금융감독원 원장·부원장·부원장보 및 감사의 임기는 3년으로 하며, 1차에 한하여 연임할 수 있다(제29조 제5항). 금융감독원 원장·부원장·부원장보 및 감사에 결원이 생긴 때에는 새로 임명하되, 임기는 임명된 날로부터 기산한다(제29조 제6항).

4) 집행간부 해임 사유의 제한

금융감독기구법은 원장·부원장·부원장보 및 감사의 해임 사유를 한정하여 규정하고 있다. 즉, 법이 규정하는 해임 사유에 해당하지 않는 한 집행간부를 해임할 수 없다고 해석하는 것이 타당하다. 법이 규정하고 있는 집행간부에 대한 해임 사유는 ① 파산선고를 받은 경우, ② 금고 이상의 형 또는 금융감독기구법 및 그 밖의 금융 관계 법령(외국의 금융 관계 법령을 포함한다)에 의하여 벌금 이상의 형을 선고받은 경우, ③ 심신(心身)의 장애로 인하여 직무의 집행이 심히 곤란하게 된 경우, ④ 금융감독기구법 또는 같은 법에 의한 명령이나 정관을 위반한 경우이다(제32조 제1항).

5) 집행간부 등의 겸직 제한과 청렴 및 비밀유지 의무

원장·부원장·부원장보 및 감사와 직원은 직무 외의 영리를 목적으로 하는 업무에 종사하지 못하며, 당해 임명권자의 승인 없이 다른 직무를 겸하지 못한다(제34조). 또한 원장·부원장·부원장보 및 감사와 직원은 금융위원회 및 금융감독원의 검사와 감독을 받는 금융기관 또는 그 기관의 임·직원에게 대출을 강요하거나 금품이나 그 밖의 이익을 받아서는 아니 된다(제35조 제1항). 원장·부원장·부원장보 및 감사와 직원 또는 그 직에 있었던 자는 직무상 알게 된 정보를 타인에게 누설하거나 직무상 목적 외에 사용해서도 아니 된다(제35조 제2항).

3. 업무

1) 금융기관에 대한 검사 업무 등 금융감독 집행 업무

금융감독원은 금융기관에 대한 검사와 제재 업무 등을 수행하는 금융감독 업무의 집행기관으로서 ① 금융감독원의 검사를 받는 금융기관의 업무 및 재산 상황에 대한 검사, ② 금융기관에 대한 검사 결과에 따른 금융감독기구법과 다른 법령의 규정에 의한 제재, ③ 금융위원회 및 그 소속기관에 대한 업무 지원, ④ 그 밖의 금융감독기구법과 다른 법령에서 금융감독원이 수행하도록 하는 업무를 수행한다(제37조).

2) 검사 대상 금융기관에 대한 자료 제출 요구 등

금융감독원 원장은 금융기관 또는 다른 법령의 규정에 의하여 금융감독원에 검사가 위탁된 대상 기관에 대하여 업무 수행에 필요하다고 인정하는 때에는 그 기관에 대하여 업무 또는 재산에 관한 보고, 자료의 제출, 관계자의 출석 및 진술을 요구할 수 있다(제40조 제1항).

3) 금융기관 임직원에 대한 시정 명령 및 징계 요구

금융감독원 원장은 금융기관의 임직원이 ① 금융감독기구법에 의한 규정·명령 또는 지시를 위반하는 경우, ② 원장이 요구하는 보고서 또는 자료를 허위로 작성하거나 그 제출을 게을리 한 경우, ③ 금융감독원의 감독과 검사 업무의 수행을 거부·방해 또는 기피한 경우, ④ 원장의 시정 명령이나 징계 요구에 대한 이행을 게을리 한 경우에는 당해 금융기관의 장에게 이를 시정하게 하거나 당해 직원의 징계를 요구할 수 있다(제41조 제1항).

4) 금융기관 임원에 대한 해임 권고 및 업무집행 정지 명령 건의

금융감독원 원장은 금융기관의 임원이 금융감독기구법에 의한 규정·명령 또는 지시를 고의로 위반한 때에는 당해 임원의 해임을 임면권자에게 권고할 수 있으며, 당해 임원의 업무집행 정지를 명령할 것을 금융위원회에 건의할 수 있다(제42조).

5) 금융기관에 대한 업무정지 명령 건의

금융감독원 원장은 금융기관이 금융감독기구법에 의한 규정·명령 또는 지시를 계속 위반하여 위법 또는 불건전한 방법으로 영업하는 경우에는 ① 당해 금융기관의 위법행위 또는 비행(非行)의 중지, ② 6개월의 범위 내에서의 업무의 전부 또는 일부 정지를 명령할 것을 금융위원회에 건의할 수 있다(제43조).

6) 규칙의 제정

금융감독원 원장은 금융감독원의 업무 수행과 관련하여 필요한 경우에는 규칙을 제정할 수 있다(제39조 제1항). 금융감독원은 규칙을 제정 또는 변경한 경우에는 금융위원회에 즉시 보고하여야 하며(제39조 제2항), 금융위원회는 금융감독원이 제정한 규칙이 위법하거나 부당한 경우에는 시정을 명령할 수 있다(제39조 제3항).

4. 회계 및 재원

1) 회계연도 및 예산과 결산

금융감독원의 회계연도는 정부의 회계연도에 따른다(제44조). 금융감독원의 예산과 결산은 금융위원회의 통제를 받고 있다. 즉, 금융감독원의 예산은 금융위원회의 승인을 얻어야 하는데(제45조 제1항), 금융감독원은 회계연도 개시 60일 전까지 금융위원회에 예산서를 제출하여야 한다(제45조 제2항). 금융감독원 원장은 회계연도 종료 후 2개월 이내에 당해 연도의 결산서를 금융위원회에 제출하여야 한다(제45조 제3항). 금융감독원의 결산상 잉여금은 금융위원회의 승인을 얻어 다음 회계연도에 이월할 수 있다(제50조).

2) 재원

금융감독원의 운영을 위한 경비는 다음과 같은 재원(財源)으로 충당하게 된다. 즉, ① 정부의 출연금(出捐金), ② 한국은행의 출연금, ③ 금융감독원의 검사를 받는 금융기관의 출연금, ④ 금융감독원의 검사를 받는 금융기관의 분담금, ⑤ 그 밖에 다른 법령이나 정관에서 정한 수입에서 경비를 충당하게 된다(제46조). 검사 대상 기관이 납부해야 하는 분담금에 대해서는 시행령에서 자세히 정하도록 하고 있는데(제47조 제2항), 분담요율은 검사 대상 금융기관별로 직전 사업연도 말 총자산금액의 1만분의 15(즉, 0.015%)의 범위 안에서 금융영역별 분담금 규모, 검사 대상 기관별 총부채 및 영업수익(보험회사의 경우 보험료 수입) 등을 고려하여 매년 금융위원회가 정하는 비율로 한다(시행령 제12조 제1항). 이처럼 금융감독원 운영 경비의 대부분은 검사 대상 금융기관이 부담하는 출연금이나 분담금에 의존하고 있다. 금융기관의 부담을 덜어 주기 위해 금융감독원 자체 수입원을 발굴하여 재원을 확보하는 방안을 강구할 필요가 있다. 예를 들어, 금융감독원이 인가나 등록 업무 등을 하면서 대상 기관이나 법인으로부터 수수료를 받는 방법도 고려할 수 있다.

이외에 금융감독원은 필요한 때에는 금융위원회의 승인을 얻어 검사 대상 금융기관으로부터 자금을 차입할 수 있다(제48조). 또한 정부는 금융감독원에 대하여 국유재산을 무상으로 대부(貸付)하거나 사용하게 할 수 있다(제49조).

V. 금융감독 관련 기관 사이의 관계

1. 서설

넓게 보면 금융산업정책 내지 금융감독 관련 기관은 금융위원회 및 금융감독원에 한하지 않는다. 통화신용정책을 수행하는 한국은행도 일정한 부분에서는 통화신용정책 대상 금융기관에 대한 자료 제출 요청이나 검사가 필요할 수가 있다. 예금보험 업무를 수행하는 예금보험공사도 마찬가지이다. 그래서 금융감독기구법은 이들 기관과 관계에서 검사 및 공동검사 요청에 관한 규정을 두어 상호 업무 협조를 할 수 있도록 하고 있다. 이외에도 기획재정부, 금융위원회, 한국은행 사이에 상호 자료 요청권을 부여하는 규정도 두어 정보 교환을 통한 업무의 효율성을 도모하고 있다. 또한 금융감독기관인 금융위원회, 증권선물위원회 및 금융감독원 사이의 상호 관계도 규정하고 있다.

2. 금융위원회, 증권선물위원회 및 금융감독원 사이의 상호 관계

1) 금융위원회의 증권선물위원회 및 금융감독원에 대한 처분 취소 또는 집행 정지 권한

금융위원회는 금융감독에 관한 최고의사결정기관으로서 "증권선물위원회나 금융감독원의 처분이 위법하거나 공익 보호 또는 예금자 등 금융수요자 보호 측면에서 매우 부당하다고 인정하면 그 처분의 전부 또는 일부를 취소하거나 그 집행을 정지"시킬 수 있는 권한(제61조 제2항)을 갖고 있는 등 상위기관의 지위를 갖고 있다.

2) 증권선물위원회의 금융감독원에 대한 처분 취소 또는 집행 정지 권한

증권선물위원회도 그 업무에 관한 금융감독원의 처분이 위법하거나 매우 부당하다고 인정되는 때에는 그 처분의 전부 또는 일부를 취소하거나 그 집행을 정지할 수 있는 권한을 갖고 있어(제61조 제3항), 증권선물위원회도 금융감독원의 상위기관임을 알 수 있다.

3) 금융위원회 및 증권선물위원회의 금융감독원에 대한 명령권

특히 금융위원회 및 증권선물위원회는 금융감독원의 업무를 지도·감독하는 데 필요한 명령을 할 수 있어(제61조 제1항), 금융감독원이 금융위원회 및 증권선물위원회의 지도·감독을 받는 집행기관임을 규정하고 있다.

4) 금융감독원의 금융위원회 및 증권선물위원회에 대한 자료 제출 의무 등

금융감독원은 금융위원회 및 증권선물위원회가 요구하는 금융감독 등에 필요한 자료를 제출할 의무가 있으며(제58조), 금융기관에 대하여 검사를 실시한 경우 그 결과를 금융위원회에 보고하여야 하며(제59조), 금융기관 임직원에 대한 시정 명령이나 징계 요구 또는 해임 권고 등의 조치 사항을 금융위원회에 보고해야 한다(법 제59조). 또한 금융감독원은 업무 수행과 관련하여 규칙을 제정하거나 변경한 경우에는 즉시 금융위원회에 보고해야 하며(제39조 제2항), 금융위원회는 규칙이 위법하거나 부당한 경우 그 시정을 명령할 수 있다(제39조 제3항).

5) 소결

이처럼 금융감독기구법은 3개의 기관이 금융감독 업무를 수행함에 있어 상호 협조를 요구하도록 하는 것이 아니라 상하관계임을 규정함으로써 상호 업무 협조를 통해서 효율적인 금융감독 업무를 수행하기에는 장애 요인이 되고 있음을 알 수 있다.

3. 금융산업정책·감독 관련 기관과 관계

1) 한국은행의 금융감독원에 대한 검사 및 공동검사 요구

중앙은행인 한국은행은 1997년 12월 「한국은행법」이 개정되기 전에는 은행에 대한 감독·검사권을 보유하고 있었다. 그러나 통합 금융감독기구가 출범하면서 한국은행이 갖고 있던 은행에 대한 감독·검사권이 이관되었는데, 한국은행이 통화신용정책을 보다 효율적으로 수행하기 위해서는 통화신용정책 대상 금융기관[22]에 대한 재무 상황 등 자세한 정보가 필요하다. 「한국은행법」은 한국은행에게 금융기관[23]에 대해서 자료 제출을 요구할 수 있는 권한을 부여하고 있으나(제87조), 이러한 자료 제출 요구 권한만으로는 통화신용정책을 효율적으로 수행하기에 충분하지 않을 수 있다. 이를 반영하여 금융감독기구법 및 「한국은행법」은 한국은행에게 금융기관 검사권을 갖고 있는 금융감독원에 대하여 해당 금융기관에 대한 검사를 요구하거나 공동검사를 요구할 수 있는 권한을 부여하고 있다(제62조, 「한국은행법」 제88조). 다만 그러한 검사 또는 공동검사 요구 권한은 한국은행의 통화신용정책 수행을 위해 필요한 범위로 제한된다.

구체적으로 살펴보면 다음과 같다. **한국은행은 금융통화위원회가 통화신용정책의 수행을 위하여 필요하다고 인정하는 경우에는 금융감독원에 대하여 금융기관[24]에 대한 검사를 요구하거나 한국은행 소속 직원이 금**

---

22 「한국은행법」 적용 대상 금융기관은 (i) 은행법 제2조에 따른 은행과 (ii) 금융지주회사법에 따른 은행지주회사를 말한다(「한국은행법」 제11조).

23 한국은행의 자료 제출 요청권의 대상은 「한국은행법」 적용 대상 금융기관뿐만 아니라 은행이 아닌 자로서 금융업을 영위하는 자 중 한국은행과 당좌예금 거래 약정을 체결한 자를 포함한다(「한국은행법」 제87조). 따라서 은행 이외의 금융투자회사와 보험회사 등도 그 대상이 될 수 있다.

24 「한국은행법」 제11조에 규정된 금융기관, 즉 은행 및 은행지주회사를 말한다.

융감독원의 금융기관 검사에 공동으로 참여할 수 있도록 요구할 수 있다(제62조 제1항 전단, 「한국은행법」 제88조 제1항 전단). 이 경우 금융감독원은 "대통령령으로 정하는 바에 따라 지체 없이" 응하여야 하는데(제62조 제1항 후단, 「한국은행법」 제88조 제1항 후단),[25] 그 기간은 1개월 이내이어야 한다(시행령 제22조의3, 「한국은행법 시행령」 제15조의3). 한국은행이 검사 및 공동검사를 요구하는 때에는 "검사 목적·대상 기관·검사 범위 등을 구체적으로 명시"하도록 함으로써(제62조 제3항), 검사 범위 등을 제한하고 있다. 그리고 한국은행은 금융감독원에 대하여 요구한 검사나 공동검사의 결과를 송부해 달라고 요청하거나 검사 결과에 대하여 필요한 시정조치를 요구할 수 있다(제62조 제2항 전단, 「한국은행법」 제88조 제2항 전단). 이 경우 금융감독원은 이에 반드시 응하도록 함으로써(제62조 제2항 후단, 「한국은행법」 제88조 제2항 후단), 금융감독원이 한국은행의 요청에 대하여 거부할 수 없도록 하고 있다. 다만 응해야 하는 기간을 명시하지 않아 제때 이행되지 않을 수 있는 문제가 있을 수 있으므로 그 기간을 명시할 필요가 있다.

2) 예금보험공사의 금융감독원에 대한 검사 및 공동검사 요청

예금보험공사는 「예금자보호법」에 따른 예금보험제도의 효율적 운영을 위하여(예를 들어, 부실금융기관의 결정, 보험료의 계산, 보험금의 계산 및 지급, 부실금융기관의 정리 업무 등) 예금보험 대상 금융기관에 대한 재산 상황 등 필요한 정보를 파악할 필요가 있다. 이를 위해서 「예금자보호법」은 예금보험공사에게 예금보험 대상 금융기관에 대하여 자료 제출을 요구할 수 있는

25 2012년 3월 21일 금융감독기구법 개정 전에는 제62조 제4항이 "금융감독원은 한국은행이 검사 또는 공동검사 요구를 하는 경우 이에 응하여야 한다."라고만 되어 있어 이행 기간이 제한되어 있지 않았다. 따라서 금융감독원이 제때 이행하지 않는 문제점이 있었는데, 개정 금융감독기구법과 시행령은 1개월이라는 기간 이내에 응하도록 한 것이다.

권한을 부여하고 있다(제21조 제1항). 그러나 이러한 자료 제출 요구 권한만으로 예금보험공사가 그 업무를 수행하는 데 있어서 충분하지 않을 수 있다. 이런 점을 고려하여 한국은행의 경우와 마찬가지로 금융감독기구법과 「예금자보호법」은 **예금보험공사로 하여금 금융감독원에게 예금보험 대상 금융기관에 대한 검사 또는 공동검사를 요청할 수 있도록 하는 권한을 부여**하고 있다(제66조, 「예금자보호법」 제21조 제3항).

자세한 내용을 살펴보면 다음과 같다. 예금보험공사는 업무 수행을 위하여 필요하다고 인정하는 경우[26] 금융감독원에 대하여 예금보험 대상 금융기관과 해당 예금보험 대상 금융기관을 자회사 등으로 두는 금융지주회사에 대한 검사를 요청하거나 예금보험공사 소속 직원이 검사에 공동으로 참여할 수 있도록 예금보험위원회의 의결 절차를 거쳐 요청할 수 있다(제66조 제1항, 「예금자보호법」 제21조 제3항 전단). 예금보험공사가 검사 또는 공동검사를 요청하는 때에는 검사 목적·대상 기관·검사 범위 등을 구체적으로 밝혀야 한다(제66조 제2항). 금융감독원은 예금보험공사가 예금보험 대상 금융기관에 대한 검사 및 공동검사를 요청을 하는 경우 이에 응하여야 한다(제66조 제4항, 「예금자보호법」 제21조 제3항 후단). 다만 응해야 하는 기간을 명시하지 않고 있어서 금융감독원이 예금보험공사의 요청에 대하여 지체 없이 응하지 않을 가능성이 있다. 따라서 한국은행의 경우처럼 이행 기간을 명시적으로 둘 필요가 있다.

한편 예금보험공사는 금융감독원에게 검사 및 공동검사에 따른 검사 결과의 송부를 요청하거나 검사 결과에 대하여 필요한 시정조치를 요청할 수 있으며(제66조 제3항, 「예금자보호법」 제21조 제8항 전단), 금융감독원은 예금

26 「예금자보호법」 제21조 제3항은 "예금자등의 보호와 금융제도의 안정성 유지를 위하여 필요하다고 인정하는 경우"로 규정하고 있어 보다 구체적으로 규정하고 있다.

보험공사가 이러한 요청을 하는 경우 이에 응하여야 한다(제66조 제4항, 「예금자보호법」 제21조 제8항 후단). 여기서도 요청에 응하는 기간이 명시되지 않아 검사 요청의 경우와 같은 문제가 발생할 수 있다.

3) 금융·경제 정책 관련 기관의 상호 자료 요청

2008년 2월 정부 조직 개편에 의하여 기획재정부는 조세·재정 정책 이외에도 외환정책 등 국제금융정책 수립 및 집행 권한을 갖게 되었고, 금융위원회는 국내 금융산업정책 및 금융감독 권한을 갖게 되었다. 한편 한국은행은 통화신용정책 권한을 갖고 있다. 이들 3개 기관은 금융 및 경제 정책을 수행하는 데 있어서 상호 협조가 상당히 필요한데, 이런 면에서 각 기관이 갖고 있는 자료나 정보를 서로 교환하여 공유할 필요가 있다. 이런 점을 고려하여 금융감독기구법과 「한국은행법」은 3개 기관 사이에 정책 수행에 필요하다고 인정하는 경우 서로 자료를 요청할 수 있는 권한을 부여하고 있다(제65조 전단, 「한국은행법」 제94조 전단). 다만 요청을 받은 기관은 특별한 사유가 없는 한 요청에 응하도록 하고 있어(제65조 후단, 「한국은행법」 제94조 후단), 특별한 사유가 있는 경우에는 각 기관이 요청한 자료 요청권을 거부할 수 있는 한계가 있다.

이와 관련하여 2008년 세계적 금융위기가 발생했을 때 이들 세 기관 사이에 정책 협의가 잘 이루어지지 않았다는 비판이 제기되었는데, 물론 정부 조직상의 문제도 있었지만 이들 세 기관 사이에 업무 협조가 잘 이루어지지 않은 것도 그 원인이라고 할 수 있다. 이를 해결하기 위해서는 단순한 자료 요청 권한만으로는 충분하지 않고, 세 기관 사이의 정책 협의 기구를 설치할 수 있는 법적 근거를 규정하는 것이 필요하고, 자료 요청 권한을 거부할 수 있는 사유를 삭제하는 것도 필요하다.

금융기관 검사 업무 등으로 금융기관에 관한 많은 정보를 갖고 있는 금융감독원이 상호 자료 요청 대상 기관에서 제외되어 있는 것은 정보 공유 차원에서 볼 때 문제가 있다. 예금보험 업무를 수행하는 예금보험공사도 업무의 효율적인 수행을 위해서는 정보 공유 대상에 추가해야 한다.[27] 물론 네 기관 사이에 정보 공유 양해협의서(memorandum of understanding: MOU)를 체결하여 상호 자료를 공유하고 있으나,[28] 양해협의서는 법적 강제력이 없는 한계가 있으므로 효율적인 정보 공유를 위해서는 법에 명시적으로 규정해야 할 것이다.

4) 금융위원회 및 금융감독원의 관계 행정기관 등에 대한 협조 요청

금융위원회 및 금융감독원이 금융산업정책 및 금융감독 업무를 수행하기 위해서는 관련 기관으로부터 자료 입수 등 기타 필요한 협조를 구할 필요가 있다. 이를 위해서 금융감독기구법은 금융위원회 및 금융감독원에게 관련 기관으로부터 협조를 요청할 수 있는 권한을 부여하고 있다. 즉, 금융위원회는 필요하다고 인정할 때에는 관계 행정기관이나 그 밖의 기관 또는 단체의 장에게 필요한 조사를 의뢰하거나 필요한 자료를 요청할 수 있다(제65조의2 제1항). 또한 금융위원회는 금융감독기구법에 따른 시정조치의 이행을 확보하기 위하여 필요하다고 인정하는 경우에는 관계 행정기관이나 그 밖의 기관 또는 단체의 장에게 필요한 협조를 의뢰할 수 있다(제65조의2 제2항). 금융감독원도 직무 수행을 위해서 필요하다고 인정하는 경우에는 행정기관과 그 밖의 관계 기관에 대하여 협조를 요청할 수 있다(제67조).

---

27 다만 「예금자보호법」 제21조 제4항은 예금보험공사가 금융감독원에 대하여 부보금융기관 및 부보금융기관을 자회사 등으로 둔 금융지주회사와 관련된 자료를 제공해 줄 것을 요청할 수 있도록 하고 있다.

28 기획재정부 · 금융위원회 · 금융감독원 · 한국은행 · 예금보험공사, 「정보공유 및 공동검사 양해각서(MOU) 체결」, 보도자료, 2009. 9. 15.

제3절 금융감독기구 체제의 개편 과제[29]

I. 서설

이 절에서는 금융감독기구 체제의 문제점을 분석하고 바람직한 개편 방향을 제시한다. 무엇보다도 가장 큰 문제점은 금융감독기구가 '수직적으로' 이원화되어 분리되어 있다는 점이다. 원래는 하나의 금융감독기구가 금융감독 업무를 수행하는 것이 맞는데, 우리는 '기이하게도' 수직적으로 나누어진 2개의 금융감독기구를 두고 있어서 여러 크고 작은 감독 실패 사례가 발생하는 등 문제점이 나타나고 있다. 즉, 금융감독정책을 수행하는 금융위원회와 금융감독 집행기관인 금융감독원으로 수직적으로 나누어져 있는 것이 근본적인 문제이다. 더욱이 금융위원회가 금융감독정책 기능뿐만 아니라 금융산업정책 기능까지 수행하는 권한을 갖고 있다 보니 금융위원회의 정책 결정에 대하여 견제할 수 있는 기관이 없어서 금융위원회가 결정하면 그대로 집행하게 되면서 발생하는 문제점도 크다. 이하에서는 이러한 문제점에 대하여 자세히 살펴보면서 독립된 금융감독기구 설립 방안 등 개편 방향을 논의하기로 한다.

29 이하의 내용은 고동원(2012), 441~473면의 내용과 고동원(2021), 2~59면을 토대로 하여 수정·보완한 것이다.

II. 금융감독기구 체제의 문제점

1. 수직적으로 이원화된 금융감독기구 체제의 문제점

1) 서설

우리나라 금융감독기구 체제의 가장 큰 문제점은 **2개의 금융감독기구가 수직적으로(vertical) 나누어져 있는 비효율적인 체제**라는 점이다. 금융감독정책 기능을 수행하는 금융위원회와 금융감독집행 기능을 담당하는 금융감독원으로 분리되어 있는 것이 가장 큰 문제이다. 여러 다른 국가들의 사례를 보더라도 이렇게 금융감독정책 기능과 금융감독집행 기능이 나누어져 있는 체제를 갖고 있는 나라는 찾아볼 수 없다는 점에서 아주 기형적인 체제라고 할 수 있다. 그렇다 보니 아주 비효율적인 금융감독이 이루어져 금융산업과 금융시장의 발전을 가로막는 장애 요인이 되고 있다. 좀 더 구체적으로 살펴본다.

2) 상호 협조가 안 되는 체제로 인한 금융감독의 비효율성 초래

우선 두 기관이 서로 협조가 잘 되지 않는 구조로 되어 있어서 비효율적인 금융감독이 이루어지고 있다. 금융위원회는 금융감독원의 예산 및 결산에 대한 승인 권한을 갖고 있고, 금융감독원을 "지도·감독"할 수 있는 권한을 갖고 있어(제18조), 금융감독원은 사실상 금융위원회 산하기관이 되어 있다. 상하관계에 있는 셈이어서 상호 협조가 잘 이루어질 수 없는 근본적인 문제를 갖고 있다. 이에 따라 금융감독정책과 금융감독집행이 서로 어긋나고, 금융감독집행 기능만 갖고 있는 금융감독원이 금융위원회의 금융산업정책과 금융감독정책에 대한 견제 기능을 행할 수 없어서 금융감독의 실패를 초래하고, 그 결과는 감독을 받는 금융기관과 이를 이용하는 금융소비자에게 돌아가게 되어 피해가 발생하는 문제를 초래하고 있다.

3) 두 기관의 업무 관련 충돌에 따른 금융시장의 혼란 초래

같은 사안을 두고 두 기관이 서로 다른 견해를 취하게 되면서 금융시장에 혼란을 주게 되어 금융산업의 발전에 장애가 된다. 예를 들어, 어떤 사안의 법적 해석과 관련하여 금융위원회와 금융감독원이 서로 다른 입장을 취할 때 감독을 받는 금융기관은 어느 기관의 입장에 따라 업무를 처리해야 할지 애매하게 되어 업무 추진이 되지 않는 문제가 발생한다. 다음과 같은 사례가 이를 증명하고 있다. 기업의 조건부자본증권(hybrid securities) 발행과 관련한 회계 처리에 있어 금융위원회와 금융감독원이 자본인지 부채인지에 대해 입장 차이를 보여[30] 시장에 혼란을 초래한 사례이다. 또한 대부업 관련 대출 정보를 정보통신망에 공개하는 문제와 관련해서도 두 기관이 서로 대립하는 문제가 발생한 바 있다.[31] 즉, 두 기관이 서로 '불협화음'을 냄으로써 금융시장에 혼란을 일으켜 금융시장의 발전에 장애 요인이 되고 있다.

4) 책임 소재의 불분명에 따른 문제점

두 기관 사이에 의견이 일치하지 않을 때는 금융감독정책을 시행할 때 적시성을 놓칠 수 있어 금융감독정책이 제대로 집행되지 않는 문제가 있다. 또한 두 기관 사이의 책임 관계가 명확하지 않다 보니 책임 소재가 불

---

30 2012년 10월 (주)두산인프라코어가 조건부자본증권을 발행하였는데, 발행 자금의 회계 처리와 관련하여 금융위원회는 자본으로 보기 어렵다는 입장이었으며, 금융감독원은 자본으로 본 사례이다(머니투데이, 「1년 만에 결론 난 신종자본증권 논란 … 결국은 자본 인식」, 2013. 10. 1. 기사).

31 서울경제신문, 「하우스푸어·영구채 이어 대부업 정보 공유까지 사사건건 대립」, 2012. 11. 2. 기사; 이투데이, 「금융위·금감원 금융현안 불협화음」, 2012. 11. 6. 기사.

명확한 문제가 발생하여 서로 책임을 떠넘기는 문제도 있다. 즉, 금융감독정책과 금융감독집행의 업무 구분이 명확하지 않는 점이 있어 책임 소재가 명확하지 않은 문제점이 발생한다. 예를 들어, 2012년 7월 양도성예금증서(CD) 금리 결정 문제와 관련된 감독 책임과 관련하여 금융위원회와 금융감독원이 누구에게 책임이 있는지를 갖고 서로 다툰 적이 있었던 것[32]이 대표적인 사례이다.

5) 업무 중복에 따른 금융감독의 비효율성 초래

두 기관 사이에 업무 중복이 일어나 비효율적인 금융감독이 이루어지고 있다. 금융감독원이 금융감독집행기관이라고 하더라도 금융감독정책을 담당하는 부서가 있을 수밖에 없고, 이러한 업무는 금융위원회가 수행하는 업무와 중복된다. 예를 들어, 금융감독원에도 은행업, 증권업 및 보험업 등에 대한 감독정책 부서가 있는데, 이는 금융위원회에도 관련 부서가 있어 중복이 된다. 금융감독원이 감독정책 부서를 두는 이유는 금융감독집행기관인 금융감독원이 금융기관에 대한 검사 및 제재 업무를 수행하려면 금융감독정책 업무에 대한 이해와 검토가 있어야 하기 때문이다.

6) 금융시장의 정보 부족에 따른 금융감독정책 수립·집행의 적시성 실기의 문제

(1) 서설

금융시장에 대한 정보를 많이 갖고 있는 금융감독원은 금융감독정책을 수립할 권한이 없고(즉, 금융업 관련 감독규정(監督規程) 제·개정 권한이 없고),

32 서울파이낸스, 「금융위 vs 금감원, ‘CD사태’ 책임공방」, 2012. 7. 24. 기사; 서울신문, 「CD 금리 고정화, 금융당국 주도권 다툼 탓」, 2012. 7. 23. 기사.

금융감독정책 권한을 갖고 있는 금융위원회는 금융기관 검사 업무를 수행하지 않아 금융시장에 대한 충분한 정보를 가질 수 없어서 제대로 된 금융감독정책을 수립할 수 없는 문제가 있으며, 금융시장에 대한 정보의 전달 과정에서 시차로 인해 적시에 금융감독정책을 수립·집행하지 못하는 문제가 발생한다. 즉, 금융감독집행기관인 금융감독원이 금융기관 검사를 통해서 파악한 금융시장의 문제점을 감독규정의 개정을 통해서 바로 적시에 시정해야 하는데, 그렇지 못해서 감독 실패에 따른 투자자 피해를 초래한 사례가 대표적이다. 금융감독기구 체제의 문제점이 바로 투자자 피해로 연결된다는 점에서 금융감독기구 체제 개편이 시급하다는 점을 알 수 있다.

(2) 감독 실패 사례: 2013년 동양증권 사태

가) 서설

2013년 동양증권 사태가 대표적인 감독 실패 사례이다. 동양증권이 2008년부터 동양그룹 계열회사가 발행한 1조 7,000억 원 상당의 투기 등급(신용등급이 BB+ 이하인 투자 부적격 등급을 말한다)의 기업어음(commercial paper: CP) 및 회사채를 4만여 명의 개인 투자자에게 불완전 판매를 하여 투자자들에게 피해를 입힌 사건이다.[33] 금융감독원이 동양증권에 대한 검사를 실시해서 동양증권이 계열회사가 발행한 부실채권(債券)을 투자자들에게 판

33 구체적으로 동양증권은 2007년 2월 계열회사인 (주)동양레저가 발행한 투기등급의 1조 원 상당 기업어음을 투자자들에게 불완전 판매한 바 있고, 2008년부터 2011년까지 계열회사인 (주)동양이 발행한 2조 원 상당의 투기등급 회사채를 불완전 판매한 바 있다. 동양증권이 그룹 계열회사가 발행한 회사채의 판매 실적은 2013년 9월 1조 844억 원이었는데, 이는 2012년 6월 8,903억 원에서 1,941억 원이 증가한 금액이다. 2013년 9월 동양그룹 5개 계열회사가 기업 회생 또는 파산 절차에 들어가면서 투기등급 기업어음이나 회사채에 투자한 개인투자자 4만여 명(투자금액으로는 1조 7,000억 원)이 손실을 입었다. 감사원, 「기관별감사결과: 기업어음·회사채 등 시장성 차입금 관리·감독실태-투기등급 계열사 회사채 불완전 판매에 대한 지도·검사업무 부적정」, 2014. 7. 9., 1면 이하; 방준호, 「동양사태 위험성 알고도 금융당국이 방치해 피해 키웠다」, 한겨레신문 2014. 7. 15. 기사.

매하고 있음을 인지했지만, 이를 규제하기 위한 감독규정인 「금융투자업규정」을 개정할 권한이 없어 즉시 규제 조치를 취하지 못함으로써 투자자들의 피해가 커진 사례이다. 금융감독기구가 통합되어 있었더라면 금융감독기관이 동양증권에 대한 검사를 통해 인지한 문제를 「금융투자업규정」을 개정하여 계열회사가 발행한 투자 부적격 등급 채권을 불완전 판매하는 문제점을 바로 시정할 수 있었을 것인데, 그렇게 할 수 없었던 금융감독기구 체제에 의해서 투자자들의 피해가 커진 것이다. 동양증권 사태의 내용을 좀 더 자세히 살펴본다.

나) 동양증권 사태 발생 경과

감사원은 경제정의실천시민연합 등 3개 시민단체가 청구한 공익감사 결과를 2014년 7월 발표하였는데, 다음과 같은 감독 실패의 문제점을 지적하였다.[34] 금융위원회는 2008년 8월 자본시장법 시행(2009년 2월 4일)을 앞두고 감독규정인 「금융투자업규정」을 제정하면서 종전 「신탁업감독규정」에 있던 증권회사의 계열회사 지원 금지 조항을 삭제하였다. 금융위원회는 2007년 2월 동양증권이 계열회사인 (주)동양레저가 발행한 투기등급의 기업어음(CP) 1조 원 상당을 취득해 투자자들에게 판매한 사실을 금융감독원으로부터 보고받았으나, 동양증권의 계열회사 부당 지원 실태와 이로 인한 투자자 피해 가능성을 제대로 검토하지 않은 채 해당 조항을 삭제한 것이다. 또한 금융위원회는 2012년 1월까지 금융감독원으로부터 동양증권이 그룹 부실 계열회사 발행 기업어음을 보유하고 있다는 사실을 3차례나 보고받았지만 「금융투자업규정」의 개정 필요성을 검토하지 않고 방치했다고 감사원은 지적하고 있다. 이후 동양증권의 부실 계열회사 발행 기업어

34 이하는 감사원, 「기관별감사결과: 기업어음·회사채 등 시장성 차입금 관리·감독실태-「금융투자업규정」 제·개정 업무 처리 부적정」, 2014. 7. 9., 1면 이하; 위의 한겨레신문 2014. 7. 15. 기사 참조.

음 및 회사채 판매는 본격화되었다. 한편 2011년 11월 금융감독원과 함께 동양증권에 대한 공동검사를 수행한 예금보험공사는 동양증권이 부실 계열회사 회사채를 불완전 판매하고 있다는 검사 결과를 금융감독원에 2012년 2월 송부했지만 즉시 조치가 취해지지 않았다고 감사원은 지적하고 있다.[35] 금융감독원은 동양증권이 2008년부터 2011년까지 계열회사인 (주)동양이 발행한 2조 원 상당의 투기등급 회사채를 불완전 판매한 사실을 알았지만, 동양증권에 대해서 '회사채 불완전 판매가 발생하지 않도록 내부통제를 강화하라'는 내용의 지도 공문을 보내는 정도에 그치고 다른 별도의 조치를 취하지 않았다고 감사원은 지적하고 있다. 이렇게 규제 조치가 이루어지지 못하고 있는 사이에 동양증권이 그룹 계열회사 발행 회사채를 판매한 실적은 2012년 6월 8,903억 원에서 2013년 9월 1조 844억 원으로 오히려 1,941억 원이 더 증가하였다.

더욱이 금융위원회가 동양증권이 그룹 계열회사 발행 기업어음 및 회사채 판매를 금지하기 위해서 금융감독원의 건의를 시작으로 「금융투자업규정」을 개정해서 시행하는데 무려 1년 3개월이 걸렸다는 사실도 투자자 피해를 크게 증가시킨 이유 중의 하나이다.[36] 금융감독원은 동양증권이 부실 계열회사 발행 투기등급의 기업어음을 특정 금전신탁에 편입하여 투자자들에게 판매한다는 사실을 인지하였지만, 「금융투자업규정」 개정 권한이 없어 2009년 5월 동양증권과 양해협의서(MOU)를 체결하여 이를 규제하는 조치를 취할 수밖에 없었다.[37] 그러나 양해협의서는 법적 강제력이 없기 때문에 실효성이 없어 동양증권이 부실 계열회사 발행 기업어음 및 회

---

35 감사원, 「기관별감사결과: 기업어음·회사채 등 시장성 차입금 관리·감독실태-예금보험공사와 금융감독원의 공동검사 및 사후관리에 대한 지도·감독 불철저」, 2014. 7. 9., 2면.

36 중앙일보, 「증권사, 오늘부터 계열사 투기등급 채권 못 판다」, 2013. 10. 24. 기사.

37 감사원, 「기관별감사결과: 기업어음·회사채 등 시장성 차입금 관리·감독실태-「금융투자업규정」 제·개정 업무 처리 부적정」, 2014. 7. 9., 7면.

사채를 판매하는 행위는 지속되었다. 금융감독원은 2011년 7월 동양증권이 양해협의서의 내용을 이행하지 않고 있다는 사실을 발견하고 투자자 피해 발생 가능성이 높아짐에 따라 2012년 7월 6일「금융투자업규정」개정 권한이 있는 금융위원회에게 증권회사가 계열회사 발행 기업어음 및 회사채를 판매하는 것을 제한하는「금융투자업규정」개정을 건의하였다.[38] 이후 2012년 9월부터 본격적으로「금융투자업규정」개정 논의가 이루어졌는데, 2012년 11월 5일「금융투자업규정」개정안이 40일 동안 입법 예고되었고, 2013년 1월부터 3월까지 규제개혁심의위원회의 심의를 거쳤으며, 2013년 4월 23일 금융위원회 의결을 거쳐 증권회사가 계열회사의 투자 부적격 등급 기업어음이나 회사채를 판매할 수 없도록 하는「금융투자업규정」을 개정했고, 6개월 후에 시행하도록 되어 있어 2013년 9월 24일부터 시행된 것이다.[39] 이렇게 판매 제한 조치를 바로 시행하지 못함에 따라 2013년 9월 동양그룹 5개 계열회사가 기업 회생이나 파산 절차에 들어가면서 투기등급 기업어음이나 회사채에 투자한 개인투자자 4만여 명(투자 금액으로는 1조 7,000억 원)이 손실을 입은 것이다.

다) 소결

여기서 알 수 있는 것처럼, 금융감독원이 검사를 통해 문제점을 인지해도 감독규정인「금융투자업규정」개정 권한이 없어 바로 조치를 취할 수 없었던 것이 결국 투자자들의 피해로 연결된 것이었는데, 금융감독기구 체제의 문제점이 여실히 드러난 사례이다. 금융위원회가 감독규정 제·개정권을 갖고 있고, 금융감독원은 감독규정에서 위임한 실무상의 보고 사항 등에 관한 내용을 감독규정시행세칙을 통해 규제하고 있는데, 금융감독에

---

38 위의 감사결과보고서, 9면.
39 위의 중앙일보 2013. 10. 24. 기사.

관한 주요 사항은 감독규정에 주로 규정되어 있어 감독규정 제·개정권 행사가 실제 감독 집행에서는 아주 중요하다. 동양증권 사태의 경우에도 검사권을 갖고 있는 금융감독원은 동양증권 검사를 통해 문제점을 인지했어도 감독규정 제·개정 권한이 없어 직접 바로 규제할 수가 없었고, 금융위원회에 감독규정 개정을 건의할 수밖에 없는 상황이어서 감독규제가 바로 이루어지지 못했는데, 바로 금융감독기구 체제의 근본적인 문제점이 나타난 사례이다. 결론적으로 동양증권 사태는 금융감독기구의 수직적 분리에 따른 전형적인 금융감독 실패가 발생한 사례이다.

2. 금융위원회의 금융산업정책 기능과 금융감독정책 기능 수행에 따른 문제점

1) 서설

금융위원회가 금융산업정책과 금융감독정책 기능을 다 수행하고 있는 것도 문제이다. 세계 여러 나라들의 사례를 보더라도 이렇게 하나의 기관이 금융산업정책과 금융감독 기능을 둘 다 수행하는 국가는 찾아보기가 어렵다는 점[40]에서 국제적인 기준에도 맞지 않다. 특히 정부기관이 금융감독정책 업무를 수행함에 따라 금융감독의 독립성이 심각히 훼손되고 있다는

40 일본의 경우 정부 조직인 금융청(金融廳, Financial Services Agency)이 금융산업정책과 금융감독 업무를 다 수행하고 있는데, 이는 전통적으로 정부(과거 대장성)가 금융감독·검사 업무를 수행하고 있었다는 점과 일본 사회에서 관료 조직의 영향력이 크다는 점도 작용했을 것으로 본다. 2000년 7월 설립된 금융청은 1998년 6월 설립된 금융감독청[대장성(大藏省, Ministry of Finance)에서 분리된 기구로서 금융감독·검사 업무 담당]이 확대 개편되면서 금융산업정책 기능까지 담당하게 되었으며, 내각부(內閣府, Cabinet Office) 산하 정부기관이다. 일본의 금융행정 기구의 변천 과정에 대한 자세한 내용은 〈http://www.fsa.go.jp/common/about/suii/index.html〉 및 영문 소개서(booklet)〈http://www.fsa.go.jp/en/about/pamphlet.pdf〉 참조.

비판이 많이 제기되고 있다.[41] 금융위원회가 두 기능을 수행하고 있어서 발생하는 문제점을 자세히 짚어 본다.

2) 금융감독정책을 압도하는 금융산업정책의 문제점

(1) 서설

하나의 기관이 금융산업정책과 금융감독정책의 두 기능을 수행하다 보니 아무래도 **금융산업정책이 금융감독정책을 압도하여 금융감독 기능이 제대로 작동하기가 어렵게 되는 문제**가 발생한다. 예를 들어, 규제 완화를 통하여 금융산업을 육성하려는 금융산업정책 목표에 대하여 금융기관 건전성 감독에 책임이 있는 금융감독기관은 이러한 규제 완화적인 금융산업정책의 문제점을 지적하여 견제 역할을 할 필요가 있다. 이 경우 하나의 기관이 금융산업정책과 금융감독 기능을 수행하게 되면 이러한 견제 기능이 사라져 균형이 상실된다. 금융당국은 금융감독 업무도 수행하고 있지만 금융당국 업무의 속성상 금융산업정책을 우선시하는 경향이 강할 수밖에 없다. 문제는 금융산업정책의 특성상 규제 완화 경향의 정책을 취하게 되는데, 이렇게 되면서 자연스럽게 금융감독 강화 조치가 취해지지 않을 유인이 강하다는 점이다.

(2) 감독 실패의 사례

가) 2019년 및 2020년 사모집합투자기구 환매 중단 사태

(가) 서설　　대표적인 사례가 2019년과 2020년 발생한 사모집합투자기구(펀드)의 부실 운용으로 인한 환매 중단 사태로 많은 투자자들이 피해를 입은 사례이다. 금융위원회가 사모집합투자기구 시장을 육성하기 위해서 2015년 대폭적인 규제 완화 조치를 취했는데, 이때 규제 완화에 따른

41 윤석헌 외 5인(2012), 4면; 이성남(2008), 13면; 김홍기(2012a), 189~193면.

감독 강화 조치를 취하지 못하면서 부실화된 사모집합투자기구가 많아지고, 이에 따라 많은 투자자들이 피해를 입은 사례이다. 이때 금융감독집행기관인 금융감독원이 금융위원회의 규제 완화 조치에 대하여 반대의 목소리를 낼 수 있었어야 하는데, 금융위원회의 지도·감독을 받는 위치에 있는 금융감독원이 상위기관인 금융위원회에 반대의 목소리를 내는 것은 상상할 수가 없다. 금융산업정책 기능과 금융감독정책 기능을 다 갖고 있는 금융위원회가 마음만 먹으면 다 할 수 있는 체제로 되어 있어서 금융위원회가 다른 기관의 견제를 전혀 받지 않고 원하는 금융산업정책을 수립·집행할 수 있고, 결국은 잘못된 금융산업정책을 결정·시행하게 되면 금융사고가 발생하여 투자자들에게 피해를 입히게 된다는 것을 보여 주고 있다. 좀 더 자세히 살펴본다.

(나) 환매 중단 사태 발생 경과 2019년 10월 사모전문자산운용회사인 라임자산운용회사가 운용하는 사모집합투자기구의 환매를 중단하는 사태가 발생하였고, 이어 2020년 6월 사모전문자산운용회사인 옵티머스자산운용회사가 사모집합투자기구 환매 중단을 하는 사태가 발생하여 사모집합투자기구에 투자한 투자자들이 피해를 입은 사건이 발생하였으며, 이외에도 다수의 사모집합투자기구의 환매 중단 및 상환 연기 사례가 발생하였다.[42]

감사원도 2021년 7월 5일 공익감사청구 결과를 발표하면서 사모집합투자기구 규제 완화 조치의 문제점을 지적하면서 사모집합투자기구에 대한 상시감시를 철저히 하지 못했다는 점을 지적하고 있다. 즉, 감사원은 "금융위[원회]는 일반투자자의 위험감수능력 등을 고려하지 않고 사모펀드에 투자하는 일반투자자의 투자 요건 등을 완화하여 사고 발생 사모펀

42 김종민(2020), 17면.

드의 피해가 일반투자자에게 집중되었[다].”는 점을 지적하였고, “금감원은 규제 완화 이후 사모펀드 시장이 확대되는 등 위험이 증가하였는데도 자산운용사의 펀드 운영 관련 재무 자료와 특이 사항(환매 등) 보고 내용 등을 사모펀드 상시감시에 미활용”하였다는 점을 지적하였다.[43] 감사원은 “금융위원회 위원장에게 일반투자자의 위험감수능력 등을 고려하여 사모펀드에 직접 투자할 수 있는 일반투자자의 투자 요건을 설정하는 등 일반투자자 보호 업무를 철저히 하도록 주의 요구”를 하였고, “금융감독원장에게 사모펀드 설정·설립 보고 접수·확인 업무를 철저히 하도록 주의 요구하는 등 총 45건을 처분 요구하거나 통보하였다.”는 감사 결과를 발표했는데,[44] 사모집합투자기구 규제 완화 조치가 환매 중단 사태를 촉발한 원인이었다는 점을 지적하면서 금융위원회 위원장에게 ‘주의 요구’라는 경미한 조치를 취한 것이 타당하였는지는 의문이다.

(다) 소결 　　사모집합투자기구 환매 중단 사태가 발생하게 된 원인 중의 하나인 감독 실패는[45] 금융감독기구 체제의 문제점에도 기인한

---

43 감사원, 「감사보고서-금융감독기구 운영실태-」, 2021. 7., 6면.

44 위의 감사보고서, 7면.

45 사모집합투자기구 환매 중단 사태에 따른 투자자들의 피해가 발생한 원인 중의 하나는 감독 실패에도 있다는 주장이 제기된다. 이성복은 “금융감독 실패의 최종적 책임은 합의제 행정기관인 금융위원회와 그 사무처에 있다고 보는 것이 타당하다.”고 주장하고 있고(이성복(2020), 42면), 빈기범은 사모펀드 환매 중단 사태에 규제당국의 책임이 없지 않다고 하고 있으며(빈기범(2020), 66면), 송선현·구현주도 금융당국의 책임이 있음을 지적하고 있고(송선현·구현주(2020), 40면), 주윤신(2020)도 “금융당국도 규제만 완화하였을 뿐 실제 사모펀드의 시스템 리스크를 관리하고 참여자들의 행위를 감독·통제할 안전장치는 마련하지 못했다.”라고 하면서, “금융당국도 규제 완화에 당연히 수반되었어야 할 감독 방안을 제대로 준비하지 못했다는 점에서 책임을 피해 갈 수는 없다.”라고 비판하고 있으며(주윤신(2020), 2면), 고동원도 “금융위원회가 사모펀드 규제를 완화하면서 발생할 수 있는 부작용에 대한 대처 방안을 마련하지 못했다는 점에서 규제 완화 조치가 얼마나 심도 있는 검토 없이 이루어졌는지를 알 수 있다.”라고 하고 있다(고동원(2021), 148면).

다.[46] 금융감독 기능이 금융위원회와 금융감독원으로 나뉘어 있어, 두 기관 사이에 협조가 잘 이루어지지 않고 있는 사례를 보여 준 것이다. 즉, 금융당국인 금융위원회는 사모집합투자기구 규제 완화 조치에 따라서 동시에 감독 기능을 강화하는 것이 필요한데도, 감독규정 제·개정권을 갖고 있는 금융위원회가 이에 대한 감독 기능 강화 조치를 취하지 못한 것이 큰 문제이었다. 또한 금융기관에 대한 검사 권한을 갖고 있는 금융감독원도 이에 맞추어 사모집합투자기구 자산운용회사에 대한 검사를 보다 철저히 했어야 했는데, 그렇지 못했던 것도 문제이었다. 이는 금융감독원이 충분한 인력 확보를 하지 못해 많은 사모집합투자기구를 검사할 수 없었던 한계도 있었다는 점에서 금융감독기관의 충분한 인력 확보를 위한 예산 운영의 자율성을 확보할 필요가 있다는 점을 시사한다. 특히 금융산업정책 권한과 금융감독 권한을 둘 다 가진 금융위원회가 마음만 먹으면 아무런 견제 장치 없이 금융산업정책을 추진할 수 있는 것도 금융감독기구 체제의 큰 문제점 중의 하나이며, 사모집합투자기구 환매 중단 사태는 이러한 문제점을 여실히 보여 준 사례이다. 금융감독원이 하위기관으로서 금융산업정책과 금융감독 기능을 가진 상위기관인 금융위원회에 대해서 견제 기능을 수행할 수 없는 한계가 있다. 그러다 보니 금융당국인 금융위원회의 정책 결정이 아무런 견제 장치 없이 이루어지는 것이 문제이다. 금융당국의 규제 완화 조치에 대하여 금융감독기관이 문제점을 지적하고 견제할 수 있어야 금융산업정책과 금융감독이 서로 균형을 이루어져 합리적인 정책 결정과 집행이 이루어질 수 있는데, 그렇지 못한 금융감독기구 체제는 많은 문제점을 노출하고 있다. 2015년 사모집합투자기구 규제 완화 정책에 따

46 이러한 문제점을 지적하는 토론회가 개최되기도 하였다(국회의원 배진교·민병덕 의원 공동 주최, 「사모펀드 환매 중단 사태로 본 금융감독체계 개편 방향 토론회」, 2020. 7. 21.).

라 예상될 수 있었던 불법·부당 자산 운용 등의 문제에 대하여 금융감독기관이 좀 더 면밀한 감독과 검사로 사모자산운용회사의 불법 자산 운용 행태를 막았어야 했는데 그렇지 못했고, 이러한 문제는 바로 금융감독기구 체제의 문제점에서 기인한 것이다.

나) 2003년 신용카드 부실 사태

금융산업정책이 금융감독정책을 압도하여 금융사고를 일으킨 사례는 또 있다. 물론 금융위원회 체제에서 일어난 사건은 아니지만 금융감독기구의 견제 기능이 충실히 보장되어야 한다는 것을 시사하는 점은 같기 때문에 언급하면 다음과 같다. 2003년 신용카드회사 부실 사태를 들 수 있다. 당시 금융산업정책 권한을 갖고 있었던 재정경제부는 소비 진작을 통한 경제 활성화 정책을 펴면서 신용카드 사용 장려책을 펼쳤는데, 소위 '길거리 모집'이 가능할 정도로 신용이 없는 자에게까지 마구 신용카드 발급을 허용하면서 채무 상환을 하지 못하는 신용불량자를 양산시켰고, 이에 따라 신용카드회사의 부실 사태를 초래한 사건이다. 신용카드 사태도 금융감독 권한을 갖고 있던 당시 금융감독위원회가 금융산업정책 권한을 갖고 있던 재정경제부에 대한 견제 역할을 충실히 하지 못해서 발생한 사건이라는 점에서 금융감독기관의 견제 역할이 얼마나 중요한지를 알려 주는 사례이다.

다) 2011년 상호저축은행 부실 파산 사태

2011년 발생한 상호저축은행 부실 사태도 마찬가지이다. 금융산업정책 권한을 갖고 있던 당시 재정경제부가 상호저축은행의 업무를 확대하는 규제 완화 정책[47]을 취하면서 아무런 감독 강화 장치도 없이 실시하였는데,

47 2006년 5월 3일 「상호저축은행법 시행령」 제9조의 개정에 의해 자기자본비율 8% 이상이고 고정 이하 여신비율 8% 이하에 해당하는 우량 상호저축은행에 대해서는 지점 설립 규제를 완화해 주고, 동일인 여신한도 규제(자기자본 20% 이내, 80억 원 이하) 중 80억 원 한도를 면제하고 자기자본비율 규제만 부과하는 혜택을 부여했다.

이에 따라 상호저축은행들이 충분한 위험관리능력도 갖추지 않은 상태에서 무분별하게 부동산 개발 투자 시장에 참여하여 결국 2008년 세계적 금융위기를 맞으면서 부실 발생으로 인하여 많은 상호저축은행들이 파산하고, 이에 따라 상호저축은행이 발행한 후순위채권에 투자했던 많은 투자자들이 손실을 입었던 사건이다. 상호저축은행 부실 사태도 금융산업정책이 금융감독정책을 압도하면서 발생한 전형적인 감독 실패 사례이다. 그만큼 금융감독기관의 독립성 확보가 얼마나 중요한지를 알려 주는 사례이다. 이런 점에서 보면 정부가 금융산업정책과 금융감독정책 기능을 둘 다 수행하는 체제가 얼마나 잘못된 것인지를 알 수 있다.

(3) 소결

과거의 여러 차례 금융감독 실패를 교훈으로 삼아 감독 실패로 금융소비자 피해가 발생하지 않기 위해서는 금융위원회의 기능 중에서 금융감독 업무를 분리하는 것이 필요하다. 금융위원회가 잘못 판단해서 금융산업정책을 결정·시행하게 되면 금융산업과 금융시장이 망가지는 위험성이 항상 도사리고 있다는 점을 알려 주고 있다.

3) 금융위원회의 권한 남용 가능성의 문제점

금융위원회가 금융산업정책과 금융감독정책 기능을 다 수행하는 것은 금융정책의 중요한 모든 권한을 갖고 있다고 할 수 있어서 다른 기관의 견제를 받지 않고 그 권한을 행사하게 되므로 권한 남용의 가능성이 크다. 위에서 지적한 사모집합투자기구 규제 완화 정책의 사례가 금융위원회가 권한을 남용한 대표적인 사례로 볼 수 있다. 산하기관인 금융감독원이 금융위원회의 금융산업정책 결정 과정에서 견제 역할을 제대로 수행하지 못하면서 발생한 감독 실패이다. 이런 점에서 금융위원회가 수행하는 금융감독정책 기능은 분리되어야 한다.

4) 금융감독의 독립성 훼손의 문제점

정부기관인 금융위원회가 금융감독정책 기능을 수행하는 것은 금융감독의 독립성 내지 중립성 확보 차원에서도 문제가 있다. 원래 금융감독의 중립성을 확보하려면 중립적이고 독립적인 기관이 수행해야 하는데, **정부기관이 금융감독정책 업무를 수행하고 더욱이 금융산업정책 업무까지 수행하고 있어서 금융감독의 독립성을 확보하는 것은 요원**할 수밖에 없다. 정부가 금융감독 기능을 수행하게 되면 아무래도 정치적인 영향이나 선거에 영향을 쉽게 받으므로 중립성을 확보하기가 그만큼 어렵다.

5) 정부의 경제정책 수행과 부조화에 따른 문제점

별도의 정부 조직인 금융위원회가 국내 금융산업정책을 수행하게 됨에 따라 기획재정부가 수행하는 경제정책 및 국제금융정책(즉, 외환정책)과도 단절이 되고 조화를 이루지 못해서 경제·외환 정책 수행 및 운영에도 비효율성이 나타나는 문제점이 있다. 특히 국제금융정책은 기획재정부가 수행하고 있어서 국내금융산업정책과 국제금융정책이 분리되어 운영되고 있는 셈인데, 금융위기가 발생할 때 효과적인 대응이 어려운 문제가 발생할 수 있다. 국내금융산업정책과 국제금융정책은 서로 연결되어 있기 때문에 국내금융산업정책도 국제금융정책을 고려하여 수립되어야 하는데, 그렇지 못하고 있는 것이다. 특히 2008년 세계적 금융위기와 같은 상황에서 금융위기를 극복하기 위해서 주도적인 역할을 수행할 주체(control tower)가 필요한데, 그러한 주체가 없어서 체계적인 대응이 어려웠던 점이 있었다는 지적[48]에 비추어 볼 때, 국내금융산업정책과 국제금융정책이 분리되어 있는 것은 위기대응능력을 떨어뜨리게 한다. 또한 국회에서도 기획재정부

48 이성남(2008), 14면.

와 금융위원회의 소관 상임위원회가 각각 기획재정위원회와 정무위원회로 나뉘어 있어 상호 정책의 조화를 추구하기도 어렵다. 그리고 기획재정부가 국내금융산업정책 사무를 수행하지 않는데, 금융 의제를 다루는 세계 주요 재무장관 회의에 우리나라를 대표하는 장관이 될 수 있는지도 의문이다.

6) 금융감독의 국제적인 기준에도 어긋남

정부기관이 금융감독정책 업무를 수행하고 있어서 금융감독의 독립성·중립성·전문성 확보가 중요하다는 국제적인 기준[49]에도 역행하고 있어 문제이다. 정부기관이 금융감독 업무를 수행하게 되면 아무래도 선거를 의식해야 하고 정부의 경제정책에도 부응해야 하는 속성상 금융감독의 중립성 내지 독립성을 유지하기가 어렵다. 그래서 대부분의 나라들은 금융감독기관을 정부 조직에서 분리하여 별도의 독립된 공적 역할을 수행하는 비정부 조직으로 두고 있다. 그런데 우리는 이러한 기본원칙도 지켜지지 않고 있어 문제이다. 또한 정부 조직은 예산 통제로 높은 보수를 지급할 수 없기 때문에 우수한 금융 전문 인력을 채용할 수 없어서 전문성을 강화하는 데도 문제가 있다. 특히 공무원 조직의 특성상 순환 보직 제도를 운영할 수밖에 없는데, 이렇게 1년 내지 2년마다 이동하는 순환 보직 제도에서는 업무의 전문성을 쌓을 수 없다. 금융감독 업무를 민간 조직이 수행해야 하는 이유이기도 하다. 민간 감독기관에서는 높은 연봉을 받는 우수한 금융 전문 인력을 채용할 수도 있고, 탄력성 있게 보직 인사를 할 수 있어서 전문성을 키우는 것이 쉽기 때문이다.

---

49 바젤은행감독위원회(BCBS)의 "Core Principles for Effective Banking Supervision," 국제증권감독위원회(IOSCO)의 "Objectives and Principles of Securities Regulation," 국제보험감독기구협회(IAIS)의 "Insurance Core Principles and Methodology," 국제통화기금(IMF)의 "Financial Supervisory Independence and Accountability" 등의 국제적인 기준은 금융감독의 독립성·책임성·전문성을 강조하고 있다.

7) 합의제 기구 성격에 맞지 않는 금융산업정책 수행의 문제

합의제 의결기관인 금융위원회가 금융산업정책을 수행하는 것도 맞지 않다. 원래 금융산업정책은 합의제 기관이 수행할 필요가 없다. 금융산업정책을 수립하고 집행하는 데에는 정부의 의지가 중요하기 때문에 굳이 이해관계자의 의견을 반영하는 합의제 의결 기구가 필요 없다. 그래서 대부분의 국가도 금융산업정책은 단독 부처인 재무부가 수행하고 있다. 그런데 금융감독정책은 다르다. 금융업계와 금융소비자 등 여러 이해관계자가 관련되어 있고, 금융감독정책이 금융산업과 금융시장에 큰 영향을 미치기 때문에 금융산업 종사자나 관계자 등의 다양한 의견을 고려해서 금융감독정책을 수립할 필요가 있다. 이를 위해서 대부분의 국가에서도 다양한 의견을 수렴할 수 있는 합의제 위원회 제도를 채택하는 경우가 많다. 특히 금융감독정책의 독립성을 확보해야 한다는 점에서 보면 이를 보장하기 위해서는 위원회 제도가 타당하다. 이는 마치 중앙은행의 통화신용정책 독립성을 보장하기 위해서 위원회 제도를 운영하는 것과 마찬가지이다. 우리나라의 경우 한국은행 내에 설치된 금융통화위원회가 그러하다. 그런데 우리는 금융위원회가 금융감독정책 기능도 수행하면서 금융산업정책 기능도 수행하다 보니 할 수 없이 금융산업정책 업무 관련 사항도 위원회의 심의·의결 절차를 거칠 수밖에 없는데, 이는 적절하지 않다. 따라서 금융위원회가 수행하고 있는 금융산업정책 업무는 분리하여 관련 부처인 기획재정부로 이관하는 것이 타당하다.

3. 금융감독의 독립성 확보가 어려운 체제의 문제점

금융감독에 있어서 독립성을 확보하는 것은 아주 중요하다. 그래서 국제적인 감독 기준을 제시하고 있는 국제금융감독기구들은 금융감독의 독립성 확보가 가장 중요하다는 점을 강조하고 있다. 이러한 금융감독의 독립성 확보는 바젤은행감독위원회(Basel Committee on Banking Supervision: BCBS),[50] 국제증권감독위원회(International Organization of Securities Commissions: IOSCO),[51] 국제보험감독자협회(International Association of Insurance Supervisors: IAIS)[52] 등 국제금융감독기구가 제시하는 기준이다. 금융감독기관의 독립성을 확보하려면 정부기관이 아닌 독립적인 공적 민간기구가 금융감독 업무를 맡아야 한다. 그래야 정부나 정치권의 압력에 영향을 받지 않고, 금융기관의 건전성 유지와 금융소비자 보호를 목표로 하는 금융감독 업무를 효율적으로 잘 수행할 수 있다. 대부분의 국가도 정부기관이 아닌 민간 조직이 금융감독 업무를 수행하고 있다.[53] 이것이 국제적인 기준이다.

그런데 우리나라는 그렇지 않아서 문제이다. 정부 조직인 금융위원회가 중요한 금융감독정책 기능을 수행하고 있어서 금융감독의 독립성을 확보하기가 어려운 체제로 되어 있고, 국제적인 기준에도 맞지 않다. 물론 민간 기구인 금융감독원도 금융감독 업무를 수행하고 있지만, 주로 검사 및 제재 업무를 수행하기 때문에 금융감독에서 중요한 금융감독정책을 결

50 Basel Committee on Banking Supervision, "Core Principles for Effective Banking Supervision," April 2024, p. 21(Principle 2: "The supervisor possesses operational independence, ..."). 〈https://www.bis.org/bcbs/publ/d573.pdf〉.

51 International Organization of Securities Commissions, "Objectives and Principles of Securities Regulation," Sep. 1998, p. 11(Principle 6.3 Independence and Accountability: "The regulator should be operationally independent from external political or commercial interference in the exercise of its functions and powers and accountable in the use of its powers and resources."). 〈http://www.iosco.org/library/pubdocs/pdf/IOSCOPD82.pdf〉.

52 International Association of Insurance Supervisors, "Insurance Core Principles, Standard, Guidance and Methodology," Oct. 1, 2011, p. 17("The supervisor and its staff are free from undue political, governmental and industry interference in the performance of supervisory responsibilities."). 〈http://www.iaisweb.org/__temp/Insurance_Core_Principles__Standards__Guidance_and_Assessment_Methodology__October_2011.pdf〉.

53 미국(FRB, FDIC, SEC), 영국(FCA), 독일(BaFin), 프랑스(FPSA), 호주(APRA, ASIC), 스위스(FINMA) 등 주요국도 금융감독기구를 공적 민간기구로 설치하여 운영하고 있다.

정할 수 있는 권한이 없다. 그렇기 때문에 우리나라는 정부가 사실상 금융감독 권한을 행사하고 있다고 평가할 수 있다. 실제로 금융기관의 건전성 감독을 위해서 사용되는 총부채상환비율(debt service ratio: DSR) 및 총부채수입비율(debt-to-income: DTI) 규제가 정부의 경제정책에 맞추어 집행되는 경우가 많다. 정부기관인 금융위원회가 금융감독정책 업무를 수행하다 보니 정부의 정책에 맞추어 금융기관 건전성 규제 정책이 시행되고 있다.

그렇다고 금융감독집행기관인 금융감독원이 독립성을 갖추고 있다고 말하기도 어렵다. 금융감독원은 금융위원회의 "지도·감독"을 받도록 되어 있고, 예산 통제도 받는다. 금융감독원의 수입원인 분담금에 대한 요율 결정권도 금융위원회가 갖고 있어(시행령 제12조 제1항) 재원에서도 통제를 받는다. 이런 여러 가지 통제 장치에 비추어 볼 때 금융감독원이 독립성을 갖고 있다고 보기도 어렵다. 따라서 금융감독기구 체제 개편에는 금융감독기구의 독립성 확보를 위한 제도적 장치를 마련하는 것이 중요하다.

4. 금융감독의 전문성 부재의 문제점

1) 서설

금융감독기관의 전문성 확보는 금융감독의 기본적인 원칙이고 국제적인 기준이기도 하다. 금융감독기관의 전문성이 확보되어야 이를 바탕으로 하여 금융기관과 금융시장에 대하여 효율적인 감독을 할 수 있기 때문에 그만큼 금융감독기관의 전문성은 중요한 금융감독의 요소이다. 금융시장과 금융산업에 대한 충분한 이해가 있어야 어떻게 감독을 해야 할지에 대한 방향을 잡을 수 있는데, 이러한 감독이 제대로 이루어지려면 금융감독기관의 전문성이 뒷받침되어야 한다.

그런데 우리나라는 금융감독기관의 전문성이 확보되지 않아 문제이다. 금융감독정책 업무를 수행하는 금융위원회는 공무원 조직인데(구체적으로는 금융위원회 사무를 보조하는 사무처 조직을 말한다), 공무원 조직은 원칙적으로 순환 보직을 실시해야 한다. 공무원은 고시(考試)나 시험을 통해서 선발되므로 원칙적으로 모두에게 공평한 기회를 주어야 하기 때문이다. 공무원 조직인 금융위원회 사무처도 예외가 될 수 없어서 대부분의 직원이 1년 내지 2년 정도 근무하고 다른 부서로 보직 이동을 하므로 전문성을 확보하는 데 한계가 있다. 금융감독집행 기관인 금융감독원도 마찬가지인데, 직원 공채 제도를 유지하고 있어서 1년 내지 2년 기간마다 순환 보직을 하고 있기 때문에 직원들의 전문성을 쌓을 수 없는 문제가 있다. 그런데 금융 분야는 다른 일반 행정 분야에 비하여 전문성을 요하는데, 금융감독기관의 순환 보직 제도는 직원의 전문성을 쌓는 데 장애 요소가 되고 있다.[54] 금융 분야는 일반 행정 분야와 달라서 단시간 내에 전문성을 쌓기가 쉽지 않아 순환 보직제 적용의 예외가 되어야 하는데, 금융위원회 조직만 예외를 인정하는 것이 쉽지 않다. 순환 보직제에서는 1년 내지 2년 정도의 기간마다 부서를 이동하기 때문에 직원들의 '무사안일주의'로 연결된다는 점이 문제이다. 즉, 본인이 해당 직무에서 일을 하는 동안 아무런 사고나 문제가 없이 해당 보직 기간을 채우는 것이 가장 최선이라고 생각해서 해당 보직에서 업무를 하는 동안 적극적으로 업무를 수행하지 않으려는 경향이 강하다. 이러한 문제점들은 결국 금융산업의 성장에 걸림돌이 된다. 순환 보직제를 채택하고 있는 금융감독원도 마찬가지이다. 또한 우수한 인재를 채용하고 직원들의 연수 및 교육 활성화를 위해서는 충분한 예산이 확보되어야 하나, 금융감독원의 경우 예산 편성에 대한 승인권을 금융위원회가

---

54 이처럼 "순환 보직은 전문성 확보와 상충될 수 있다."라고 지적하는 글은 정홍주 외 3인 (2017), 16면.

갖고 있어(금융감독기구법 제45조 제1항) 예산을 통제하고 있으므로 이에 대한 충분한 지원을 하는 데도 한계가 있어 문제이다.

2) 전문성 부족에 따른 금융정책의 실패 사례

금융위원회 조직이 전문성이 확보되지 않아 적기에 필요한 금융정책을 펴지 못한 사례 두 가지를 들면 다음과 같다.

(1) P2P대출중개업에 대한 법제 마련 실기(失期)

금융기술(FinTech)이 발전하면서 새로운 금융업으로 나타난 P2P(peer-to-peer)대출중개업[55]에 대한 규제 체계가 적시에 만들어지지 못하면서 P2P대출중개업 시장이 정비되지 못하여 투자자들의 피해가 발생한 사례를 들 수 있다. 2015년부터 새로운 금융업으로 등장한 정보통신망을 통한 P2P대출중개업에서 규제의 핵심은 대출중개운영 체계(platform)를 운영하는 중개업자에 대한 등록제나 인가제를 통해서 자격 요건을 갖추지 못한 대출중개업자를 시장에 진출하지 못하도록 하고, 투자자의 자금을 은행 등 금융기관에 별도로 예치하도록 해서 투자자 자금을 보호하는 것이고, 이를 위해서는 관련 법률을 제정해서 이에 대처하는 것이 해결 방법이었는데, 금융위원회는 그런 방향의 규제 대책 방안을 마련하지 않고 행정지도인 '지침'(guideline)을 통해서 P2P대출중개업에 대한 규제를 하였다.[56] 행정지도는 강제력이 없기 때문에 대출중개업자에 대한 규제를 하는 데에는 한계가 있었다. 그러다 보니 여전히 '악덕' 대출중개업자들이 투자자의 자금을 횡령하거나 유용하는 사례가 발생해서 많은 투자자들이 피해를 입은 사례가 발생했다. 결국 나중에야 금융위원회는 입장을 바꾸어 2018년 12월 관련 법

55 이에 대한 자세한 논의는 고동원(2019), 37~77면.
56 금융위원회, 「안전한 P2P대출, 가이드라인 준수에서 시작합니다」, 보도자료, 2017. 2. 27.

률을 제정하는 방안으로 규제 방향을 정했는데,[57] 이후 관련 법률인 「온라인투자연계금융업 및 이용자 보호에 관한 법률」이 2019년 11월 26일 제정되어 2020년 8월 27일부터 시행되었지만, 그동안 투자자들의 투자 자금 횡령 등의 행위는 만연히 이루어지고 있었던 것이다.

2015년 P2P대출중개업 시장이 막 시작되었던 초창기에 금융당국이 새롭게 등장한 P2P대출중개업에 관하여 외국의 규제 동향을 파악하고 전문적인 지식을 쌓았더라면 당연히 법률 제정을 통한 규제 방향이 맞는 것이라는 것을 알 수 있었는데, 거의 5년 동안 사실상 규제를 방치함으로써 결국 투자자들만 피해를 입었던 것이다. 이미 미국, 영국 및 일본 등 주요국들은 P2P대출중개업자에 대한 등록제나 인가제 등을 통해서 규제를 하고 있었기 때문에 외국 동향을 파악하고 심도 있게 검토했었더라면 올바른 규제 방향을 잡을 수 있었을 텐데, 그렇지 못했던 것은 바로 금융당국의 전문성 부족 때문이라고 지적할 수 있다. 즉, 이 사례는 금융위원회 담당자들이 금융기술의 발전에 따라 새롭게 등장한 금융업에 대한 전문적인 이해가 부족해서 규제의 방향을 잡지 못해서 일어난 사례라고 평가할 수 있다. 이런 점에서 금융감독기관의 전문성 제고가 절실하다는 점을 알 수 있다.

(2) 암호자산 시장 규제에 대한 법제 마련 실기

두 번째 사례는 문제가 많이 되고 있는 비트코인(bitcoin) 등 암호자산(crypto asset, 또는 가상자산(virtual asset)이라고 한다) 거래 규제에 대한 것이다. 2017년 비트코인 등 암호자산에 대한 투기적인 거래가 많아졌을 때 당연히 관할당국인 금융위원회가 암호자산 거래에 대한 규제 방향을 잡아야 하는 것이 당연한데도 오히려 관할 부처가 아니라고 주장하면서 한때 법무부가 암호자산 거래 주관 부처가 된 적도 있었고,[58] 그 후에는 국무총리실 주

57 금융위원회, 「P2P대출 가이드라인 개정 방안 및 법제화 방향」, 보도자료, 2018. 12. 11.

관으로 정부합동대책 방안 마련 방향으로 정리가 된 적이 있었다.[59] 그런데 문제는 이후에 암호자산에 대한 투기적인 거래가 더욱 많아지면서 사회 문제가 되었다는 것이다. 투자에 실패한 투자자들이 나타나면서 암호자산 거래의 폐해가 드러나기 시작하였고, 여론이 나빠지면서 대책 마련이 요구되었다. 2021년에 들어와서야 이러한 여론이 형성되자 결국 정부는 금융위원회를 주관 부처로 정하고 대책을 마련할 것을 주문한 바 있다.[60] 금융위원회는 그제야 암호자산 거래 문제의 심각성을 인식하고 내부에 담당 부서를 설치하고,[61] 암호자산을 이용한 자금세탁행위를 금지하기 위해서 관련 법률인 「특정금융거래정보의 보고 및 이용 등에 관한 법률」이 2020년 3월 24일 개정(2021년 3월 25일 시행)되어서 가상자산사업자에 대한 신고 제도가 도입되고(제7조 제1항) 실명 거래 도입(제7조 제3항) 등의 규제 체계가 갖추어졌고, 더 나아가서 암호자산 투자자를 보호하기 위하여 관련 법률인 가상자산법이 2023년 7월 18일 제정되고 2024년 7월 19일부터 시행되었다. 너무 늦게 제도 정비를 한 것이다. 그동안 피해를 본 투자자를 생각하면 제도 정비가 제때에 이루어지는 것이 얼마나 중요한지를 알 수 있다.

이 사례도 마찬가지로 2017년경 암호자산 거래 규모가 막 커지기 시작했을 때 새롭게 등장한 암호자산에 대한 깊은 연구를 통해 암호자산 거래에 대한 규제 방향을 잡았어야 했는데, 금융위원회가 이를 하지 못한 것이다. 이것도 결국은 금융위원회 담당자들의 전문성 부족으로 인해 암호자

58 법무부, 「법무부, 「가상통화 대책 TF」발족」, 보도자료, 2017. 12. 4., 1면. 이에 대한 자세한 논의는 고동원(2018), 307~308면.

59 국무조정실, 「가상통화에 대한 정부 입장」, 보도자료, 2018. 1. 15., 2면.

60 국무조정실 등 관계부처합동, 「가상자산사업자 신고제도 안착에 중점 … 거래투명성 강화한다」, 보도자료, 2021. 5. 28., 3면.

61 금융위원회 금융정보분석원에 '가상자산검사과'를 설치한다고 발표하였다(금융위원회, 「가상자산 거래에 대한 투명성을 강화하겠습니다.-8월 27일, 「금융위원회와 그 소속기관 직제 개정령안」 입법예고-」, 보도자료, 2021. 8. 26., 1면).

산 거래 규제 설정에 대한 방향을 잡지 못해서 일어난 사례라는 점을 지적할 수 있다. 미국, 일본 및 유럽연합 등 외국의 경우에는 이미 금융감독기관이 암호자산에 대한 깊은 연구를 통해 법제도적 장치를 마련하여 암호자산 거래에 대한 규제를 시작했는데, 우리가 그렇지 못했던 것은 바로 금융당국의 전문성 부족이 원인 중의 하나라고 평가할 수 있다.

3) 소결

이런 사례에 비추어 볼 때 정부 조직이 금융감독 업무를 수행하게 되면 전문성을 확보하기가 어렵기 때문에 전문성을 갖출 수 있는 민간기구 조직으로 금융감독기구를 설치해야 한다는 점을 알 수 있다.

5. 합의제 의결기구의 취지를 반영하지 못하는 금융위원회 위원 구성의 문제점

합의제 의결기구의 장점은 여러 이해관계자나 전문가 등으로 구성되어 다양한 이해관계자들의 의견을 바탕으로 의사결정을 할 수 있다는 점이다. 금융감독정책 결정에서도 합의제 의결기구가 필요한 이유도 바로 이러한 것이다. 그래서 대부분의 국가에서도 금융감독기구 내부에 최고 의사결정기관으로서 합의제 의결기구를 두어 운영하고 있다. 우리도 금융위원회라는 합의제 의사결정기구를 두고 있지만, 위원 구성을 보면 '무늬만' 합의제 의결기구라고 할 수 있다. 즉, 외부 비상임위원이 1명(대한상공회의소 회장이 추천하는 경제계 대표 1명)뿐이다. 나머지는 당연직 위원 4인(기획재정부 차관, 금융감독원장, 예금보험공사 사장, 한국은행 부총재), 위원장 및 부위원장, 그리고 상임위원 2명으로 구성되어 있다(제4조). 이렇게 1명뿐인 비상임위원이 숫자는 금융위원회 출범 전인 금융감독위원회 체제에서는 비상임위원 숫자 4인(재정경제부 장관이 추천하는 회계전문가 1인, 금융감독위원회 위원장이 추천하는 금융전문가 1인, 법무부 장관이 추천하는 법률전문가 1인, 대한상공회의소 회장이 추천하는 경제계 대표 1인)에 비해서 대폭 축소된 것이다. 합의제 의결기구의 취지를 무색하게 만드는 1인의 비상임위원 체제이다. 그래서 금융위원회의 위원 구성은 당연직으로 참여하는 위원이 속하는 기관 사이의 정책조율 기관으로 변모했다는 비판도 있다.[62]

비상임위원 1인을 갖고 과연 합의제 의결기구라고 할 수 있는지 의문이다. 다양한 이해관계자의 의견을 반영하려는 합의제 의결기구의 취지를 구현할 수 없는 문제가 있다. 금융감독기구 체제 개편에서는 금융감독기구의 내부 최고의사결정기관의 위원 구성에 업계나 소비자단체 등 각 이해관계자를 대표할 수 있는 비상임위원의 숫자가 과반수가 되도록 하여 명실상부한 합의제 의결기구의 취지를 살릴 수 있도록 해야 한다. 그리고 금융감독 관련 기관을 대표하는 당연직 위원 제도는 폐지해야 한다. 금융감독정책을 결정하는 데 있어서 굳이 기획재정부나 한국은행 및 예금보험공사 등 금융안전망기구가 당연직 위원으로 참여할 필요가 없다. 오히려 이러한 금융안전망기구들은, 뒤에서 논의하는 것처럼, 별도의 '금융안정협의회'를 구성해서 거시건전성 정책과 금융안정정책의 수립과 운영에 위원으로 참여하는 것이 금융안전망기구로서 역할을 충실히 할 수 있어서 합리적인 방법이다. 이런 점에서 당연직 위원 제도는 폐지해야 한다. 더불어 합의제 의결기구 위원의 전문성 요건도 필요하다. 금융위원회의 위원의 자격 요건과 관련해서는 피성년후견인이나 파산선고를 받고 복권되지 아니한 사람 등 결격 요건만을 규정하고 있고(제8조), 금융 관련 지식이나 경험을 요구하는 전문성 요건을 규정하고 있지 아니한데, 금융감독의 전문성

62 김건식 외 6인(2012), 123면.

을 고려하면 이러한 전문성 요건이 필요하다.

6. 금융안정협의기구 부존재 및 금융정보 공유 체계의 문제점

1) 서설

금융감독기구 체제 개편 논의와 관련하여 금융감독 관련 기관들인 금융안전망기구들 사이의 거시건전성 및 금융안정 정책 협의와 상호 정보 공유 문제도 중요한 사항이다. 2008년 세계적 금융위기를 겪으면서 거시적 금융안정 정책 협의가 중요하다는 점이 인식되었다. 그래서 미국은 재무부, 금융감독기관, 중앙은행, 예금보험기구 등이 참여하는 **금융안정감시협의회**(Financial Stability Oversight Council: FSOC)[63]를 설치하여 운영하고 있다. 그런데 우리는 아직 이러한 협의기구도 존재하지 않고 금융안전망기구들 사이의 정보 공유 체계도 잘 정립되어 있지 않아 문제이다. 이하에서 자세히 살펴본다.

2) 금융정보 공유 체계의 문제

우선 금융안전망기구들 사이의 금융정보 공유 체계와 관련해서는 금

---

63 12 U.S.C. Part A-Financial Stability Oversight Council (§§ 5321 to 5333). 금융안정감시협의회 의장은 재무부 장관이며, 의결권을 갖는 위원 10명(재무부 장관, 연방준비제도이사회(FRB) 의장, 통화감독청장(Comptroller of the Currency), 금융소비자보호국장(Director of Bureau of Consumer Financial Protection), 증권거래위원회(SEC) 위원장, 상품선물거래위원회(CFTC) 위원장, 연방예금보험공사(FDIC) 사장, 연방주택금융공사 사장(Director of the Federal Housing Finance Agency), 연방신용협동조합감독위원회 위원장(Chairman of the National Credit Union Administration Board), 상원의 동의를 얻어 대통령이 임명하는 독립성을 갖춘 전문가 1인)과 의결권을 갖지 않으면서 자문 역할을 하는 위원 5명(금융조사청장(Director of the Office of Financial Research), 연방보험청장(Director of the Federal Insurance Office), 주 대표 보험감독위원장, 주 대표 은행감독위원장, 주 대표 증권감독위원장)으로 구성된다(12 U.S.C § 5321).

융감독기관, 한국은행, 기획재정부 및 예금보험공사 등 금융안전망기구들 사이의 정보 공유 체계에 대한 법적 근거가 부족하다. 그리고 상호 자료 공유가 잘 안 되다 보니 감독을 받는 금융기관은 각 금융안정망기구들이 요구하는 자료를 해당 기관에게 각각 제출하게 됨으로써 보고서 등을 중복적으로 제출해야 하는 등 업무 부담이 커지는 면이 있다.

금융안전망기구들 사이의 상호 자료 공유 체계의 문제점을 구체적으로 지적하면, 기획재정부 장관과 금융위원회 및 금융통화위원회는 정책 수행에 필요하다고 인정하는 경우 상호 자료를 요청할 수 있지만(제65조), 금융감독원과 한국은행 사이, 그리고 금융감독원과 기획재정부 사이에는 상호 자료 요청을 할 수 있는 근거 규정이 없다. 그리고 예금보험공사와 금융감독원 사이에도 「예금자보호법」에 근거해서 예금보험공사는 금융감독원에 자료 요청을 할 수 있지만(제21조 제4항), 금융감독원은 예금보험공사에 자료 요청을 할 수 있는 근거 조항이 없다. 다만 실무적으로 2009년 9월 기획재정부, 금융위원회, 금융감독원, 한국은행, 예금보험공사 사이에 금융정보 공유에 관한 양해협의서(MOU)가 체결되어[64] 정보 공유를 하고 있기는 하지만, 양해협의서는 법적 구속력이 없기 때문에 실질적인 정보 공유가 제대로 이루어지기 어려운 한계가 있다.[65] 실제로 감사원은 기관 감사에서 금융정보 공유 미흡 문제를 지적한 바 있다.[66] 그리고 감독을 받는 금

64 기획재정부·금융위원회·금융감독원·한국은행·예금보험공사, 「정보공유 및 공동검사 양해각서(MOU) 체결」, 보도자료, 2009. 9. 15.; 예금보험공사, 「금융유관기관 간 정보 공유 MOU 체결(2009. 9. 15.) 이후 현황 및 향후 운영 방향」, 보도자료, 2011. 1. 10. 예금보험공사, 금융감독원 및 한국은행은 2001년 3월 '금융정보공유협의회'를 구성하였으며(금융감독원, 「제1차 금융정보공유협의회 개최」, 보도자료, 2001. 3. 14.), 2004년 1월 예금보험공사, 금융감독원 및 한국은행 사이에 금융정보 공유에 대한 양해협의서(MOU)를 체결하였다(감사원, 「한국은행 기관 운영 감사」, 보도자료의 첨부자료, 2009. 7. 23., 2면).

65 같은 지적은 정지만·오승곤(2010), 171면; 고동원·노태석(2010), 133면.

66 감사원, 「금융권역별 감독실태」, 보도자료, 2012. 7. 23.

융기관들은 금융감독원, 한국은행, 예금보험공사에게 필요한 자료를 각각 제출할 의무가 있는데, 사실 이러한 자료에는 중복되는 자료가 상당히 있다. 금융기관들의 업무 부담이 상당히 큰 것이다. 따라서 공통된 업무 자료를 한 곳에 제출하게 하고 이를 관리하는 기관이 있다면 금융기관 입장에서는 업무 부담이 상당히 줄어들 수 있다.

3) 금융안정협의기구의 부존재

금융안전망기구들 사이에 거시건전성과 금융안정 정책을 협의할 공식적인 법적 기구가 없는 것도 문제이다. 우리가 두 차례 금융위기를 겪으면서 금융안전망기구들 사이에 금융안정 대책을 논의하고 대처할 기구가 필요하다는 것을 절실하게 느꼈으면서도 이러한 기구를 만들지 못한 것은 문제이다. 금융위기에 잘 대처하기 위해서는 금융감독기관만의 역할로는 부족하다. 통화신용정책을 관장하는 한국은행, 재정 및 경제 정책을 총괄하는 기획재정부, 부실금융기관의 관리 및 정리 업무를 담당하는 예금보험공사 등 모든 금융안전망기구들이 함께 논의하고 협의를 해야 금융위기에 잘 대처할 수 있다. **금융안전망기구들 사이의 금융안정정책을 논의할 협의체 기구가 필요**한 이유이다.

III. 개편 방향

1. 서설

앞에서 우리나라 금융감독기구 체제는 많은 문제점이 있다는 점을 지적하였고 비정상적인 금융감독기구 체제는 우리나라 금융산업과 금융시장의 성장에 장애 요소가 되고 있다는 점을 지적하였다. 올바른 금융감독기구 체제가 구축되어야 금융산업의 발전을 꾀할 수 있는데, 그렇지 못한 현행 체제는 많은 문제가 있다. 이러한 체제를 갖고서는 금융중심지 국가 추진도 요원한 일이 된다. 어느 세계적인 금융기관이 이렇게 비효율적인 금융감독기구 체제를 갖고 있는 국가에 진출하려고 할 것인가?

이런 점에서 문제가 많은 금융감독기구 체제를 개편하는 조치를 시급히 취해야 할 당위성이 있다. 그러면 어떻게 해야 하는지에 대한 각론의 문제가 되는데, 가장 중요한 것은 금융위원회가 수행하고 있는 금융감독정책을 분리하여 공적 민간기구인 새로운 금융감독기구에게 넘기는 일이다. 이렇게 되면 자연스럽게 금융감독 기능이 통합된다. 그리고 금융위원회가 수행하는 금융산업정책 기능은 기획재정부로 이관해야 한다. 그 다음에 논의되어야 할 사항은 통합되는 금융감독기구를 어떻게 만들 것인가에 관한 것이다. 즉, 단일의 금융감독기구(이하 "단봉형"이라고 한다)를 설치할 것인지, 아니면 기능형 감독기구 체제인 쌍봉형(twin-peaks) 체제(즉, 건전성감독기관과 영업행위감독기관으로 나누는 체제)로 갈 것인지의 문제이다. 결론적으로 쌍봉형 체제가 바람직할 것으로 본다. 이에 대해서는 뒤에서 자세히 논의한다.

이외에도 금융감독기구의 독립성과 전문성을 확보하기 위한 방안, 국회에 대한 정기적인 금융감독보고서 제출 의무 신설을 통한 책임성(accountability) 강화 방안, 금융감독평가위원회 설치를 통한 금융감독기관에 대한 견제 및 통제 장치 마련, 거시건전성과 금융안정 정책을 논의하고 협의할 금융안정협의회 기구 신설 방안 등 개선해야 할 사항도 있다. 이하에서는 이러한 금융감독기구 체제 개편 방향에 대해서 살펴본다.

2. 금융위원회로부터 금융감독정책 기능의 분리

가장 중요한 개편 방향은 **금융위원회가 수행하고 있는 금융감독정책 기능을 분리하는 것**이다.[67] 이것이 개편의 핵심이다. 이것이 없는 금융감독기구 체제 개편은 아무 의미가 없다. 금융위원회가 금융감독정책 권한을 갖고 있는 것이 '비정상적인' 체제를 만든 것이기 때문에 이것을 바로 잡는 것이 무엇보다도 중요하다. 단일 기관이 금융산업정책과 금융감독 기능을 수행하는 외국 사례가 거의 없다는 점에서 정상화 조치가 필요하다. 금융감독정책 기능을 분리할 때 금융위원회 금융정보분석원이 수행하고 있는 자금세탁 방지 업무도 분리하여 금융감독기구에게 넘기는 것이 바람직하다. 이러한 업무도 금융감독 업무에 속하기 때문이다.

금융감독 기능의 분리와 관련해서 제기되고 있는 것이 금융위원회의 금융감독 기능을 분리하여 정부 부처인 '금융부'를 설치하는 방안인데,[68] 이것은 매우 경계해야 할 사안이다. 금융부를 설치하면 결국 금융기관 검사 기능까지 수행하게 되는데, 이는 금융부가 금융산업정책 기능뿐만 아니라 금융감독집행 기능까지 수행하는 것이어서 지금보다도 더 개악이 된다. 금융감독의 독립성, 책임성, 전문성을 가질 수 없고, 심지어 '관치금융'이 심화되므로 더 퇴행적인 개편이 된다. 정부가 금융산업정책, 금융감독정책, 심지어 금융기관 검사 및 제재 업무까지 다 수행하는 것은 심각한 문제를 초래한다.

그 다음 **금융위원회의 금융산업정책 기능을 기획재정부로 이관할 필**

---

67 같은 주장은 김효연(2011), 4면("금융산업의 발전과 제어를 목적으로 하는 정책 업무와 금융회사의 건전성을 감시해야 하는 감독 업무는 애초에 목표가 상충되기 때문에 금융감독 업무는 제도적으로 금융산업정책 업무로부터의 독립성이 확보되어야 한다.").

68 김건식 외 6인(2012), 217, 223면.

요가 있는데, 이 경우 기획재정부의 권한 비대가 지적된다. 물론 기획재정부가 금융산업정책 기능까지 갖게 될 경우 이러한 점은 있다. 그러나 이것은 기획재정부의 개편 방향으로 해결해야지 이런 이유 때문에 금융위원회의 금융산업정책 기능을 기획재정부로 이관할 수 없다는 것은 타당하지 않다. 기획재정부의 예산 기능을 분리하는 것도 방안이 될 수 있다. 그러나 분명한 것은 하나의 정부 부처가 재정·경제 정책과 금융산업정책을 같이 수행해야 한다는 점이다. 정부의 재정·경제 정책과 조화된 금융산업정책을 수립하고 집행하기 위해서라도 금융산업정책 기능이 기획재정부로 이관해야 한다.[69] 이렇게 되면 기획재정부 장관이 금융산업정책 부처의 수장으로서 외국 재무장관 회의에 참여해도 우리나라를 대표하는 데 문제가 없게 된다.

3. 공적 민간기구인 금융감독기구의 설립 필요

1) 공적 민간기구로 해야 하는 이유

금융위원회의 금융감독정책 기능을 분리한다고 했을 때 그 기능을 누가 이관받을 것인가에 대한 논의가 있어야 한다. 정부 부처로서 '금융부'를 신설하는 것은 절대 경계해야 할 사안이다. 이런 방안은 더 개악이 되기 때문이다. 금융감독기구를 정부 조직으로 둘 때는 관치금융의 가능성이 있고, 금융감독의 중립성·독립성·전문성을 확보하기가 어려운 점이 있다.[70] 정답은 **공적 민간기구 형태인 금융감독기구를 출범시키는 일**이다. 이러한 방안은 다수 학자들의 주장에 의해 뒷받침되고 있다.[71] 대부분의 국가들도

69 같은 주장은 전성인(2009), 151면.

70 금융감독기구를 정부 조직으로 했을 때의 문제점에 대한 자세한 논의는 고동원(2004), 32면.

금융감독 기능을 정부기관이 아닌 공적 민간기구가 담당하고 있다는 점에서도 공적 민간기구로 가는 것이 답이다. 예를 들어, 미국(FRB, FDIC, SEC 등),[72] 영국(Financial Conduct Authority: FCA),[73] 독일(Federal Financial Supervisory Authority: FFSA),[74] 프랑스(French Prudential Supervisory Authority: FPSA),[75] 호주(Australian Prudential Regulation Authority: APRA),[76] 스위스(Swiss Financial Market

71 공적 민간기구로 해야 한다는 주장으로는 김대식·윤석헌(2004), 18~21면; 2004년 6월 경제학자 및 금융학자들의 성명서〈http://www.ccej.or.kr/question/q7_detail.html〉; 경제정의실천시민연합의 성명서「중립성, 전문성이 확립된 통합된 공적 민간 금융감독기구로의 개편을 촉구한다」, 2004. 5. 25.); 윤석헌·김대식·김용재(2005), 421면; 김상겸(2003), 117면. 반면에 정부기관으로 해야 한다는 주장으로는 김건식 외 6인(2012), 217~220면; 강만수, 「'금융감독 실험' 이제는 끝내야」, 한국경제신문 다산칼럼, 2000. 11. 2.

72 연방준비제도이사회(Federal Reserve Board of Governors: FRB), 연방예금보험공사(Federal Deposit Insurance Corporation: FDIC) 및 연방증권거래위원회(Securities Exchange Commission: SEC)를 각각 말하는데, 연방정부로부터 독립된 기구(independent agency)이다. 이들 기관은 연방인가은행(national banks)을 감독하는 통화감독청(Office of the Comptroller of the Currency: OCC)(재무부 산하의 독립된 행정기구(independent bureau)이다)과 달리 행정부 조직은 아니다. FRB는 금융(은행)지주회사의 감독기관이면서 '연방준비제도가입주인가은행'(state member banks)의 주(主) 감독기관(primary regulator)이며, FDIC는 '연방준비제도비가입·연방예금보험가입주인가은행'(state non-member insured banks)의 주 감독기관이며, SEC는 증권회사 및 증권시장 감독기관이다.

73 금융기관의 영업행위를 감독하는 '금융행위감독원'을 말하며, 회사(body corporate) 형태이다. Financial Services and Markets Act 2000, Sec. 1A(1).

74 연방금융감독원(Bundesanstalt für Finanzdienstleistungsaufsicht: BaFin)을 말하며, 2002년 5월 통합 금융감독기구로서 설립되었으며, "독립적인 공공기관"("independent public-law institution")이다〈http://www.bafin.de/cln_117/nn_720486/EN/BaFin/bafin__node.html?__nnn=true〉.

75 FPSA(Autorité de Contrôle Prudentiel: ACP)는 2010년 1월 설립되었으며, 은행과 보험회사를 감독하는 통합 금융감독기구인데, 별도의 기관으로 독립되어 있지는 않고 프랑스중앙은행(Banque de France)의 산하 조직으로 되어 있다("ACP is an independent administrative authority operating under the auspices of the French central bank, Banque de France."). 〈http://iflr1000.com/LegislationGuide/444/French-reform-of-supervision-of-the-financial-system.html〉. 프랑스중앙은행의 조직도〈http://www.banque-france.fr/en/banque-de-france/organisation/organisation-chart.html〉 참조. 따라서 정부 조직이 아님을 알 수 있다.

76 '호주건전성감독원'을 말하며, 1998년 7월 1일 설립되었고, 회사(body corporate) 형태이다〈http://www.apra.gov.au/Pages/default.aspx〉.

Supervisory Authority: FINMA)[77] 등 주요국도 금융산업정책과 금융감독 기능을 분리하고, 금융감독기구를 공적 민간기구화하여 금융감독의 중립성 및 전문성을 추구하고 있다.[78]

또한 **국제적인 기준에 비추어 보아도 민간 금융감독기구가 금융감독 기능을 수행하는 것이 맞다**. 이는 **금융감독의 독립성, 책임성 및 전문성을 확보하는 것이 필요**하다는 점에 비추어 보더라도 타당한 방안이다. 은행에 대한 국제적인 감독 기준을 제시하고 있는 바젤은행감독위원회(BCBS)도 「은행감독핵심원칙」(Core Principles for Effective Banking Supervision, April 2024)을 통하여 금융감독에 있어서 '운영상의 독립성'(operational independence)을 확보해야 한다고 강조하고 있다.[79] 따라서 금융감독기구의 독립성을 확보하기 위해서는 공적 민간기구가 금융감독 기능을 수행해야 한다. 정부기관이 금융감독 기능을 수행해서는 이러한 독립성과 중립성을 확보하기가 어렵다.

2) 공적 민간기구 체제의 장점

금융감독기구를 공적 민간기구로 할 때 다음과 같은 장점을 들 수 있다. 첫째, 금융감독의 독립성 내지 중립성 확보가 용이하다. 즉, 공적 민간감독기구는 정부나 정치권으로부터 독립성을 확보하여 중립적인 관점에서 금융감독 업무를 수행할 수 있다. 정부가 금융감독 기능을 수행하면 선

77 2009년 1월 설립된 통합 금융감독기구이며, 은행, 증권회사, 보험회사 등 금융기관과 증권시장을 감독하고, 공공법인(public corporation) 형태이다(International Bar Association's Task Force on the Financial Crisis(2010), p. 119).

78 무자본특수법인인 금융감독원을 정부기관인 금융감독청으로 개편해야 한다는 주장은 현실성이 없다는 견해도 있다(홍준형(2001), 129면). 그리고 금융감독기구를 준입법적, 준사법적 기능을 가진 독립행정위원회로 개편을 주장하는 견해도 있다(정호열(2000), 61면).

79 "Principle 2: The supervisor possesses operational independence, transparent processes, sound governance, budgetary processes that do not undermine autonomy and adequate resources, and is accountable for the discharge of its duties and use of its resources."

거를 의식해야 하고, 정부의 경제정책에 맞추어야 하기 때문에 금융감독의 독립성을 확보하기가 어렵다. 둘째, 금융감독기구 운영 재원 확보가 보다 쉬워질 수 있다. 즉, 정부 재원에 의존하지 않고 감독을 받는 금융기관으로부터 받는 출연금이나 분담금 내지는 금융감독기관이 업무 수행과 관련하여 부과하는 수수료 등의 수입으로 재원을 조달할 수 있어서 정부의 조세 수입에 의존하지 않고 자체적으로 예산을 확보할 수 있는 장점이 있다. 셋째, 금융감독기관의 전문성 추구가 더 쉬워질 수 있다. 민간 조직이어서 공무원 조직과 달리 필요한 경우 금융전문가를 수시 채용하는 것이 가능하며, 운영 재원 확보가 보다 용이하므로 높은 임금으로 우수한 금융 전문 인력을 채용할 수 있어 금융감독의 전문성 확보에도 정부 조직보다 훨씬 유리하다. 넷째, 시장친화적인 금융감독을 할 수 있는 장점이 있다. 민간기구이어서 정부 조직보다도 아무래도 금융시장에 보다 쉽게 다가갈 수 있고, 금융시장의 정보를 보다 용이하게 취득할 수 있는 장점이 있어 보다 시장친화적인 금융감독정책을 수행할 수 있다.

3) 공적 민간기구의 금융감독 행정권 행사 가능 여부 쟁점

(1) 서설

공적 민간기구가 금융감독 기능을 수행한다고 할 때 검토해야 법적 쟁점으로서 공적 민간기구가 행정권인 금융감독권을 행사할 수 있느냐의 문제가 있다. 민간 금융감독기구가 금융감독 행정권을 행사한다고 할 때 그 기구의 법적인 실체의 의미는 행정법에 따른 공공단체 내지 공공기관인 영조물법인을 말한다. 그래서 영조물법인이 금융행정권을 행사할 수 있느냐의 문제와 연결된다.

(2) 정부기관만이 금융행정권을 행사할 수 있다는 주장

금융감독 업무는 금융행정권의 행사이므로 정부(행정부)만이 수행할 수 있다는 주장이 제기된다. 이에 대한 근거를 「헌법」 제66조 제4항, 제96조 및 「정부조직법」 제6조 제3항에서 찾는다. 「헌법」 제66조 제4항은 "행정권은 대통령을 수반으로 하는 정부에 속한다."고 하고 있으며, 「헌법」 제96조는 "행정 각부의 설치 조직과 직무 범위는 법률로 정한다."고 하고 있다. 따라서 해석상 행정권은 「정부조직법」에 따른 행정 각부 등 중앙행정기관만이 행사할 수 있는 것이고, 그 외의 기관이나 단체 내지 개인이 행정권을 행사하는 것은 「헌법」에 위반된다는 주장이다.[80] 더 나아가 법인이나 단체 또는 개인이 행정권을 행사하기 위해서는 「정부조직법」 제6조 제3항에 의거하여 당해 행정기관에 적용되는 법령에 따른 위탁이 있어야 하고, 위탁되는 사항도 "조사·검사·검정·관리 업무 등" 국민의 권리·의무와 직접적으로 관계되지 아니한 사무에 한정해야 하기 때문에 금융감독 행정권은 국민의 권리·의무와 직접 관계된 사무이어서 일반 법인 또는 단체나 개인에게 해당 사무를 위탁할 수 없다는 주장이다.[81] 이들 조항들에 비추어 볼 때, 행정부가 아닌 공공기관이나 민간기관에게 금융감독이라는 공권력적인 행정권을 부여하는 것은 「헌법」에 위반된다는 주장이다. 그런데 과연 타당한가?

(3) 민간 금융감독기구도 영조물법인으로서 금융행정권 행사 가능

검토해 보면, 결론은 민간 금융감독기구도 금융행정권을 행사할 수 있다는 것이다. 그 내용을 자세히 살펴본다. 우선 「헌법」 제66조 제4항에서 말하는 "행정권"이란 대통령을 수반으로 하는 정부에 속하는 기관에 의해 수행되는 행정작용을 말하는데,[82] 이러한 행정권에는 중앙행정기관은 물론 지방행정기관, 더 나아가 '국가간접행정기관'까지 포함하는 것이므로

80 이러한 주장에 대한 소개는 강현호(2003), 138면; 금융감독원(2003), 17면.
81 이러한 주장에 대한 설명은 강현호(2003), 138면.
82 강현호(2003), 139면.

결국 국가간접행정기관으로 분류되는 영조물법인도 행정권을 행사하는 것은 위헌이 아니라고 보는 것이 통설적인 견해이다.[83] 그렇다면 무자본특수법인으로 설립될 금융감독기구는 행정법에 따른 공공단체로 분류되는 영조물법인에 해당하기 때문에[84] 민간 금융감독기구가 금융감독 행정권을 행사하는 것은 「헌법」에 위반되지 않는다는 것으로 결론이 도출된다. 이러한 견해를 뒷받침하는 견해들[85]이 있다는 점에서 타당성이 있다. 설령 영조물법인에 해당하지 않는 순수 민간 금융감독기구라고 보더라도, 행정법에 따른 '공무수탁사인'(公務受託私人)도 법령의 위임이 있을 때 특정한 범위 내에서 행정권을 행사할 수 있기 때문에[86] 해당 법률에 민간 금융감독기구가 금융감독권을 행사할 수 있다는 조항을 두게 되면 「헌법」에 위반되지 않는다. 즉, **국회가 입법을 통해서 민간 금융감독기구에게 금융감독 기능을 부여한다면 「헌법」에 위반되는 것은 아니다.**[87] 따라서 법에 금융감독기구 설치에 관한 근거 조항을 둘 것이므로 민간 금융감독기구가 금융행정권을 행사하는 데 문제가 되지는 않을 것이다.

(4) 민간 금융감독기구의 제재 조치 권한 행사의 타당성

정부 행정기관만이 금융기관과 그 임직원에 대해서 '침익적 행정처분'인 제재 조치 권한을 행사할 수 있다는 주장도 제기되는데, 이것 또한 타당한 주장이 아니다. 검토해 보면, 제재 조치라는 것은 행정법에 따른 '[행정]처분'에 해당한다. 관련 법률인 「행정기본법」에 따르면, '[행정]처분'을 할 수 있는 '행정청'의 범위를 정부만이 아니라 영조물법인 내지 개인도 포

---

83 강현호(2003), 139면; 이원우(2006), 258면; 윤석헌·김대식·김용재(2005), 419면; 김상겸(2003), 117면.

84 강현호(2003), 137면; 이원우(2006), 258면.

85 이원우(2006), 258면; 김상겸(2003), 117면 각주 50).

86 강현호(2003), 138면; 이원우(2006), 258면.

87 같은 견해는 금융감독원(2003), 21면.

함하고 있다. 즉, '행정청'을 "행정에 관한 의사를 결정하여 표시하는 국가 또는 지방자치단체의 기관, 또는 그 밖에 법령 등에 따라 행정에 관한 의사를 결정하여 표시하는 권한을 가지고 있거나 그 권한을 위임 또는 위탁받은 공공단체 또는 그 기관이나 사인(私人)"이라고 정의하고 있다(「행정기본법」 제2조 제2호). 이러한 행정청의 범위에 비추어 볼 때 영조물법인인 특수법인으로 설립되는 금융감독기구를 행정청의 범위에서 말하는 "법령 등에 따라 행정 … 권한을 가지고 있[는] … 공공단체 또는 그 기관이나 사인(私人)"으로 보는 데 문제가 없다. 이는 무자본특수법인인 한국은행의 대표기관으로서 한국은행 총재가 「행정소송법」 제2조 제2항의 행정청의 지위에 있다고 보는 법원의 판결[88]에 비추어 보더라도 타당하다. 따라서 **법에 명확하게 금융감독기구에게 제재 조치 권한을 부여한다면 민간 금융감독기구가 금융기관이나 그 임직원에 대하여 제재 조치를 취하는 것은 법적으로 문제가 없게 된다.**[89]

4. 쌍봉형 금융감독기구 체제의 도입 방안

1) 단봉형 체제 vs. 쌍봉형 체제

민간 금융감독기구 체제로 갈 때 또 하나 논란이 많이 제기되는 사항이 바로 단봉형 체제로 갈 것인지, 아니면 새롭게 쌍봉형 체제로 갈 것인지에 관한 문제이다. 단봉형 체제는 단독의 금융감독기관이 모든 금융감독 업무, 즉 건전성 감독 업무 및 영업행위 규제 업무를 다 수행하는 체제를 말한다. 우리가 취하고 있는 체제이다. 쌍봉형 체제는 금융기관의 건전

88 서울행정법원 2020. 10. 19. 선고 2019구합53723 판결(확정).
89 같은 설명은 금융감독원 법무실(2010), 71면.

성 규제를 담당하는 금융감독기관과 금융기관의 영업행위 규제를 담당하는 금융감독기관으로 분리하는 체제를 말한다. 여기서 영업행위 규제라고 하는 것은 주로 금융상품의 판매행위와 관련된 규제라고 할 수 있고, 이외에도 자본시장 관리 업무까지 포함하는 개념이다.

쌍봉형 체제를 주장하는 근거를 살펴보면 다음과 같다. 첫째, 금융기관 건전성 감독과 영업행위 감독은 이해상충 관계에 있기 때문에 이를 분리할 필요가 있는데, 금융제도의 안정성 강화라는 건전성 감독의 목적과 금융소비자 보호라는 영업행위 감독 목적이 서로 다르고 추구하는 목표도 달라서 하나의 금융감독기관이 이러한 업무를 수행하게 되면 이해상충이 발생할 수 있다는 것이다.[90] 둘째, 하나의 금융감독기관이 건전성 감독과 영업행위 감독을 수행하면 권한의 집중화가 되어 강한 관료적 기관이 될 가능성이 높아 비효율적인 감독이 될 수 있다는 것이다.[91] 셋째, 하나의 금융감독기관이 건전성 감독과 영업행위 감독을 수행하게 되면 영업행위 감독이 건전성 감독에 종속하게 되어 영업행위 감독의 주 업무인 금융소비자 보호 업무에 비중을 두지 않게 되어 금융소비자 보호 기능을 잘 수행할 수 없다는 것이다.[92] 따라서 분리된 영업행위감독기관이 금융소비자 보호 기능을 더 잘 수행할 수 있다는 의미가 된다. 넷째, 건전성감독기관과 영업행위감독기관은 분리되면 각자 해당 업무에 전념할 수 있으며, 건전성 감독과 영업행위 감독은 서로 다른 규제·감독의 기술(skill)을 요하므로 금융감독기관을 분리하면 각 해당 부문에 전문화를 추구할 수 있어 감독의 효율성을 제고할 수 있다는 것이다.[93]

---

90 Taylor(1995), p. 15.
91 Taylor(1995), p. 15.
92 Levitin(2010), p. 113(장덕조(2010), 298면에서 재인용).
93 Taylor(2011), pp. 9, 12.

단봉형 체제와 쌍봉형 체제는 서로 장단점을 갖고 있다. 단봉형 체제의 장점이 쌍봉형 체제의 단점이 되고, 반대로 단봉형 체제의 단점이 쌍봉형 체제의 장점이 된다. 그러므로 결국 어느 장점을 더 우선시하느냐에 따른 선택의 문제라고 할 수 있다. 쌍봉형 체제는 각 금융감독 분야의 전문성을 높여서 감독의 효율성을 높일 수 있고, 특히 영업행위 규제 분야를 강화할 수 있어 금융소비자 보호를 강화할 수 있는 장점이 있다. 반면에 쌍봉형 체제에서는 규제의 사각 지대 및 규제의 중복 문제가 발생할 수 있는 단점이 있다. 단봉형 체제의 장단점은 그 반대이다.

따라서 어느 장점을 취하느냐의 문제인데, 금융감독의 전문성 제고와 금융소비자 보호가 중요하다는 점을 고려하면 쌍봉형 체제가 더 바람직하다. 쌍봉형 체제의 단점은 법률이나 두 금융감독기관 사이에 양해협의서 체결을 통한 업무 협조를 강화함으로써 실무적으로 해결할 수 있는 문제라고 판단된다. 영국이 2008년 세계적 금융위기 이후 금융감독기구 체제의 문제점을 인식하고 종전의 단일 금융감독기구 체제(Financial Services Authority: FSA)에서 쌍봉형 체제(건전성감독기관은 Prudential Regulation Authority (PRA) of the Bank of England, 영업행위감독기관은 Financial Conduct Authority (FCA))로 전환을 했는데,[94] 바로 쌍봉형 체제의 장점을 더 높이 산 것이라고 할 수 있다.

쌍봉형 체제의 도입에 대해서는 찬성하는 견해도 있지만 반대하는 견해도 있다.[95] 특히 단봉형 체제로 하게 되는 경우 금융위원회에서 분리된 금융감독정책 기능을 금융감독집행 업무를 수행하는 금융감독원으로 넘

94 Bailey, Breeden & Stevens(2012), p. 1〈http://www.bankofengland.co.uk/publications/Documents/quarterlybulletin/qb120405pre.pdf〉; 〈https://www.bankofengland.co.uk/prudential-regulation〉; 〈https://www.fca.org.uk/〉.

95 쌍봉형 체제 도입을 찬성하는 견해로는 전성인(2011), 12면; 원승연(2009), 46면. 반면에 쌍봉형 체제의 도입을 반대하는 견해로는 성희활(2011), 729면; 김홍범(2009), 61면; 양희산(2012), 92면; 김홍기(2012a), 203면.

기면 간단하게 해결될 수 있는 실무적인 장점도 있다. 그러나 단봉형 체제도 단점을 갖고 있고, **금융감독의 전문성 확보와 금융소비자 보호가 무엇보다도 중요하다는 점에서 쌍봉형 체제로 전환하는 방안을 검토할 필요**가 있다. 그래서 이하에서는 쌍봉형 체제에 대해서 좀 더 자세히 알아보기로 하는데, 쌍봉형 체제의 장단점과 단점의 극복 방안에 대하여 분석해 본다.

2) 쌍봉형 체제의 장점과 단점[96]

(1) 쌍봉형 체제의 장점

쌍봉형 체제의 장점은 각 금융감독기관이 건전성 감독 부문과 영업행위 규제 감독 부문에 각각 전념할 수 있어 전문성을 확보할 수 있다는 것이고, 이에 따라서 금융감독의 효율성을 도모할 수 있다는 점이다. 특히 영업행위감독기관은 금융상품 판매행위 규제 등 금융소비자 보호 업무에 전념하므로 금융소비자 보호 업무를 강화할 수 있어 금융소비자 보호 강화라는 최근의 추세에 부응할 수 있는 체제라는 점에서 장점이 있다. 이에 대해서 조금 더 자세히 살펴본다.

가) 금융감독기관의 전문성 확보를 통한 감독의 효율화 도모

우선 **쌍봉형 체제의 큰 장점 중의 하나는 전문화를 도모할 수 있다는 점**이다. 건전성 감독과 영업행위 감독 업무를 둘 다 수행하는 단봉형 체제의 금융감독기관보다도 각 업무에 전념하므로 해당 분야에 전문성을 더 확보할 수 있다는 장점이 있다. 즉, 건전성감독기관은 금융기관의 건전성 규제에만 전념하게 되므로 건전성 규제에서 전문화를 도모하는 것이 쉽고, 영업행위감독기관은 금융기관의 영업행위 규제에 더 집중함으로써 전문화를 높일 수 있다. 금융감독은 전문성 제고가 결국 금융감독의 효율화를

96 이에 대한 자세한 논의는 고동원(2013a) 참조.

도모할 수 있다는 점에서 타당하다.

쌍봉형 체제를 채택하고 있는 호주와 뉴질랜드 사례가 이를 증명하고 있다. 호주에서 쌍봉형 금융감독기구 체제로 전환할 것을 주장한 '왈리스 보고서'(Wallis Report)는 바로 전문화 도모를 쌍봉형 제체를 도입해야 하는 큰 이유 중의 하나로 들었다.[97] 실제로 호주의 경우 건전성감독기관인 호주건전성감독원(Australian Prudential Regulation Authority: APRA)의 대부분 직원이 경제 및 회계 분야 전문가로 구성되어 있어서 건전성 규제의 전문성을 확보하고 있고, 위험관리에 기반한(risk-based) 건전성 감독 업무에 중점으로 두고 있어 전문화된 건전성 감독 기능을 수행하고 있다고 한다.[98] 뉴질랜드의 경우도 금융기관 건전성 규제를 담당하는 뉴질랜드중앙은행(Reserve Bank of New Zealand: RBNZ)의 관련 담당 부서가 경제 및 회계 분야 전문가로 대부분 구성되어 있어 전문성을 확보하고 있다고 한다.[99]

또한 영업행위감독기관도 금융기관의 영업행위 규제에 중점을 두기 때문에 자연스럽게 영업행위 분야에 전문성을 높일 수 있어 궁극적으로는 금융소비자 보호 업무의 강화를 도모할 수 있다. 실제로 호주와 뉴질랜드의 경우도 이러한 주장을 뒷받침하고 있다. 호주의 영업행위감독기관인 호주증권투자위원회(Australian Securities and Investment Commission: ASIC)의 주 업무 중 하나는 증권시장의 공시 규제 업무인데, 이는 관련 법규 위반 여부에 대한 조사 업무가 대부분을 차지하기 때문에 직원 대부분이 변호사 등 법

97 "… it should be expected, and accepted, that agencies formed for the separate purposes of the APRC, CFSC and PSB will function best with their own distinct cultures."). Financial System Inquiry Final Report (Wallis Report), Mar. 1997, p. 545 (Chapter 12 Coordination and Accountability, 12.6.3. Mega-Regulation). 〈http://fsi.treasury.gov.au/content/finalreport.asp〉.

98 고동원(2013a), 145면(호주건전성감독원(APRA)의 담당자와 면담한 내용 인용).

99 고동원(2013a), 145면(뉴질랜드중앙은행(RBNZ)의 담당자와 면담한 내용 인용).

률 전문가로 구성되어 있어서 전문성을 확보하고 있다고 한다.[100] 뉴질랜드의 경우에도 마찬가지로 금융기관 영업행위감독기관인 금융시장감독원(Financial Markets Authority: FMA)이 다수의 변호사 등 법률전문가로 구성되어 전문성을 확보하고 있다고 한다.[101]

나) 금융소비자 보호 강화의 효과

이처럼 각 금융감독기관이 해당 분야의 전문성을 확보함으로써 금융감독의 효율성을 높일 수 있는 것이 쌍봉형 체제의 긍정적인 측면이다. 특히 금융기관 영업행위감독기관을 별도로 둠으로써 **영업행위 규제에 전념할 수 있으므로 궁극적으로는 금융소비자 보호를 강화할 수 있는 방안이 될 수 있다**는 점이 큰 장점이다. 2008년 세계적 금융위기를 겪으면서 금융소비자 보호 강화가 금융감독기관의 주요 기능 중의 하나라는 점이 인식이 되고 있는 금융 환경에서 쌍봉형 체제를 채택할 필요가 있다는 주요 근거 중의 하나가 되고 있다. 영국이 쌍봉형 체제로 전환한 이유 중의 하나이기도 하다.

(2) 쌍봉형 체제의 단점과 보완 방안

쌍봉형 체제는 위에서 논의한 장점도 있지만 단점도 있다. 각 금융감독기관이 해당 분야의 규제 감독을 하게 되므로 건전성 감독과 영업행위감독의 구분이 애매한 분야는 결국 규제의 사각지대(underlap)가 되어 금융감독이 제대로 이루어지지 못할 수 있다는 점이다.[102] 또한 두 기능 사이의 구분이 애매하면서 한편으로는 규제의 중복 문제(overlap)가 발생하여 규제를 받아야 하는 금융기관들의 부담이 커질 가능성이 있다는 점도 들 수 있다.[103] 결국 쌍봉형 체제를 도입할 때는 이러한 단점을 해소하기 위한 방안

100 고동원(2013a), 146면(호주증권투자위원회(ASIC)의 담당자와 면담한 내용 인용).
101 고동원(2013a), 146면(뉴질랜드금융시장감독원(FMA)의 담당자와 면담한 내용 인용).
102 같은 지적은 양희산(2012), 83면.

을 강구하는 것이 필요한데, 건전성감독기관과 영업행위감독기관 사이에 양해협의서(MOU) 체결을 통해 단점을 해소하기 위해서 필요한 긴밀한 업무 협조 관계를 유지할 필요가 있다.

실제 호주와 뉴질랜드의 경우에도 건전성감독기관과 영업행위감독기관이 양해협의서를 체결해서 상호 정보 공유 및 업무 협조에 관한 사항을 두어 운영하고 있다. 호주의 경우 호주건전성감독원과 호주증권투자위원회가 양해협의서[104]를 체결하여 운영하고 있는데, 그 내용을 보면 "완전하고 적시의 정보 교환이 상호 업무 조정에서 아주 중요하다."는 점을 강조하고 있으며(제6조), 두 기관 사이에 업무 중복을 최소한으로 줄일 수 있도록 상호 협조를 할 필요성이 있다(제1조)는 규정을 두고 있다. 뉴질랜드의 경우에도 건전성감독기관인 뉴질랜드중앙은행(RBNZ)과 영업행위감독기관인 금융시장감독원(FMA) 사이에 양해협의서(MOU)[105]를 체결하여 상호 협조 관계를 유지하고 있다. 즉, 두 기관 사이에 상호 정보 교환, 상호 업무 지원과 협력 및 조정 등에 관한 사항을 규정하고 있다. 특히 이 양해협의서는 각 금융감독기관이 감독을 받는 금융기관으로부터 동일한 정보나 자료를 각각 징구하는 것을 막기 위한 노력을 해야 한다는 내용을 포함하고 있는데, 이는 두 감독기관이 있어서 발생할 수 있는 자료 수집의 중복 문제를 해결하기 위해서 둔 규정이다.

---

103 같은 지적은 양희산(2012), 82면.

104 MEMORANDUM OF UNDERSTANDING BETWEEN THE AUSTRALIAN PRUDENTIAL REGULATION AUTHORITY (APRA) AND THE AUSTRALIAN SECURITIES AND INVESTMENTS COMMISSION (ASIC), Oct. 8, 1998〈http://www.apra.gov.au/MediaReleases/Documents/Memorandum-of-Understanding-Australian-Securities-Investements-Commission-and-APRA-October-1998.PDF〉.

105 Memorandum of Understanding between Financial Markets Authority and The Reserve Bank of New Zealand, Sept. 9, 2011〈http://www.fma.govt.nz/media/1242956/mou_rbnz.pdf〉.

3) 소결

단봉형 체제와 쌍봉형 체제는 서로 장단점이 있다. 그러나 금융감독의 전문성 제고와 금융소비자 보호 강화가 더 중요하다는 점을 고려할 때 쌍봉형 체제로 전환을 하는 것이 바람직하다. 영국, 호주, 뉴질랜드, 네덜란드 등의 국가가 쌍봉형 체제를 채택하여 운영하고 있는 이유이다.[106] 쌍봉형 체제의 단점은 호주나 뉴질랜드의 사례처럼 두 금융감독기관 사이에 양해협의서 체결을 통해 해결하고, 필요하면 법률에 이러한 사항을 규정하여 해결하는 방안을 모색할 필요가 있다. 관련 법률에 두 금융감독기관 사이에 상호 업무 협조 및 정보 교환, 그리고 금융기관이 제출한 자료를 공동으로 관리하고 이용하는 체계 마련 의무 등의 내용을 명기하고, 이러한 내용을 구체적으로 양해협의서에 반영하여 운영하는 방안을 고려할 수 있다.

5. 금융감독기관의 책임성 강화 방안

금융감독기구 체제 개편을 할 때 **금융감독의 책임성(accountability)[107]을 강화하는 방안도 필요**하다. 금융감독기관에게 독립성 내지 중립성을 부여하면 이에 상응하는 책임성을 부여해야 금융감독기관의 권한 남용을 막을 수 있기 때문이다. 특히 공적 민간기구가 금융감독 업무를 수행하는 경우 책임성을 강화할 필요성은 더욱 크다. 따라서 국민의 대표 기관인 국회에 금융감독보고서를 제출하는 방안을 고려해야 한다. 입법부인 국회는 금융감독기관에 대한 자료 제출 요구권과 국정감사 등을 통해 금융감독 업무

106 Group of Thirty(2008), pp. 197~204; Bailey, Breeden & Stevens(2012), p. 1.

107 '책임성'이란 "어떤 기관에 부여된 권한 및 기능이 원래의 목적에 부합하는 방향으로 행사될 수 있도록 조직 구조나 운영 면에서 마련된 각종 법률적 장치"라고 설명하는 견해는 김홍범(2002), 123면.

에 대한 견제 역할을 하고 있는데, 이를 보다 강화할 필요가 있다. 1년에 2회 이상 국회에 금융감독보고서를 제출하는 방안을 고려할 필요가 있다. 중앙은행인 한국은행도 매년 2회 이상 통화신용정책의 수행 상황과 거시 금융안정 상황에 대한 평가보고서를 작성하여 국회에 제출하도록 하고 있다는 점(「한국은행법」 제96조 제1항)에서 금융감독기관도 금융감독에 관한 업무 보고서를 국회에 제출하도록 하는 것이 필요하다. 이러한 금융감독보고서 제출 의무는 국회가 금융감독기관을 견제하는 역할을 할 수 있다는 점에서 긍정적인 측면이 있다. 국회에 제출된 금융감독보고서는 외부 일반인에게도 공개될 것이므로 일반인들도 금융감독 업무에 대한 현황을 알 수 있는 기회가 되어 일반 국민이 금융감독기관에 대한 견제 역할을 할 수 있다. 또한 금융감독보고서 제출 의무는 금융감독기관 자체적으로 금융감독 업무에 대한 평가도 하게 되므로 잘못된 금융감독 업무에 대해서 시정하는 기회도 될 수 있다.

6. 금융감독기관의 전문성 강화 방안

금융감독기구 체제 개편과 관련해서 관련 법률에 반영해야 하는 사항 중의 하나는 **금융감독기관의 전문성 강화에 관한 사항**이다. 올바른 금융감독기구 체제 구축도 중요하지만, 또 간과해서는 안 되는 것은 금융감독기관의 전문성을 높일 수 있는 법적 기반을 만들어 주는 일이다. 이를 위해서는 우선 금융감독기관의 예산 편성 자율성을 보장해 주어야 한다. 충분한 재원이 있어야 우수한 금융 인력을 채용해서 금융감독의 전문성을 높일 수 있기 때문이다. 다음에는 직원들의 순환 보직 제도를 지양하는 근거 조항도 담아야 한다. 금융위원회와 금융감독원은 1년 내지 2년마다 보직을 순환하는 인사 제도를 시행하다 보니 직원들의 전문성을 높이지 못하는 문제가 있다. 이러한 인사 제도는 내부 규칙으로 정할 수도 있지만, 금융감독기구의 수장이 바뀔 때마다 이러한 제도가 제대로 운영되지 않을 가능성이 있으므로 법에 순환 보직 금지에 대한 근거 조항을 두어 법적 안정성을 도모할 필요가 있다. 물론 자세한 운영 사항은 내부 규정에 위임할 수 있을 것이다. 또한 공채 제도를 지양하여 수시 채용을 통한 우수한 인력을 채용할 수 있도록 하는 조항도 둘 필요가 있다. 이것 또한 내부 규칙으로 정할 수도 있는 사항이기는 하나 역시 일관성을 확보하는 점에서 법에 근거 조항을 둘 필요가 있다. 이렇게 하여 항상 지적되는 금융감독기관의 전문성 문제를 해결해야 할 것이다.

7. 금융감독정책 결정 과정의 투명성 강화 방안

1) 의의

금융감독기구 체제 개편과 관련해서 또 하나 고려해야 할 사항은 **금융감독정책 결정 과정의 투명성(transparency)을 확보**하는 일이다. 즉, 금융감독정책 의사결정 과정에서 업계 등 이해관계자와 전문가들의 의견을 충분히 잘 수렴해서 금융감독정책을 결정할 수 있는 체계에 대한 근거 조항을 법률에 두는 것이 필요하다. 새로운 금융감독정책을 신설하거나 변경하는 경우에는 신설이나 변경을 하기 전에 감독을 받는 금융기관과 소비자단체 등의 의견을 충분히 수렴하는 것을 의무화하여 금융감독정책 수립에 투명성을 높여야 한다. 금융감독정책에서 가장 중요한 감독규정 및 시행세칙을 제정하거나 개정할 때 이를 적용해야 한다. 법에 투명성 강화에 대한 근거 조항을 두고 자세한 운영 사항은 감독규정이나 내부 운영규칙에 두는 방안도 고려할 수 있다.

2) 의견 수렴 절차 과정의 투명성 강화

특히 업계나 소비자단체 등 이해관계자와 전문가 등이 제시한 의견에 대해서 금융감독기관이 한 답변 내용을 상세히 공개하도록 함으로써 정책 결정 과정에서 충분히 논의가 될 수 있는 체제를 만들어야 한다. 예를 들어, 금융감독기관은 의견 수렴 과정에서 제시된 의견을 왜 받아들일 수 없는지에 대한 상세한 이유를 제시하고 공개하도록 하는 규정을 두어야 한다. 미국, 영국, 일본, 호주, 캐나다 등 주요국의 사례를 보면, 법령이나 규정의 제·개정 과정에서 장기간에 걸쳐 업계 등 이해관계자들과 전문가의 의견 수렴 절차를 거침으로써 법령이나 규정 시행에서 발생할 수 있는 문제점을 미리 해결하는 체제를 운영하고 있다. 특징적인 것은 감독당국이 의견 수렴 과정에서 제시된 의견에 대해서는 제시된 의견 중에서 받아들이지 못하는 의견인 경우에는 왜 제시된 의견을 수용하지 못하는지에 대한 자세한 답변을 하고 그 내용을 정보통신망 게시판 등을 통해 공개한다는 점이다. 우리도 이러한 절차를 거쳐야 하고, 이에 관한 규율을 할 필요가 있다.

3) 의사록 공개

금융감독기구의 내부 최고의사결정기관의 의사록도 자세한 내용을 공개하도록 함으로써 투명성을 높여야 한다. 의사록 내용에는 위원이 발언한 내용도 자세히 공개하도록 함으로써 어떤 내용의 논의와 결정이 있었는지를 알 수 있도록 해야 한다.

8. 금융감독기관의 자율성 확보 방안

1) 서설

금융감독기관의 독립성 내지 중립성을 확보하기 위해서는 금융감독기관의 자율성 확보도 중요하다. 이를 위해서는 금융감독기관의 예산 편성 및 운영에 자율성을 확보할 필요가 있으며, 금융감독기관에 대한 감사원의 '정책 감사'를 폐지해야 한다.

2) 예산 운영의 자율성 확보

금융감독의 독립성 내지 중립성을 유지하기 위해서는 **금융감독기관의 예산 편성과 운영에 자율성을 확보**해야 한다. 금융감독기관의 예산 운영의 자율성 확보는 국제금융감독기구가 제시하는 국제적인 기준이기도 하다.[108] 그런데 우리나라 금융감독기관은 예산 운영의 자율성을 갖고 있다고 볼 수 없다. 금융감독정책 기관인 금융위원회는 정부 조직이라 정부 예산에 구속될 수밖에 없어서 예산 편성과 운영에 자율성을 갖고 있다고 보기가 어렵다. 금융감독집행 기관인 금융감독원도 예산 운영에 상위 기관인 금융위원회의 통제를 받고 있기 때문에 예산 운영에 자율성을 갖고 있다고 보기 어렵다. 즉, 금융감독원의 예산과 결산은 금융위원회의 승인을 받도록 하고 있어서(제45조 제1항) 예산 편성 및 운영에 자율성을 갖고 있다고 보기가 어렵다.

바람직한 금융감독기구 체제를 구축함에 있어 금융감독기관의 예산 편성 자율성을 확보할 수 있는 장치를 마련해야 하는데, 금융감독기관의 예산은 내부 최고의사결정기관으로 두는 위원회가 승인하는 방안을 검토할 필요가 있다. 중앙은행인 한국은행도 내부 최고의사결정기관인 금융통화위원회가 한국은행의 인건비 등을 제외한 예산 편성권을 갖고 있다는 점

108 Basel Committee on Banking Supervision(2024) ("Principle 2-Independence, accountability, resourcing and legal protection for supervisors: The supervisor possesses operational independence, transparent processes, sound governance, budgetary processes that do not undermine autonomy and adequate resources, and is accountable for the discharge of its duties and use of its resources.").

에서 금융감독기관도 이러한 예산 편성의 자율성을 확보할 필요가 있다. 즉, 한국은행의 예산은 금융통화위원회의 의결을 거쳐 확정되고(「한국은행법」 제98조 제1항), 예산 중 경비성 경비는 미리 기획재정부 장관의 승인을 얻어야 한다(「한국은행법」 제98조 제2항). 이렇게 예산 편성의 자율성이 확보되어야 충분한 재원을 확보할 수 있게 되어 감독을 하는 데 필요한 충분한 인력을 확보할 수 있고, 더 나아가 우수한 금융 전문 인력을 채용할 수 있어 직원의 전문성도 높일 수 있다.

3) 감사원의 '정책 감사' 폐지 필요

감사원이 행하는 '정책 감사'가 금융감독의 독립성 내지 중립성을 수행하는 데 장애 요인이 되고 있어 금융감독기관의 자율성 확보 차원에서 이를 폐지할 필요가 있다. 「감사원법」은 감사 대상 기관에 대한 '직무감찰'을 할 수 있도록 되어 있는데(제24조 제3호), 이는 정책 감사까지 포함한다고 보기가 어렵다. 직무감찰은 말 그대로 감사 대상 기관 직원의 직무 수행과 관련한 법규 위반 등의 행위 여부에 대한 '감찰' 업무에 한정되어야 한다. 정책 감사를 하려면 이에 대한 법적 근거를 명확하게 두어야 한다. 특히 금융감독 업무에 대한 정책 감사는 금융감독기관 직원이 '소신'을 갖고 업무를 수행하지 못하도록 하고, 소극적으로 감독 업무에 임하게 함으로써 금융감독 업무 수행의 효율성에도 문제가 된다. 예를 들어, 금융감독기관은 금융감독 법규 해석에 보다 적극적으로 해서 운영할 필요가 있는데, 감사원의 정책 감사 때문에 책임을 지지 않기 위해 소극적으로 해석을 하는 경향이 있을 수밖에 없고, 이러한 감독 업무 수행은 결국 감독을 받는 금융기관에게 피해를 주어 금융산업의 발전에도 장애가 되는 요소로 작용한다. 특히 감사원이 금융감독 업무에 대하여 전문성을 갖기도 어려운 현실에서 전문성이 필요한 금융감독 업무에 대하여 정책 감사를 한다는 것은 금융감독을 왜곡시킬 소지도 있다. 따라서 전문성이 필요한 금융감독 업무에 대해서는 감사원의 정책 감사 대상에서 제외해야 한다.

9. '금융안정협의회' 설치 방안

1) 서설

앞서 우리나라 금융안전망기구들 사이의 상호 자료 공유에 대한 법적 근거가 미흡하고, 양해협의서 형태로 운영되는 정보 공유 체제도 법적 강제성이 없다는 한계가 있어서 잘 작동이 되지 않고 있다는 문제점을 지적한 바 있다. 또한 금융안전망기구들 사이에 거시건전성 및 금융안정 정책을 논의할 협의체 기구가 없다는 점도 지적한 바 있다. 따라서 금융감독기구 체제 개편 논의와 더불어 이러한 문제에 대한 개선 방안이 필요하다.

2) 금융정보 공유 체계 개선

우선 한국은행, 금융감독원, 예금보험공사 사이의 상호 자료 제출 요청을 할 수 있는 법적 근거를 법률에 명확히 두어 모든 금융안전망기구들 사이에 상호 자료 요청을 할 수 있도록 함으로써 금융정보 공유가 잘 될 수 있는 체제를 만들어야 한다. 또한 모든 금융정보를 한군데 집중하게 하여 각 금융안전망기구들이 필요한 자료나 정보를 이용할 수 있도록 하는 체제를 만들어야 한다. 예를 들어, **'금융정보공유협의회'를 법적 기구로 만드는 것**이다.[109] 각각의 금융안전망기구들에게 자료 제출 의무가 있는 금융기관들은 제출해야 하는 자료를 통일된 양식으로 해서 '금융정보공유협의회'에

109 이러한 주장은 여러 문헌에서 발견할 수 있다(김정석(2005), 8면; 고동원·노태석(2012), 84면; 장병훈·손영진(2017), 180면).

제출하고, 금융안전망기구들이 '금융정보공유협의회'를 통해서 필요한 자료를 얻도록 하는 전산 체계를 구축하는 것이다. 이렇게 되면 금융기관들이 개별적으로 각 금융안전망기구에게 자료를 제출해야 하는 부담을 덜 수 있게 된다. 이러한 '금융정보공유협의회' 운영은 다음에 논의하는 '금융안정협의회'가 담당하는 방안을 고려할 수 있다.

3) 거시건전성 및 금융안정정책 협의 기구 신설

거시건전성 및 금융안정정책을 논의하고 결정할 '금융안정협의회'를 법적 기구로 만들어야 한다.[110] 이 협의회는 금융안전망기구들 사이에 정보 공유를 하면서 거시건전성 및 금융안정 정책에 관한 협의를 하는 역할을 하게 된다. 금융안정정책은 어느 하나의 기관만이 다루어야 할 성격이 아니고, 각 금융안전망기구들 사이에 협의를 통해서 결정해야 하는 조치이므로 협력 체계가 반드시 필요하다. 협의회 구성은 당연직 위원인 기획재정부 장관, 한국은행 총재, 금융감독기구의 장, 예금보험공사의 장뿐만 아니라 외부 전문가도 과반수로 참여하게 해서 다양한 의견을 반영한 금융안정정책이 나올 수 있도록 해야 한다. 이러한 금융안정협의회 운영 방안은 미국이 2008년 세계적 금융위기 이후에 거시건전성 및 금융안정 정책을 논의하는 금융안정감시협의회(FSOC)를 설치하여 운영하고 있다는 점에 비추어 볼 때 우리도 시급히 도입할 필요가 있다.

110 같은 주장은 윤석헌 외 5인(2016), 135면.

10. 독립기구인 '금융감독평가위원회' 설치 방안

1) 설치 필요성

금융감독기관을 통제하고 견제할 수 있는 기관은 국정 감사를 수행하는 국회와 행정기관 등에 대한 업무·회계 감사를 하는 감사원이다.[111] 그런데 금융 업무는 전문화되어 있는 분야이다. 전문화되어 있지 않은 국회나 감사원이 금융감독기관에 대한 업무 감사를 하는 것은 한계가 있다. 더욱이 국회와 감사원은 상시적인 감시 내지 감사 업무를 수행하지 않는다는 점에서도 한계가 있다. 금융감독기관을 견제하는 전문성을 갖춘 견제 기구가 필요한 이유이다. 이에 대한 답은 바로 **금융감독평가기구(financial regulator assessment authority)를 만드는 일**이다. 이 기구는 전문성을 갖추어 금융감독기관이 수행하는 금융감독 업무에 대하여 주기적 또는 수시 평가를 통해서 금융감독기관이 그 역할을 제대로 수행하는지에 대하여 감시 및 감독하는 역할을 수행하게 된다. 이렇게 함으로써 그만큼 감독 실패의 가능성을 줄여 궁극적으로 금융소비자를 보호하고 금융시장의 안정을 유지할 수 있다. 국제통화기금(IMF)도 각 나라의 금융제도에 대한 평가제도(Financial System Assessment Program: FSAP)를 운영하고 있는데,[112] 이 제도에 대한 효과는 상당히 긍정적으로 평가된다. 이와 유사한 제도를 도입하는 것이다.

2) 호주의 금융감독평가기구 사례

호주의 사례가 대표적이다. 호주에서는 금융기관의 불건전 영업행위

---

111 감사원의 회계 감사 및 직무 감찰의 근거는 「감사원법」 제23조 제7호, 제24조 제3호.
112 예를 들어, 우리나라 금융제도에 관한 평가보고서는 IMF(2003) 참조.

로 소비자에게 피해를 준 사건이 발생하였고, 금융감독기관이 금융기관에 포획되어(즉, 이른바 '산업 포획'(industry capture)을 말한다) 제대로 금융기관을 감독하지 못했다는 비판이 제기되면서 호주 정부는 이를 조사하기 위하여 외부 전문가로 구성된 독립적인 '왕립특별조사위원회'(Royal Commission into Misconduct in the Banking, Superannuation, and Financial Services Industry)를 2017년 11월 설치하였고, 위원회는 약 1년 여 동안의 청문회 등을 통한 조사를 실시한 후 제도 개선을 위한 최종보고서(Final Report)를 2019년 2월 발표하였는데,[113] 이 보고서는 금융사고의 원인이 금융감독기관이 제대로 금융기관을 감독하지 못했다는 점을 지적하면서 이에 대한 해결책의 하나로써 금융감독평가기구 설치를 제안하였다.[114] 이에 따라 2021년 6월 금융감독평가기구법(Financial Regulator Assessment Authority Act)이 제정되었고, 이에 의거하여 2021년 6월 29일 **금융감독평가위원회**(Australian Financial Regulator Assessment Authority: FRAA)**가 설립**되었다.[115]

금융감독평가위원회는 1인의 위원장을 포함한 3인의 위원으로 구성된다(Sec. 10). 초안에는 4명의 위원으로 구성하되, 그중 1인은 재무부 직원이 되도록 했었는데, 이 경우 독립성이 훼손될 수 있다는 비판이 제기되면서[116] 최종안에는 재무부 직원이 제외되었다. 이는 그만큼 위원회의 독립성이 중요하다는 점을 말하는 것으로서 우리도 금융감독평가기구를 설치하게 되면 독립성이 유지될 수 있도록 해야 한다. 위원은 재무부 장관에 의해 임명된다(Sec. 24(1)). 임기는 5년을 초과할 수 없고(Sec. 25(1)), 연임이 가능하지만 총 10년을 초과할 수 없다(Sec. 25(2)). 한 차례만 연임할 수 있는 것이

113 Schmulow(2018), p. 1.
114 Schmulow *et al.*(2021), p. 2.
115 〈https://fraa.gov.au/about-fraa〉.
116 Schmulow *et al.*(2021), pp. 6~7.

다. 위원은 직무를 수행하는 데 필요한 지식과 경험을 보유한 자이어야 한다고 하여(Sec. 24(2),(3)) 전문성을 요구하고 있다. 위원은 비상임으로 하며(Sec. 24(5)), 직무 수행에 이해상충이 되는 직업에 종사해서는 안 된다(Sec. 30). 업무 수행에 중립성을 요구하는 조항이다. 위원은 특별한 경우가 아닌 한 해임되지 않는데, 위원이 파산이 된 경우, 장기 질병에 의하여 업무 수행이 곤란한 경우, 비위행위(misbehavior)를 한 경우 등 일정한 사유가 발생할 때만 해임을 할 수 있도록 해서(Sec. 33), 임기를 보장하고 있다. 업무 수행의 독립성을 유지할 수 있도록 하기 위한 규정이다.

금융감독평가위원회는 2년 주기로 금융감독기관이 집행한 제재 조치, 결정, 민원 등에 대하여 평가한 금융감독평가보고서를 작성해야 하고(Sec. 13(1)), 재무부 장관은 필요한 경우 수시로(ad hoc) 금융감독 평가를 수행해 줄 것을 요청할 수 있다(Sec. 14). 정기 금융감독평가보고서는 재무부 장관에게 제출해야 하는데, 재무부 장관은 제출받은 날로부터 20일 이내에 국회에 제출하여 이를 공개해야 한다(Sec. 17). 금융감독평가위원회의 업무 보좌는 총무처(Secretary of Department)로부터 파견된 직원들에 의해 수행된다(Sec. 36(1)). 특히 금융감독평가위원회는 업무를 수행할 때 독립성을 유지해야 한다(Sec. 19). 그만큼 금융감독 평가 업무를 수행함에 있어 독립성이 큰 관건이라는 점을 인식하고 법에 명시적으로 규정한 것이다.

3) 설치 방안

금융감독평가기구를 독립된 법정 기구로 설치할 필요가 있다. 대통령 직속 산하의 독립된 비상설기구로 설치하며, 독립성을 유지하기 위해서 금융에 관한 경험과 지식을 가진 전문가를 비상임 민간위원(예를 들어, 5인)으로 임명하여 구성하는 것이다. 주요 업무는 1년에 1회 정기적으로 금융감독 업무를 평가한 후 '금융감독평가보고서'를 발간·공표하게 함으로써 금융감독 관련 개선 방안을 제시하고 장기적인 금융감독정책을 수립하는 데 도움이 되도록 하는 것이다. 그리고 대통령이 요청하는 경우에는 특정 사안에 대한 금융감독평가보고서를 작성할 수 있도록 해야 한다. 예를 들어, 특정 금융사고가 발생하는 경우에는 위원회 시각으로 금융사고의 원인과 대책 방안을 분석한 보고서를 작성하도록 하는 것이다. 이렇게 될 때 금융감독 업무를 수행하는 금융감독기관 입장에서는 금융감독평가기구를 의식하게 됨으로써 권한 남용 가능성이 적어지고, 금융감독평가기구가 제안한 금융감독 개선 사항을 반영할 수 있는 통로로 작용하여 장기적으로 보면 금융산업 발전에도 긍정적인 영향을 미칠 수 있다.

11. 독립된 금융분쟁조정기구의 설립 방안[117]

금융감독기구 체제 개편과 관련해서 또 하나 해결해야 할 과제는 **금융감독원이 수행하는 금융 분쟁 조정 기능을 분리해서 독립된 금융분쟁조정기구를 설립**하고 이에 더하여 중재(arbitration) 기능도 부여하여 (가칭)**'금융분쟁조정중재원'을 설립**하는 일이다. 분쟁 조정 제도는 중립적이고 독립적인 조정자가 조정안을 만들어 분쟁 당사자들이 이를 수락함으로써 자율적으로 분쟁 조정을 꾀하는 제도이므로 분쟁 조정자의 역할이 상당히 중요하다.[118] 즉, 조정자의 독립성이 확보되지 않으면 조정자의 신뢰를 떨어뜨리게 되고 조정안에 대한 수용을 어렵게 만든다.[119] 이런 면에서 보면 금융감독기관이 수행하는 분쟁 조정 제도는 독립성 면에서 문제가 있다. 즉, 공정하고 독립적인 분쟁조정기구로서 역할을 수행하기에는 한계가 있다.[120]

117 이에 관한 자세한 논의는 고동원(2013b), 77~79면; 고동원·이정민(2024), 133~134면.
118 고동원(2013b), 74면.
119 노태석(2011), 90면.

이런 점에서 분쟁 조정의 공정성과 신뢰성을 확보하기 위해서는 분쟁 조정 기능을 금융감독기관으로부터 분리하는 것이 필요하다.[121] 다만 분리된 금융분쟁조정기구도 금융감독기관에 의한 통제를 일정 부분 받을 필요가 있으며, 분쟁 조정 과정에서 발견된 문제점을 제도 개선에 반영하기 위해서는 금융감독기관과 업무 협조도 필요하다. 따라서 금융감독기관의 감독을 받도록 하되, 업무의 독립성을 보장해 주는 것이 바람직하다.[122]

효율적인 금융 분쟁 조정 제도의 운영을 통하여 금융소비자 보호를 하고 있다고 인정되는 영국과 호주의 경우에도 금융감독기관으로부터 분리하여 별도의 독립적인 기구가 분쟁 조정 업무를 수행하도록 하면서 금융감독기관의 감독을 받도록 하고 있으며, 대신에 운영의 독립성을 보장해 주고 있다. 영국의 경우 금융분쟁조정원(Financial Ombudsman Service Limited: FOSL)은 은행 등 금융기관의 영업행위와 관련해서 발생하는 금융소비자와 분쟁을 해결하는 기관으로서 「2000년 금융서비스 및 시장법」(Financial Services and Markets Act 2000: FSMA)에 근거하여 2001년 설립되었고, 정부 조직이 아닌 법인 형태의 독립된 기관이며(FSMA, Sec. 225(2)), 금융감독기관인 금융행위감독원(Financial Conduct Authority: FCA)의 감독을 받는 기관이지만(FSMA, Schedule 17 para. 2(1),(3), 3(2)), 운영상의 독립성은 보장하고 있다(FSMA, Sec. 225(1), Schedule 17 para. 3(3)). 호주도 금융분쟁조정원(Australian Financial Complaints Authority Limited: AFCA)은 「2018년 금융분쟁조정원설치법」(Australian Financial Complaints Authority Act 2018)[123]에 근거하여 2018년 4월 설

120 같은 지적은 노태석(2011), 91면; 주규준(2011), 61면.

121 같은 주장은 김춘(2010), 164면; 고재종(2021), 91면; 이효섭(2024), 62면.

122 같은 주장은 김춘(2010), 164면; 고동원(2013b), 78면.

123 정식 법 명칭은 Treasury Laws Amendment (Putting Consumers First—Establishment of the Australian Financial Complaints Authority) Act 2018. 이 법률은 「1993년 연금분쟁해결법」(Superannuation (Resolution of Complaints) Act 1993)을 폐지하고 「2001년 회

립된 독립된 민간 금융분쟁조정기구로서 영업행위감독기관인 호주증권투자위원회(Australia Securities and Investments Commission: ASIC)의 감독을 받는 기관이지만(Corporations Act, Sec. 1052A),[124] 운영상의 독립성을 보장해 주고 있다.[125] 이런 외국 사례에 비추어 보더라도 금융 분쟁 조정 제도의 효율성을 도모하여 금융소비자 보호를 강화하기 위해서 금융감독원이 수행하는 금융 분쟁 조정 기능을 분리하여 별도의 금융분쟁조정기구를 설립해야 할 것이다.

12. 소결

효율적인 금융감독기구 체제를 유지하는 것은 금융산업이 성장하는 데 밑받침이 되는 아주 중요한 일이다. 그런데 우리 금융감독기구 체제는 많은 문제점을 갖고 있어서 '올바른' 금융감독기구 체제를 만들 필요가 있다. 앞에서 제시한 바람직한 금융감독기구 체제 개편 방향을 정리해 본다.

첫째, 가장 중요한 것은 금융위원회가 수행하고 있는 금융감독정책 기능을 분리하고, 금융산업정책 기능은 기획재정부로 이관하는 일이다. 수직적으로 나뉘어 있어 많은 문제를 일으키고 있는 2개의 금융감독기구를 통합하여 단일의 금융감독기구를 만들어야 한다. 둘째, 통합된 금융감독

사법」(Corporations Act 2001)의 관련 조항을 개정하거나 일부 조항을 추가한 내용으로 이루어져 있다〈https://www8.austlii.edu.au/cgi-bin/viewdoc/au/legis/cth/num_act/tlacfotafcaa20181145/longtitle.html〉.

124 감독의 내용에 관한 자세한 사항은 호주증권투자위원회(ASIC)가 제정한 「감독지침」(Regulatory Guide 267: Oversight of the Australian Financial Complaints Authority, September 2021), 267.29〈https://download.asic.gov.au/media/veydmskt/rg267-published-2-september-2021.pdf〉에도 규정되어 있다.

125 Regulatory Guide 267: Oversight of the Australian Financial Complaints Authority, September 2021), 267.24(c), 267.30.

기구는 공적 민간기구로 만들어야 한다. 민간기구가 금융감독 업무를 수행해야 금융감독의 독립성, 책임성 및 전문성을 도모할 수 있어 효율적인 금융감독이 이루어지고, 이것이 국제적인 기준에도 부합한다. 정부 부처인 '금융부'를 신설하자는 일부의 주장은 상당히 경계해야 할 일이다. 셋째, 민간 금융감독기구를 금융건전성감독기관과 영업행위감독기관으로 나누는 쌍봉형 금융감독기구 체제로 가는 것이 바람직하다. 단봉형과 쌍봉형 체제는 각각 장단점이 있어 논란이 있을 수 있지만, 금융감독의 전문성을 도모하고 금융소비자 보호 강화를 위해서는 쌍봉형 체제가 더 바람직하다. 넷째, 각 금융감독기관의 내부 최고의사결정기관으로서 위원회 조직을 두어야 하고, 이 경우 위원 구성은 전문성을 갖춘 외부 위원이 과반수가 되도록 하여 독립성을 확보해야 한다. 다섯째, 각 금융감독기관의 책임성을 강화하기 위해 매년 2회 이상 금융감독보고서를 국회에 제출하고, 이를 공개하도록 하여, 금융감독정책에 대하여 국민에게 책임을 질 수 있도록 해야 한다. 여섯째, 금융감독기관의 전문성을 높이는 내용도 법률에 반영해야 한다. 예산 자율성을 확보하여 우수한 금융 인력을 채용할 수 있도록 하고, 공채 제도 대신에 수시 전문가 채용 제도를 도입하도록 하며, 순환 보직을 금지하는 내용을 두어 금융감독 인력의 전문성을 확보하도록 해야 한다. 일곱째, 금융감독기구의 의사 결정 절차도 투명성을 높일 수 있도록 의사록의 내용을 자세히 공개하고, 금융감독 관련 규정이나 시행세칙의 제·개정 과정에서 업계 등 이해관계자와 전문가의 의견을 잘 수렴해서 반영할 수 있도록 제시된 의견에 대해서는 금융감독기관이 자세한 답변을 하고 이를 공개하도록 함으로써 금융감독 규정이나 시행세칙의 제·개정 과정에서 이해관계자 및 전문가들의 의견을 잘 반영하여 합리적인 감독규정 등의 제·개정이나 금융감독정책 결정이 이루어지도록 해야 한다. 여덟째, '금융안정협의회' 기구를 신설하여 금융안전망기구들이 참여함으로써 효율적인 거시건전성 및 금융안정 기능을 수행할 수 있도록 하여 금융위기 발생 등에 효율적으로 잘 대처할 수 있도록 하고, 금융안전망기구들 사이에 정보 공유가 잘 이루어질 수 있도록 하는 체제를 구축해야 한다. 결론적으로 이러한 '올바른' 금융감독기구 체제를 만들 때 금융감독의 효율성이 높아지면서 금융산업이 성장할 수 있는 토대를 만들고 궁극적으로는 금융소비자를 보호할 수 있는 길이 될 수 있을 것이다.

제4절 결론

1999년 1월 통합 금융감독기구가 출범한 후 몇 차례[126] 금융감독기구 개편 문제가 제기되었다. 그때마다 근본적인 개혁은 이루어지지 못하고 미봉책으로 마무리되곤 하였다. 특히 2008년 2월 이명박 대통령 정부가 들어

126 첫 번째는 2000년 10월에 발생한 상호저축은행 불법 대출과 관련한 금융감독원 고위 간부의 수뢰 사건에 따라 제기된 것이고, 두 번째는 2004년 신용카드회사 부실 사태와 관련하여 제기된 부실 감독의 문제에 따라 제기된 것이다. 첫 번째의 경우에는 기획예산처 주관으로 '감독조직혁신작업반'이 구성되어 금융감독기구 개편 방안이 제시되었으나 근본적인 개편이 이루어지지 못했으며, 두 번째의 경우에도 청와대 산하 '정부혁신지방분권위원회'의 주도로 금융감독기구 개편 문제를 다루었으나, 이것 또한 미봉책에 머물러 근본적인 개혁이 이루어지지 못했다. 이에 관한 자세한 논의는 고동원(2004), 5~6면 참조. 세 번째는 2011년 상호저축은행의 부실 사태가 발생하면서 부실 감독의 문제가 다시 제기된 것이고, 국무총리 산하에 '금융감독혁신작업반(T/F)'이 구성되어(2011. 5.) 금융감독 혁신 방안이 마련되었으나(2011. 9.), 역시 금융감독기구 체제 개편 문제를 중장기적인 과제로 남겨 두기로 하여(국무총리실, 「국무총리실, 관계부처 합동으로 금융감독 혁신 방안 마련」, 보도자료, 211. 9. 2., 붙임 자료(금융감독 혁신 방안), 45면) 근본적인 개혁이 이루어지지 못하였다.

서면서 추진된 금융감독기구 개편은 세계적으로도 유례가 거의 없는 금융산업정책과 금융감독 기능의 통합 등 잘못된 방향으로 갔다. 2011년 상호저축은행 파산 사태, 2013년 동양그룹 사태, 2020년 사모집합투자기구 환매 중단 사태와 관련한 감독 실패의 문제가 발생한 것도 이러한 잘못된 금융감독기구 개편에서 원인을 찾을 수 있다.

문제가 많은 현행 금융감독기구 체제는 제17대 대통령직인수위원회가 주도하였는데,[127] 불과 3주 만의 짧은 기간에 금융행정 조직을 포함한 정부 조직 개편을 하다 보니[128] 졸속으로 추진된 면이 있다. 「금융감독기구의 설치 등에 관한 법률 일부 개정 법률안」 추진의 배경을 살펴보면, 당시 제17대 대통령직인수위원회(「대통령직 인수에 관한 법률」 제6조에 의거하여 설치된 위원회)가 금융감독기구 개편을 포함한 정부 조직 개편을 주도하였고, 국회의원이 발의한 형식으로 법률 개정안이 추진되었다.[129] 특히 대통령직인수

---

127 「대통령직 인수에 관한 법률」 제16조는 대통령직인수위원회의 활동 결과를 백서로 발간하여 공개하도록 되어 있다. 『제17대 대통령직인수위원회 백서』는 대통령기록관〈http://dams.pa.go.kr:8888/dams/ezpdf/ezPdfReader.jsp?itemID=/PUBLICATION/2009/08/14/DOC/SRC/0204200909221048200010482013442.pdf〉에서 검색이 가능한데, 이 백서에 의하면, 당시 정부 조직 개편은 '국가경쟁력강화특별위원회'(위원장 사공일)의 산하 '정부혁신·규제개혁T/F'(팀장 박재완)가 담당하였다(백서 105면). 이 T/F는 "정부 조직의 문제점을 확인한 후 … 학계·언론 등에서 제시한 개선 방안 등을 정리하여 당선인에게 보고하였다."라고 하는데, 과연 학계의 의견을 반영하였는지 의문이다. 왜냐하면 당시 학계는 금융위원회 설치안에 반대하는 의견이었기 때문이다(경제·경영·금융 관련 학자들 147명의 성명서(연합뉴스 기사, 2008. 2. 11.) 등 참조). 그리고 "[대통령직인수위원회] 위원장이 … 정부조직법 개정안을 국회에 제출하였다."라고 하고 있는데(백서 109면), 과연 위원장이 법률 개정안을 국회에 제출할 수 있는 권한이 있는지도 의문이다. 이처럼 제17대 대통령직인수위원회의 권한과 활동에는 많은 문제점이 있었다. 당시 '정부혁신·규제개혁T/F'는 팀장, 전문위원, 실무위원 및 자문위원으로 구성되었는데(백서 106면), 전문위원은 이호영(국무총리실), 정광호(서울대)이었고, 실무위원은 김용진(기획예산처), 이창균(지방행정연구원)이었다(백서 555면)(자문위원 명단은 백서에 없다).

128 T/F는 "3주간의 짧은 기간에 밀도 높은 작업을 통해 새 정부의 모습을 확정하였다."고 하는데(백서 106면), 이렇게 중요한 정부 조직 개편을 3주간의 짧은 기간에 했다는 것은 역으로 이야기하면 '졸속으로' 했다는 말도 될 수 있다.

129 의원 입법 형식의 경우 정부가 제출한 입법안과 달리 규제개혁위원회의 심사 및 국무회

위원회가 심도 있는 논의 없이 담당자 몇 명이 정부 조직 개편 방안을 조급하게(인수위원회의 활동 기간은 불과 2~3개월 정도에 불과하다) 추진한 것은 심각한 문제로서 대통령직인수위원회의 역할에 대하여 재검토할 필요가 있다. 국가 행정 조직의 개편 문제는 국가의 백년대계(百年大計)처럼 중요한 사항인데, 이러한 중차대(重且大)한 사항을 불과 2개월의 짧은 기간(더 정확히는『제17대 대통령직인수위원회 백서』에 나타난 것처럼 3주)에 추진한 것은 문제이다. 특히 막강한 영향력을 행사하는 대통령직인수위원회의 결정에 대하여 거의 반대를 하지 못한다는 점에서 더욱 더 문제이다. 더욱이 대통령직인수위원회가 정부 조직 개편을 담당할 법적인 근거도 없다는 점에서 제17대 대통령직인수위원회가 주도한 정부 조직 개편은 문제가 많다. 관련 법률인「대통령직 인수에 관한 법률」제7조는 대통령직인수위원회의 업무로서 "정부의 조직·기능 … 의 파악"이라고 되어 있는데(제1호), '파악'이라는 의미가 '개편'까지 포함하는 것이라고 보기는 어렵다.

더 나아가 현행 금융감독기구 체제를 만든 것도 결국은 법안을 통과시킨 국회(보다 구체적으로 법안을 심사한 관련 상임위원회 소속 국회의원 포함)이므로 책임에서 자유로울 수는 없다.[130] 국회도 이러한 실수가 반복되지 않도록 외국의 사례를 연구하고 실무자와 학자 등 전문가의 의견을 경청하여 이상적이고 바람직한 금융감독기구 체제를 만들어야 한다. 이를 위해서는

의 심의 등 복잡한 절차를 거칠 필요가 없고 시일도 많이 걸리지 않는다.

130 「금융감독기구의 설치 등에 관한 법률 일부 개정 법률안」은 대표 발의 의원인 당시 한나라당 안상수 국회의원 등 130명(박근혜 의원 등 거의 모든 한나라당 국회의원들이 참가하였다)이 2008년 1월 21일 발의하여, 2008년 2월 26일 본회의에서 가결되었다. 그런데 130명이나 되는 그렇게 많은 국회의원들이 금융산업정책 기능과 금융감독 기능의 통합 및 금융감독정책 기구와 금융감독집행 기구의 분리에 따른 개정안의 문제점에 대해서 심각하게 고민을 했는지 의문이다. 이 법안에 대한 처리 과정, 발의 의원 명단, 심사 보고서 등 자세한 사항은 국회 〈의안정보시스템〉에서 확인할 수 있다〈http://likms.assembly.go.kr/bill/jsp/BillDetail.jsp?bill_id=PRC_D0S8G0S1M2G1I1P7H0S7Z0D6Z6H0Y0〉.

국민의 대표기관인 국회에 각계 전문가 등으로 구성된 금융감독기구 체제 개편을 위한 특별위원회를 설치하여 논의를 하는 것이 바람직하다. 금융감독기구 체제 개편과 관련해서는 행정부도 이해 당사자이므로 행정부가 개편 논의를 주도했을 때는 바람직한 방향을 도출하기가 어렵기 때문이다. 결론적으로 **가장 바람직한 금융감독기구 체제는 금융산업정책 기능과 금융감독 기능이 분리되고, 금융감독기구는 정부 조직이 아닌 공적 민간기구 형태로 가는 것**이다. 이 방안이 금융감독의 중립성·독립성·전문성 확보라는 면에서 가장 바람직하다.

참고문헌

강현호, 「금융감독원의 법적 성격」, 『공법연구』 제31집 제3호, 한국공법학회, 2003. 3.

고동원, 「금융감독 행정의 현황과 문제점」, 『금융법연구』 제1권 제2호, 한국금융법학회, 2004. 12.

______, 「현행 금융감독기구 체제의 문제점과 개편 방향」, 『성균관법학』 제24권 제2호, 성균관대학교 법학연구원, 2012. 6.

______, 「쌍봉형(Twin Peaks) 금융감독기구 체제 도입 논의의 검토」, 『성균관법학』 제25권 제1호, 성균관대학교 법학연구원, 2013a. 3.

______, 「금융 분쟁 조정 제도의 개선을 위한 입법 과제」, 『입법과 정책』 제5권 제1호, 국회입법조사처, 2013b. 6.

______, 「암호화자산 거래와 제도화 방향」, 『상사판례연구』 제31집 제4권, 한국상사판례학회, 2018. 12.

______, 「P2P대출 거래의 유형과 법적 쟁점」, 금융기술법연구회 편, 『P2P금융과 법』, 박영사, 2019.

______, 「금융감독기구 체제의 문제점과 바람직한 개편 방향」, 국회의원 이정문 의원실 정책자료집 연구보고서, 2021. 9. 24.

______, 「사모펀드 규제의 문제점과 개선 방안」, 『금융감독연구』 제8권 제2호, 금융감독원, 2021.

고동원·노태석, 「금융안정을 위한 예금보험기구의 역할에 관한 연구」, 『금융안정연구』 제11권 제1호, 예금보험공사, 2010. 6.

______, 「국제예금보험기구협회(IADI)의 「예금보험제도 핵심원칙」에 비추어 본 우리나라 예금보험제도의 개선 방향」, 『금융안정연구』 제13권 제1호, 예

금보험공사, 2012. 6.
고동원·이정민, 「영국과 호주의 금융 분쟁 조정 제도와 시사점」, 『은행법연구』 제17권 제2호, 은행법학회, 2024. 11.
고재종, 「금융소비자보호법상 분쟁조정제도의 재검토-분쟁조정기구를 중심으로-」, 『금융소비자연구』 제11권 제1호, 한국금융소비자학회, 2021. 4.
금융감독원, 『새로운 금융감독기구』, 2003. 1.
금융감독원 법무실, 『금융법무다이제스트』 통권 제23호, 2010. 3.
김건식 외 6인, 『금융감독 선진화를 위한 감독체계 개편 방안』, 국무총리실 연구용역보고서, 서울대학교 금융법센터, 2012. 10.
김남진, 『행정법 II』, 법문사, 2000.
김대식·윤석헌, 「금융감독기구의 지배구조」, 2004년 재무 5개 학회 춘계 공동학술연구발표회 특별 심포지엄 발표 논문, 2004. 5. 21.
김동희, 『행정법 II』, 박영사, 1999.
김병태, 「IMF의 '대한민국 금융제도 안정성 평가에 관한 보고서'의 검토-은행감독과 법적 규제를 중심으로-」, 『상사법연구』 제23권 제3호, 한국상사법학회, 2004. 11.
김상겸, 「금융감독체계에 관한 법적 고찰-헌법상의 경제질서의 관점에서-」, 『공법연구』 제31집 제3호, 한국공법학회, 2003. 3.
김성수, 「금융감독 재원 조달의 법적 과제」, 『토지공법연구』 제40집, 한국토지공법학회, 2008. 8.
김정석, 「금융안정망 기구간 상호관계에 대한 논의」, 『KDIC 금융분석정보』, 예금보험공사, 2005. 8.
김종민, 「국내 전문사모운용사 현황 및 경영성과 분석」, 이슈보고서 20-25, 자본시장연구원, 2020.
김 춘, 「금융분쟁조정제도의 개선방안에 관한 연구」, 『증권법연구』 제11권 제2호, 한국증권법학회, 2010. 12.
김홍기, 「우리나라의 금융감독 체계의 문제점 및 개선방안」, 『상사법연구』 제31

권 제3호, 한국상사법학회, 2012a. 11.
______,「우리나라 금융감독체계의 문제점과 개선 방안」, 대한금융공학회·한국금융연구원 주최 정책심포지엄 발표자료, 2012b. 12. 10.
김홍범,『금융감독, 이대론 안된다』, 두남, 2002.
______,「금융감독체계 개편 분석: 미국·영국·EU와 한국」,『금융감독체계의 개편 방향』, 서울대학교 금융경제연구원 심포지엄 자료집, 2009. 11. 23.
김효연,「금융감독 혁신TF 대책의 문제점과 과제」,『이슈와 논점』 제281호, 국회 입법조사처, 2011. 8. 8.
노태석,「현행 금융 분쟁 해결제도에 관한 법적 연구」,『일감법학』 통권 제19호, 건국대학교 법학연구소, 2011. 2.
박윤흔,『행정법강의』(하), 박영사, 1999.
백윤기,「금융행정에 있어서 법치주의 구현방안: 금융행정법의 정립과 발전방향의 모색」,『저스티스』 제33권 제4호, 한국법학원, 2000. 12.
빈기범,「국내 사모펀드 규제 체계와 정책 제언, 사모펀드 규제, 어떻게 해야 하나?」, 한국금융연구센터 정책심포지엄 발표자료, 2020.
성희활,「금융소비자보호법의 바람직한 제정 방안에 대한 고찰」,『상사법연구』 제30권 제2호, 한국상사법학회, 2011. 8.
송선현·구현주,「해외금리 연계형 DLF 사태 관련 금융당국의 절차 실체적 조치 및 그 적절·타당성」,『BFL』 제104호, 2020.
양희산,「국내 금융환경에서 바라본 쌍봉형 감독체계의 적합성 여부」,『외국의 쌍봉형 감독 모델 운영 경험과 한국에서의 시사점』, 한국보험학회 2012년도 정책 세미나 발표 자료집, 2012. 12. 7.
윤석헌·김대식·김용재,「금융감독기구 지배구조의 재설계」,『상사법연구』 제24권 제2호, 한국상사법학회, 2005. 8.
윤석헌 외 5인,「금융감독체계 개편, 어떻게 할 것인가?」, 2012년 한국금융학회 정기학술대회 발표자료, 2012. 6. 8.
윤석헌 외 5인,「모델 금융감독법의 구조-기본 내용과 법안의 제안-」,『은행법연구』 제9권 제1호, 은행법학회, 2016. 5.

원승연, 「금융소비자 보호의 필요성-사례 분석을 중심으로」, 『금융소비자 보호: 현안과 정책 과제』, 한국금융연구센터 2009년 하반기 정례 정책심포지엄 자료집, 2009. 11. 11.

이남기, 『경제법』, 박영사, 1998.

이성남, 「감독이 바로서야 금융이 산다: 현 금융감독체계의 문제점 및 개선방안」, 국회정책자료집, 2008.

이성복, 「2020년 사모펀드 사태 교훈과 금융소비자 보호 방안」, 『금융소비자연구』 제10권 제3호, 2020.

이원우, 「금융행정의 새로운 패러다임의 가능성과 타당성」, 김건식·정순섭 편저, 『새로운 금융법 체제의 모색』, 소화, 2006.

이효섭, 「해외 금융분쟁 해결제도의 특징 및 국내 시사점」, 조사보고서 24-03, 자본시장연구원, 2024. 7.

장덕조, 「독립 금융소비자보호기구 설립 동향과 시사점」, 『상사법연구』 제29권 제1호, 한국상사법학회, 2010. 5.

장병훈 · 손영진, 「부실우려금융회사 지정 및 운영체계 개선 방향」, 『금융리스크리뷰』 제14권 제3호, 예금보험공사, 2017. 10.

전성인, 「유인부합적 금융감독체계 구축방안」, 『입법과 정책』 제1권 제1호, 국회 입법조사처, 2009. 12.

______, 「금융감독 개편 측면에서 바라본 독립 금융소비자 보호기구」, 『금융소비자보호기구의 설립 방향, 이대로 좋은가』, 국회입법조사처/국회금융정책연구회 공동 주최 정책세미나 자료집, 2011. 12. 14.

정지만·오승곤, 「금융안정을 위한 금융기관 부실정리제도」, 『금융안정연구』 제11권 제1호, 예금보험공사, 2010. 6.

정호열, 「금융개혁과 관치금융의 법적 문제」, 『저스티스』 제33권 제4호, 한국법학원, 2000. 12.

정홍주·성수현·김기영·이명창, 「금융감독기구의 조직과 보직순환 고찰-전문성과 금융소비자 보호 측면의 시사점」, 『금융소비자연구』 제7권 제2호, 한국금융소비자학회, 2017.

주규준, 「금융소비자 보호체계의 문제점과 개선방안」, 『입법과 정책』 제3권 제1호, 국회입법조사처, 2011. 6.

주윤신, 「사모펀드 금융사고 무엇이 문제인가?」, 『하나금융포커스』 제10권 제21호, 하나금융경영연구소, 2020.

홍준형, 「금융행정의 법적 구조와 개혁방향」, 『공법연구』 제29집 제2호, 한국공법학회, 2001. 2.

小山嘉昭, 『銀行法精義』, 金融財政事情研究會, 2018.

Bailey, Andrew, Sarah Breeden & Gregory Stevens, "The Prudential Regulatory Authority," *Quarterly Bulletin 2012*, Bank of England, Dec. 2012〈http://www.bankofengland.co.uk/publications/Documents/quarterlybulletin/qb120405pre.pdf〉.

Basel Committee on Banking Supervision, "Core Principles for Effective Banking Supervision," April 2024.

Financial System Inquiry Final Report (Wallis Report), March 1997〈http://fsi.treasury.gov.au/content/finalreport.asp〉.

Group of Thirty, *The Structure of Financial Supervision: Approaches and Challenges in a Global Marketplace*, 2008.

International Association of Insurance Supervisors, "Insurance Core Principles, Standard, Guidance and Methodology," Oct. 1, 2011.

International Bar Association's Task Force on the Financial Crisis, *A Survey of Current Regulatory Trends*, Oct. 2010.

International Monetary Fund, *Republic of Korea: Financial System Stability Assessment, including Reports on the Observance of Standards and Codes on the following topics: Monetary and Financial Policy Transparency, Banking Supervision, Securities*

Regulation, Insurance Regulation, Corporate Governance, and Payment Systems, IMF Country Report No. 03/81, March 2003.

International Organization of Securities Commissions, "Objectives and Principles of Securities Regulation," Sep. 1998.

Levitin, Adam J., *The Consumer Financial Protection Agent*, 1789 PLI/Corp 105, Chicago, 2010.

Memorandum of Understanding between Financial Markets Authority and The Reserve Bank of New Zealand, Sept. 9, 2011⟨http://www.fma.govt.nz/media/1242956/mou_rbnz.pdf⟩.

MEMORANDUM OF UNDERSTANDING BETWEEN THE AUSTRALIAN PRUDENTIAL REGULATION AUTHORITY (APRA) AND THE AUSTRALIAN SECURITIES AND INVESTMENTS COMMISSION (ASIC), Oct. 8, 1998⟨http://www.apra.gov.au/MediaReleases/Documents/Memorandum-of-Understanding-Australian-Securities-Investements-Commission-and-APRA-October-1998.PDF⟩.

Schmulow, Andrew, "Regulating the Regulator: Improving consumer protection under a Twin Peaks regulatory framework," *The International Review of Financial Consumers*, 3(1), April 2018.

Schmulow, Andrew, Paul Mazzola & Daniel de Zilva, "Twin Peaks 2.0: Avoiding Influence Over an Australian Financial Regulator Assessment Authority," *Federal Law Review*, 2021.

Taylor, Michael W., *Twin Peaks: A Regulatory Structure for the New Century*, Centre for the Study of Financial Innovation, Dec. 1995.

______, "Regulatory Reform after Financial Crisis: Twin Peaks Revisited" PPT Presentation, Center for Competition and Policy, Feb. 2011⟨http://denning.law.ox.ac.uk/news/events_files/Twin_Peak_Revisited.pdf⟩.

03

금융기관 검사 및 제재

제1절 총설

제2절 금융기관 검사

제3절 금융기관 및 임직원 제재

제4절 주요국 입법례

제5절 제재 제도의 개선 과제

제1절 총설

금융기관에 대한 검사 및 제재 조치도 금융감독의 한 영역이다. 금융감독기관이 금융감독 기능을 수행하기 위해서는 금융기관이 관련 법규 등을 잘 준수하고 있는지에 대해서 점검 및 확인하는 것이 필요하다. 이를 위해서 금융감독기관이 수행하는 업무가 바로 **금융기관에 대한 검사**(檢査, examination or inspection) 업무이다. 더 나아가 금융감독기관은 금융기관이나 그 임직원이 관련 법규 등을 준수하지 않는 행위가 드러날 때는 **집행력 확보 차원에서 행정적 제재**(制裁, sanction or enforcement action) **조치**를 취할 수 있다. 이렇게 금융기관에 대한 검사 및 제재 조치는 금융감독기관이 수행하는 큰 역할 중의 하나이다.

한편으로는 이러한 검사 및 제재 조치에 의해 감독을 받는 금융기관 및 그 임직원은 신분상의 불이익뿐만 아니라 금전적 불이익도 받는다는 점에서 그 대상자에 대한 권익 보호가 필요한 분야이기도 하다. 이런 점에서 금융기관에 대한 검사 및 제재 조치에 대해서는 법적인 통제를 할 필요가 있다. 그런데 금융감독기구법과 은행법 등 개별 금융업법은 금융감독기관의 검사 실시에 대한 근거 조항을 두어 법적 근거를 확보하고 있지만, 검사 방법이나 절차에 관한 자세한 사항은 법률이 아닌 금융위원회가 제정한 「금융기관 검사 및 제재에 관한 규정」(이하 "검사제재규정")과 금융감독원이 제정한 「금융기관 검사 및 제재에 관한 규정 시행세칙」(이하 "검사제재규정시행세칙")이 규정하고 있어 법적 통제를 받지 못하는 문제가 있다. 또한 금융감독기관의 제재 조치도 금융감독기구법 및 은행법 등 개별 금융업법에 제재 조치에 관한 근거 조항을 두고 있지만, 제재의 기준 및 절차에 관한 사항은 검사제재규정 및 검사제재규정시행세칙에 규정하고 있어 법적 통제를 받지 못하고 있는 문제가 있다. 제재 조치가 침익적 행정처분이라는 점을 고려할 때 제재 대상자의 권익 보호를 위해서 제재 절차의 공정성과 신뢰성 및 투명성 확보가 필요하다는 점에서 제도 개선이 필요하다. 이 장에서는 금융감독기관이 수행하는 검사와 제재 조치에 대하여 살펴본다.

제2절 금융기관 검사

I. 서설

금융기관에 대한 검사에 관한 사항에 대해서는 금융감독기구법 및 「은행법」 등 개별 금융업법에 검사 실시에 관한 근거 조항을 두고 있지만, 검사 방법 및 절차에 관한 자세한 사항은 감독규정인 검사제재규정 및 검사제재규정시행세칙에 규정되어 있다. 검사 대상자의 권익 보호가 필요하다는 점을 인정해서 검사제재규정은 "[금융]감독원장은 검사 업무를 실시함에 있어 금융기관 및 그 임직원의 권익이 부당하게 침해되지 않도록 노력하여야 한다."라고 규정하고 있는데(제4조 제5항), 법적 구속력이 없다는 점에서 과연 얼마나 실효성이 있을지는 의문이다. 금융감독기관이 검사 업무를 수행할 때 금융기관 및 임직원의 권익을 부당하게 침해해서는 안 된다는 조항을 법률에 둘 필요가 있다.

II. 검사 개관

1. 의의

검사란 금융기관이 관련 법규나 금융감독기관의 명령이나 지시 등을 잘 준수하고 있는지 확인 및 점검하는 행위를 말한다. 즉, 검사는 "금융[기관]의 업무 활동과 경영 상태를 분석·평가하고 금융[기관이] 취급한 업무가 관계 법규에 위배되지 않았는지를 확인·점검하여 적절한 조치를 취하는 활동"이라고 할 수 있다.[1] 이렇게 금융감독기관이 검사 업무를 수행함으로써 금융감독정책이 금융시장에서 제대로 작동하는지를 감시하는 역할을 하게 되고, 더 나아가 검사 결과 나온 여러 가지 정보나 개선 과제를 금융감독정책에 반영하여 실효성 있는 금융감독정책이 수립되도록 하는 기능도 한다.[2]

2. 법적 성질

금융기관에 대한 **검사는 행정법에 따른 '행정조사'에 해당한다**고 볼 수 있다. 행정조사에 관한 기본적인 사항을 규정하고 있는 「행정조사기본법」은 비록 금융감독기관의 검사행위에 대해서는 원칙적으로 적용 배제를 하

---

1 금융감독원(2024), 32면.
2 금융감독원(2024), 32면.

고 있지만(다만 일부 조항은 적용된다),[3] 행정조사를 "행정기관이 정책을 결정하거나 직무를 수행하는 데 필요한 정보나 자료를 수집하기 위하여 현장조사·문서열람·시료채취 등을 하거나 조사 대상자에게 보고 요구·자료제출 요구 및 출석·진술 요구를 행하는 활동"이라고 하고 있어(제2조 제1호), 이 정의에 부합한다고 할 수 있다. 즉, 금융감독기관의 검사는 금융감독기구법 및 관련 금융업법에 근거하여 검사를 실시하고 있고(금융감독기구법 제37조 제1호 등), 검사 권한을 표시하는 증표를 제시해야 하며(금융감독기구법 제40조 제2항 등), 검사를 방해한 경우 행정질서벌인 과태료가 부과된다는 점(은행법 제69조 제1항, 제5항 등)을 고려할 때 강제성이 있는 '권력적' 행정조사에 해당한다고 보는 것이 타당하다.[4]

3. 법적 근거

금융기관에 대한 검사 실시의 법적 근거는 갖추어져 있다. 금융감독기구법은 금융감독원의 업무로서 "[금융]기관의 업무 및 재산 상황에 대한 검사"를 규정하고 있으며(제37조 제1호), 「은행법」 등 개별 금융업법도 검사에 대한 근거 규정을 두고 있다. 「은행법」은 "금융감독원장은 은행의 업무와 재산 상황을 검사한다."라고 하고 있으며(제48조 제1항), 자본시장법도 "금융투자업자는 그 업무와 재산 상황에 관하여 금융감독원장의 검사를

3 일반적으로 행정조사에 대해서는 「행정조사기본법」이 적용되나, 「행정조사기본법」은 금융감독기관의 감독·검사·조사 및 감리에 관한 사항은 「행정조사기본법」이 적용되지 않는다고 하고 있다(제3조 제2항 제6호). 다만 「행정조사기본법」 제4조(행정조사의 기본원칙), 제5조(행정조사의 근거) 및 제28조(정보통신수단을 통한 행정조사)는 적용된다(제3조 제3항).

4 같은 견해는 정찬형 편집대표(최동준 집필 부분)(2007), 533면; 정찬형 외 2인(2015), 385면. 금융감독기관에 의한 검사는 행정조사에 해당하고 형사법상 강제수사나 세법에 따른 강제조사는 아니지만 검사 방해의 경우 처벌이 가능하므로 간접적인 강제조사로 보는 견해(한국은행 은행감독원(1993), 51면; 이병화(2008), 307면)도 비슷한 입장이라고 할 수 있다.

받아야 한다."(제419조 제1항)라고 하고 있고, 「보험업법」도 "보험회사는 그 업무 및 자산 상황에 관하여 금융감독원의 검사를 받아야 한다."라고 규정하고 있다(제133조 제2항). 이외에도 「상호저축은행법」 제23조 제1항 및 「여신전문금융업법」 제53조의2 제1항도 금융감독원의 검사에 대한 근거 규정을 두고 있다.

4. 검사 수행기관

금융기관에 대한 검사를 수행하는 기관은 금융감독원이다. 앞에서 본 것처럼, 금융감독기구법은 금융감독원의 업무의 하나로서 금융기관에 대한 검사 업무를 명시적으로 규정하고 있으며, 「은행법」 등 개별 금융업법도 검사 수행기관으로서 금융감독원을 명시하고 있다. 그런데 금융감독기구법은 금융위원회의 소관 사무의 하나로서 "금융기관 검사에 관한 사항"을 규정하고 있어(제17조 제1호), 금융위원회도 검사 수행기관으로 볼 수 있다. 즉, 금융위원회도 법적으로 금융기관에 대한 검사 업무를 수행할 수 있으며, 이 경우 금융감독원과 중복이 되는 문제가 발생한다. 물론 금융감독기구가 개편되어 단일 금융감독기구가 출범하면 자연스럽게 이 문제는 해결될 것이다. 이외에도 한국은행은 통화신용정책 수행을 위하여 필요하다고 인정하는 경우 금융감독원과 공동검사를 할 수 있고(「한국은행법」 제88조 제1항), 예금보험공사도 예금자 등의 보호와 금융제도의 안정성 유지를 위하여 필요한 경우 금융감독원과 공동검사를 할 수 있어(「예금자보호법」 제21조 제3항), 한국은행 및 예금보험공사도 일정 부분 검사 수행기관의 역할을 하고 있다.

5. 검사의 집행력 확보

검사의 집행력 확보를 위해서 은행법 등 개별 금융업법은 금융감독원의 검사를 거부 또는 방해하거나 기피한 경우에는 해당 금융기관이나 임직원에 대해서 과태료를 부과할 수 있도록 하고 있다(「은행법」 제69조 제1항 제7호의5, 제5항 제5호, 「보험업법」 제209조 제1항 제15호, 제6항 제33호). 형사 처벌 대상은 아니지만 과태료가 부과되고 금융감독기관에 의한 제재 조치가 이루어질 수 있다는 점(금융감독기구법 제41조 제1항 제3호, 검사제재규정 제18조 제1항 제3호 마목)에서 사실상 강제력이 있다고 할 수 있다.

III. 검사 방법

1. 서설

금융감독원이 금융기관에 대한 검사를 수행하기 위해서 필요한 경우 금융기관으로부터 업무나 재산에 관한 자료를 제출받아야 하는데, 이에 관한 사항은 금융감독기구법(제40조 제1항)과 「은행법」(제48조 제2항) 등 개별 금융업법에서 규정하고 있다. 이외에 금융기관에 대한 검사 방법에 대한 사항은 검사제재규정 및 검사제재규정시행세칙에 규정하고 있다. 검사제재규정은 금융기관에 대한 검사는 시기를 기준으로 하여 정기검사와 수시검사로 구분하고 있고, 검사 실시는 현장검사나 서면검사의 방법으로 수행하도록 하고 있다(제7조 제3항).

2. 자료 제출 요구

금융감독기구법은 금융감독원이 업무 수행에 필요하다고 인정할 때에는 금융기관에 대하여 업무 또는 재산에 관한 보고를 하게 하거나 자료를 제출하도록 할 수 있으며, 더 나아가 관계자의 출석 및 진술을 요구할 수 있도록 하고 있다(제40조 제1항). 이러한 자료 제출 요구 등에 관한 사항은 「은행법」(제48조 제2항), 자본시장법(제419조 제5항), 「보험업법」(제133조 제3항) 등 각 개별 금융업법에도 규정하여 법적 근거를 갖추고 있다.

3. 정기검사와 수시검사

검사제재규정은 정기검사를 "금융기관의 규모, 시장에 미치는 영향력 등을 감안하여 일정 주기에 따라 정기적으로 실시하는 검사"라고 하고 있으며, 수시검사는 "금융사고 예방, 금융질서 확립, 기타 금융감독정책상의 필요에 따라 수시로 실시하는 검사"를 말한다(제3조 제3호, 제4호).

4. 현장검사와 서면검사

검사 실시 방법 중 중요하면서 많이 사용되는 검사는 현장검사(on-site inspection)이다. '임점(臨店)검사'라고도 불리는 현장검사는 "검사원이 금융기관을 방문하여 실시하는 검사"를 말하며, 서면검사는 "검사원이 금융기관으로부터 자료를 제출받아 검토하는 방법으로 실시하는 검사"를 말한다(검사제재규정 제3조 제5호, 제6호).

IV. 검사 절차

1. 서설

검사 절차와 관련해서 금융감독기구법과 「은행법」 등 관련 개별 금융업법은 "검사를 하는 자는 그 권한을 표시하는 증표를 관계인에게 내보여야 한다."(금융감독기구법 제40조 제2항, 「은행법」 제48조 제4항, 자본시장법 제419조 제6항, 「보험업법」 제133조 제4항)는 규정을 두고 있을 뿐 검사 절차에 관한 자세한 사항은 검사제재규정 및 검사제재규정시행세칙이 규정하고 있다. 그러나 검사를 받는 금융기관의 권리와 이익이 침해되지 않도록 하기 위해서는 검사 절차에 관한 사항을 법률에 규정해야 할 것이다.[5]

2. 검사 절차

1) 검사 사전예고 통지

금융감독원장은 현장검사를 실시하는 경우에는 검사 목적 및 검사 기간 등이 포함된 검사 사전예고 통지서를 당해 금융기관에게 검사 착수일 1주일 전(정기검사의 경우 1개월 전)까지 통지하여야 한다(검사제재규정 제8조의2 본문). 다만 검사의 사전통지에 따라 검사 목적 달성이 어려워질 우려가 있는 경우(예를 들어, 검사 실시 사실이 알려질 경우 투자자 및 예금자 등의 심각한 불안 초래 등 금융시장에 미치는 악영향이 클 것으로 예상되는 경우 또는 긴급한 현안 사항 점검 등 사전통지를 위한 시간적 여유가 없는 불가피한 경우 등)에는 사전 통지

5 비슷하게 검사 대상 금융기관과 그 임직원의 권리가 법률상 권리로 인정되어야 한다는 주장은 정순섭(2024), 724면.

를 할 필요가 없다(검사제재규정 제8조의2 단서).

2) 금융기관 임직원의 권익 보호

검사 과정에서 검사를 받는 금융기관 임직원의 권익을 보호할 필요가 있다는 점을 고려해서 검사제재규정은 이에 관한 규정을 두고 있다. 즉, 검사제재규정은 검사를 받는 금융기관 임직원의 권익 보호를 위해서 문답서 및 확인서 작성을 할 때 변호사 등의 조력을 받을 수 있는 권리를 규정하고 있다(제8조의3 제1항). 또한 금융감독원장은 금융기관 및 그 임직원의 권익 보호 업무를 총괄하는 권익보호담당역을 두도록 하고 있는데(제10조 제1항), 권익보호담당역의 업무 수행 과정에서 독립성이 보장되도록 하고 있으며(제10조 제2항), 금융기관의 신청이 있는 경우 검사 과정에서 위법·부당한 검사가 진행되거나 절차상 중요한 흠결이 있다고 인정되면 권익보호담당역이 금융감독원장에게 검사 중지 건의 또는 시정 건의를 할 수 있도록 하는 권한을 부여하고 있다(제10조 제4항).

3) 보고 및 자료 제출 요구

금융감독원은 검사 업무를 수행함에 있어 필요한 경우에는 금융기관에 대하여 업무 또는 재산에 관한 보고 및 자료의 제출을 요구할 수 있으며, 필요한 경우에는 관련 법령에 따라 관계자 등에 대하여 진술서의 제출, 증언 또는 장부·서류 등의 제출을 요구할 수 있다(검사제재규정 제9조 제1항). 앞서 금융기관에 대한 자료 제출 요구 등에 관한 사항은 금융감독기구법 및 「은행법」 등 개별 금융업법에 규정하고 있음을 보았는데, 검사제재규정도 이와 같은 조문을 두고 있다.

4) 검사 결과 통보

금융감독원장은 금융기관에 대한 검사 결과를 검사서에 의해 당해 금융기관에 통보하고, 필요한 조치를 취하거나 당해 금융기관의 장에게 이를 요구할 수 있다(검사제재규정 제14조 제1항). 검사 결과에 따른 조치 요구사항은 ① 경영유의사항, ② 문책사항, 자율처리필요사항, 주의사항, 변상사항,[6] 개선사항 등의 지적사항, ③ 현지조치사항으로 구분한다(검사제재규정 제14조 제2항). 이러한 검사 결과를 토대로 금융기관에 대한 제재 조치가 취해지는데, 사안에 따라 과태료나 과징금의 부과, 금융기관 및 임원에 대한 주의적 경고 이상의 제재, 직원에 대한 면직·업무의 전부 또는 일부에 대한 정직·감봉·견책 등의 조치가 취해질 수 있다(검사제재규정 제17조 내지 제20조).

제3절 금융기관 및 임직원 제재

I. 서설

금융기관 및 임직원에 대한 제재 조치의 사유와 종류는 금융감독기구법과 「은행법」, 자본시장법, 「보험업법」 등 개별 금융업 관련 법률에 법

6 "금융기관의 임직원이 고의 또는 중대한 과실로 금융 관련 법규 등을 위반하는 등으로 당해 기관의 재산에 대하여 손실을 끼쳐 변상책임이 있는 경우"를 말한다(검사제재규정 제14조 제2항 제2호 라목).

적 근거를 두고 있고, 제재 조치의 기준 및 절차에 관해서는 검사제재규정과 검사제재규정시행세칙이 규정하고 있는데, 제재 절차에 관해서는 추가로 행정청의 '처분' 등에 관하여 규정하고 있는 「행정절차법」이 적용된다.

검사제재규정에 따르면, 금융기관에 대하여 취할 수 있는 제재 조치는 ① 영업의 인가·허가 또는 등록의 취소, 영업·업무의 전부 정지, ② 영업·업무의 일부에 대한 정지, ③ 영업점의 폐쇄, 영업점 영업의 전부 또는 일부의 정지, ④ 위법·부당 행위 중지, ⑤ 계약이전의 결정, ⑥ 위법 내용의 공표 또는 게시 요구, ⑦ 기관경고, ⑧ 기관주의가 있다(제17조).

금융기관 임직원에 대한 제재 조치는 임원에 대한 제재 조치와 직원에 대한 제재 조치로 구분된다. 검사제재규정에 따르면, **임원에 대한 제재 조치는 신분상 제재 조치로서 ① 해임 권고(해임 요구 및 개선(改選) 요구 포함), ② 업무 집행의 전부 또는 일부 정지, ③ 문책 경고, ④ 주의적 경고, ⑤ 주의** 조치가 있고(제18조 제1항), **직원에 대한 제재 조치는 신분상 제재 조치로서 당해 금융기관의 장에 대한 ① 면직 요구, ② 업무의 전부 또는 일부에 대한 정직 요구, ③ 감봉 요구, ④ 견책 요구, ⑤ 주의 요구** 조치(검사제재규정 제19조 제1항, 시행세칙 제45조 제1항)가 있다. 이외에도 금전적 제재로서 해당 임직원에 대하여 과태료가 부과된다.

제재 대상 행위에 대해서는 금융감독기구법, 「은행법」, 자본시장법, 「보험업법」 등 개별 금융업 관련 법률, 검사제재규정 및 검사제재규정시행세칙이 각각 규정하고 있다. 또한 제재 효과에 대해서는 지배구조법이 규정하고 있는데, 금융기관 임직원이 중한 제재 조치를 받은 경우에는 일정 기간 금융기관 임원이나 준법감시인으로 선임될 수 없도록 하고 있다(임원 결격 요건에 대해서는 지배구조법 제5조 제1항 제7호, 시행령 제7조 제2항, 준법감시인 결격 요건에 대해서는 지배구조법 제26조 제1항 제1호).

그리고 제재 조치를 내릴 수 있는 제재권자는 금융위원회 및 금융감독원이다. 금융감독원은 금융기관 검사를 통하여 제재 사유가 있다고 판단하면 일정한 제재 절차를 거쳐 금융위원회에 제재 조치를 건의하거나 직접 제재 조치를 취한다(검사제재규정 제17조 제2항, 제18조 제2항, 제19조 제1항).

관련해서 무자본특수법인 형태의 민간기구인 금융감독원이 행정처분에 해당하는 제재 조치를 할 수 있는지에 대한 논란이 제기될 수 있는데, 다음과 같은 점에서 법적인 문제가 없다고 본다. 우선 ① 금융감독기구법이 명시적으로 금융감독원의 업무의 하나로서 금융기관 검사 결과에 따른 제재 권한을 규정하고 있다는 점(제37조 제2호), ② 금융감독원이 무자본특수법인으로서 금융감독이라는 국가 사무를 수행하는 행정 주체로서 공법상의 영조물법인에 해당한다는 점,[7] ③ 행정 처분과 관련된 「행정기본법」, 「행정절차법」, 「행정심판법」 및 「행정소송법」이 '행정청'의 범위에 "[행정 권한의] 위임 또는 위탁받은 공공단체나 그 기관 또는 사인(私人)"까지도 포함하고 있어서(「행정기본법」 제2조 제2호 나목, 「행정절차법」 제2조 제1항 제1호, 「행정심판법」 제2조 제4호, 「행정소송법」 제2조 제2항) 금융감독원도 행정청의 범위에 포함된다는 점 등을 고려할 때, 금융감독원이 제재 조치 권한을 가질 수 있다고 보는 데에는 무리가 없다.[8]

이하에서는 금융감독기구법, 주요 금융업 관련 법률인 「은행법」, 자본시장법, 「보험업법」, 검사제재규정에 규정된 제재 조치 사유와 조치 내용을 살펴보고,[9] 제재 조치의 기준 및 절차에 관해서는 검사제재규정, 검사제재규정시행세칙 및 「행정절차법」에 규정된 주요 내용에 대해 살펴본다.

---

7 같은 설명은 강현호(2003), 137면.

8 같은 견해로는 금융감독원 법무실(2010), 71면.

9 다른 금융 관련 법률인 「금융지주회사법」, 「여신전문금융업법」, 「상호저축은행법」 등에 규정된 제재 사유와 조치 내용도 유사하다.

Ⅱ. 제재 사유 및 종류

1. 서설

제재 조치 사유와 그 종류에 대해서는 금융감독기구법뿐만 아니라「은행법」등 해당 금융업 관련 법률들이 규정하고 있어서 법적 근거를 확보하고 있다. 물론 검사제재규정도 추가 제재 사유와 제재 조치를 규정하고 있다. 이하에서는 대표적으로 금융감독기구법,「은행법」, 자본시장법 및「보험업법」이 규정하고 있는 제재 사유와 종류 및 검사제재규정이 규정하고 있는 추가적인 제재 사유와 제재 조치 내용에 대해서 살펴본다.

2. 금융감독기구법에 따른 제재 조치

1) 서설

금융감독기관인 금융위원회와 금융감독원의 설치 근거가 되는 금융감독기구법은 제41조, 제42조 및 제43조에서 금융기관, 임원 및 직원에 대한 제재 조치의 법적 근거를 규정하고 있다. 임원과 직원을 구분하여 제재 조치의 내용을 달리하고 있으며, 금융기관 검사 및 제재 권한을 보유하고 있는 금융감독원이 직원에 대한 제재 조치를 담당하고, 임원에 대해서는 금융감독원과 금융위원회에게 제재 조치 권한을 부여하고 있다.

2) 금융기관에 대한 제재 조치

금융감독원장이 금융기관에 대한 제재 조치를 금융위원회에 건의할 수 있도록 하고 있어서(제43조), 금융위원회가 궁극적으로 제재 조치를 취할 수 있는 권한이 있다. 제재 사유는 금융기관이 "[금융감독기구]법 또는

[금융감독기구]법에 따른 규정·명령 또는 지시를 계속 위반하여 위법 또는 불건전한 방법으로 영업하는 경우"이다(제43조). 제재 사유가 상당히 추상적이고 포괄적으로 규정되어 있어서 남용될 가능성이 있는데, 보다 구체적으로 규정할 필요가 있다.[10] 제재 조치로는 ① 해당 금융기관의 위법행위 또는 비행(非行)의 중지, 또는 ② 6개월의 범위에서의 업무의 전부 또는 일부 정지 조치이다(제43조). 제재 조치 대상이 되는 금융기관의 범위는 금융감독기구법 제38조가 규정하고 있는 금융감독원의 검사 대상 금융기관이 해당된다(제43조).

3) 임원에 대한 제재 조치

금융기관 임원에 대한 제재 조치 사유는 "[금융감독기구]법 또는 [금융감독기구]법에 의한 규정·명령 또는 지시를 고의로 위반한 때"이다(제42조). 상당히 추상적이고 포괄적으로 규정되어 있는데, 제재 사유를 구체적으로 규정할 필요가 있다. 제재 조치의 내용을 살펴보면, 금융감독원장은 해당 금융기관 임원이 제재 사유에 해당한다고 판단하는 경우에 ① 해당 임원의 '임면권자'에게 해임 권고를 할 수 있으며, ② 당해 임원의 업무 집행 정지를 명령할 것을 금융위원회에 건의할 수 있다(제42조). 즉, 금융기관 임원에 대한 제재 조치는 금융감독원장이 취하는 해당 임원에 대한 해임 권고 또는 금융위원회가 취하는 금융감독원장의 건의에 따른 해당 임원에 대한 업무 집행 정지 명령이 해당된다. 여기서 '임면권자'가 누구인가에 대해서는 '임원'의 범위와 관련해서 논의가 될 수 있다. 임원의 범위를 등기된 이사 및 감사에 한정한다고 보면 해당 금융기관의 주주총회가 될 것이고(「상법」 제382조 제1항, 제385조 제1항), 임원의 범위에 「상법」에 따른 '집행임원'

10 같은 주장은 윤광균(2008), 56면.

도 포함된다고 보면, 이 경우 임면권자는 이사회가 될 것이다(「상법」 제408조의2 제3항 제1호). 금융감독기구법은 임원의 범위에 대해서 정의를 하고 있지 않아 논란이 되는데, 이를 명확히 규정해야 할 것이다.

4) 직원에 대한 제재 조치

금융기관 직원에 대한 제재 조치로서는 면직·정직·감봉·견책·경고[11]가 있는데(제41조 제2항), 금융감독원장이 해당 직원에 대해 직접 제재 조치를 취하는 것이 아니라, 해당 금융기관의 장에게 해당 직원에 대하여 제재 조치를 취하도록 요구할 수 있다(제41조 제1항). 직원에 대한 제재 조치 사유는 임원에 대한 제재 조치 사유 이외에 추가적으로 규정하고 있는데, 여전히 추상적이고 포괄적으로 규정하고 있다. 즉, 직원에 대한 제재 대상 행위는 금융기관 직원이 "① [금융감독기구]법 또는 [금융감독기구]법에 의한 규정·명령 또는 지시를 위반한 경우, ② [금융감독기구]법에 의하여 [금융감독]원장이 요구하는 보고서 또는 자료를 허위로 작성하거나 그 제출을 태만히 한 경우, ③ [금융감독기구]법에 의한 금융감독원의 감독과 검사 업무의 수행을 거부·방해 또는 기피한 경우, 또는 ④ [금융감독]원장의 시정 명령이나 징계 요구에 대한 이행을 태만히 한 경우"이다(제41조 제1항 제1호 내지 제4호).

11 검사제재규정 및 검사제재규정시행세칙은 '경고' 대신에 '주의'를 제재 조치의 하나로 규정하고 있어서(규정 제19조 제1항, 시행세칙 제45조 제1항) 금융감독기구법과 다르게 규정하고 있는데, 이를 일치시킬 필요가 있다.

3. 「은행법」에 따른 제재 조치

1) 서설

「은행법」도 금융감독기구법과 유사하게 은행 및 그 임직원에 대한 제재 조치 사유와 제재 조치 내용에 대한 근거 규정을 두고 있으며(제53조, 제54조), 특히 퇴임한 임원 및 직원에 대하여도 제재 조치 내용을 해당 은행에게 통보하도록 하는 규정을 두고 있다(제54조의2).

2) 은행에 대한 제재 조치

은행에 대한 제재 조치로서는 중한 제재 조치로서 은행업 인가 취소나 영업 전부 정지의 조치가 있고, 이외에 시정 명령 또는 영업 일부 정지 조치도 취할 수 있다.

(1) 은행업 인가 취소 또는 영업 전부 정지 조치

은행이 중대한 위반행위를 한 경우에는 금융위원회는 은행업 인가를 취소하거나 영업 전부 정지를 명령할 수 있다(제53조 제2항). 그러한 사유는 다음과 같다(제53조 제2항 제1호 내지 제8호).

① 거짓이나 그 밖의 부정한 방법으로 은행업의 인가를 받은 경우
② 인가 내용 또는 인가 조건을 위반한 경우
③ 영업정지 기간에 그 영업을 한 경우
④ 금융위원회의 시정 명령을 이행하지 아니한 경우
⑤ ① 내지 ④ 외의 경우로서 「은행법」 또는 「은행법」에 따른 명령이나 처분을 위반하여 예금자 또는 투자자의 이익을 크게 해칠 우려가 있는 경우
⑥ 지배구조법 [별표](금융회사 및 임직원에 대한 조치) 각 호의 어느 하나

에 해당하는 경우(다만 영업 전부 정지 명령 조치에 한정한다)

⑦ 금융소비자법 제51조 제1항 제4호 또는 제5호에 해당하는 경우, 즉 (i) 금융위원회의 시정 명령 또는 중지 명령을 받고 금융위원회가 정한 기간 내에 시정하거나 중지하지 아니한 경우 또는 (ii) 금융소비자의 이익을 현저히 해칠 우려가 있거나 해당 금융상품판매업이나 금융상품자문업을 영위하기 곤란하다고 인정되는 경우로서 금융소비자법 시행령(제41조 제2항)으로 정하는 경우(1년 이상 계속하여 정당한 사유 없이 영업을 하지 않는 경우 등)

⑧ 금융소비자법 제51조 제2항 각 호 외의 부분 본문 중 대통령령으로 정하는 경우, 즉 금융소비자법 시행령 제41조 제3항에 따라 시행령 [별표 1](금융상품판매업자등 및 그 임직원에 대한 조치 또는 조치 요구 기준)에 해당하는 경우(다만 영업 전부 정지 명령 조치에 한정한다)

이러한 사유 중 은행업을 취소할 것인지 아니면 영업 전부 정지 명령을 내릴 것인지는 금융위원회가 판단하게 된다. 그리고 은행업 인가 취소를 하려면 청문 절차를 거쳐야 한다(제64조 제1호).

(2) 시정 명령 또는 영업 일부 정지 조치

금융위원회는 은행이 아래와 같은 위반행위를 한 경우에는 ① 금융감독원장의 건의에 따라 해당 위반행위에 대한 시정 명령 또는 6개월 이내의 영업 일부 정지의 조치를 하거나 ② 금융감독원장으로 하여금 해당 위반행위의 중지 및 경고 등 적절한 조치를 하게 할 수 있다(제53조 제1항 제1호, 제2호). 그러한 위반행위는 다음과 같다(제53조 제1항).

① 「은행법」 또는 「은행법」에 따른 규정·명령 또는 지시를 위반하여 은행의 건전한 경영을 해칠 우려가 있다고 인정되는 경우

② 지배구조법 [별표](금융회사 및 임직원에 대한 조치) 중 각 호의 어느 하나에 해당하는 경우(다만 6개월 이내 영업의 일부 정지 조치에 한정한다)

③ 금융소비자법 제51조 제1항 제4호 또는 제5호에 해당하는 경우, 즉 (i) 금융위원회의 시정 명령 또는 중지 명령을 받고 금융위원회가 정한 기간 내에 시정하거나 중지하지 아니한 경우 또는 (ii) 금융소비자의 이익을 현저히 해칠 우려가 있거나 해당 금융상품판매업이나 금융상품자문업을 영위하기 곤란하다고 인정되는 경우로서 금융소비자법 시행령(제41조 제2항)으로 정하는 경우(1년 이상 계속하여 정당한 사유 없이 영업을 하지 않는 경우 등)

④ 금융소비자법 제51조 제2항 각 호 외의 부분 본문 중 대통령령으로 정하는 경우, 즉 금융소비자법 시행령 제41조 제3항에 따라 시행령 [별표 1](금융상품판매업자등 및 그 임직원에 대한 조치 또는 조치 요구 기준)에 해당하는 경우(다만 6개월 이내 영업 일부 정지 조치에 한정한다)

3) 임원에 대한 제재 조치

은행의 임원에 대한 제재 조치 사유 및 제재 조치 내용은 금융감독기구법의 내용과 유사한데, 다만 임원의 해임 권고를 금융감독원장이 아닌 금융위원회가 직접 하도록 하고 있는 점과 금융감독원장이 추가적으로 경고 등의 적절한 조치를 취할 수 있도록 하고 있는 점이 다르고, 제재 조치 사유도 추가적으로 규정하고 있다. 즉, 은행 임원에 대한 제재 조치 사유는 "은행의 임원이 [은행]법 또는 [은행]법에 따른 규정·명령 또는 지시를 고의로 위반"한 경우뿐만 아니라 "은행의 건전한 운영을 크게 해치는 행위를 하는 경우"가 해당되는데(제54조 제1항), 여전히 추상적이고 포괄적으로 규정하고 있다. 이러한 사유에 해당하는 경우에는 금융위원회는 ① 금융감독원장의 건의에 따라 해당 임원의 업무집행 정지를 명하거나 ② 주주총회에 그 임원의 해임을 권고할 수 있으며, ③ 금융감독원장으로 하여금 경고 등 적절한 조치를 하게 할 수 있다(제54조 제1항).

4) 직원에 대한 제재 조치

은행의 직원에 대한 제재 조치로서는 "면직·정직·감봉·견책 등의 문책 처분"이 해당되며, 금융감독원장이 직접 해당 직원에 대해서 제재 조치를 취하지 않고, 해당 은행의 장에게 해당 직원에 대한 제재 조치를 취할 것을 요구할 수 있도록 하고 있다(제54조 제2항). 직원에 대한 제재 조치 사유는 임원에 대한 제재 조치 사유와 같다.

5) 퇴임 또는 퇴직 임직원에 대한 제재 조치 통보

퇴임한 은행의 임원 및 퇴직한 직원에 대해서도 제재 조치 내용을 해당 은행에게 통보하도록 하고 있다. 즉, 금융위원회는 "은행의 퇴임한 임원 및 직원이 재임 중이었거나 재직 중이었더라면 [위의 제재] 조치를 받았을 것이라고 인정되는 경우에는 그 받았을 것으로 인정되는 조치의 내용을 금융감독원장으로 하여금 해당 은행의 장에게 통보"하도록 할 수 있다(제54조의2 제1항).[12] 이러한 통보를 받은 은행은 이러한 내용을 해당 임원 및 직원에게 통보하고 이를 기록·유지해야 한다(제54조의2 제2항). 이는 퇴임 또는 퇴직한 임직원이라도 중한 제재 조치에 해당하는 제재를 받은 경우에는 일정한 기간 금융기관 임원에 선임될 수 없으므로(지배구조법 제5조, 시행령 제7조 제2항) 퇴임 또는 퇴직 임직원에도 제재 조치를 통보하도록 하는 것이다.

12 2008. 3. 14. 개정될 때 추가된 조항이다.

4. 「보험업법」에 따른 제재 조치

1) 서설

「보험업법」도 「은행법」과 유사하게 보험회사 및 그 임직원에 대한 제재 조치를 규정하고 있는데, 자세히 살펴보면 다소 다른 점을 발견할 수 있다. 우선 제재 사유가 「은행법」과 다소 다르게 "[보험업]법 또는 [보험업]법에 따른 규정·명령 또는 지시를 위반하여 보험회사의 건전한 경영을 해칠 우려가 있다고 인정되는 경우"라고 하고 있어(제134조 제1항)(즉, 「은행법」처럼 은행법령 등을 위반한 경우나 은행의 건전한 경영을 해칠 우려가 있는 경우라고 하고 있지 않아), 다소 제한적으로 규정하고 있다.

2) 보험회사에 대한 제재 조치

(1) 보험업 허가 취소 또는 영업 전부 정지 명령

금융위원회는 보험회사가 다음의 어느 하나에 해당하는 경우에는 6개월 이내의 기간을 정하여 영업 전부의 정지를 명령하거나 청문을 거쳐 보험업의 허가를 취소할 수 있다(제134조 제2항 제1호 내지 제7호).

① 거짓이나 그 밖의 부정한 방법으로 보험업의 허가를 받은 경우

② 허가의 내용 또는 조건을 위반한 경우

③ 영업의 정지 기간 중에 영업을 한 경우

④ 위반행위에 대한 시정 명령을 이행하지 아니한 경우

⑤ 지배구조법 [별표](금융회사 및 임직원에 대한 조치) 각 호의 어느 하나에 해당하는 경우(영업의 전부 정지를 명하는 경우로 한정한다)

⑥ 금융소비자법 제51조 제1항 제4호 또는 제5호에 해당하는 경우, 즉 (i) 금융위원회의 시정 명령 또는 중지 명령을 받고 금융위원회가 정

한 기간 내에 시정하거나 중지하지 아니한 경우 또는 (ii) 금융소비자의 이익을 현저히 해칠 우려가 있거나 해당 금융상품판매업이나 금융상품자문업을 영위하기 곤란하다고 인정되는 경우로서 금융소비자법 시행령(제41조 제2항)으로 정하는 경우(1년 이상 계속하여 정당한 사유 없이 영업을 하지 않는 경우 등)

⑦ 금융소비자법 제51조 제2항 각 호 외의 부분 본문 중 대통령령으로 정하는 경우, 즉 금융소비자법 시행령 제41조 제3항에 따라 시행령 [별표 1](금융상품판매업자등 및 그 임직원에 대한 조치 또는 조치 요구 기준)에 해당하는 경우(영업 전부의 정지를 명하는 경우로 한정한다)

(2) 시정 명령 또는 업무 일부 정지 등의 제재 조치

금융위원회는 다음과 같은 사유가 발생한 경우에는 금융감독원장의 건의에 따라 보험회사에 대해서 ① 주의·경고, ② 해당 위반행위에 대한 시정 명령, 또는 ③ 6개월 이내의 영업의 일부 정지의 제재 조치를 취하거나 금융감독원장으로 하여금 주의·경고의 조치를 하게 할 수 있다(제134조 제1항 제1호, 제2호, 제4호).

① 「보험업법」 또는 「보험업법」에 따른 규정·명령 또는 지시를 위반하여 보험회사의 건전한 경영을 해치거나 보험계약자, 피보험자, 그 밖의 이해관계인의 권익을 침해할 우려가 있다고 인정되는 경우

② 지배구조법 [별표](금융회사 및 임직원에 대한 조치) 각 호의 어느 하나에 해당하는 경우(6개월 이내의 영업의 일부 정지로 한정한다)

③ 금융소비자법 제51조 제1항 제4호와 제5호에 해당하는 경우, 즉 (i) 금융위원회의 시정 명령 또는 중지 명령을 받고 금융위원회가 정한 기간 내에 시정하거나 중지하지 아니한 경우 또는 (ii) 금융소비자의 이익을 현저히 해칠 우려가 있거나 해당 금융상품판매업이나 금융

상품자문업을 영위하기 곤란하다고 인정되는 경우로서 금융소비자법 시행령(제41조 제2항)으로 정하는 경우(1년 이상 계속하여 정당한 사유 없이 영업을 하지 않는 경우 등)(6개월 이내의 영업의 일부 정지로 한정한다)

④ 금융소비자법 제51조 제2항 각 호 외의 부분 본문 중 대통령령으로 정하는 경우, 즉 금융소비자법 시행령 제41조 제3항에 따라 시행령 [별표 1](금융상품판매업자등 및 그 임직원에 대한 조치 또는 조치 요구 기준)에 해당하는 경우(6개월 이내의 영업의 일부 정지로 한정한다)

3) 임원에 대한 제재 조치

보험회사 임원에 대한 제재 사유는 임원이 "「보험업법」 또는 「보험업법」에 따른 규정·명령 또는 지시를 위반하여 보험회사의 건전한 경영을 해치거나 보험계약자, 피보험자, 그 밖의 이해관계인의 권익을 침해할 우려가 있다고 인정"되는 경우이다(제134조 제1항). 임원에 대한 제재 조치 내용은 「은행법」과 비슷하게 금융위원회가 금융감독원장의 건의에 따라 해당 임원의 해임 권고나 직무 정지 요구, 임원에 대한 주의·경고·문책의 요구를 할 수 있도록 하고 있다(제134조 제1항 제1호, 제3호). 다만 「보험업법」은 누구에게 이러한 요구를 할 수 있는지를 명확하게 규정하고 있지 않은데, 해석상 해임 권고의 경우에는 보험회사 주주총회에, 그 밖의 경우에는 해당 보험회사의 장에게 하는 것으로 보아야 할 것이다. 특히 임원에 대한 주의·경고·문책의 요구를 하는 경우에는 금융위원회는 금융감독원장으로 하여금 이 조치를 할 수 있도록 하고 있다(제134조 제1항). 여기서 임원의 범위에 지배구조법에 따른 업무집행책임자(제2조 제5호)는 제외하고 있으므로(제134조 제1항 제3호), 「상법」에 따른 집행임원(「상법」 제408조의2 제1항)은 임원의 범위에 포함된다고 보아야 할 것이다.

4) 직원에 대한 제재 조치

보험회사 직원에 대한 제재 사유는 직원이 "「보험업법」 또는 「보험업법」에 따른 규정·명령 또는 지시를 위반하여 보험회사의 건전한 경영을 해치거나 보험계약자, 피보험자, 그 밖의 이해관계인의 권익을 침해할 우려가 있다고 인정되는 경우"이다(제134조 제1항). 보험회사의 직원에 대해서는 금융위원회가 금융감독원장의 건의에 따라 직접 "주의·경고·문책의 요구"를 하거나 금융감독원이 직접 해당 직원에 대한 "주의·경고·문책의 요구"를 할 수 있는데(제134조 제1항 제1호), 검사제재규정이나 검사제재규정 시행세칙이 금융기관 직원에 대해서는 "면직, 업무의 전부 또는 일부에 대한 정직, 감봉, 견책, 주의" 조치를 취할 수 있도록 하는 것(검사제재규정 제19조 제1항, 검사재재규정시행세칙 제45조 제1항)과 다르게 규정하고 있어, 검사제재규정 등에 따른 보험회사 직원에 대한 면직이나 정직 또는 감봉의 조치가 법적 근거를 상실하고 있다고 주장할 여지가 있다. 따라서 「보험업법」에 검사제재규정이 규정하고 있는 직원에 대한 제재 조치 내용의 문구를 두어야 할 것이다.

5) 퇴임 또는 퇴직 임직원에 대한 제재 조치 통보

「은행법」과 마찬가지로 「보험업법」은 퇴임한 임원 및 퇴직한 직원(지배구조법에 따른 업무집행책임자를 포함한다)에 대해서도 제재 조치 내용을 해당 보험회사에게 통보하도록 하고, 통보받은 보험회사는 이에 관한 내용을 해당 임직원에게 알리고 인사기록부에 기록·유지하도록 하고 있다(제135조). 「보험업법」은 명시적으로 직원의 범위에 업무집행책임자를 포함하고 있다. 따라서 「상법」에 따른 집행임원은 임원의 범위에 포함된다고 보아야 할 것이다.

5. 자본시장법에 따른 제재 조치

1) 서설

자본시장법은 금융감독기구법, 「은행법」 및 「보험업법」과 다르게 제재 사유를 비교적 자세히 규정하고 있으며, 제재 조치의 내용도 검사제재규정 및 검사제재규정시행세칙에 따른 제재 조치 내용과 동일하게 규정하고 있어 법적 근거와 실무가 일치하도록 하고 있다. 특히 청문 및 이의 신청 등 제재 절차에 관한 사항도 규정하고 있어 다른 법률들보다 법체계 면에서 진일보한 모습을 보이고 있다.

2) 금융투자업자에 대한 제재 조치

(1) 인가나 등록 등의 취소

금융위원회는 다음과 같은 사유가 발생한 경우 금융투자업 인가 취소, 업무 단위 추가등록의 취소, 금융투자업 등록 취소의 조치를 취할 수 있다(제420조 제1항). 그 사유는 다음과 같다(제420조 제1항 제1호 내지 제9호).

① 거짓, 그 밖의 부정한 방법으로 금융투자업의 인가를 받거나 등록한 경우
② 인가 조건 또는 업무 단위 추가등록 조건을 위반한 경우
③ 자본시장법 제15조 제1항에 따른 인가 요건, 제15조 제2항에 따른 업무 단위 추가등록 요건 또는 제20조·제117조의4 제8항 및 제249조의3 제8항에 따른 등록 요건의 유지 의무를 위반한 경우
④ 업무의 정지 기간 중에 업무를 한 경우
⑤ 금융위원회의 시정 명령 또는 중지 명령을 이행하지 아니한 경우
⑥ 자본시장법 [별표 1] 각 호의 어느 하나에 해당하는 경우로서 자본

시장법 시행령 제373조 제1항으로 정하는 경우(금융투자업 인가(변경 인가를 포함)를 받지 아니하고 금융투자업을 한 경우 등)

⑦ 자본시장법 시행령 제373조 제2항으로 정하는 금융 관련 법령 등을 위반한 경우로서 시행령 제373조 제3항으로 정하는 경우(금융실명법 제4조를 위반하여 고객의 금융거래정보를 제공·누설하거나 요구한 경우 등)

⑧ 금융소비자법 제51조 제1항 제4호 또는 제5호에 해당하는 경우, 즉 (i) 금융위원회의 시정 명령 또는 중지 명령을 받고 금융위원회가 정한 기간 내에 시정하거나 중지하지 아니한 경우 또는 (ii) 금융소비자의 이익을 현저히 해칠 우려가 있거나 해당 금융상품판매업이나 금융상품자문업을 영위하기 곤란하다고 인정되는 경우로서 금융소비자법 시행령 제41조 제2항으로 정하는 경우(1년 이상 계속하여 정당한 사유 없이 영업을 하지 않는 경우 등)

⑨ 그 밖에 투자자의 이익을 현저히 해할 우려가 있거나 해당 금융투자업을 영위하기 곤란하다고 인정되는 경우로서 시행령 제373조 제4항으로 정하는 경우(업무와 관련하여 부정한 방법으로 타인으로부터 금전 등을 받거나 타인에게 줄 금전 등을 취득한 경우 등)

(2) 업무 정지 등의 제재 조치

금융위원회는 금융투자업자가 ① 자본시장법 제420조 제1항 제1호 내지 제5호, 제7호 내지 제9호에 해당하는 경우, ② 자본시장법 [별표 1](금융투자업자 및 그 임직원에 대한 처분 및 업무 위탁계약 취소·변경 명령의 사유) 각 호의 어느 하나에 해당하는 경우, ③ 지배구조법 [별표](금융회사 및 임직원에 대한 조치) 각 호의 어느 하나에 해당하는 경우(6개월 이내의 업무의 전부 또는 일부의 정지 조치에 한한다), ④ 금융소비자법 제51조 제2항 각 호 외의 부분 본문 중 대통령령으로 정하는 경우, 즉 금융소비자법 시행령 제41조 제3항에 따라 금융소비자법 시행령 [별표 1](금융상품판매업자등 및 그 임직원에 대한 조치 또는 조치 요구 기준)의 각 호에 해당하는 경우(6개월 이내의 업무의 전부 또는 일부의 정지 조치에 한한다)에는 다음의 어느 하나에 해당하는 제재 조치를 취할 수 있다. 즉, ① 6개월 이내의 업무의 전부 또는 일부의 정지, ② 신탁계약, 그 밖의 계약의 인계 명령, ③ 위법행위의 시정 명령 또는 중지 명령, ④ 위법행위로 인한 조치를 받았다는 사실의 공표 명령 또는 게시 명령, ⑤ 기관경고, ⑥ 기관주의, ⑦ 그 밖에 위법행위를 시정하거나 방지하기 위하여 필요한 조치로서 자본시장법 시행령 제373조 제5항에서 정하는 조치(지점, 그 밖의 영업소의 폐쇄 또는 그 업무의 전부나 일부의 정지 등)를 취할 수 있다(제420조 제3항).

3) 임직원에 대한 제재 사유

금융투자업자의 임직원에 대한 제재 사유를 보면 상당히 구체적으로 규정하고 있다. 제재 사유에 해당하는 자본시장법 [별표 1](금융투자업자 및 그 임직원에 대한 처분 및 업무 위탁계약 취소·변경 명령의 사유) 각 호의 사유는 "인가를 받지 아니하고 금융투자업을 영위한 경우"([별표 1] 제1호)에서부터 "[자본시장법] 제416조에 따른 금융위원회의 명령을 위반한 경우"([별표 1] 제298호) 및 "그 밖에 투자자 보호 또는 건전한 거래 질서를 해할 우려가 있는 경우로서 대통령령으로 정하는 경우"([별표 1] 제312호)를 포함하고 있다(제422조 제1항, 제2항). 물론 여전히 금융감독기관에 대한 포괄적 위임 규정을 두고 있지만, 다른 법률들보다는 보다 상세하고 구체적으로 규정하고 있는 점에서 바람직한 입법이다.

또한 추가적인 제재 조치 사유도 규정하고 있는데, 이는 다음과 같다(제422조 제1항, 제2항).

① 거짓, 그 밖의 부정한 방법으로 금융투자업의 인가를 받거나 등록

한 경우

② 인가 조건 또는 업무 단위 추가등록 조건을 위반한 경우

③ 자본시장법 제15조 제1항에 따른 인가 요건, 제15조 제2항에 따른 업무 단위 추가등록 요건 또는 제20조·제117조의4 제8항 및 제249조의3 제8항에 따른 등록 요건의 유지 의무를 위반한 경우

④ 업무의 정지 기간 중에 업무를 한 경우

⑤ 금융위원회의 시정 명령 또는 중지 명령을 이행하지 아니한 경우

⑥ 자본시장법 시행령 제373조 제2항으로 정하는 금융 관련 법령 등을 위반한 경우로서 시행령 제373조 제3항으로 정하는 경우(금융실명법 제4조를 위반하여 고객의 금융거래정보를 제공·누설하거나 요구한 경우 등)

⑦ 금융소비자법 제51조 제1항 제4호 또는 제5호에 해당하는 경우, 즉 (i) 금융위원회의 시정 명령 또는 중지 명령을 받고 금융위원회가 정한 기간 내에 시정하거나 중지하지 아니한 경우, 또는 (ii) 금융소비자의 이익을 현저히 해칠 우려가 있거나 해당 금융상품판매업이나 금융상품자문업을 영위하기 곤란하다고 인정되는 경우로서 금융소비자법 시행령 제41조 제2항으로 정하는 경우(1년 이상 계속하여 정당한 사유 없이 영업을 하지 않는 경우 등)

⑧ 그 밖에 투자자의 이익을 현저히 해할 우려가 있거나 해당 금융투자업을 영위하기 곤란하다고 인정되는 경우로서 자본시장법 시행령 제373조 제4항으로 정하는 경우(업무와 관련하여 부정한 방법으로 타인으로부터 금전 등을 받거나 타인에게 줄 금전 등을 취득한 경우 등)

4) 임원에 대한 제재 조치 내용

금융투자업자 임원에 대한 제재 조치로서는 ① 해임 요구, ② 6개월 이내의 직무 정지, ③ 문책 경고, ④ 주의적 경고, ⑤ 주의, ⑥ 그 밖에 위법행

위를 시정하거나 방지하기 위하여 필요한 조치로서 자본시장법 시행령 제374조 제2항으로 정하는 조치(고발 또는 수사기관에 통지 등)가 있는데(제422조 제1항), 검사제재규정보다 ⑥의 제재 조치에 관한 근거 조항을 추가적으로 두고 있다. 그리고 이러한 제재 조치는 금융위원회가 직접 해당 임원에게 취할 수 있는데, 다만 임원에 대한 해임 요구는 임면권자인 주주총회에게 할 수 있는 것으로 보아야 할 것이다. 그리고 자본시장법은 명시적으로 이사 및 감사만을 임원으로 정의하고 있어(제9조 제2항), 지배구조법에 따른 집행임원이나 업무집행책임자(제2조 제2호, 제5호)는 직원의 범위에 포함하는 것으로 보아야 하는데, 이는 다른 법률들과 차이가 있는 점이다.

5) 직원에 대한 제재 조치 내용

금융투자업자 직원에 대한 제재 조치로서는 ① 면직, ② 6개월 이내의 정직, ③ 감봉, ④ 견책, ⑤ 경고, ⑥ 주의, ⑦ 그 밖에 위법행위를 시정하거나 방지하기 위하여 필요한 조치로서 시행령 제374조 제2항으로 정하는 조치(고발 또는 수사기관에 통지 등)가 있는데, 마지막 조치를 제외하고는 검사제재규정 및 검사제재규정시행세칙에 따른 제재 조치 내용과 동일하게 규정하고 있어 법적 근거와 실무가 일치하고 있다. 그리고 이러한 조치는 금융위원회가 해당 금융투자업자에게 요구할 수 있도록 하고(제422조 제2항) 해당 직원에 대해서 이러한 조치를 직접 취하지는 않고 있다.

6) 퇴임 또는 퇴직 임직원에 대한 제재 조치 통보

금융투자업자의 퇴임한 임원 및 퇴직한 직원에 대한 제재 조치 내용 통보는 「은행법」 및 「보험업법」과 동일하다(제424조 제3항, 제4항).

7) 감독자에 대한 제재 조치

특히 자본시장법은 금융위원회가 임직원에 대한 제재 조치를 취하는 경우에는 그 임직원에 대하여 관리·감독의 책임이 있는 임직원에 대한 조치를 함께 하거나 이를 요구할 수 있도록 하고 있어(제422조 제3항), 다른 법률들과 달리 관리·감독의 책임이 있는 임직원에 대해서도 제재 조치를 취하도록 하고 있다. 다만 관리·감독의 책임이 있는 자가 그 임직원의 관리·감독에 상당한 주의를 다한 경우에는 조치를 감면할 수 있다(제422조 제3항 단서).

8) 제재 절차의 법적 근거

자본시장법은 다른 법들과 달리 제재 절차에 관한 내용도 규정하고 있어 제재 절차에 관한 법적 근거를 확보하고 있다. 즉, 금융투자업자에 대한 인가나 등록을 취소하는 경우나 금융투자업자 임원에 대한 해임 요구 또는 직원에 대한 면직 요구를 하는 경우에는 반드시 청문 절차를 거치도록 하고 있다(제423조 제1호 내지 제9호). 또한 금융위원회가 임원에 대하여 직접 취하는 "6개월 이내의 직무 정지, 문책 경고, 주의적 경고, 주의, 그 밖에 위법행위를 시정하거나 방지하기 위하여 필요한 조치로서 대통령령으로 정하는 조치"에 불복하는 자는 그 처분 또는 조치의 고지를 받은 날부터 30일 이내에 사유를 갖추어 금융위원회에 이의 신청을 할 수 있도록 하고 있다(제425조 제1항). 금융위원회는 이의 신청에 대하여 60일 이내에 결정을 하여 통지해야 하며, 부득이한 사정으로 그 기간 이내에 결정을 할 수 없을 경우에는 30일의 범위에서 그 기간을 연장할 수 있다(제425조 제2항). 이외에 처분에 대한 이의 신청에 관한 사항은 「행정기본법」 제36조에 따른다(제425조 제3항).

9) 소결

전반적으로 자본시장법은 「은행법」이나 「보험업법」 등에 비해 제재 사유를 자세히 규정하고 있고, 제재 절차에 관한 법적 근거도 일부 두고 있는 점에서 제재 조치 개선을 도모할 때 참조할 만하다.

6. 검사제재규정에 따른 제재 조치

1) 금융기관에 대한 제재 조치

검사제재규정에 의거하여 금융기관에 취할 수 있는 제재의 종류 및 사유는 다음과 같은데(제17조 제1항), (1)에서 (6)의 조치는 금융감독원장이 금융위원회에 건의를 하며, (7) 및 (8)의 조치는 직접 취할 수 있다(제17조 제2항).

(1) 영업의 인가·허가 또는 등록의 취소, 영업·업무의 전부 정지

그 사유는 허위 또는 부정한 방법으로 인가·허가를 받거나 등록을 한 경우 또는 인가·허가의 내용이나 조건에 위반한 경우 등이다(제17조 제1항 제1호 가목 내지 다목).

(2) 영업·업무의 일부에 대한 정지

그 사유는 금융기관의 건전한 영업 또는 업무를 저해하는 행위를 함으로써 건전경영을 훼손하거나 당해 금융기관 또는 금융거래자 등에게 재산상 손실을 초래한 경우 등이다(제17조 제1항 제2호 나목 내지 라목).

(3) 영업점의 폐쇄, 영업점 영업의 전부 또는 일부의 정지

그 사유는 금융기관의 위법·부당 행위가 위 (2)의 영업·업무의 일부 정지 조치 사유에 해당되나 그 행위가 일부 영업점에 국한된 경우로서 위법·부당 행위의 경중에 따라 당해 영업점의 폐쇄 또는 그 영업의 전부 또는 일부를 정지시킬 필요가 있는 경우이다(제17조 제1항 제3호).

(4) 위법·부당 행위 중지

그 사유는 금융기관의 위법·부당 행위가 계속되고 있어 이를 신속히 중지시킬 필요가 있는 경우이다(제17조 제1항 제4호).

(5) 계약이전의 결정

그 사유는 구조개선법 제2조 제3호에서 정한 부실금융기관이 구조개선법 제14조 제2항 각 호의 어느 하나에 해당되어 당해 금융기관의 정상적인 영업 활동이 곤란한 경우이다(제17조 제1항 제5호).

(6) 위법 내용의 공표 또는 게시 요구

그 사유는 금융거래자의 보호를 위하여 위법·부당 내용을 일간신문, 정기간행물 기타 언론에 공표하거나 영업점에 게시할 필요가 있는 경우이다(제17조 제1항 제6호).

(7) 기관경고

기관경고 사유는 금융기관의 건전한 영업 또는 업무를 저해하는 행위를 함으로써 건전경영을 훼손하거나 당해 금융기관 또는 금융거래자 등에게 재산상 손실을 초래한 경우에 해당되나 위법·부당 행위의 동기, 목적, 방법, 수단, 사후수습 노력 등을 고려할 때 그 위반의 정도가 영업·업무의 일부에 대한 정지 조치의 제재에 해당되는 경우보다 가벼운 경우 등이다(제17조 제1항 제7호).

(8) 기관주의

그 사유는 기관경고 조치에 해당되나 위법·부당 행위의 동기, 목적, 방법, 수단, 사후수습 노력 등을 고려할 때 정상 참작의 사유가 크거나 위법·부당 행위의 정도가 기관경고의 제재에 해당되는 경우보다 경미한 경우이다(제17조 제1항 제9호).

2) 임원에 대한 제재 조치

금융기관의 **임원**에 대하여 취할 수 있는 제재의 종류는 **신분상 제재 조치로서 ① 해임권고(해임 요구 및 개선(改選) 요구 포함), ② 업무 집행의 전부 또는 일부 정지, ③ 문책경고, ④ 주의적 경고, ⑤ 주의** 조치가 있으며, 제재 사유는 다음과 같은데(제18조 제1항), 금융감독원장은 아래 (1) 및 (2)의 제재 조치는 금융위원회에 건의하여야 하며, (3) 내지 (5)에 해당하는 조치는 직접 취할 수 있다(제18조 제2항).

(1) 해임권고(해임 요구 및 개선 요구 포함)

그 사유는 고의로 중대한 위법·부당 행위를 함으로써 금융질서를 크게 문란시키거나 금융기관의 공신력을 크게 훼손한 경우 등이다(제18조 제1항 제1호 가목 내지 바목).

(2) 업무집행의 전부 또는 일부의 정지

그 사유는 위법·부당 행위가 해임권고 조치의 사유에 해당되고 해임권고 조치에 따른 제재의 효과를 달성하기 위해 필요한 경우 등이다(제18조 제1항 제2호 가목 내지 나목).

(3) 문책경고

그 사유는 금융 관련 법규를 위반하거나 그 이행을 태만히 한 경우나 당해 금융기관의 정관에 위반되는 행위를 하여 신용질서를 문란시킨 경우 등이다(제18조 제1항 제3호 가목 내지 바목).

(4) 주의적 경고

그 사유는 문책경고의 사유에 해당되나 위법·부당 행위의 동기, 목적, 방법, 수단, 사후수습 노력 등을 고려할 때 정상 참작의 사유가 있거나 위법·부당 행위의 정도가 문책경고의 제재에 해당되는 경우보다 가벼운 경우이다(제18조 제1항 제4호).

(5) 주의

그 사유는 주의적 경고 사유에 해당되나 위법·부당 행위의 동기, 목적, 방법, 수단, 사후수습 노력 등을 고려할 때 정상 참작의 사유가 크거나 위법·부당 행위의 정도가 주의적 경고의 제재에 해당되는 경우보다 경미한 경우이다(제18조 제1항 제5호).

3) 직원에 대한 제재 조치

금융기관 **직원**에 대해 취할 수 있는 제재 조치의 종류는 신분상 제재 조치로서 **당해 금융기관의 장에 대한 ① 면직 요구, ② 업무의 전부 또는 일부에 대한 정직 요구, ③ 감봉 요구, ④ 견책 요구, ⑤ 주의 요구** 조치가 있으며, 그 사유는 다음과 같은데(검사제재규정 제19조 제1항, 시행세칙 제45조 제1항), 금융감독원장은 금융위원회에 면직 요구를 건의를 하거나, 당해 금융기관의 장에게 소속 직원에 대한 면직, 정직, 감봉, 견책 또는 주의 등의 제재 조치를 취할 것을 요구할 수 있다(검사제재규정 제19조 제1항).

(1) 면직 요구

그 사유는 고의 또는 중대한 과실로 위법·부당 행위를 행하여 금융기관 또는 금융거래자에게 중대한 손실을 초래하거나 신용질서를 크게 문란시킨 경우 또는 횡령, 배임, 절도, 업무와 관련한 금품수수 등 범죄행위를 한 경우 등이다(시행세칙 제45조 제1항 제1호 가목 내지 마목).

(2) 업무의 전부 또는 일부에 대한 정직 요구

그 사유는 면직 요구 사유에 해당되나 위법·부당 행위의 동기, 목적, 방법, 수단, 사후수습 노력 등을 고려할 때 정상 참작의 사유가 있거나 위법·부당 행위의 정도가 면직 요구의 제재에 해당되는 경우보다 비교적 가벼운 경우이다(시행세칙 제45조 제1항 제2호).

(3) 감봉 요구

그 사유는 위법·부당 행위를 한 자로서 금융기관 또는 금융거래자에게 상당한 손실을 초래하거나 신용질서를 문란시킨 경우 등이다(시행세칙 제45조 제1항 제3호).

(4) 견책 요구

그 사유는 감봉 요구의 사유에 해당되나 위법·부당 행위의 동기, 목적, 방법, 수단, 사후수습 노력 등을 고려할 때 정상 참작의 사유가 있거나 위법·부당 행위의 정도가 감봉 요구의 제재에 해당되는 경우보다 비교적 가벼운 경우이다(시행세칙 제45조 제1항 제4호).

(5) 주의 요구

그 사유는 견책 요구 사유에 해당되나 위법·부당 행위의 동기, 목적, 방법, 수단, 사후수습 노력 등을 고려할 때 정상 참작의 사유가 크거나 위법·부당 행위의 정도가 견책 요구의 제재에 해당되는 경우보다 경미한 경우이다(시행세칙 제45조 제1항 제5호).

7. 검토

1) 서설

금융기관 및 임직원에 대한 제재 제도는 제재 조치의 법적 근거를 금융업 관련 법률에 두면서 제재 조치 사유와 제재 조치 종류를 규정하는 체계로 되어 있다. 물론 제재 조치 사유와 종류는 감독규정인 검사제재규정 및 검사제재규정시행세칙에도 보다 자세히 규정하고 있어 실무적으로는 감독규정이 중요하게 되나, 일단 법적 근거 조항을 둔 것은 바람직하다. 다만 각 관련 법률마다 제재 사유와 종류가 다른 것은 개선이 필요하다. 특히 자본시장법을 제외하고는 제재 사유가 상당히 포괄적으로 규정되어 있어 '법률 요건의 명확성 원칙' 내지 '포괄 위임 금지 원칙'에 위반될 가능성이 있으므로 제재 사유를 보다 구체적으로 명확하게 규정하는 일이 필요하다. 또한 임원의 범위도 각 법률마다 달라 이것 또한 일치시킬 필요가 있다.

2) 제재 조치 사유의 추상성

위에서 살펴본 법률 중 자본시장법을 제외하고는 제재 사유가 상당히 추상적으로 되어 있어 제재권자가 제재 권한을 남용할 가능성이 있다. 앞서 본 것처럼, 금융감독기구법이나 「은행법」 또는 「보험업법」에 따른 제재 사유를 보면, "법이나 법에 의한 규정·명령 또는 지시를 위반한 경우," 은행이나 보험회사의 "건전한 운영을 크게 해치는 행위를 하는 경우" 등 상당히 추상적으로 규정하고 있으며, 검사제재규정도 "금융질서를 크게 문란시키거나 금융기관의 공신력을 크게 훼손한 경우" 등의 규정(제18조 제1항 제1호 등)을 두고 있다. 제재 조치가 해당 금융기관이나 임직원의 입장에서는 불이익 처분을 받는 것이어서 제재권자의 제재 권한 남용은 바로 해당 제재 대상자의 권익이 침해되는 결과로 이어진다는 점에서 제재 사유를 보다 구체적으로 규정하도록 해야 할 것이다.

3) 검사제재규정에 따른 제재 조치 사유의 법적 근거 결여

제재 조치 사유는 금융감독기구법 등 관련 법률에 규정하고 있으나, 검사제재규정과 검사제재규정시행세칙은 법률에 규정된 제재 사유 외에도 추가적인 재재 사유를 규정하고 있다. 그러나 이는 법에 근거를 두고 있지 않은 제재 사유라 제재 조치에 대한 법적 근거를 상실하고 있어 이러한 사유를 갖고 제재를 하는 경우에 법적 정당성에 대한 논란이 제기될 수 있다. 검사제재규정 등에 규정된 제재 사유를 법에 규정하도록 해야 한다.

4) 임원의 범위

각 관련 법률마다 임원의 범위에 차이가 있는 것도 일치시킬 필요가 있다. 금융감독기구법과 「은행법」은 임원의 범위를 규정하고 있지 않으며, 자본시장법은 명시적으로 등기된 이사 및 감사(「상법」 제317조 제1항 제8호에 따라 등기 사항이다)만을 임원으로 정의하고 있어(제9조 제2항), 지배구조법에 따른 집행임원(「상법」 제408조의2에 따른 집행임원을 말한다)(제2조 제2호)이나 업무집행책임자(제2조 제5호)[13]는 임원이 아닌 직원의 범위에 포함하는 것으로 보아야 할 것이다. 「보험업법」은 임원의 범위에 지배구조법에 따른 업무집행책임자는 제외하고 있어서(「보험업법」 제134조 제1항 제3호), 등기된 이사 및 감사와 「상법」에 따른 집행임원만이 임원의 범위에 포함된다고 보아야 할 것이다. 한편 검사제재규정시행세칙은 "이사·감사와 사실상 동등한 지위에 있는 미등기 임원에 대해서는 임원에 대한 제재 기준을 준용하여 제재 양정을 결정하며, 직원에 대한 제재 조치를 부과한다."고 함으로써(제46조의3) 제재 조치에서는 직원으로 취급하고 있다. 여기서 "이사·감사와 사실상 동등한 지위에 있는 미등기 임원"은 지배구조법에 따른 업무집행책임자를 말하는 것으로 보아야 할 것이다. 「상법」에 따른 집행임원은 등기 사항이기 때문이다(제317조 제2항 제9호). 이처럼 각 법률과 검사제재규정시행세칙이 서로 다르게 임원의 범위를 정하고 있어 혼란을 일으키므로 일치시킬 필요가 있다. 지배구조법이 임원의 범위에 이사 및 감사뿐만 아니라 집행임원과 업무집행책임자도 포함하고 있다는 점(제2조 제2호)에서 제재 조치에서도 동일하게 규정하는 것이 바람직하다.

---

13 업무집행책임자란 "이사가 아니면서 명예회장·회장·부회장·사장·부사장·행장·부행장·부행장보·전무·상무·이사 등 업무를 집행할 권한이 있는 것으로 인정될 만한 명칭을 사용하여 금융회사의 업무를 집행하는 사람"을 말한다(지배구조법 제2조 제5호).

III. 제재 절차

1. 서설

금융기관 및 그 임직원에 대한 제재 절차는 검사제재규정과 검사제재규정시행세칙이 규정하고 있고, 더 나아가 행정청의 '행정처분'에 대하여 규정하고 있는「행정절차법」이 적용된다. 행정처분에 해당하는 제재 조치를 내리는 금융위원회와 금융감독원도「행정절차법」에 따른 행정청의 범위에 포함되기 때문이다. 또한「행정절차법」 제2조 제2호는 행정처분을 "행정청이 행하는 구체적 사실에 관한 법집행으로서의 공권력의 행사 또는 그 거부와 기타 이에 준하는 행정작용"이라고 하고 있어서 금융감독기관인 금융위원회와 금융감독원이 내리는 제재 조치는 이러한 행정처분에 해당하기 때문이다.「행정절차법」은 제재 조치와 같은 행정처분에 대하여 적용되는 기본법이 되므로 금융기관 및 그 임직원에 대한 제재 조치를 취할 때는「행정절차법」이 우선 적용되고,「행정절차법」에 규정되지 않은 사항이 검사제재규정과 검사제재규정시행세칙에 규정되어 있을 때는 그러한 감독규정과 시행세칙 내용이 적용된다. 이하에서는「행정절차법」, 검사제재규정 및 검사제재규정시행세칙에 규정되어 있는 금융기관 및 그 임직원에 대한 제재 절차의 내용에 대하여 살펴본다.

2. 제재 절차

1) 개관

금융감독원장은 검사 결과 적출된 지적 사항에 대하여 조치 내용의 적정성 등을 심사·조정하고, 내부 자문기구인 **'제재심의위원회'의 심의**를 거쳐 개별 금융업 관련 법률 등에 따라 금융위원회에 제재를 건의하거나 직접 조치한다(검사제재규정 제33조). 우선 금융감독원은 제재 조치 예정 내용 등을 제재 대상자에게 사전에 통지한다. 이에 대해서 제재 대상자는 의견을 제출할 수 있는데, 청문 절차를 거치는 경우에는 의견 제출 절차는 생략된다. 청문은 반드시 의무적으로 취해야 하는 절차는 아니다. 관련 법령 등에 의무적으로 개최되어야 하는 경우, 행정청이 청문 실시가 필요하다고 판단하는 경우, 인허가 등의 취소의 경우에는 청문이 개최될 수 있으나, 그렇지 않을 때는 청문 절차를 거치지 않아도 된다. 따라서 청문 절차를 거치는 경우는 많지 않게 된다. 다음에 금융감독원 제재심의위원회의 심의 절차를 거쳐 제재 조치 내용이 결정되는데, 이를 반영하여 금융감독원장은 금융위원회에 제재 조치를 건의하거나 직접 제재 조치를 취한다. 이러한 제재 조치에 대해서 제재 대상자는 금융위원회나 금융감독원에 이의 신청을 할 수 있으며, 이의 신청이 받아들여지지 않을 때는 행정심판이나 행정소송의 불복 절차를 밟을 수 있다.

제재 절차를 개관해 보면, 금융감독원이 ① 금융기관 검사 과정에서 법규 위반 사항 적발, ② 해당 검사국에서 법규 위반 사항을 제재심의실로 통보, ③ 제재심의실에서 심사, 조정 및 제재심의위원회 안건 준비, ④ 해당 제재 대상자에 대한 사전 통지, ⑤ 제재 대상자의 구술 또는 서면에 의한 의견 진술, ⑥ 청문 의무 사항이거나 금융감독원이 필요하다고 판단하는 경우에는 의견 진술 대신 청문 절차 개시(제재 실시 담당 부서장이 주재), ⑦ 제재심의위원회를 개최하여 제재 대상자의 출석과 의견 진술 기회 부여, ⑧ 금융위원회 또는 금융감독원장에 의한 제재 조치 확정, ⑨ 제재 대상자의 이의 신청과 이에 대한 제재심의위원회의 심의, ⑩ 최종 제재 조치 확정의 순서로 진행된다.

2) 제재 대상자에 대한 사전 통지

금융감독원장이 금융기관 및 그 임직원에 대하여 제재 조치를 하려고 하는 때에는 법규 위반행위 사실, 관련 법규, 제재 예정 내용 등을 제재 대상자(금융기관의 자율 처리 사항 통보의 경우는 해당 금융기관의 장)에게 사전 통지해야 한다(검사제재규정 제35조 제1항). 사전 통지는 제재심의위원회 회의 개최 전에 10일 이상의 구두 또는 서면의 제출 기간을 정하여 해야 한다(시행세칙 제59조 제1항). 다만 당해 처분의 성질상 의견 청취가 현저히 곤란하거나 명백히 불필요하다고 인정될 만한 상당한 이유가 있는 등 「행정절차법」 제21조 제4항이 정한 사유[14]가 있는 경우에는 사전 통지를 하지 않을 수 있다(검사제재규정 제35조 제1항 단서). 사전 통지서에 포함해야 할 사항은 「행정절차법」 제21조 제1항이 적용되어 처분하려는 원인이 되는 사실과 제재 조치 내용 및 법적 근거 등을 포함해야 한다.

3) 제재 대상자의 의견 제출 또는 진술

금융감독원장은 상당한 기간을 정하여 제재 대상자에게 구술 또는 서면에 의한 의견 진술 기회를 주어야 한다(검사제재규정 제35조 제1항). 의견 제출 방법 등에 대해서는 「행정절차법」 제27조가 자세히 규정하고 있다. 「행정절차법」 제22조 제3항은 청문 절차나 공청회 절차를 거치는 경우가 아닌 때에는 의견 제출의 기회를 반드시 주도록 하고 있다. 특히 통지를 받

14 제21조(처분의 사전 통지) ④ 다음 각 호의 어느 하나에 해당하는 경우에는 제1항에 따른 통지를 하지 아니할 수 있다.
1. 공공의 안전 또는 복리를 위하여 긴급히 처분을 할 필요가 있는 경우
2. 법령등에서 요구된 자격이 없거나 없어지게 되면 반드시 일정한 처분을 하여야 하는 경우에 그 자격이 없거나 없어지게 된 사실이 법원의 재판 등에 의하여 객관적으로 증명된 경우
3. 해당 처분의 성질상 의견청취가 현저히 곤란하거나 명백히 불필요하다고 인정될 만한 상당한 이유가 있는 경우

은 제재 대상자는 지정된 기한 내에 서면으로 의견을 제출하거나 지정된 일시에 출석하여 구두로 의견을 진술할 수 있는데, 지정된 기일까지 의견 진술이 없는 때에는 의견이 없는 것으로 본다(검사제재규정시행세칙 제59조 제3항). 그리고 「행정절차법」 제27조의2는 "제출한 의견이 상당한 이유가 있다고 인정하는 경우에는 이를 반영하여야 한다."라고 하여 당사자의 의견을 존중하도록 하고 있다.

4) 청문 절차

(1) 서설

「행정절차법」은 **청문(聽聞**, hearings)을 "**행정청이 어떠한 처분을 하기에 앞서 당사자 등의 의견을 직접 듣고 증거를 조사하는 절차**"라고 하고 있다(제2조 제5호). 「행정절차법」 제22조 제1항은 "다른 법령 등에서 청문을 실시하도록 규정하고 있는 경우"나 "행정청이 필요하다고 인정하는 경우" 또는 "인허가 등을 취소하는 경우"에는 행정청은 처분을 함에 있어서 청문을 실시하도록 규정하고 있어, 금융업 관련 법률이 명시적으로 청문을 실시하도록 규정하지 않는 한 청문을 실시하는 것은 전적으로 금융감독기관의 판단에 맡겨져 있는 셈이어서, 실제 금융기관 임직원에 대한 제재 조치에서 청문이 실시되는 경우는 드물 것이다. 다만 자본시장법 제423조는 금융투자업자 임원에 대한 해임 요구나 직원에 대한 면직 요구를 하는 경우에는 청문 절차를 거치도록 하고 있어, 이 경우에는 청문 절차를 거치게 될 것이다.

(2) 청문주재자의 자격 요건과 절차

「행정절차법」은 청문주재자의 자격 요건과 절차에 관해서 자세히 규정하고 있다(제28조 내지 제37조). 청문주재자는 "행정청의 소속 직원 또는 대통령령이 정하는 자격을 가진 자[15] 중에서 선정하는 자"가 된다(제28조 제1

항). 청문에서 "당사자 등은 의견을 진술하고 증거를 제출할 수 있으며, 참고인·감정인 등에 대하여 질문"할 수 있고(제31조 제2항), 청문주재자는 "신청 또는 직권에 의하여 필요한 [증거] 조사"를 할 수 있다(제33조 제1항). 청문주재자는 당사자 등의 진술의 요지 및 제출된 증거 등이 기재된 청문 조서(調書)를 작성하고(제34조), 처분의 내용·주요 사실 또는 증거, 종합 의견을 포함하는 의견서를 작성한 후(제34조의2), 그 밖의 관계 서류와 함께 지체 없이 행정청에게 제출하여야 한다(제35조 제4항). 행정청은 "처분을 함에 있어 이러한 제출받은 서류를 충분히 검토하고 상당한 이유가 있다고 인정하는 경우에는 청문 결과를 반영하여야 [할 뿐]"(제35조의2), 청문의 결과에 구속되지는 않는다.

(3) 청문의 공개

청문은 일정한 경우를 제외하고는 원칙적으로 "당사자의 공개 신청이 있거나 청문주재자가 필요하다고 인정하는 경우 이를 공개"할 수 있다(「행정절차법」 제30조). 그리고 「행정절차법」은 청문과 관련된 문서의 열람 또는 복사 요청권을 해당 당사자 등에게 인정하고 있으며, 해당 행정청은 법령상 공개가 제한되는 경우를 제외하고는 원칙적으로 청문과 관련된 문서의 공개를 거부할 수 없다(제37조 제1항).

(4) 검사제재규정시행세칙에 따른 청문 절차

검사제재규정시행세칙도 청문 절차에 관해 규정하고 있는데, 금융감독원장은 "청문일 10일 전까지 제재의 상대방 또는 그 대리인에게 서면으로 청문의 사유, 청문의 일시 및 장소, 청문주재자, 청문에 응하지 아니하는 경우의 처리 방법 등을 통지"하여야 한다(제60조 제1항). 청문주재자

15 "1. 교수·변호사·공인회계사 등 관련 분야의 전문직 종사자, 2. 청문 사안과 관련되는 분야에 근무한 경험이 있는 전직 공무원, 3. 그 밖의 업무 경험을 통하여 청문 사안과 관련되는 분야에 전문 지식이 있는 자"를 말한다(「행정절차법 시행령」 제15조 제1항).

는 금융감독원의 제재 실시 담당 부서장이 되는데(제60조 제3항), 「행정절차법」이 행정청의 소속 직원도 청문주재자가 될 수 있도록 하고 있으므로 법에 위반되는 것은 아니다. 그리고 "제재의 상대방 또는 그 대리인은 지정된 일시에 출석하여 의견을 진술하거나 서면으로 의견을 제출"할 수 있다(제60조 제2항).

(5) 소결

이처럼 금융기관 임직원에 대한 제재 절차에서 청문이 실시되어야 하거나 실시되는 때에는 「행정절차법」과 검사제재규정시행세칙에 규정되어 있는 청문 절차를 따라야 한다.

5) 제재심의위원회의 제재 심의

(1) 의의

검사제재규정은 제재에 관한 사항을 심의하는 **금융감독원 내부 기구로서 제재심의위원회를 설치**할 수 있는 근거 규정을 두고 있다(제34조). 제재심의위원회는 제재에 관한 사항이나 그 밖에 금융감독원장이 정하는 사항 및 제재 조치에 대한 이의(異議) 신청 사항에 대한 심의를 수행한다(검사제재규정 제34조 제2항). 다만 금융감독원장은 필요하다고 인정하는 때에는 제재심의위원회의 심의를 생략할 수 있다(검사제재규정 제34조 제2항 단서). 따라서 금융감독원은 금융기관 및 그 임직원에 대한 제재 조치를 결정할 때는 원칙적으로 제재심의위원회의 심의를 거친 후에 금융위원회에 제재 조치를 건의하거나 금융감독원장이 직접 조치를 취하게 된다(검사제재규정 제33조 제1항). 특히 실무적으로는 제재심의위원회의 역할이 중요한데, 그 이유는 "제재 안건은 제재심의위원회에서 그 내용이 사실상 확정되며, 금융감독원장이나 금융위원회에서 이를 변경하는 경우는 드문 실정"이기 때문이다.[16]

(2) 구성

제재심의위원회는 대회의와 소회의로 구분되는데, 위원은 당연직 위원인 금융감독원 제재 심의 담당 부원장, 제재 심의 담당 부원장보, 금융감독원 법률자문관, 당해 부의(附議) 안건 관련 금융위원회 담당 국장(금융정보분석원 담당 실장을 포함한다) 등 4인과 일정한 자격 요건을 갖춘 자 중에서 금융감독원장이 위촉하는 외부 위원 20인 이내로 구성된다(검사제재규정시행세칙 제55조 제1항). 위원장은 금융감독원 제재 심의 담당 부원장이 되어 대회의를 주재하며, 금융감독원 제재 심의 담당 부원장보는 소회의를 주재한다(검사제재규정시행세칙 제55조 제4항, 제5항). 위촉직 위원의 임기는 2년이며 1차에 한하여 연임할 수 있다(검사제재규정시행세칙 제55조 제6항).

(3) 대회의 및 소회의

제재심의위원회는 대회의와 소회의로 구분되어 운영되는데, 대회의는 금융감독원 제재 심의 담당 부원장(위원장), 금융감독원 법률담당관, 당해 부의 안건 관련 금융위원회 담당 국장(금융정보분석원 담당 실장을 포함한다)과 위원장이 위촉직 위원 중에서 지명하는 5인 위원으로 구성되며(검사제재규정시행세칙 제57조 제2항), 소회의는 금융감독원 제재 심의 담당 부원장보, 금융감독원 법률자문관, 제재 심의 담당 부원장이 위촉직 위원 중에서 지명하는 위원 1인 이상으로 구성한다(검사제재규정시행세칙 제57조의2 제2항). 소회의는 기관주의나 임원에 대한 주의 조치 등 비교적 경미한 제재 조치가 예상되는 제재 조치에 대한 심의를 하며, 대회의는 중한 제재 조치가 예상되는 제재 조치에 대한 심의를 한다(검사제재규정시행세칙 제57조 제3항, 제57조의2 제3항).

---

16 윤광균(2008), 61면.

(4) 대심제 운영

제재심의위원회 대회의 및 소회의에서는 대심제(**對審制**)[17]**가 운영**된다. 즉, 제재 대상 금융기관 또는 그 임직원과 금융감독원의 제재실시부서(즉, 당사자)는 함께 출석하여 진술할 수 있으며, 위원장의 회의 운영에 따라 다른 당사자의 진술에 대하여 반박할 수 있으며, 당사자는 필요한 경우 관련 업계 전문가 등 참고인이 출석하여 진술할 것을 신청할 수 있고, 위원장이 허가 여부를 결정한다(검사제재규정시행세칙 제57조 제6항, 제57조의2 제5항). 또한 출석한 당사자와 참고인은 변호사의 조력을 받을 수 있으며, 제재심의위원회 위원은 출석한 당사자와 참고인 등에게 조치 대상 관련 사실상 또는 법률상 사항에 대하여 질문할 수 있다(검사제재규정시행세칙 제57조 제6항, 제57조의2 제5항).

(5) 제재 대상자의 서류 열람권

제재심의위원회 회의 개최 전에 제재 대상자에게 서류 등을 열람할 수 있는 권리를 부여하고 있다. 즉, 제재 조치 예정 사전 통지를 받은 제재 대상자는 제재심의위원회 위원들에게 제출된 제재심의위원회 부의 예정안 및 제재심의위원회에 제출될 서류를 열람할 수 있다(검사제재규정 제35조의3 제2항). 제재 대상자는 서면으로 금융감독원장에게 열람을 신청하여 제

17 대심 제도란 '대심 방식의 심의 제도'로서 제재 대상자가 제재심의위원회 회의에 출석하여 금융감독원 검사 담당 직원이 있는 상태에서 제재 조치 내용에 대해서 진술을 할 수 있는 제도를 말한다. 제재 대상자의 방어권을 충분히 보장하기에는 미흡하다는 지적이 제기되면서 2018년 제재 제도의 혁신 방안을 마련하는 과정에서 도입된 제도이다. 금융감독원, 「금감원, '18. 4월부터 제재심의위원회 대심방식 심의 전면 시행」, 보도자료, 2018. 3. 30., 1면(금융감독원은 "「금융감독·검사제재 프로세스 혁신방안」(2017. 12. 13.)의 권고를 적극 수용하여 '18. 4월부터 제재심의위원회(이하 '제재심')에서 모든 진술 안건에 대해 대심방식 심의(對審方式 審議)를 전면 시행"한다고 발표하였다). 종전에는 제재 대상자가 진술을 하고 나서 퇴장한 후에 금융감독원 검사 담당 직원이 제대 대상자의 진술에 대하여 의견을 개진하는 형태로 운영되고 있어서 제재 대상자가 금융감독원 직원의 의견 개진에 대하여 반론을 제기할 수 없는 문제가 있었다.

재심의위원회 개최 5영업일 전부터 제재심의위원회 개최 전일까지 금융감독원을 방문하여 열람할 수 있다(검사제재규정시행세칙 제59조의2 제1항). 다만 금융감독원장은 "금융시장의 안정, 수사의 밀행성 필요 또는 증거 인멸 우려 등 관련 사안의 조사에 심각한 장애가 예상되는 등 열람을 허용하지 아니할 상당한 이유가 있다고 인정되는 경우에 서류 등에 대하여 열람을 거부하거나 그 범위를 제한"할 수 있으며(검사제재규정 제35조의3 제3항), 금융감독원장은 제재 대상자 이외의 제재 대상자와 관련한 사항, 금융기관이 제출한 자료 중 경영상·영업상 비밀 등에 해당하는 자료 등에 대하여는 열람을 허용하지 않을 수 있다(검사제재규정시행세칙 제59조의2 제1항 단서). 열람 거부나 범위를 제한하는 경우에는 그 이유를 서면으로 제재 대상자에게 지체없이 통지하여야 한다(검사제재규정 제35조의3 제3항). 열람 거절권의 사유가 광범위한데, 열람권이 형해화될 여지가 있어 거절 사유를 삭제할 필요가 있다. 그리고 서류 열람만 허용되고 있는데, 충분한 방어권 보장을 위해서는 서류의 등사도 허용될 필요가 있다. 「상법」도 주식회사 주주총회의 의사록의 열람 또는 등사를 허용하고 있으며(제396조 제2항), 회계장부도 열람 또는 등사를 허용하고 있다는 점에서(제466조 제1항), 등사를 허용해야 할 것이다.

(6) 의사록 공개

제재심의위원회 회의 의사록은 회의 경과 요지 및 회의 결과 등 일정한 사항을 포함하여야 하며(검사제재규정시행세칙 제57조의4 제1항), 일정한 경우를 제외하고는 원칙적으로 최종 제재 처분 통보일로부터 1개월 이내에 금융감독원 정보통신망 게시판에 게시하여 공개하여야 한다(검사제재규정시행세칙 제57조의4 제2항).

6) 제재 조치 결정

제재심의위원회의 결정 결과를 토대로 하여 금융감독원장은 관련 법령과 검사제재규정 등에 따라 금융위원회에 제재 조치를 건의하거나 직접 제재 조치를 취할 수 있다(검사제재규정 제17조 제2항, 제18조 제2항, 제19조 제1항). 금융감독원장은 제재심의위원회의 결정을 반드시 따를 필요는 없으나, 대개는 이를 반영하여 결정한다.

7) 이의 신청

검사제재규정은 제재 대상자에게 제재 조치에 대한 이의 신청을 할 수 있는 기회를 부여하고 있다. 이는 제재 조치에 대한 불복 절차의 하나로서 행정심판이나 행정소송으로 가기 전에 해당 행정청인 금융위원회 또는 금융감독원에게 제기하는 재심 절차이다. 금융감독원장은 금융기관 또는 그 임직원에 대하여 제재를 하는 경우에 그 제재에 관하여 이의 신청을 할 수 있다는 사실을 알려 주어야 한다(검사제재규정 제36조). 금융위원회 또는 금융감독원장으로부터 제재를 받은 금융기관 또는 그 임직원은 당해 제재 처분 또는 조치 요구가 위법 또는 부당하다고 인정하는 경우에는 금융위원회 또는 금융감독원장에게 이의 신청을 할 수 있다(검사제재규정 제37조 제1항). 금융감독원장은 이의 신청에 대하여 "금융위원회의 제재 사항에 대하여는 당해 처분의 취소·변경 또는 이의 신청의 기각을 금융위원회에 건의"하며, "금융감독원장의 제재 처분 또는 조치 요구 사항에 대하여는 이유가 없다고 인정하는 경우에는 이를 기각하고, 이유가 있다고 인정하는 경우에는 당해 처분을 취소 또는 변경"한다(검사제재규정 제37조 제3항). 검사제재규정 제37조 제1항은 이의 신청을 금융위원회 또는 금융감독원에 하도록 하고 있지만, 제37조 제3항은 금융감독원장만이 이의 신청을 처리하도록 하고 있어, 실제는 금융감독원장에게 이의 신청을 하게 될 것이다. 금융위원회의 제재 조치 사항에 대해서는 금융위원회에 직접 이의 신청을 하도록 하는 것이 타당할 것이다. 특히 이의 신청 처리 결과에 대하여는 다시 이의 신청할 수 없도록 명시적인 규정을 두고 있다(검사제재규정 제37조 제4항).

8) 불복 절차

이의 신청이 금융감독기관에 의해서 받아들여지지 않을 때는 제재 대상자는 불복 절차로서 행정심판을 청구하거나 행정소송을 제기할 수 있다. 금융감독원장은 금융기관 또는 그 임직원에 대하여 제재를 하는 경우에 그 제재에 관하여 행정심판·행정소송의 제기, 기타 불복을 할 수 있는 권리에 관한 사항을 제재 대상자에게 알려주어야 한다(검사제재규정 제36조). 「행정심판법」은 "행정청의 처분 또는 부작위에 대하여는 다른 법률에 특별한 규정이 있는 경우 외에는 이 법에 따라 행정심판을 청구할 수 있다."라고 규정하고 있어(제3조 제1항), 금융감독기관이 내린 제재 조치에 대하여 행정심판을 통하여 권리 구제를 받을 수 있다. 또한 제재 조치로서 권리·의무에 제한을 받는 당사자는 「행정소송법」 제4조에 규정된 항고소송을 통하여 권리 구제를 받을 수도 있는데, 항고소송은 행정청의 위법한 처분을 취소 또는 변경하는 취소소송, 행정청의 처분의 효력 유무 또는 존재 여부를 확인하는 무효 등 확인소송, 행정청의 부작위가 위법하다는 것을 확인하는 부작위위법확인소송으로 나누어진다(「행정소송법」 제4조 제1호 내지 제3호).

3. 평가

금융기관 임직원 제재 절차에 대해서는 「행정절차법」이 기본적으로 적용된다는 점, 그리고 검사제재규정과 검사제재규정시행세칙이 나름대로 관련 규정을 두고 있다는 점에서 어느 정도 제재 조치에 있어서 적법 절차

(due process)를 구비하고 있다고 볼 수 있으나, 자세히 들여다보면 제재 조치의 공정성과 신뢰성 및 투명성을 확보하는 데는 상당히 미흡하다. 제재심의위원회 구성에 여전히 제재 조치 권한자인 금융감독기관의 임직원이 포함되어 있는 점, 제재심의위원회가 법령에 따라 설치된 기구가 아니고 금융감독원의 내부 자문심의기구에 불과하여 심의 결과의 신뢰성이 떨어진다는 점, 당사자의 의견 진술이 충분히 이루어질 수 있는 청문 절차가 관련 법령상 아주 예외적인 경우에만 부여되어 있다는 점, 청문주재자가 금융감독기관의 소속 직원이 됨으로써 공정성 확보에 미흡하다는 점, 제재 조치를 내린 금융감독기관에게 이의 신청을 하도록 함으로써 이의 신청 제도의 실효성이 떨어진다는 점 등을 들 수 있다.

제4절 주요국 입법례

I. 미국[18]

1. 서설

미국은 금융 선진국으로서 금융기관 및 임직원 제재 절차 등 제재 제도를 잘 운영하고 있다고 알려져 있다. 미국의 금융감독기관은 은행, 증권,

18 이하는 고동원(2013)의 내용을 수정·보완한 것이다.

보험별로 나뉘어 있는데, 금융기관 및 임직원 제재에 관한 내용은 대체로 비슷하기 때문에 여기서는 대표적인 은행감독기관인 통화감독청(Office of Comptroller of the Currency: OCC)이 취하는 제재 조치를 중심으로 하여 살펴본다. 금융기관과 그 임직원에 대한 제재 조치 종류와 제재 절차 등에 관해서는 「연방예금보험법」(Federal Deposit Insurance Act: FDIA)이 규정하고 있기 때문에 이 법률을 중심으로 하여 살펴본다.

2. 제재 대상자

제재 대상자인 금융기관 임직원의 범위는 이사, 집행임원(officers), 직원이다. 특히 「연방예금보험법」 제3조는 은행 등 부보예금수취금융기관(insured depository institutions, 이하 "금융기관"이라 한다) 이외의 제재 대상자를 **'금융기관 관련자'(institute-affiliated party)**라고 정의하면서, 임직원 이외에 지배주주(controlling stockholder) 등도 제재 대상자로 포함하고 있다. 구체적인 '금융기관 관련자'의 유형을 살펴보면, ① 금융기관의 이사·집행임원·직원·지배주주 및 금융기관의 대리인, ② 금융감독기관에게 지배주주 변경 통지를 한 자, ③ 금융기관의 업무에 관여한 주주·자문인(consultant)·합작투자자·그 밖에 금융감독기관이 정한 자, ④ 변호사·감정사(appraiser)·회계사 등 독립계약자(다만 고의로(knowingly) 또는 거의 고의에 가까운 정도로(recklessly) 법령이나 규정(規程)의 위반, 신인(信認)의무(fiduciary duty)의 위반 또는 불건전한 영업행위를 하여 해당 금융기관에게 금전적 손실(more than a minimal financial loss)을 입히거나 상당히 부정적인 영향(significant adverse effect)을 미친 독립계약자에 한한다)이다(FDIA, Sec. 3(u); 12 U.S.C. § 1813(u)). 이처럼 미국의 경우에는 제재 대상자를 금융기관과 그 임직원에 한정하지 않고 업무에 관여한 주주나 자문을 한 변호사 또는 회계사 등을 포함하고 있는데, 우리도 이를 참고할 필요가 있다.

3. 제재 종류

1) 서설

제재 조치는 ① 공식 서면 합의, ② 중지 명령, ③ 긴급 중지 명령, ④ 원상회복 명령, ⑤ 해임 및 업무 수행 금지 명령, ⑥ 과징금 부과 명령이 있다. 이 중 해임 및 업무 수행 금지 명령은 금융기관이 아닌 임직원 등 금융기관 관련자에게 적용된다. 또한 연방예금보험 가입 종료 조치(termination of deposit insurance)도 금융기관에게 내리는 제재 조치의 하나이다.

2) 공식 서면 합의

공식 서면 합의(formal written agreement)는 위반행위가 심각하지 않을 때 이를 시정하기 위해 금융감독기관과 해당 제재 대상자가 약정하는 합의 문서이다. 통상은 중지 명령 등의 제재 조치가 취해지기 전에 이루어지며, 여기에는 위반행위를 시정하기 위한 조치(remedial actions) 내용이 담겨진다. 해당 제재 대상자가 이러한 서면 합의를 준수하지 않았을 때는 다음에서 설명하는 중지 명령이나 과징금 부과 명령 대상이 된다는 점[19]에서 이 제재 조치의 의미를 찾을 수 있다. 다만 서면 합의를 위반했다고 해서 서면 합의에 근거하여 연방지방법원으로부터 집행력을 부여받을 수 없다는 점에서는 한계는 있다.[20]

3) 중지 명령

중요한 제재 조치 중의 하나는 **중지 명령(cease and desist order)**이다. 중지

19 Malloy(2003), p. 301; OCC(2011b), p. 19.
20 OCC(2011b), p. 19.

명령은 금융기관 및 금융기관 관련자의 일정한 행위를 중지하라고 하는 명령 조치이다. 그러한 행위는 진행 중인 행위뿐만 아니라 하려고 하는 행위도 포함한다(FDIA, Sec. 8(b)(1); 12 U.S.C. § 1818(b)(1)). 중지 명령이 대상이 되는 행위는 ① 법령, 규칙(rule), 규정(regulation) 등의 위반행위, ② 불건전한 영업행위(unsafe or unsound practice), ③ 금융감독기관이 부과한 승인 조건의 위반행위, ④ 금융감독기관과 약정한 서면 합의(written agreement)의 위반행위 등이다(FDIA, Sec. 8(b)(1); 12 U.S.C. § 1818(b)(1)). 금융감독기관은 해당 제재 대상자에게 위반행위를 시정하기 위한 적극적인 조치를 취하도록 명령할 수 있으며(FDIA, Sec. 8(b)(6); 12 U.S.C. § 1818(b)(6)), 해당 제재 대상자의 행위에 일정한 제한을 가할 수도 있다(FDIA, Sec. 8(b)(7); 12 U.S.C. § 1818(b)(7)).

중지 명령의 절차를 살펴보면, 금융감독기관은 우선 위반행위가 있다는 사실을 제재 대상자에게 통지한다(FDIA, Sec. 8(b)(1); 12 U.S.C. § 1818(b)(1)). 그러한 통지서에는 위반 사실, 청문(hearing) 일시와 장소가 포함된다(FDIA, Sec. 8(b)(1); 12 U.S.C. § 1818(b)(1)). 청문은 해당 제재 대상자가 청문 일자를 앞당기거나 늦추지 않는 한 통지 후 30일로부터 60일 이내에 개최된다(FDIA, Sec. 8(b)(1); 12 U.S.C. § 1818(b)(1)). 제재 대상자가 금융감독기관의 통지 내용에 동의를 하거나 청문 절차를 거친 후 위반행위 사실이 확인되면 금융감독기관은 정식 중지 명령을 내리게 된다(FDIA, Sec. 8(b)(1); 12 U.S.C. § 1818(b)(1)). 최종 확정된 중지 명령 조치는 일반에게 공개된다(FDIA, Sec. 8(u); 12 U.S.C. § 1818(u)).

4) 긴급 중지 명령

중지 명령이 확정되려면 청문 절차를 거쳐야 되는 등 시간이 많이 걸린다. 긴급하게 위반행위를 중지시켜야 할 필요성이 있을 수도 있다. 이러한 경우를 대비하여 「연방예금보험법」은 **긴급 중지 명령(temporary cease and**

desist order)을 인정하고 있다. 긴급 중지 명령은 청문 절차 없이 바로 명령이 취해진다는 점[21]에서 긴급성을 인정할 수 있다. 긴급 중지 명령의 해당 사유도 엄격히 규정되어 있다. 즉, 금융감독기관은 위반행위나 불건전한 영업행위 등이 ① 해당 금융기관을 파산 상태에 이르게 하거나 자산 또는 이익금의 유출을 심각하게 초래할 가능성이 있거나, ② 금융기관의 경영 상태를 악화시킬 가능성이 있거나, ③ 예금자의 이익을 해칠 가능성이 있다고 판단하는 경우에는 긴급 중지 명령을 내려 그러한 위반행위 등을 중지하도록 명령하거나 해당 금융기관이나 금융기관 관련자에게 그러한 가능성을 방지하기 위한 적극적인 조치를 취할 것을 명령할 수 있다(FDIA, Sec. 8(c)(1); 12 U.S.C. § 1818(c)(1)). 긴급 중지 명령을 받은 제재 대상자는 연방지방법원에 긴급 중지 명령 금지(injunction) 가처분 청구를 할 수 있도록 함으로써(FDIA, Sec. 8(c)(2); 12 U.S.C. § 1818(c)(2)) 당사자의 권리 보호를 위한 장치를 마련하고 있다.

5) 원상회복 명령

금융감독기관은 중지 명령을 내릴 때 위반행위 시정조치의 하나로서 **원상회복 명령**(restitution order)이나 손실 보상 또는 보증(reimbursement, indemnification or guarantee against loss) 명령을 내릴 수 있다(FDIA, Sec. 8(b)(6)(A); 12 U.S.C. § 1818(b)(6)(A)). 즉, 금융기관이나 금융기관 관련자가 위반행위 등으로 부당한 이익을 취했거나(unjustly enriched), 위반행위가 거의 고의에 가까운 정도의 관련 법령, 규정 또는 명령의 위반행위(reckless disregard of law, regulation or order)에 관련되는 경우에는 원상회복 명령 등의 제재 조치가 취해진다(FDIA, Sec. 8(b)(6)(A); 12 U.S.C. § 1818(b)(6)(A)).

21 Carnell *et al.*(2013), p. 454.

6) 해임 및 업무 수행 금지 명령

제재 조치 중 또 하나 중요한 것은 **해임 및 업무 수행 금지 명령**(removal and prohibition order)이다. 이 제재 조치의 사유는 앞서 본 중지 명령 사유에 더해서 신인의무 위반행위와 중지 명령을 이행하지 않은 경우가 추가된다(FDIA, Sec. 8(e)(1)(A); 12 U.S.C. § 1818(e)(1)(A)). 다만 다음과 같은 추가 조건을 충족한 경우에만 해임 및 업무 수행 금지 명령을 내릴 수 있다. ① 해당 금융기관 관련자의 위반행위 등에 의하여 해당 금융기관이 금전적 손실(loss)이나 손해(damages)를 입었거나 입게 될 가능성이 있는 경우, ② 예금자의 이익이 침해되었거나 침해될 수 있는 경우, 또는 ③ 그러한 위반행위 등으로 해당 금융기관 관련자가 금전적 이익이나 그 밖의 이익을 취득한 경우이다(FDIA, Sec. 8(e)(1)(B); 12 U.S.C. § 1818(e)(1)(B)). 더 나아가 그러한 금융기관 관련자의 위반행위 등이 개인적인 부정직한(personal dishonesty) 의사에 의하여 이루어지거나 고의로(willfully) 금융기관의 건전성을 해칠 정도에 해당하여야 해임 및 업무 수행 금지 명령을 내릴 수 있다(FDIA, Sec. 8(e)(1)(C); 12 U.S.C. § 1818(e)(1)(C)). 이처럼 중한 제재 조치라고 볼 수 있는 해임 명령 및 업무 수행 금지 명령은 아주 엄격한 조건에서만 내릴 수 있도록 제한하고 있다는 것을 알 수 있다. 특히 뒤에서 살펴보는 것처럼, 이러한 제재 조치를 받은 금융기관 관련자는 다른 금융기관에 취업하는 것이 금지된다는 점을 고려할 때 신중을 기해야 할 필요성이 인정될 수 있다.

이러한 해임 및 업무 수행 금지 명령 사유에 해당한다고 판단되는 경우, 금융감독기관은 해당 금융기관 관련자에게 서면으로 통지하게 된다(FDIA, Sec. 8(e)(1); 12 U.S.C. § 1818(e)(1)). 금융감독기관은 이러한 통지를 하면서 해당 금융기관과 예금자를 보호하기 위해 필요하다고 판단하는 경우에는 해당 금융기관 관련자에 대하여 담당 직무 정지 명령을 내릴 수 있다(FDIA, Sec. 8(e)(3); 12 U.S.C. § 1818(e)(3)). 이외에도 금융기관 관련자가 1년 이상 징역형에 해당하는 범죄 혐의로 기소되는 경우에도 해당 업무의 정지 명령이나 업무 수행 금지 명령 대상이 된다(FDIA, Sec. 8(g)(1); 12 U.S.C. § 1818(g)(1)).

통지서에는 해임 및 업무 수행 금지 명령의 근거가 되는 사실 관계에 관한 사항과 청문 일시 및 장소가 기재된다(FDIA, Sec. 8(e)(4); 12 U.S.C. § 1818(e)(4)). 청문 일시는 앞서 본 중지 명령과 마찬가지로 원칙적으로 통지 후 30일로부터 60일 이내에 개최된다(FDIA, Sec. 8(e)(4); 12 U.S.C. § 1818(e)(4)). 당사자나 대리인이 청문에 나타나지 않으면 해당 명령에 동의한 것으로 간주된다(FDIA Sec. 8(e)(4); 12 U.S.C. § 1818(e)(4)). 제재 대상자가 해당 명령에 동의하거나 청문 절차에서 명령 사유가 확인되면 금융감독기관은 직무 정지와 해임 및 업무 수행 금지 명령을 내리게 된다(FDIA, Sec. 8(e)(4); 12 U.S.C. § 1818(e)(4)). 최종 확정된 명령은 일반인에게 공개된다(FDIA, Sec. 8(u); 12 U.S.C. § 1818(u)).

한편 해당 금융기관 관련자가 금융감독기관의 명령 조치에 의하여 해당 직무 종사가 정지되거나 업무를 수행하지 못하게 되면 그날로부터 10일 이내에 연방지방법원에 직무 정지나 업무 수행 금지 조치를 정지(stay)해달라는 청구를 할 수 있다(FDIA, Sec. 8(f); 12 U.S.C. Sec. 1818(f)).

금융감독기관의 제재 조치에 의하여 해당 금융기관에서 해임되거나 업무를 수행하는 것이 정지되거나 해당 업무 수행이 금지된 금융기관 관련자는 예금보험에 가입된 다른 예금수취금융기관, 예금보험에 가입된 은행으로 취급되는 금융기관, 예금보험에 가입된 신용협동조합(credit union), 금융감독기관 등에 취업할 수 없게 된다(FDIA, Sec. 8(e)(7)(A); 12 U.S.C. § 1818(e)(7)(A)). 이런 점에서 해임 및 업무 수행 금지 명령은 아주 중한 제재 조치라고 할 수 있다. 다만 이 명령을 내린 금융감독기관과 취업하려고 하는 금융기관을 관할하는 금융감독기관으로부터 각각 서면 동의를 얻으면 예외적으로 해당 금융기관 관련자는 취업할 수 있다(FDIA, Sec. 8(e)(7)(B); 12 U.S.C. § 1818(e)(7)(B)). 이런 동의를 한 금융감독기관은 이 사실을 연방예금공사(FDIC)에게 보고하고, 이를 공개해야 한다(FDIA, Sec. 8(e)(7)(B); 12 U.S.C. § 1818(e)(7)(B)).

7) 과징금 부과 명령

(1) 서설

미국 제재 조치 종류 중 주목할 만한 것은 금전적 제재 조치로서 **'과징금' 부과 명령(civil money penalty order)** 제도가 있다는 점이다. 'Civil Money Penalty'는 '민사제재금'이라고도 번역될 수 있으나, 행정기관인 금융감독기관이 내리는 제재 조치라는 점[22]을 고려할 때 '행정제재금'의 성격을 갖고 있으며, 우리의 '과징금'과 유사하다고 할 수 있어 여기서는 '과징금'이라고 한다. 과징금은 형사벌인 벌금과 민사소송의 손해배상과 다르기 때문에 형사 절차에 요구되는 엄격한 절차적인 요건이 적용되지 않으며, 일반적으로 실제 손해액을 손해배상으로 산정하는 민사소송과 달리 실제 손해액과 상관없이 부과될 수 있다.[23]

과징금 부과 대상은 금융기관과 임직원 등 금융기관 관련자가 해당된다. 과징금 부과 명령은 위반행위의 정도에 따라 1단계(first tier), 2단계(second tier), 3단계(third tier)로 나뉘며, 각 단계마다 과징금 부과 최대 금액이 달라진다. 과징금 액수를 산정할 때 금융감독기관은 해당 금융기관 관련자의 재정 상황과 선의(good faith)의 정도, 위반의 정도, 과거 위반행위 여부, 그 밖의 사정 등을 고려하여 결정한다(FDIA, Sec. 8(i)(2)(G); 12 U.S.C. § 1818(i)(2)(G)). 이처럼 과징금 금액의 산정에 금융감독기관이 재량권을 행사할 수

22 Carnell *et al.*(2013), p. 463.
23 Carnell *et al.*(2013), p. 463.

있다는 점이 특징적이다. 이러한 1단계, 2단계, 3단계 과징금 부과 명령은 청문 절차를 거치게 된다. 즉, 과징금 부과 명령이 당사자에게 통지가 된 후 20일 이내에 해당 금융기관 관련자가 청문 절차를 요청하게 되면 청문 절차가 진행된다(FDIA, Sec. 8(i)(2)(H); 12 U.S.C. § 1818(i)(2)(H)). 금융감독기관은 최종 확정된 과징금 부과 명령을 일반에게 공개해야 한다(FDIA, Sec. 8(u); 12 U.S.C. § 1818(u)).

(2) 1단계 과징금 부과 명령

1단계 과징금 부과 명령은 다음과 같은 행위에 적용된다. 즉, 제재 대상자가 ① 관련 법률이나 규정에 위반하는 행위를 한 경우, ② 금융감독기관이 내린 최종 명령이나 긴급 명령에 위반하는 행위를 한 경우, ③ 금융감독기관이 내린 승인 조건을 위반한 경우, 또는 ④ 금융감독기관과 약정한 서면 합의를 위반한 경우이다(FDIA, Sec. 8(i)(2)(A); 12 U.S.C. § 1818(i)(2)(A)). 이 경우 금융감독기관은 그러한 위반행위가 지속되는 기간 동안 매일 최대 5,000달러까지 과징금을 부과하는 명령을 내릴 수 있다(FDIA, Sec. 8(i)(2)(A); 12 U.S.C. § 1818(i)(2)(A)).

(3) 2단계 과징금 부과 명령

2단계 과징금 부과 명령은 다음과 같은 경우에 적용된다. 제재 대상자가 ① 위의 1단계 과징금 부과 명령 대상 행위를 한 경우, ② 불건전한 영업행위(unsafe and unsound practice)를 고의에 가까운 정도의 의사를 갖고(recklessly) 한 경우, 또는 ③ 신인의무를 위반한 경우인데, 추가하여 이러한 위반행위 등이 (i) 부정행위(misconduct)의 유형에 해당하거나, (ii) 해당 금융기관에게 최소한의 손실 이상을 초래하거나 초래할 가능성이 있거나, 또는 (iii) 해당 금융기관 관련자로 하여금 금전적 이익이나 그 밖의 다른 이익을 취하도록 한 경우에 이러한 2단계 명령 조치가 취해진다(FDIA, Sec. 8(i)(2)(B); 12 U.S.C. § 1818(i)(2)(B)). 이 경우 금융감독기관은 그러한 위반행위가 지속되는 기간 동안 매일 최대 25,000달러까지 과징금을 부과하는 명령을 내릴 수 있다(FDIA, Sec. 8(i)(2)(B); 12 U.S.C. § 1818(i)(2)(B)).

(4) 3단계 과징금 부과 명령

3단계 과징금 부과 명령은 다음과 같은 경우에 내려진다. 즉, 제재 대상자가 고의(knowingly)로 ① 1단계 명령 대상 행위를 한 경우, ② 불건전한 영업행위를 한 경우, 또는 ③ 신인의무를 위반한 경우에, 이에 따라 고의로 또는 고의에 가까운 정도(recklessly)로 해당 금융기관에 상당한 손실을 입히거나 금융기관 관련자가 상당한 금전적 이익 또는 그 밖의 다른 이익을 취한 경우이다(FDIA, Sec. 8(i)(2)(C); 12 U.S.C. § 1818(i)(2)(C)). 즉, 고의성이 있는 위반행위 등이 발생하는 경우에는 가장 무거운 3단계 과징금 부과 명령이 내려질 수 있다. 금융감독기관은 그러한 위반행위 등이 지속되는 기간 동안 매일 금융기관 이외의 제재 대상자의 경우에는 최대 100만 달러까지, 금융기관인 경우에는 100만 달러와 총자산의 1%에 해당하는 금액 중 적은 금액까지 과징금을 부과할 수 있다(FDIA, Sec. 8(i)(2)(D); 12 U.S.C. § 1818(i)(2)(D)).

8) 예금보험 가입 종료 조치

연방예금보험 가입 종료 조치(termination of deposit insurance)도 제재 조치의 하나이다. 연방예금보험공사는 연방예금보험에 가입한 금융기관이 ① 금융기관이 영업을 지속하기에는 건전하지 않은 상태에 있는 경우, ② 금융기관이나 그 이사가 불건전한 영업행위를 영위했거나 하고 있는 경우, ③ 금융기관이나 그 이사가 법률, 규정, 명령, 연방예금보험공사가 부과한 조건, 연방예금보험공사와 약정한 서면 합의를 위반한 경우에는 연방예금보험 가입 종료 조치를 취할 수 있다(FDIA, Sec. 8(a)(2); 12 U.S.C. § 1818(a)(2)). 연방예금보험공사가 이러한 조치를 취하고자 할 때는 청문 절차를 거쳐야 하며, 최종 결정에 대하여 해당 금융기관은 법원에 소송 제기를 할 수 있다(FDIA, Sec. 8(a)(3),(5); 12 U.S.C. § 1818(a)(3),(6)).

9) 평가

제재 종류에서 과징금 부과 명령이라는 금전적 제재 조치를 주목할 필요가 있다. 위반행위가 시정될 때까지 매일 일정 금액을 부과할 수 있는 과징금 부과 제도에 의하여 사실상 제재 조치의 집행력을 확보하고 있다. 또한 해임이나 업무 수행 금지 명령을 받은 제재 대상자는 관련 금융기관에 재취업할 수 없도록 하는 조치도 중요한 사항이다. 제재를 받은 임직원을 완전히 금융업에 종사할 수 없도록 하는 '강력한' 조치가 된다. 이렇게 강한 제재 조치를 취할 수 있도록 하면서, 뒤에서 보는 것처럼, 제재 대상자의 권리를 보호하기 위하여 공정하고 투명한 제재 절차 체계를 잘 갖추고 있는 점도 주목해야 할 사항이다.

4. 제재 절차

이하에서는 연방인가은행(national banks)에 대한 주(主) 감독기관인 통화감독청(OCC)이 취하는 제재 절차를 중심으로 하여 살펴본다.

1) 금융기관 검사 단계에서 고충처리관 제도 운영

금융기관에 대한 현장검사 단계에서 위반행위를 발견하는 경우가 많을 것인데, 담당 검사역이 위반 사항을 지적할 것이고, 이 과정에서 검사역의 지적 사항에 대하여 당사자가 동의하지 않거나 다른 의견을 제시할 수도 있다. 검사역이 관련자의 의견을 받아들이지 않게 되면 문제 해결이 쉽지 않다. 검사를 받는 은행 업무 담당자의 고충이 발생하게 된다. 통화감독청은 검사 단계에서 임직원의 고충 문제를 해결하기 위해서 고충처리관(Ombudsman) 제도를 운영하고 있다.[24]

고충처리관은 검사 수행 부서로부터 독립하여 그 역할을 수행하며, 통화감독청장에게 직접 보고할 수 있는 권한도 있다.[25] 고충처리관은 통화감독청장의 사전 동의를 얻어 제재 대상자가 이의 제기를 한 금융감독기관의 결정을 중지(stay)할 수 있는 권한도 있어,[26] 제재 절차에서 상당히 중요한 역할을 한다. 금융기관 임직원은 검사 단계에서 발생하는 고충 문제를 해결하기 위해서 고충처리관을 면담할 수 있다.[27] 고충처리관 제도는 관련 문제가 공식적인 이의 신청(formal appeal) 단계로 가기 전에 제재 대상자의 관련 고충을 해결하는 역할을 한다는 점에서[28] 큰 의미가 있다. 물론 공식적인 제재 절차가 시작된 이후에도 고충처리관에게 이의 제기를 할 수 있다.[29] 고충처리관 제도는 공식적인 제재 절차에 들어가기 전에 문제를 가장 효율적이고 신속한 방법으로 해결하는 기회를 제공할 수 있다는 점에서[30] 효율적인 제도라고 할 수 있다. 우리도 금융감독원이 검사 업무 수행 과정에서 금융기관과 그 임직원의 권익 보호 업무를 총괄하는 '권익보호담당역' 제도를 2011년 도입하였는데(검사제재규정 제10조), 미국의 고충처리관 제도와 유사한 제도라고 할 수 있다.

---

24 OCC(2011b).
25 OCC(2007), p. 50.
26 OCC(2011b).
27 OCC(2011b).
28 OCC(2011b).
29 OCC(2011b).
30 OCC(2011b).

2) 선임 검사역의 검사 보고서 작성

검사 과정에서 지적된 사실 관계에 대한 예비적인(preliminary) 내용이 은행 경영진과 협의가 되며, 경영진은 예비 지적 사항에 대하여 추가적인 자료나 정보를 제공할 수 있다.[31] 이러한 예비 지적 사항에 대해서는 통화감독청의 내부 검사역과 법규 준수·법무 담당자 등으로 구성된 심사반(review group)이 심사를 하는데, 심사반은 필요한 경우 해당 은행을 검사한 선임 검사역과 해당 은행으로부터 필요한 자료나 정보의 제공을 요청할 수 있다.[32] 심사반의 심사 결과 위반 사항이 있다고 판단되면, 선임 검사역은 위반 사항을 포함한 검사 보고서 초안을 작성한다.[33] 이러한 검사 보고서 초안은 해당 관련 대상자에게 통보되며, 관련 대상자는 이에 대한 의견을 제출할 수 있다.[34] 이런 절차를 거친 후에 감독실과 법무실은 '감독심의위원회'(Supervision Review Committee)에 부의할 안건을 준비하는데, 이러한 서류에는 검사 보고서와 사실 관계, 해당 제재 대상자의 의견, 건의하는 제재 조치 등이 포함된다.[35]

3) 감독심의위원회에 의한 심의

감독심의위원회는 내부 위원으로 구성된 자문 기구이다. 위원은 매년 은행감독 담당 수석부감독청장(Senior Deputy Comptroller)에 의해 임명된다.[36] 의장은 특별감독 담당 부감독청장(Deputy Comptroller for Special Supervision)이 맡는다.[37] 감독심의위원회의 운영과 절차 등에 관련된 자세한 규칙은 은행

31 OCC(2005), p. 1.
32 OCC(2005), p. 1.
33 OCC(2005), p. 1.
34 OCC(2005), p. 1.
35 OCC(2005), p. 1.
36 OCC(2011a), p. 11.

감독 담당 수석부감독청장이 정한다.[38] 위원회는 통화감독청의 제재 정책이 효과적이고 일관성 있게 적용되도록 하는 역할을 하는데, 심의를 통해 제재 조치 결정권자인 은행감독 담당 수석부감독청장에게 제재 조치를 건의하는 자문 역할을 수행한다.[39] 위원회의 심의 회의록과 건의된 제재 조치 및 최종 결정 등의 내용은 통화감독청의 전자감독자료실(electronic supervisory databases)에 보관된다.[40]

4) 제재 조치의 잠정적 확정

은행감독 담당 수석부청장이 제재 조치 내용을 잠정적으로 결정한다.[41] 은행감독 담당 수석부청장은 감독심의위원회의 심의 결과와 건의 내용을 검토하여 제재 조치를 결정하는데, 감독심의위원회의 건의 내용에 구속되지 않는다.[42]

5) 제재 대상자에 대한 제재 예정 조치와 청문 절차의 통지

제재 조치가 잠정적으로 확정되면 통화감독청은 제재 대상자에게 결정된 제재 조치를 통지하는데, 청문 절차가 있다는 것도 함께 통지한다(FDIA, Sec. 8(b)(1), (e)(4), (i)(2),(l); 12 U.S.C. § 1818(b)(1), (e)(4), (i)(2),(l)). 중지 명령의 경우에는 제재 예정 통지서(Notice of Charge)(FDIA, Sec. 8(b)(1); 12 U.S.C. § 1818(b)(1)), 해임 및 업무 수행 금지 명령의 경우에는 해임 및 업무 수행 금지 명령 예정 통지서(Notice of Intent to Prohibit/Remove)(FDIA, Sec. 8(e)(4); 12

37 OCC(2011a), p. 11.
38 OCC(2011a), p. 11.
39 OCC(2011a), p. 11.
40 OCC(2011a), p. 12.
41 OCC(2011a), p. 11.
42 OCC(2005), p. 2.

U.S.C. § 1818(e)(4)), 과징금 부과 명령의 경우에는 과징금 부과 예정 통지서(Notice of Civil Money Penalty Assessment)(FDIA, Sec. 8(i)(2); 12 U.S.C. § 1818(i)(2))를 송부하게 된다.

6) 청문 절차 개시[43]

(1) 서설

제재 대상자는 제재 조치 내용에 이의가 있을 때 청문을 신청할 수 있다. 제재 대상자가 청문을 신청하면 청문은 원칙적으로 제재 조치 통지 후 30일로부터 60일 이내에 개시된다(FDIA, Sec. 8(b)(1), (e)(4), (i)(2)(H); 12 U.S.C. § 1818(b)(1), (e)(4), (i)(2)(H)). 청문 절차에 관한 자세한 사항은 1964년 제정된 「행정절차법」(Administrative Procedure Act)(12 U.S.C. §§ 501 et. seq.)이 규정하고 있는데, 통화감독청 등 금융감독기관에 의한 청문 절차도 이 법의 적용을 받는다. 「행정절차법」은 관련 법률이 청문 절차를 거치도록 규정하는 경우에 청문을 실시하도록 하고 있다(5 U.S.C. § 554(b)). 청문을 실시하는 경우 행정청은 제재 대상자에게 청문 사실을 통지해야 하는데, 통지서에는 청문의 시간, 장소, 성격, 적용되는 법, 법적 근거, 사실 관계 등이 포함되어야 한다(5 U.S.C. § 554(b)).

(2) 청문주재자에 의한 청문 절차

청문을 주재하는 자는 사실 관계 파악을 위해서 증거 조사를 할 수 있고, 제재 대상자로부터 구술 진술(deposition)을 청취할 수 있으며, 금융감독기관과 제재 대상자가 합의(settlement)를 할 수 있도록 회의를 주선하는 등 청문 절차를 주재한다(5 U.S.C. § 556(c)(6)). 제재 대상자는 **청문주재자**에게 사실 관계, 당사자의 주장과 그 이유 등을 제시할 수 있어(5 U.S.C. § 557(c))

43 연방은행감독기관의 청문과 제재 절차에 관한 설명은 Carnell *et al.*(2013), pp. 448~449.

당사자의 방어권을 인정하고 있다. 즉, 청문 절차는 사실상 소송 절차와 비슷한 제도로 운영되고 있다. 그렇다고 해서 청문주재자의 결정이 최종적으로 확정되는 것은 아니다. 청문주재자는 당해 청문 사건에 대한 결정을 내려(이를 '최초 결정'(intial decision) 또는 '권고 결정'(recommended decision)이라 한다. 이하 "권고 결정"이라 한다). 이를 해당 행정청의 장에게 제출한다(5 U.S.C. § 557(b)). 그러나 청문주재자의 '권고 결정'은, 대상자가 일정한 기간 이내에 이의를 제기하지 않는 한 또는 해당 행정청이 재심의를 하기로 결정하지 않는 한, 행정청의 결정으로 확정된다는 점(5 U.S.C. § 557(b))에서 청문주재자의 결정이 '사실상' 확정된다. 즉, 청문주재자가 중요한 역할을 한다. 「연방예금보험법」에 근거한 금융감독기관에 의한 청문은 비공개가 원칙이고, 공공의 이익을 보호하기 위해 필요한 경우에 한해서 공개될 수 있다(FDIA, Sec. 8(h)(1); 12 U.S.C. § 1818(h)(1)). 금융감독기관에 의한 청문은 연방지방법원에서 개최된다(FDIA, Sec. 8(h)(1); 12 U.S.C. § 1818(h)(1)).

(3) 행정청문주재관

청문주재자와 관련하여 「행정절차법」은 해당 행정청의 직원 또는 **'행정청문주재관'(Administrative Law Judge: ALJ)**[44]이 청문 절차를 주재하도록 규정하고 있다(5 U.S.C. § 556(b)). 청문 절차에서 중요한 역할을 수행하는 행정청문주재관은 7년 이상의 법조 경력을 가진 자 중에서 선임되는데, 각 행정청은 수요가 있을 때 필요한 인원 수만큼 행정청문주재관을 임명한다

44 '행정(법)판사'로 번역할 수도 있고, 또 그런 용어를 쓰는 경우도 있으나(주지홍(2009), 465면), 법원에 소속된 '판사'가 아니고 행정청 직원인 '독립적인 사법행정관'(independent judicial officers)이므로 여기서는 '행정청문주재관'이라는 용어를 사용한다. 미국 증권거래위원회(Securities and Exchange Commission: SEC)의 경우 행정청문주재관을 다음과 같이 정의하고 있다. "Administrative Law Judges are independent judicial officers who in most cases conduct hearings and rule on allegations of securities law violations initiated by the [Securities and Exchange Commission]'s Division of Enforcement."(〈http://sec.gov/alj.shtml〉).

(5 U.S.C. §§ 1305, 5372).[45] 이에 따라 통화감독청 등 금융감독기관은 행정청문주재관을 선임하여 청문을 주재하도록 하고 있다(FDIA, Sec. 8(e)(4); 12 U.S.C. § 1818(e)(4)).[46] 미국에서 행정청문주재관 제도는 독립규제위원회의 "공정한" 사건 처리에 큰 기여를 하고 있다는 평가가 있다는 점을 고려할 때,[47] 「연방예금보험법」에 의거하여 행하여지는 금융감독기관의 제재 조치 결정 과정도 행정청문주재관 제도에 의하여 공정성을 확보하고 있다고 평가할 수 있다.

7) 최종 제재 조치 결정

통화감독청장은 청문 절차를 거쳐 확정된 행정청문주재관의 권고 결정을 토대로 '최종 결정'(final decision)을 하게 된다. 통화감독청장은 행정청문주재관의 권고 결정을 반드시 따를 필요는 없다(5 U.S.C. § 557(b)). 그러나 통화감독청장이 권고 결정에 대해 특별히 재심의를 하기로 결정하지 않는 한 권고 결정이 최종 결정이 된다(5 U.S.C. § 557(b)).

8) 연방항소법원에 소송 제기

통화감독청의 최종 결정에 대해서 이의가 있는 경우 당사자는 연방항소법원(court of appeals of the US for the circuit)에 소송을 제기할 수 있다(FDIA, Sec. 8(h)(2); 12 U.S.C. § 1818(h)(2)). 소송을 제기했다고 해서, 특별히 법원이

---

45 윤광균(2008), 65면.

46 또한 증권감독기관인 증권거래위원회(SEC)도 '행정청문주재관실'(Office of Administrative Law Judges) 부서를 두고 있으며(〈http://sec.gov/alj.shtml〉), 행정청문주재관은 관련 규정(5 U.S.C. § 557, 17 C.F.R. § 201.360(a))에 따라 최초 결정(initial decision)을 하며, 청문 절차에 관한 자세한 사항은 증권거래위원회 「업무규정」(Rules of Practice) Rule 300 내지 Rule 360에 규정되어 있다(〈http://sec.gov/about/rulesprac2006.pdf〉).

47 조성국(2007), 92면.

다른 명령을 하지 않는 한, 제재 조치의 집행이 중지되지는 않는다(FDIA, Sec. 8(h)(3); 12 U.S.C. § 1818(h)(3)). 연방대법원이 당사자의 상고를 받아들여 심리를 하지 않는 한, 연방항소법원의 판결이 종국(final) 판결이 된다(FDIA, Sec. 8(h)(2); 12 U.S.C. § 1818(h)(2)). 따라서 청문 절차를 거친 금융감독기관의 결정이 사실상 1심 결정과 같은 역할을 한다. 우리나라와 달리 1심만 사실심이고 항소심에서는 사실에 관한 사항을 다툴 수 없는 미국에서 이러한 청문 절차를 주관하는 청문주재자의 역할이 상당히 중요하다는 점을 알 수 있다.[48]

9) 제재 조치 내용의 공개

「연방예금보험법」은 최종적으로 결정된 제재 조치 내용을 일반 대중에게 공개하도록 하고 있다(FDIA, Sec. 8(u)(1); 12 U.S.C. § 1818(u)(1)). 제재 조치가 변경되거나 종결될 때도 이를 일반에게 공개해야 한다(FDIA, Sec. 8(u)(1); 12 U.S.C. § 1818(u)(1)). 이에 따라 통화감독청은 한 달에 한 번 제재 조치 대상자와 금융기관의 상호, 제재 조치의 종류, 제재 조치 일시 등이 포함된 목록을 발표하는데, 이러한 목록은 통화감독청의 정보통신망 게시판을 통하여 공개된다.[49] 다만 예외적으로 그러한 공개가 해당 금융기관의 건전성에 아주 심각하게 위협할 것이라고 판단하는 경우에는 합리적인 기간 동안 공개를 연기할 수 있다(FDIA, Sec. 8(u)(2); 12 U.S.C. § 1818(u)(2)).

10) 평가

미국의 금융기관 및 임직원 제재 절차에서 큰 특징 중의 하나는 청문

48 주지홍(2009), 466면.
49 OCC(2011a), p. 15.

절차가 확실히 보장되어 있다는 점이다. 그리고 청문 절차에서 제재 대상자의 방어권 보장을 위한 장치도 잘 마련되어 있어 제재 대상자의 권리 보호를 위한 체계가 잘 갖추어져 있다는 점도 눈에 띈다. 특히 독립적이고 전문가인 행정청문주재관이 청문 절차를 주재한다는 점도 주목할 만하다. 청문 절차가 잘 구비되어 있지 않은 우리나라의 경우와 대조적이다.

5. 시사점

1) 제재 절차를 법률에 규정

미국의 제재 제도로부터 얻을 수 있는 시사점 중의 하나는 제재 종류, 기준, 절차(청문 절차, 연방법원에 소송 제기 등) 등이 법률에 규정되어 있다는 점이다. 즉, 「연방예금보험법」 제8(b)조(12 U.S.C. § 1818(b))에 자세히 규정되어 있다. 우리의 경우 금융감독기관이 제정하는 검사제재규정과 검사제재규정시행세칙에 제재 절차가 규정되어 있는 점과 대조적이다. 임직원 제재 조치는 제재 대상자인 국민의 「헌법」에 따른 기본권인 재산권 보장(제23조 제1항)과 직업선택의 자유(제15조) 보호와 관련되는 것이므로 법률에 규정해야 할 당위성이 더 높다.

2) 청문 제도의 활성화

미국 제재 절차에서 얻을 수 있는 가장 큰 시사점 중의 하나는 제재 절차에서 청문 제도가 잘 정비되어 있다는 점이다. 미국은 전문가이면서 독립성을 갖춘 행정청문주재관이 청문 절차를 주재하는 제도를 운영함으로써 제재 대상자의 권리를 보호하기 위한 제도적 장치를 잘 갖추고 있다. 금융감독기관의 제재 조치(중지 명령, 해임 및 업무 수행 금지 명령, 과징금 부과 명령)에 대하여 제재 대상자는 청문을 요청할 수 있는 권리가 있고, 행정청문주재관이 공정하게 청문 절차를 주관하고 있으며, 행정청문주재관의 '권고 결정'은 사실상 최종 결정이 되는 등 청문 절차가 상당히 잘 정비되어 있고, 행정청문주재관이 중요한 역할을 한다.

반면 우리의 경우 청문 절차가 규정되어 있기는 하나 거의 이용되지 않고 있어서 문제이다. 청문 절차에 관한 근거법인 「행정절차법」은 해당 관련 법률이 청문 절차를 요구하는 경우나 행정청이 판단하여 청문이 필요한 경우에 한해서만 청문 절차를 거치도록 하고 있어(제22조 제1항), 관련 법률이 명시적으로 청문을 요구하지 않는 한 청문이 개최되는 경우는 기대하기 어려운 실정이다. 또한 청문주재자도 금융감독원의 제재 실시 담당 부서장이 맡도록 하고 있는데(검사제재규정시행세칙 제60조 제3항), 이는 독립성과 전문성을 갖추지 못한 자가 청문을 주재함으로써 청문 절차에서 공정성과 신뢰성을 확보하기 어렵게 하고 있는 문제점이 있다. 미국의 행정청문주재관과 같은 제도를 도입할 필요가 있다.

3) 제재 합의 제도 도입을 통한 제재 절차의 효율성 도모

미국의 제재 제도에서 얻을 수 있는 또 하나의 시사점은 제재 수준에 대한 합의 제도가 잘 이용되고 있다는 점이다. 행정청문주재관은 합의를 위한 회의의 주선도 가능하며(5 U.S.C. § 556(c)(6)), 합의는 제재 절차의 어느 단계에서도 이루어질 수 있다.[50] 우리는 아직 제재 합의 제도가 도입되어 있지 않은데, 미국의 사례를 참조해서 도입 방안을 마련하는 것이 필요하다.

---

50 윤광균(2008), 64면(증권거래위원회(SEC) 제재 사건의 90% 이상이 합의에 의해 종결된다고 한다).

II. 영국[51]

1. 서설

영국의 경우 금융기관 및 임직원에 대한 제재 조치의 근거는 2000년 제정된 「금융서비스 및 시장법」(Financial Services and Markets Act 2000, 이하 "FSMA"라 한다) 제14장(Part XIV)에 규정되어 있다. 또한 제재 조치에 관한 자세한 사항은 금융기관의 영업행위 감독을 하는 금융행위감독원(Financial Conduct Authority: FCA, 이하 "FCA"라고 한다)[52]이 제정한 「제재감독규정」(Decision Procedure and Penalties (DEPP) Manual of the FCA Handbook, 이하 "DEPP"라 한다)[53]과 「제재지침」(Enforcement Guide)[54]이 규정하고 있다. 제재조치권자인 금융감독기관은 건전성 감독을 하는 영국중앙은행(Bank of England) 내의 건전성감독원(Prudential Regulation Authority: PRA, 이하 "PRA"라 한다)과 FCA가 있다.

2. 제재 조치 종류

1) 서설

영국의 경우 제재 조치로서 ① 해당 금융기관에 대한 법규 위반 사실의 공개, ② 해당 금융기관에 대한 영업 정지나 제한 조치, ③ 금융기관 및 임직원에 대한 **금전적 행정제재인 과징금(financial penalty)**[55] 부과 조치, ④ 금

51 이하는 고동원(2009)의 내용을 대폭 수정·보완한 것이다.
52 FCA가 정부기구가 아니고 민간기구(corporate body)라는 점을 고려해서 '금융행위감독원'이라고 한다.
53 〈https://www.handbook.fca.org.uk/handbook〉.
54 〈https://www.handbook.fca.org.uk/handbook/document/eg/EG_20160101.pdf〉.
55 'financial penalty'를 '금전 제재'로 번역할 수도 있으나, 우리의 과징금에 해당한다고 볼

융기관 **임직원에 대한 업무 수행 금지 명령(prohibition order)** 조치가 있다.

2) 위반 사실 공개 조치

해당 금융감독기관은 금융기관(authorized person)이 관련 법규나 조건을 위반했다고 판단하는 경우 이 사실을 공개하는 제재 조치(public censure)를 취할 수 있다(FSMA, Sec. 205). 법규 위반 사실이 공개되면 해당 금융기관의 영업이나 명성에 나쁜 영향을 미칠 수 있기 때문에 중대한 제재 조치로 볼 수 있다.[56] 공개 조치를 취할지 여부는 제재 목적의 달성 여부, 위반의 중대성, 제재 조치를 받은 사실 등을 고려해서 결정한다(DEPP 6.4.2).

3) 영업 정지 또는 제한 조치

해당 금융감독기관은 금융기관이 관련 법규나 조건을 위반했다고 판단하는 경우 12개월을 초과하지 아니하는 범위 내에서 적절하다고 판단되는 기간 동안 인가 업무 영위의 정지 조치를 하거나 인가 업무에 제한을 하는 제재 조치를 내릴 수 있다(FSMA, Sec. 206A(1),(3)). 금융감독기관은 이러한 업무 정지나 제한 조치를 취소하거나 변경할 수 있다(FSMA, Sec. 206A(6)).

4) 과징금 부과

(1) 서설

영국에서는 금융 관련 법령이나 규정 등을 위반한 금융기관 및 그 임직원, 그리고 시장남용(market abuse)행위에 참가한 금융기관 및 해당 임직원에게 부과하는 과징금 제도를 제재 조치로서 적극 활용하고 있다.

수 있어서 '과징금'이라고 한다.

56 Blair, eds.(2009), p. 178.

(2) 과징금 부과 대상자

과징금은 금융기관뿐만 아니라 임직원에게도 부과된다. 영국에서는 일정한 법규 위반행위를 한 금융기관 임직원도 과징금 부과 대상이 될 수 있다는 점이 특징적이다. 여기서는 금융기관에 대한 과징금 제도와 금융기관 임직원에 대하여 부과되는 과징금 제도로 나누어 살펴본다.

가) 금융기관에 대한 과징금 부과

금융기관에 대하여 과징금을 부과할 수 있는 경우는 다음과 같다.

(가) FSMA 규정 위반 시　금융기관이 FSMA에 규정된 요건을 위반한 경우에는 해당 금융감독기관인 PRA나 FCA는 적정하다고 판단하는 과징금을 해당 금융기관에게 부과할 수 있다(FSMA, Sec. 206(1)).

(나) 증권 상장 금융기관이거나 상장 신청 금융기관인 경우　금융기관이 증권 상장법인이거나 상장을 신청하는 금융기관인 경우 관련 상장규칙(listing rules)을 위반한 때에는 FCA는 해당 금융기관에게 과징금을 부과할 수 있다(FSMA, Sec. 91(1)).[57]

(다) 시장남용 행위 시　FCA는 금융기관이 내부자 거래 행위(FSMA Sec. 14)나 시세조종행위(FSMA, Sec. 15) 등 시장남용행위를 한 경우에는 해당 금융기관에 대하여 과징금을 부과할 수 있다(FSMA, Sec. 123(1)).

나) 금융기관 임직원에 대한 과징금 부과

금융감독기관은 다음과 같은 경우에 금융기관 임직원에게 과징금을 부과할 수 있다.

(가) 부정행위에 대한 과징금 부과　PRA나 FCA는 부정행위를 한 금융기관의 임직원에 대하여 과징금을 부과할 수 있다. 금융기관의 이사

57 상장규정 위반인 경우에는 반드시 금융기관만이 아니고 일반 회사도 포함될 수 있다. 따라서 어떤 금융기관이 상장되어 있거나 상장 신청을 하게 되는 경우에는 해당 금융기관도 과징금 부과 대상이 될 수 있다.

와 '주요 금융 업무'(controlled functions)를 수행하는 자로서 FCA로부터 그 자격에 대하여 승인받은 자(approved person)뿐만 아니라 금융기관 직원이 부정행위를 한 경우에 금융감독기관은 적정하다고 판단되는 금액의 과징금을 부과할 수 있다(FSMA, Sec. 59(1),(2), 66(1),(3)(a), 66A, 66B). 여기서 금융기관의 '주요 금융 업무'라 함은 개별 관련 규정(rules)이 정하는 금융업무를 말하는데(FSMA, Sec. 59(3)), FCA가 제정한 감독규정(FCA Handbook, Regulatory Process, SUP Supervision)에 따르면, 금융기관 최고의사결정기관의 업무(governing functions)와 고객 거래 업무(customer-dealing functions)를 말한다.[58] 그리고 금융감독기관이 해당 임직원의 부정행위 사실을 인지한 날로부터 6년이 경과한 후에는 과징금을 부과할 수 없는데, 6년이 경과하기 전에 과징금 부과 절차가 진행된 경우는 제외된다(FSMA, Sec. 66(5ZA),(4)).

(나) 상장증권 발행 또는 상장 신청 금융기관의 이사에 대한 과징금 부과 　　상장증권을 발행하거나 증권 상장 신청 금융기관이 상장 관련 규정을 위반하는 경우에 해당 금융기관의 이사가 그러한 위반행위에 고의로 가담한 때에는 FCA는 해당 이사에게 적정한 과징금을 부과할 수 있다(FSMA, Sec. 91(2)). 이러한 경우에는 금융기관의 이사에게 과징금이 부과되는 것이다.

(다) 시장남용 행위 관여자에 대한 과징금 부과 　　FCA는 내부자 거래 행위나 시세조정행위 금지 등 시장남용행위 금지 규정을 위반하거나 시

58 주요 금융 업무에 대해서는 FCA 감독규정(FCA Handbook, Regulatory Process, SUP Supervision)이 자세히 기술하고 있다. 즉, ① 최고의사결정기관의 업무는 이사 업무(director function), 비상임이사 업무(non-executive function), 최고경영자 업무(chief executive function), 조합(partnership)의 경우 사원 업무(partner function), 비법인단체의 경우 이사 업무(director of unincorporated association function)를 포함하며, ② 고객 거래 업무(customer-dealing function)는 고객 업무(customer function)를 포함한다(FCA Handbook, SUP Supervision, 10A.4.4.).

장남용행위에 고의로 관여한 자에게 과징금을 부과할 수 있다(FSMA, Sec. 123(1), (2)). 따라서 금융기관 임직원이 이러한 행위를 하게 되면 과징금 부과 대상이 된다.

(3) 과징금 부과 금액의 결정 고려 요소

금융감독기관이 과징금 부과 금액을 결정함에 있어서는 ① 위반한 영업행위준칙(principle)이나 직무의 성질에 비추어 볼 때 당해 위반행위의 중대성, ② 위반행위를 초래한 고의(deliberate)나 거의 고의에 가까운 것(reckless)의 정도, ③ 대상자가 개인인지 여부 등을 고려한다(FSMA, Sec. 69(2)).

(4) 과징금 부과 결정 내용의 공개

해당 금융감독기관은 과징금 부과에 관한 결정 통지(decision notice) 또는 최종 통지(final notice)가 확정되면 이를 대외적으로 공개해야 한다(FSMA, Sec. 391(4)). 즉, 사전 예고 통지(warning notice) 단계에서는 공개할 수 없다(FSMA, Sec. 391(1)(a)). 다만 공개하는 것이 과징금을 부과받은 자에게 불공정한(unfair) 경우, 금융소비자의 이익이나 금융기관의 건전성을 해할 우려가 있는 경우, 또는 금융안정에 해가 되는 경우에는 공개가 금지된다(FSMA, Sec. 391(6), (6A)).

5) 업무 수행 금지 명령

(1) 의의

금융감독기관은 금융기관 임직원이 해당 금융기관의 업무와 관련하여 해당 업무를 잘 수행할 수 있는 적임자(fit and proper person)가 아니라고 판단하는 경우 그러한 **임직원에 대하여 특정 업무나 관련 업무를 수행하는 것을 금지하는 명령**(prohibition order, 이하 "금지 명령"이라 한다)을 내릴 수 있다(FSMA Sec. 56(1), (1A), (2)). 즉, 금융감독기관의 명령에 의하여 해당 금융기관 임직원은 해당 업무에 종사할 수 없다.

(2) 금지 명령 대상 업무

금융감독기관에 의한 금지 명령이 적용되는 금융기관 임직원의 수행 업무 범위는 ① 특정 규제 업무(specified regulated activities), ② 특별히 규정된 범위에 속하는 규제 업무(any regulated activity falling within a specified description), 또는 ③ 그 밖의 모든 규제 업무(all regulated activities)가 포함된다(FSMA Sec. 56(2), (3)).

(3) 금지 명령 위반 시 벌칙 적용 및 금융기관의 의무

업무 수행 금지 명령에 위반하여 관련 업무를 수행한 자는 표준 벌칙 수준(standard scale)에서 5단계(level 5)를 넘지 않는 벌금형(fine)에 처해질 수 있다(FSMA, Sec. 56(4)). 이 경우 대상자는 위반행위가 되지 않기 위하여 필요한 모든 합리적인 조치를 취했다는 사실과 법 위반을 하지 않기 위해 모든 주의 의무(due diligence)를 다 기울였다는 사실을 제시하여 항변할 수 있다(FSMA, Sec. 56(5)). 한편 해당 금융기관도 업무 수행 금지 명령을 받은 자가 관련 업무를 수행하지 않도록 합리적인 주의를 다할 의무가 있다(FSMA, Section 56(6)).

(4) 금지 명령의 변경 또는 취소

업무 수행 금지 명령을 받은 해당 대상자는 위법행위 또는 부정행위가 해소된 경우 또는 일정 기간이 경과한 후에는 금지 명령을 변경하거나 취소해 줄 것을 해당 금융감독기관에게 신청할 수 있다(FSMA, Sec. 56(7), 58(1)). 금융감독기관이 그러한 신청을 받아들이면 서면으로 그러한 결정을 통지해야 한다(FSMA, Sec. 58(2)). 금융감독기관이 신청을 받아들이지 않으면 사전 예비 통지(warning notice)와 결정 통지(decision notice) 절차를 거쳐서 해당 신청자에게 통지해야 하며(FSMA, Sec. 58(4)), 해당 신청자는 이러한 결정에 대하여 **이의 신청을 '상급심판원'(Upper Tribunal)[59]에 제기**할 수 있다(FSMA, Sec. 58(5)).

(5) 금지 명령의 효과

업무 수행 금지 명령의 효력이 발생하면 해당 대상자는 관련 업무를 수행하지 못한다. 금융감독기관은 금지 명령을 받은 자가 금지 명령에 위반하여 업무를 수행하고 있다는 상황을 인지하게 되면 이를 조사하는 검사관을 선임할 수 있다(FSMA, Sec. 168(4)(e)). 해당 금융기관이 금지 명령을 받은 자가 관련 업무를 수행하지 않도록 합리적인 주의를 다할 의무(FSMA, Section 56(6))를 위반하여 제3자(private person)에게 손해를 끼쳤을 때에는 제3자는 해당 금융기관을 상대로 하여 손해배상 청구를 할 수 있다(FSMA, Sec. 71(1)).

(6) 금지 명령 사실의 공개

금융감독기관은 업무 수행 금지 명령에 관한 결정 통지 또는 최종 통지가 확정되면 이를 대외적으로 공개해야 한다(FSMA, Sec. 391(4)). 즉, 사전 예고 통지 단계에서는 공개할 수 없다(FSMA, Sec. 391(1)(a)). 다만 공개하는 것이 금지 명령을 받은 자에게 불공정한 경우, 금융소비자의 이익이나 금융기관의 건전성을 해할 우려가 있는 경우, 또는 금융안정에 해가 되는 경우에는 공개가 금지된다(FSMA, Sec. 391(6), (6A)).

(7) 기록부의 유지 및 공개

FCA는 업무 수행 금지 명령이 취해진 대상자를 기록부(record)에 기재하여 보관해야 하며, 이를 공개할 수 있다(FSMA, Sec. 347(1)(g), (6)). 기록부에는 해당 대상자의 이름 및 금지 명령 효과의 자세한 내용이 포함된다(FSMA, Sec. 347(2)(f)). 금지 명령 대상자가 더 이상 대상이 되지 않는 경우에는 FCA는 기록부에서 대상자를 삭제할 수 있다(FSMA, Sec. 347(3)). 그러나 FCA가 삭제하지 않기로 한 경우에는 기록부에 그 이유를 기재해야 한다(FSMA, Sec.

59 The Transfer of Tribunal Functions Order 2010에 의하여 종전 '금융심판원'(Financial Services and Markets Tribunal)이 폐지되고(FSMA, Sec. 132), 이 기능은 상급심판원으로 이관되었다(Art. 2(2)).

347(4)). 이러한 기록부의 유지와 공개를 통하여 해당 금융기관이나 금융소비자가 업무에 적합하지 않은 금지 명령 대상자를 알 수 있도록 함으로써 금융소비자를 보호하고 금융제도의 신뢰를 유지하는 효과가 있게 된다.

3. 제재 절차

1) 서설

제재 조치 결정에서는 FCA 이사회(Board)의 산하 위원회인 **독립된 '규제결정위원회'**(Regulatory Decision Committee: RDC)[60]**가 제재 조치 내용을 결정**한다. 해당 제재 대상자에게는 **사전 예고 통지, 결정 통지, 최종 통지의 단계**를 거치면서 제재 조치의 내용을 통지하며, 특히 제재 대상자는 금융감독기관이 내린 결정 통지에 이의가 있는 경우에는 제재 조치를 내린 기관이 아닌 다른 독립된 기관, 즉 상급심판원에 이의 신청을 할 수 있도록 하고 있다. 우리의 경우 제재 조치를 내린 기관이 이의 신청을 담당하는 것과 비교할 때 차이가 있으며, 합리적이다.

2) 규제결정위원회에 의한 제재 조치 결정

제재 조치 결정 단계에서 특징적인 점은 **금융감독기관 내의 산하 위원회로 설치된 독립성을 갖춘 규제결정위원회가 제재 조치를 결정**한다는 점이다. FSMA는 "금융기관에 의무를 부과하는 조치를 할 때는 그 조치 결정에 대한 증거를 제시하고 조사를 하는 데 직접적으로 관련되어 있지 않은 자에 의해 결정되어야 한다."고 규정하고 있는데(FSMA, Sec. 395(2)(a)), 이를 반영하여 독립된 규제결정위원회가 제재 조치를 결정하도록 하고 있다.

60 FCA Handbook, Decision Procedure and Penalties (DEPP) Manual, 3.1.2.

FCA의 실무 부서(Enforcement Team)에서 해당 관련자에 대한 조사를 마치면 해당 제재 건은 규제결정위원회에 회부된다.[61] 위원은 FCA 이사회에 의하여 임명된다.[62] 위원장을 제외하고는 모두 외부 위원으로 구성되고,[63] 위원은 부정행위(misconduct)를 하거나 무능력이 되는 경우(incapacity)를 제외하고는 해임되지 않도록 하여[64] 운영에 독립성이 확보되도록 하고 있다. 또한 규제결정위원회는 자체 법률 자문가와 자체 지원 인력을 둘 수 있는데, 자체 지원 인력은 법규 위반행위를 조사하고 제재 조치를 규제결정위원회에 건의하는 FCA 직원과는 독립되어 있어 서로 인사 교류를 하지 않는다.[65] 회의는 위원장 또는 부위원장(위원장이 참석하지 않는 경우 위원장 역할을 한다) 및 2인 이상의 위원이 참석하여 개최된다.[66] 이렇게 FCA 실무 부서에서 이루어진 법규 위반행위 조사와 결정에 대하여 비록 FCA 내부 위원회이지만 위원장을 제외한 위원 전부가 외부 위원으로 구성되어 있는 별도의 위원회에서 최종 결정한다는 점에서 제재 조치 결정 단계에서 투명성과 공정성을 확보하기 위한 장치를 두고 있음을 알 수 있다.

3) 제재 통지 절차

(1) 서설

영국의 제재 제도의 특징은 단계별로 제재 대상자에게 통지를 한다는 점이다. 즉, 금융감독기관이 제재 조치를 내리기 위해서는 제재 대상자에 대한 사전 예고 통지, 결정 통지, 최종 통지의 절차를 밟아야 한다. 특히

61 Blair & Walker, eds.(2006), p. 147.
62 FCA Handbook, Decision Procedure and Penalties (DEPP) Manual 3.1.2.
63 FCA Handbook, Decision Procedure and Penalties (DEPP) Manual 3.1.2(1).
64 FCA Handbook, Decision Procedure and Penalties (DEPP) Manual 3.1.2(2).
65 FCA Handbook, Decision Procedure and Penalties (DEPP) Manual 3.1.3.
66 FCA Handbook, Decision Procedure and Penalties (DEPP) Manual 3.2.2.

최종 제재 조치를 통지하기 전 단계인 결정 통지에 대해서 이의 신청을 하도록 하고, 이의 신청 처리 업무도 제재 조치를 내린 금융감독기관이 아닌 제3의 기관이 맡도록 함으로써 제재 절차 과정에서 제재 대상자의 권익을 보호하기 위한 절차의 투명성과 공정성을 확보하고 있다는 점이 특징이다.

(2) 사전 예고 통지

금융감독기관이 금융기관에 대하여 법규 위반 사실 공개, 과징금 부과, 영업 정지 또는 제한 조치 등의 제재 조치를 내리고 하는 경우에는 우선 제재 대상 금융기관에게 사전 예고 통지를 해야 한다(FSMA, Sec. 207(1)). 또한 금융감독기관이 금융기관 임직원에 대하여 과징금을 부과하거나 금융 업무 수행 금지 명령을 하려고 하는 경우에도 마찬가지로 사전 예고 통지를 해야 한다(FSMA, Sec. 57(1), 67(1)). 사전 예고 통지는 서면으로 해야 한다(FSMA, Sec. 387(1)(b)). 사전 예고 통지에는, 위반 사실 공개의 경우에는 공개할 내용, 과징금 부과의 경우에는 금액, 영업 정지나 제한 조치의 경우에는 그 기간을 포함해야 한다(FSMA, Sec. 67(2), 207(2),(3),(4)). 금융 업무 수행 금지 명령의 경우에도 그 조건을 사전 예고 통지에 포함해야 한다(FSMA, Sec. 57(2)). 사전 예고 통지에는 14일을 넘지 않는 범위 내에서 합리적인 기간 이내에 제재 대상자가 의견을 진술할 수 있다는 점을 기재해야 한다(FSMA, Sec. 387(2)).

(3) 결정 통지

사전 예고 통지 후(즉, 의견 진술의 기회를 부여한 후) 금융감독기관이 해당 금융기관에 대하여 법규 위반 사실 공개 조치, 과징금 부과, 영업 정지 또는 제한 조치를 결정하게 되면 해당 금융기관에게 결정 통지를 하게 된다(FSMA, Sec. 208(1)). 결정 통지에는 위반 사실 공개 내용, 부과하는 과징금 금액, 영업 정지 또는 제한 기간이 기재되어야 한다(FSMA, Sec. 208(2), (3), (3A)). 금융기관 임직원에 대해서 과징금 부과 결정을 통지하는 경우에도 부과하는 과징금 금액을 기재해야 한다(FSMA, Sec. 67(5)). 금융 업무 수행 금지 명령의 경우에도 금융감독기관이 금지 명령을 공식적으로 결정하는 경우에는 해당 임직원에 대하여 결정 통지를 해야 하며(FSMA, Sec. 57(3)), 결정 통지에는 금지 명령 대상이 되는 관련자의 이름 및 금지 명령의 내용 등이 기재되어야 하고, 통지서에 기재된 자에게 직접 통지해야 한다(FSMA, Sec. 57(4)). 결정 통지는 서면으로 해야 하는데, 제재 조치 결정에 대한 이유를 기재해야 하며, 결정에 대해서 이의가 있는 경우에는 상급심판원에게 이의 신청(refer)을 할 수 있다는 사실을 기재해야 한다(FSMA, Sec. 387(1)).

금융감독기관이 내린 제재 조치 결정에 대하여 해당 금융기관이나 제재 대상 임직원은 상급심판원에 이의 신청을 할 수 있다(FSMA, Sec. 57(5), 67(7), 208(4)). 상급심판원의 결정에 대하여는 관할 법원에 항소할 수 있다(FSMA, Sec. 390(2)(b)). 상급심판원 또는 상급심판원의 결정에 대하여 항소가 제기된 관할 법원은 금융감독기관의 결정에 대해서 필요한 지시(direction)를 할 수 있는데, 이 경우 금융감독기관은 이 지시에 따른 추가 결정 통지(further decision notice)를 해야 한다(FSMA, Sec. 390(2), (2A)). 이렇게 제재 조치 결정에 대한 이의 신청 제도를 두면서 금융감독기관이 아닌 별도의 기관이 이의 신청에 대한 결정을 하도록 함으로써 제재 절차의 공정성을 확보하고 있다는 점을 알 수 있다.

(4) 최종 통지

금융감독기관은 결정 통지 및 이의 신청이 있는 경우에는 그 처리 절차가 종료된 후 해당 제재 대상자에게 최종 통지를 하게 된다. 즉, 결정 통지에 대하여 이의 신청이 된 경우에는 상급심판원 또는 상급심판원의 결정에 대하여 항소가 제기된 관할 법원의 지시에 따른 결정을 최종 통지하게 되며, 해당 제재 대상 금융기관이나 임직원이 심판절차규칙(Tribunal Procedure Rules)에서 정해진 기간 이내에 상급심판원에 이의 신청을 하지 않으면 금융감독기관 자체가 내린 결정으로 최종 통지를 하게 된다(FSMA, Sec. 390(1)). 최종 통지에는 법규 위반 사실의 내용, 부과하는 과징금 금액이나 과징금 납부 기간 및 방법, 영업 정지나 제한 조치 기간 등 자세한 내용이 포함된다(FSMA, Sec. 390(3),(5)). 금융 업무 수행 금지 명령의 경우에도 최종 통지에는 금지 명령의 구체적인 내용과 금지 명령의 효력 발생일이 포함된다(FSMA, Sec. 390(4)).

4) 상급심판원에 의한 이의 신청 처리

상급심판원은 FCA와는 독립된 기구로서 FCA가 내린 제재 조치에 대한 이의 신청을 심의하고 결정하는 업무를 수행한다. 상급심판원에 대한 이의 신청 절차에 관련해서는 FSMA 제133조 내지 제136조 및「2008년 상급심판원 절차 규칙」(The Tribunal Procedure (Upper Tribunal) Rules 2008)이 규정하고 있다. 상급심판원에 이의 신청을 하고자 하는 경우에는 FCA의 결정 통지를 받은 날로부터 28일 이내에 제기하여야 한다.[67] 상급심판원은 청문 절차를 거치지 않을 수도 있지만,[68] 만약 청문 절차를 거치기로 결정하면 원칙적으로 공개 청문 절차를 거쳐야 하며, 예외적으로 공개하지 않을 수 있다.[69] 상급심판원의 결정은 지방법원(county court)의 결정과 동일하게 집행력이 부여된다(FSMA, Sec. 133(8)). 상급심판원의 결정에 대하여는 관할 법원에 항소할 수 있다(FSMA, Sec. 390(2)(b)). 법무부 장관(Lord Chancellor)[70]은 상급심판원에서 이루어지는 이의 신청 절차와 관련해서 법률 지원에 관한 규칙을 제정할 수 있다(FSMA, Sec. 134(1)).

67 The Tribunal Procedure (Upper Tribunal) Rules 2008, Schedule 4, Para. 2(1).
68 The Tribunal Procedure (Upper Tribunal) Rules 2008, Rule 34(1).
69 The Tribunal Procedure (Upper Tribunal) Rules 2008, Rule 37(1),(2).
70 "Lord Chancellor"는 법무부 장관(head of Ministry of Justice)이 맡고 있다(Blair, ed.(2009), p. 133).

5) 제재 합의 제도

제재 대상자는 금융감독기관이 내리는 제재 조치에 대해서 이의를 제기하기보다는 금융감독기관과 **제재 조치 내용에 대하여 합의를 통하여 조치를 마무리**할 수도 있다.[71] 금융감독기관 입장에서도 시간과 인력이 많이 소요되는 조사 및 제재 절차를 거치지 않고 제재 조치를 마무리할 수 있다는 점에서 유리한 점이 있다.[72] 제재 합의에 관한 자세한 절차 및 내용은 FCA의 「제재감독규정」(DEPP)에 규정되어 있다. 합의를 위한 논의는 제재권자와 제재 대상자가 동의하면 제재 절차의 어느 단계에서도 이루어질 수 있어서 사전 예고 통지나 결정 통지 이전에 할 수도 있으며, 상급심판원에 이의 신청을 한 후에도 합의를 위한 논의를 할 수 있는데, 결정 통지 이후에는 합의는 사실상 거의 이루어지지 않는다.[73] 합의를 원하는 제재 대상자는 FCA의 담당 직원과 합의안 도출을 위한 논의를 한다.[74] 양 당사자가 동의한 합의안에 대하여 합의 결정권자(settlement decision makers)가 최종 결정을 하는데, 합의안을 받아들이는 경우에는 이를 반영한 법정 통지(statutory notice)를 하게 된다.[75] 합의 결정권자가 합의안을 받아들이지 않는 경우에는 제재 담당 직원과 제재 대상자로 하여금 합의 결정권자가 적절하다고 판단하는 합의안이 나올 수 있게 추가 논의를 하도록 할 수 있다.[76] 합의 결정권자는 합의안 논의 과정에 참여할 수도 있는데, 반드시 참여할 필요는 없다.[77]

---

71 FCA Handbook, Decision Procedure and Penalties (DEPP) Manual, 5.1.1(1).
72 Blair & Walker, eds.(2006), p. 147.
73 FCA Handbook, Decision Procedure and Penalties (DEPP) Manual, 5.1.3.
74 FCA Handbook, Decision Procedure and Penalties (DEPP) Manual, 5.1.2.
75 FCA Handbook, Decision Procedure and Penalties (DEPP) Manual, 5.1.7.
76 FCA Handbook, Decision Procedure and Penalties (DEPP) Manual, 5.1.8.
77 FCA Handbook, Decision Procedure and Penalties (DEPP) Manual, 5.1.5(1).

4. 시사점

1) 제재 절차를 법률에 규정

영국도 미국과 마찬가지로 제재 절차에 관한 사항이 법률에 규정되어 있다. 사전 예고 통지, 결정 통지, 최종 통지 등 제재 통지 단계에 관한 사항을 규정하고 있으며, 이의 신청 절차에 관한 내용도 규정하고 있다. 우리의 경우 감독규정인 검사제재규정과 검사제재규정시행세칙에 규정되어 있는 것과 대조적이다. 우리도 제재 절차에 관한 사항을 법률에 규정하여 제재 대상자의 법익이 침해되지 않도록 해야 할 것이다.

2) 금융기관 임직원에 대한 과징금 제도의 도입

영국도 미국과 마찬가지로 법규를 위반한 금융기관 임직원에 대하여 금전적 행정제재인 과징금을 부과할 수 있도록 하고 있다. 우리의 경우 임직원에 대한 조치가 문책, 경고, 주의 등 신분상의 제재 조치로 이루어지고 있는 점과 대조적이다. 물론 과태료 등의 행정질서벌이 부과될 수도 있지만 금액이 크지 않아 위반행위의 억제라는 제재의 실효성을 확보하는 데 한계가 있다. 신분상의 제재 조치는 사소한 법규 위반에도 부과하게 되는데, 금융감독기관이 그런 제재 조치를 할 필요가 있는지 의문이다. 금융감독기관은 중대한 위법행위에 대해서만 제재 조치를 취하고 경미한 위반행위에 대해서는 개별 금융기관이 자체 징계를 하도록 하는 것이 바람직하다. 영국의 사례를 참조해서 금융기관 임직원에 대한 과징금 제도를 마련하는 것이 필요하다.

3) 업무 수행 금지 명령 제재 조치의 도입

영국도 미국과 마찬가지로 금융감독기관은 금융 업무 수행에 적임자가 아니라고 판단되는 금융기관 임직원에게 업무 수행 금지 명령을 내릴 수 있으며, 이러한 제재 조치를 받은 임직원은 일정 기간 금융기관에 취업할 수 없다. 우리의 경우 중한 제재 조치를 받은 금융기관 임직원에 대하여 일정 기간 금융기관 임원이나 준법감시인에 선임될 수 없도록 하고 있지만(지배구조법 제5조 제1항 제7호, 시행령 제7조 제2항, 제26조 제1항 제1호), 임원이나 준법감시인이 아닌 일반 직원으로 취업하는 데는 제한이 없다. 그러나 적격자가 아닌 자가 금융업을 수행하는 것은 금융사고의 위험성을 높일 수 있는 등 금융기관 신뢰성에 부정적인 영향을 미치게 되고, 금융소비자 보호에도 나쁜 영향을 미친다는 점을 고려할 때 제재의 실효성을 높이려면 중대한 법규 위반을 한 자에 대하여는 영국의 사례처럼 일정 기간 금융기관의 임직원이 될 수 없도록 하는 제도를 도입할 필요가 있다.

4) 단계별 제재 조치 통지 절차

영국 제재 제도에서 특징적인 점은 제재 대상자에 대한 제재 조치 통지를 단계별로 구분하여 사전 예고 통지, 결정 통지, 최종 통지의 단계를 거쳐 제재 조치를 최종 확정한다는 점이다. 즉, 제재 조치를 최종 결정하기 전에 제재 대상자에게 이의 제기를 할 수 있는 충분한 기회를 부여하고 있다. 사전 예고 통지 단계에서는 제재 대상자의 의견 진술을 할 수 있는 기회를 부여하고, 결정 통지 단계에서는 제3의 기관에게 이의 신청을 할 수 있는 기회를 부여해서 제재 조치권자가 아닌 독립된 제3의 기관이 제재 조치 내용을 심사할 수 있도록 하고 있다. 우리의 경우 의견 진술의 기회를 부여하고 있지만(검사제재규정 제35조), 이의 신청은 제재 조치권자에게 하도록 하고 있어(검사제재규정 제37조) 제재 대상자의 방어 기회를 보장하는 데 한계가 있다. 우리도 영국이 경우처럼 제재 통지를 단계별로 나누어 하는 방안을 검토해 볼 필요가 있다.

5) 이의 신청은 별도의 독립된 기구가 담당

영국 제재 제도의 또 하나 특징은, 결정 통지 단계에서 제재 대상자에게 이의 신청 기회를 부여하면서 이의 신청을 제재 조치를 내린 감독기관이 아닌 제3의 별도의 독립된 기관인 '상급심판원'에게 하도록 한다는 점이다. 사실 제재 조치를 결정한 기관이 이에 대한 이의 신청을 받아들일 가능성은 거의 없다는 점에서 제3의 기관에게 이의 신청을 하도록 하는 제도는 상당한 타당성이 있다. 우리의 경우 금융감독기관이 내린 제재 조치에 대하여 해당 금융감독기관에게 이의 신청을 하도록 하고 있는데(검사제재규정 제37조), 크게 실효성이 없을 것이다. 우리도 영국의 제도를 참조하여 제3의 기관에게 이의 신청을 할 수 있도록 해야 할 것이다.

제5절 제재 제도의 개선 과제

I. 서설

금융기관 및 임직원에 대한 제재 제도에서 문제점으로 지적할 수 있는 것은 제재 절차에 공정성과 투명성이 제대로 확보되어 있지 않다는 점이다. 제재의 성격상 금융감독기관이 제재 처분 권한을 남용할 가능성이 항상 존재한다. 이러한 권한 남용 가능성을 국회가 법률 제정으로 통제할 필요가 있는데, 제재 권한을 갖고 있는 금융감독기관이 제정하는 감독규정인 검사제재규정 및 검사제재규정시행세칙에 제재 절차가 규정되어 있어서 자의적인 제재 절차를 통해서 제재 권한을 남용할 가능성이 있다. 제재 제도의 문제점으로 제재 대상자의 방어권이 충분히 보장되지 않고 있다는 점을 지적할 수 있다. 제재 대상자의 방어권을 보장하기 위한 제도가 청문 절차이다. 청문 절차에서는 제재 대상자가 의견 진술을 할 수 있기 때문에 나름대로 방어권을 행사할 수 있다. 그런데 청문 절차와 관련된 법률인 「행정절차법」은 예외적인 몇 가지 경우를 제외하고는 행정청(즉, 금융위원회나 금융감독원)이 필요하다고 판단하는 경우에만 개최하도록 되어 있어(「행정절차법」 제22조 제1항) 청문 절차가 운영되지 않을 수 있는 문제점이 있다. 청문 절차가 행정청의 재량에 의해서 개최 여부가 결정되기 때문에 행정청은 청문 절차를 개최하지 않으려는 유인이 강하다. 청문을 주재하는 자도 금융감독원 담당 부서장이 맡도록 되어 있어(검사제재규정시행세칙 제60조 제3항), 청문 절차의 공정성을 기대하기도 어렵다. 다만 금융감독원은 내부에 자문심의기구로서 '제재심의위원회'를 설치하여 운영하고 있는데(검사제재규정 제34조), 제재심의위원회에 의한 제재 절차에서 '대심'(對審) 제도를 운영함으로써 청문 절차에 준하여 제재 대상자의 방어권을 보장하기 위한 노력을 하고 있다고 할 수 있으나, 아직도 완전한 방어권 보장이 이루어지고 있다고 평가하기에는 부족하다. 금융기관 임직원에 대한 제재 조치는 「헌법」에 따른 국민의 기본권을 제한하는 중대한 조치이다. 중한 제재 조치를 받은 자는 일정 기간 동안 금융기관의 임원으로 선임될 수 없거나(지배구조법 제5조 제1항, 시행령 제7조 제2항) 벌금 또는 과태료 부과 조치나 감봉 조치에 의해 재산상의 손해를 입게 된다. 이러한 제재 조치는 제재 대상자의 「헌법」에 따른 직업 선택의 자유를 제한하거나 재산권을 침해하는 조치이므로 제재 절차의 투명성과 공정성을 확보할 수 있는 제재 제도의 마련이 필요하다. 다음에서는 제재 제도의 개선 방안을 논의한다.

II. 개선 방안[78]

1. 제재에 관한 법률 제정

금융기관 임직원에 대한 제재 사유와 제재 조치 종류는 해당 금융업 관련 법률마다 달라 금융기관에게 혼란을 주고 있고, 실제 제재 조치에서 법적인 문제가 될 수 있다. 물론 우리나라가 전업주의를 취하고 있는 입장에서 각 해당 금융업법에 금융기관 제재 조치에 대한 내용을 담을 수밖에 없고, 각 금융기관의 특성이 있기 때문에 제재 조치 내용이 다르게 될 수 있다고 볼 수도 있으나, 그렇다고 해서 금융기관마다 크게 달라질 필요는 없다. 따라서 각 금융업 관련 법률마다 제재 조치 내용을 통일하는 방안도 검토할 수 있으나, 보다 합리적인 방안은 제재에 관한 법률을 제정하여 제재 사유와 제재 조치 종류뿐만 아니라 제재 절차에 관한 내용도 반영하여 제재 조치의 법적 근거를 명확히 하는 것이다. 아니면 금융감독기구법에 이러한 내용을 반영하는 방법도 있을 것이다.

2. 제재 사유의 구체화·명확화

금융기관 및 임직원 제재 조치에 관한 법적 근거를 규정하고 있는 금융감독기구법 또는 「은행법」이나 「보험업법」 등 금융업 관련 법률은 제재 사유를 상당히 추상적으로 규정하여(다만 자본시장법은 비교적 자세히 제재 조치 사유를 규정하고 있다) 금융감독기관에 포괄적으로 위임하는 규정 체계를 두고 있는 문제점이 있다. 물론 금융감독이 전문적이고 기술적인 분야에

78 이하는 고동원(2012), 296~308면을 수정·보완한 것이다.

관한 것이고,[79] 금융시장의 급격한 환경 변화에 탄력적으로 신속히 대응하기 위해 포괄 위임 규정이 불가피하다고 볼 여지도 있다.[80] 그렇다고 하더라도 금융감독기관의 전적인 자유재량에 맡겨지는 것은 금융기관 임직원의 권리 보호에 충실할 수 없고 해당 당사자에게 불이익한 처분이 이루어질 수 있는 문제점이 있기 때문에 바람직하지 않으며, 「헌법」에 따른 '포괄위임금지원칙'(「헌법」 제75조)[81]에 반할 소지도 있다. 특히 침익적 행정행위의 경우 엄격한 법적 기속력(羈束力)이 요구되는데, 제재 사유를 "법 또는 법에 의한 규정·명령 또는 지시를 고의로 위반한 경우" 등이라고 추상적으로 규정하는 것은 법률 요건의 '명확성 원칙'[82]에도 반한다고 볼 수 있다. 더욱이 검사제재규정은 제재 사유에 더욱 더 추상적인 규정을 두어[83] 금융감독기관에게 상당한 재량권을 부여하고 있는데, 이것 또한 제재 대상자에게는 크게 불리하다.

이러한 여러 문제점을 고려할 때 금융감독기구법 또는 「은행법」이나 「보험업법」 등 금융업 관련 법률들과 검사제재규정에 규정되어 있는 추상적 규정을 보다 구체적으로 규정해야 한다. 헌법재판소도 "기본권 침해 영

79 헌법재판소 2004. 10. 28. 선고 99헌바91 결정("「적기시정조치의 기준과 내용」이라는 사항 또한 전문적·기술적인 것으로 업무의 성질상 [금융감독기관]의 고시로 위임함이 불가피한 사항이라고 할 수 있고, …").

80 윤광균(2008), 56면.

81 「헌법」 제75조("대통령은 법률에서 구체적으로 범위를 정하여 위임받은 사항과 법률을 집행하기 위하여 필요한 사항에 관하여 대통령령을 발할 수 있다.").

82 "무엇이 범죄행위인지를 국민이 뚜렷이 파악하여 자신의 행위를 결정할 수 있을 정도로 구성 요건에 대한 법률의 문언이 구체적이고 명백해야 한다는 원칙" 또는 "표현의 자유를 제한하는 법률의 문언은 이의 규율을 받는 국민이 이를 분명히 이해할 수 있게 명백하게 규정되어야 합헌이 되고 그 의미가 분명하지 않으면 그 모호성 때문에 무효(void for vagueness)라는 것"이 명확성의 원칙이다(정재황(2017), 430면).

83 대표적으로 "고의로 중대한 위법·부당 행위를 함으로써 금융질서를 크게 문란시키거나 금융기관의 공신력을 크게 훼손한 경우"를 들 수 있다(검사제재규정 제18조 제1항 제1호 가목).

역에서는 급부행정 영역에서보다는 구체성의 요구가 강화[된다.]"라고 하고 있는 입장[84]을 취하고 있는 점을 고려할 때 필요하다. 제재 사유를 보다 구체적으로 규정하고 있는 자본시장법이 모범이 될 수 있는데([별표 1] 참조), 이를 참고하여 제재에 관한 법률이 제정될 때에는 제재 사유를 보다 명확히 구체적으로 규정하고, 검사제재규정에 규정되어 있는 제재 사유도 법률로 이관하면서 금융감독기관에게 상당한 재량권을 허용하는 조항들을 정비하는 것이 필요하다.

3. 제재 조치의 개선

1) 임직원에 대한 신분상 제재 조치에서 금전적 제재 조치로 변경

금융기관 임직원에 대한 제재 조치 종류도 신분상의 제재 조치보다는 금전적 제재 위주로 변경하고, 중대한 법규 위반행위에 대해서만 제재를 하는 방안을 검토해야 한다. 미국이나 영국의 경우 우리와 같은 문책경고, 견책, 주의 등의 제재 조치가 없고, 주로 금전적 제재(미국의 경우 Civil Money Penalty,[85] 영국의 경우 Financial Penalty[86]) 제도를 운영하고 있다는 점에 비추어 볼 때, 우리도 이러한 방향으로 가는 것이 바람직하다.

2) 업무 수행 금지 명령 제재 조치의 도입

영국이나 미국의 경우 중대한 법규 위반 사항인 경우에는 일정 기간 금융기관 업무에 종사할 수 없도록 하는 **'업무 수행 금지 명령'**[87]이라는 강

84 헌법재판소 1991. 2. 11. 선고 90헌가27 결정.
85 Federal Deposit Insurance Act, Sec. 8(i)(2)(A),(B),(C),(D),(G),(H).
86 Financial Services and Markets Act 2000, Sec. 59(1),(2), 66(1),(3)(a), 66A, 66B.

력한 제재 조치를 취하는데, 우리도 이러한 제도를 도입할 필요가 있다. 물론 우리도 임원에 대한 문책경고 이상이나 직원에 대한 감봉 요구 이상 등 중한 제재 조치를 받은 금융기관 임직원은 금융기관의 임원으로 선임되는 것이 일정 기간(3년 내지 5년) 금지되고 있는데(지배구조법 제5조 제1항 제7호, 시행령 제7조 제2항), 이것을 확대 개편하여 취업 금지 기간도 늘리고(예를 들어, 5년 내지 10년) 금융기관 임원뿐만 아니라 직원으로도 종사하지 못하도록 해야 할 것이다. 다만 대상 임직원은 해임이나 면직 또는 정직의 중한 제재 조치를 받은 경우와 형사벌을 받은 경우 등으로 한정하는 것이 바람직하다.

4. 제재 절차의 개선

1) 제재 절차에 관한 내용을 법률에 규정화

제재 절차는 감독규정인 검사제재규정과 검사제재규정시행세칙이 자세히 규정하고 있어, 감독 실무상으로는 감독규정의 내용이 중요해진다. 그런데 감독규정은 금융감독기관이 언제든지 제정하거나 개정할 수 있는 사항이라 제정 또는 개정 과정에서 외부의 의견이 반영되거나 견제되는 장치가 거의 없을 수 있다. 특히 제재 조치를 받은 금융기관 임직원은 일정 기간 금융기관 임원에 선임될 수 없는(지배구조법 제5조 제1항 제7호, 시행령 제7조 제2항) 등 해당 임직원의 권리에 제한이 가해지게 된다. 제재 조치는 해당 당사자에게 불이익한 법적 효과를 발생시키는 "전형적인 침익적 행정작용"이라고 볼 수 있다는 점[88]을 고려할 때, 제재 조치의 절차를 규정함에

---

87 미국의 경우 Federal Deposit Insurance Act, Sec. 8(e)(1)(A),(B),(C), 8(e)(7)(A). 영국의 경우 Financial Services and Markets Act 2000, Sec. 56(1),(1A),(2).

88 김성수(2008), 36면.

있어서 국민의 대표기관인 국회의 통제를 받는 법률에 규정하는 것이 필요하다. 더욱이 검사제재규정 및 검사제재규정시행세칙이 규정하고 있는 제재 절차에 관한 내용은 상위법에 근거를 찾을 수 없어 「헌법」에 따른 '법률유보원칙'(제37조 제2항)[89]에 위배될 가능성도 있다는 점을 고려할 때 법률에 규정할 필요성은 더 크다.

특히 부당한 제재 조치로부터 금융기관 임직원을 보호하고 해당 당사자의 권리를 보다 효율적으로 보장하기 위해서라도 제재 조치 절차에 관한 사항을 법률에 규정해야 한다. 즉, "제재는 국민의 기본권을 제한하는 중대한 조치로서 사법 절차에 준하는 보다 엄격한 적법 절차가 요구되는 분야"[90]라는 점을 고려할 때, 제재 절차의 적법성을 확보하여 금융기관 임직원의 권익을 보호하기 위해서 국회의 통제를 받는 법률에 규정해야 한다. 특히 감독규정에 규정할 경우 금융감독기관의 편의 위주로 제재 절차가 정해짐으로써 제재 절차에서 투명성과 공정성을 확보하기가 어려워질 수 있다는 점을 고려할 때, 금융감독기관의 자의적인 재량권 행사를 막아 금융기관 및 임직원의 권익을 보호하기 위해서 법률에 규정해야 한다.

2) 사전 통지 절차의 단계별 세분화

「행정절차법」, 검사제재규정 및 검사제재규정시행세칙에 따르면, 금융감독원장이 금융기관 및 임직원에게 제재 조치를 취하고자 할 때에는 해당 당사자에게 사전 통지를 해야 하고(검사제재규정 제35조 제1항), 이러한 사전

---

89 「헌법」 제37조 "② 국민의 모든 자유와 권리는 국가안전보장·질서유지 또는 공공복리를 위하여 필요한 경우에 한하여 법률로써 제한할 수 있으며, 제한하는 경우에도 자유와 권리의 본질적인 내용을 침해할 수 없다." 즉, 법률유보원칙이란 기본권을 제한하는 공권력의 작용이나 조치는 반드시 법률에 근거가 있어야 한다는 원칙을 말한다(정재황(2017), 274면).

90 윤광균(2008), 58면.

통지에 따라 해당 당사자는 구두나 서면으로 의견 진술을 하거나(검사제재 규정 제35조 제1항), 청문이 요구되는 경우에는 청문주재자가 주재하는 청문에서 구두나 서면으로 의견을 진술하거나 증거를 제출할 수 있다(「행정절차법」 제31조 제2항). 이러한 절차가 끝나면 제재 조치는 확정되고 제재 대상자는 이의 신청을 하게 된다. 이처럼 제재 대상자는 사전 통지에 따라 의견 진술이나 청문에서 진술 또는 증거 제출로 대응하게 되는데, 이처럼 단 한 번의 사전 통지 절차는 제재 대상자의 입장에서 보면 추가 방어권이 확보되지 않아 권리 보호라는 측면에서 보면 미흡하다.

제재 절차의 공정성과 투명성이 잘 확보되어 있는 영국의 경우를 보면, 통지 절차를 사전 예고 통지, 결정 통지, 최종 통지의 3단계로 나누어 해당 당사자에게 충분한 방어 기회를 부여하고 있는데, 우리도 영국의 3단계 통지 절차 제도를 도입할 필요가 있다. 특히 제재 조치가 최종 확정되기 전에 결정 통지 후 이의 신청을 하도록 하는 제도는 보다 신중하게 제재 조치를 결정할 수 있게 한다는 점에서 유용하고 필요한 제도이다. 우리의 경우 최종 제재 조치가 결정되고 나서 금융감독기관에게 이의 신청을 하기 때문에 사실 이의 신청이 받아들여질 가능성이 거의 없게 되는데, 이렇게 최종 결정이 나오기 전에 이의 신청을 허용하게 되면 이의 신청이 받아들여질 가능성이 커질 수 있는 장점이 있다. 이렇게 세분화된 통지 절차는 제재 절차의 투명성과 공정성 및 신뢰성을 보다 잘 확보할 수 있다는 점에서 효율적인 제도가 될 것이다.

3) 모든 제재 조치 결정 과정에 청문 절차 의무화

「행정절차법」은 해당 관련 법령이 청문 절차를 요구하는 경우나 행정청이 판단하여 청문이 필요한 경우에만 청문 절차를 거치도록 하고 있기 때문에(제22조 제1항) 청문 절차가 관련 법령에 명시되지 않는 경우에는 행정청이 자발적으로 청문 절차를 실시하는 것은 사실상 기대하기 어렵다.[91] 금융 관련 법령에 따라 청문 절차가 요구되는 경우는 자본시장법에 따라 금융투자업자의 임원 해임 요구나 직원 면직 요구에 한정된다(제423조). 이를 제외하고는 금융감독기관의 제재 조치 결정에 청문 절차가 요구되는 경우는 거의 없을 것이다. 따라서 금융 관련 법령 및 감독규정에 따르면 사실상 청문 절차는 거의 이용되지 않는 사문화된 제도이다.

제재 조치 결정에 청문 절차가 필요한 이유는 다음과 같다. 첫째, 금융기관 임직원에 대한 제재 조치 결과는 해당 당사자의 자유권과 재산권 보장이라는 「헌법」에 따른 기본권을 제한하는[92] 중대한 조치이므로 제재 조치 결정에 신중을 기할 필요가 있다. 둘째, 청문 절차를 거치지 않고 단순히 의견 진술 기회만 부여하는 것만으로는 해당 당사자의 권리 보호에 충분하지 않다. 즉, "실체적 진실을 발견하기 위해서는 단순히 당사자에게 의견 제출의 기회를 제공하는 것만으로는 충분하지 않으며, 당사자가 금융감독 당국이 수집한 증거의 진정성과 증명력을 다투고, 자신에게 유리한 증거를 제출할 수 있어야 하며, 이는 반대 증인의 진술을 탄핵하고 자신의 증인을 신청할 수 있는 기회를 포함하여야 [하기]"[93] 때문이다.

또 하나 문제점은 청문주재자가 금융감독원의 제재 실시 부서장이 담당하도록 함으로써(검사제재규정시행세칙 제60조 제3항) 사실상 청문 절차에서 공정성과 신뢰성이 확보되지 않고 있다는 점이다. 물론 「행정절차법」이 청문주재자를 행정청 소속 직원으로 선임하는 것을 허용하고 있어(제28조 제

91 청문 실시 사유가 지나치게 행정청 위주로 되어 있다는 비판에 대해서는 김성수(2004), 162면 이하.

92 또한 제재 조치를 받은 금융기관 임직원은 일정한 경우 금융기관 임원에 일정 기간 선임될 수 없다는 점에서 「헌법」에 따른 기본권 중의 하나인 직업 선택의 자유(제15조)가 제한된다고도 볼 수 있다.

93 윤광균(2008), 69면.

1항) 법적으로는 문제가 없다고 할 수 있으나, 제재 절차의 공정성과 실효성을 확보한다는 측면에서는 바람직하지 않다.

개선 방안으로서, 첫째 **모든 제재 조치 결정 과정에 청문 절차를 부여**하도록 관련 법령에 근거 규정을 두는 것이 필요한데, 위에서 제시한 제재 관련 법률이 제정된다면 이 법률에 근거 규정을 둘 수 있다. 물론 중대한 제재 조치에 한정해서만 청문 절차를 부여하자는 견해도 있지만,[94] 제재 대상자의 권리를 보다 충실히 보호한다는 면에서는 모든 제재 조치 결정에 청문 절차를 부여하는 것이 바람직하다. 이렇게 되는 경우 비용 증가나 제재 결정 기간의 장기화 등 금융감독기관에 부담을 줄 수는 있지만, 「헌법」에 따른 기본권인 자유권과 재산권 보호라는 측면에서는 감수해야 할 사항이다. 물론 제재 조치 대상자가 제재 조치 내용에 동의하는 경우에는 청문 절차를 거칠 필요는 없을 것이다. 둘째, 청문 절차의 공정성과 신뢰성을 보다 확실하게 확보한다는 측면에서는 청문주재자를 금융감독기관 소속 직원 중에서 선임할 것이 아니라 보다 전문적인 외부 전문가가 청문 절차를 주재하도록 해야 한다.[95] 「행정절차법 시행령」은 교수·변호사·공인회계사 등 관련 분야의 전문직 종사자 등 외부 전문가 중에서 청문주재자를 선임하도록 하고 있으므로(제15조 제1항) 외부 전문가를 청문주재자로 선임하더라도 법적으로 문제는 없다. 아니면 **미국의 '행정청문주재관'**처럼 금융감독기관이 일정한 자격 요건이 있는 자(일정 기간 이상 법조 경력이

---

94 중요한 인사적 제재와 과징금 부과 등은 청문에 준하는 절차가 실시되어야 한다는 주장은 윤광균(2008), 70면; 제재 조치 중 비교적 중대한 사안인 경우에는 청문 절차가 실시되어야 한다는 주장은 김성수(2008), 42면; 임직원 해임 권고(면직 요구) 및 금융업 취업금지 명령 부과 조치를 할 때만 필수적으로 청문회를 개최하여야 한다는 주장은 이상제(2008), 19면.

95 윤광균(2008), 71면도 "실효성 있는 청문이 이루어지기 위해서는 [일정한] 자격과 능력을 갖춘 자가 청문을 실시하는 것이 필요하며, 공정성을 확보하기 위해서는 검사·조사 업무와 분리된 별도의 독립적인 청문주재자가 필요하다."고 주장하고 있다.

있는 자 등)를 청문주재자로 채용하여 독립된 특별 담당 직원으로 임명하고, 이 내부 전문가가 청문 절차를 주재하도록 하는 것도 방안이다. 위에서 제시한 제재 관련 법률이 제정되면 이 법률에 청문주재자의 선임 조항을 두면 될 것이다. 셋째, 청문주재자의 권한과 관련하여 미국처럼 청문주재자가 증거 조사를 할 수 있도록 하고, 제재 대상자가 주장의 근거와 이유 등 의견 진술을 할 수 있는 기회를 충분히 보장함으로써 충분한 방어권을 보장하는 장치를 둘 필요가 있다.

4) 금융감독기관으로부터 독립된 기관이 이의 신청 담당

검사제재규정에 의하면 금융감독기관의 제재 조치에 대한 이의 신청은 해당 금융감독기관에게 하도록 하고 있다(제37조). 그런데 금융감독기관이 자신이 내린 결정에 대한 이의 신청을 받아들일 가능성은 거의 없다. 실효성이 없는 제도이다. 금융기관 임직원에 대한 제재 조치는 해당 당사자 본인에게는 상당히 중요한 문제이다. 직업 선택의 자유(「헌법」 제15조)에 대한 제한 등 기본권에 제한을 가할 수 있는 제재 조치도 있을 수 있다. 따라서 제재 조치 결정에 보다 신중을 기울여야 한다. 이런 점에서 이의 신청 담당 기관을 제재 조치 결정을 내리는 금융감독기관이 아닌 제3의 기관이 담당할 필요가 있다. 영국의 경우 금융감독기관이 내린 제재 조치 결정에 대하여 **제재 대상자는 금융감독기관과는 독립된 별도의 기구인 상급심판원에 이의 신청을 제기**하도록 하고 있다.[96] 합리적인 제도이다. 우리도 영국의 제도를 참조하여 금융감독기관과는 독립된 제3의 기관이 이의 신청을 담당하도록 해야 한다. 물론 운영 비용 확보와 인력 확충 문제가 있겠지만 국민의 기본권 존중과 적법 절차의 확보라는 면에서 충분히 감내

96 The Tribunal Procedure (Upper Tribunal) Rules 2008, Schedule 4, Para. 2(1).

해야 할 사항이다.

5) 제재 절차 관련 내용의 공개 확대

「행정절차법」 및 관련 감독규정에 따라 제재 절차와 관련해서 공개를 해야 하는 경우는 「행정절차법」에 의거하여 청문이 실시되는 경우에 해야 하는 청문 절차의 공개(제30조)와 금융감독원 제재심의위원회의 회의록이 공개되는 경우이다(검사제재규정시행세칙 제57조의4 제2항). 그러나 제재심의위원회의 회의 의사록에는 "회의 경과 요지 및 회의 결과"만을 포함하도록 하고 있어(검사제재규정시행세칙 제57조의4 제1항 제4호), 회의 내용을 전부 확실하게 파악하기에는 한계가 있다. 즉, 제재 절차의 투명성을 확보하는 데는 여전히 문제가 있다. 그리고 의사록을 공개하지 않아도 되는 예외 사항도 상당히 포괄적으로 규정하고 있어서(검사제재규정시행세칙 제57조의4 제2항 단서 제1호 내지 제5호) 실무상 금융감독기관의 재량으로 공개하지 않을 가능성도 크다.

또한 행정청은 "상당한 이유가 있다고 인정하는 경우"에만 청문의 결과를 반영하도록 하고 있는데(「행정절차법」 제35조의2), 청문의 결과를 반영하지 않은 경우에 그 이유 등을 공개하도록 하는 규정은 없다. 청문 결과의 반영 여부는 중요한 사항인데, 청문 결과를 반영하지 않은 경우에는 당사자 등 이해관계인이 그 사유를 아는 것이 필요하다. 마찬가지로 청문이 실시되지 않은 경우에는 의견 제출 절차만이 있게 되고, 이 경우에도 「행정절차법」은 여전히 제출된 의견을 상당한 이유가 있는 경우에만 반영하도록 하고 있어, 반영하지 않은 경우 그 이유 등에 관한 공개 의무는 명시적인 규정이 없기 때문에(「행정절차법」 제27조의2), 제출된 의견이 반영되지 않아도 그 이유를 당사자 등 이해관계인에게 공개할 필요가 없는 문제가 있다.

제재 절차의 투명성을 확보하여 제재 결정의 신뢰성을 유지하기 위해서는 공개 대상을 더 확대해야 한다. 제재심의위원회의 회의록 작성 내용을 더 구체화하여(즉, 회의 경과 요지와 회의 결과만을 포함할 것이 아니라 회의 전체의 내용을 포함하도록 하여) 제재 심의 절차의 투명성을 높여야 한다. 청문도 금융감독기관이 청문 결과를 반영하지 않을 때는 그 이유를 공개하도록 해야 한다. 이것은 제재 당사자의 의견 진술이 받아들여지지 않을 때도 마찬가지로 적용되어야 한다.

5. 독립성을 갖춘 법적 기구인 '제재위원회' 설치

검사제재규정에 의하면, 금융감독원은 제재 사항에 관한 심의를 위하여 내부 기구로서 제재심의위원회를 설치하여 운영하고 있다(제33조). 제재심의위원회는 명칭에서도 볼 수 있는 것처럼, 심의기구이므로 최종 결정 권한은 없다. 물론 실무적으로는 중요한 역할을 하지만 심의기구이고, 감독규정에 의하여 설치된 기구이어서 법적인 기구가 아니므로 그 역할에 한계가 있다. 위원장을 금융감독원 부원장이 맡고 있고, 위원 중 금융감독기관의 담당자가 4인이나 되어(검사제재규정시행세칙 제55조 제1항, 제4항) 독립성과 공정성을 확보하기에는 한계가 있다.

제재 조치 결정 과정에서 공정성과 신뢰성 및 투명성을 유지하기 위해서는 보다 독립되고 전문적인 기구가 최종 제재 결정 권한을 갖는 것이 필요하다. 즉, 금융위원회나 금융감독원장이 결정하는 대신에 **금융감독기관 내부에 설치되는 독립된 위원회(가칭 '제재위원회')가 최종 제재 결정**을 하도록 해야 하며, 위원도 전원 외부 전문가로 구성하고, 자격 요건도 규정하여 독립성과 전문성을 갖추도록 하는 것이 필요하다. 영국의 '규제결정위원회'가 좋은 사례가 된다. 규제결정위원회는 금융감독기관인 FCA 이사회의 산하 위원회로서 제재 조치를 결정하는 권한을 갖고 있다.[97] 위원은

FCA 이사회에 의하여 임명되는데,[98] 위원장을 제외하고는 모두 외부 위원으로 구성되어[99] 운영에 독립성이 확보되도록 하고 있다. 이렇게 FCA 내부 위원회이지만 위원장을 제외한 위원 전원이 외부 위원으로 구성되어 있는 별도의 위원회가 FCA 실무 부서가 한 조사와 결정에 대하여 최종 결정을 한다는 점에서 제재 조치 결정 과정에서 투명성과 공정성을 확보하기 위한 장치를 두고 있다고 할 수 있다.

6. 제재 합의 제도의 도입

제재 대상자가 금융감독기관이 취하려는 제재 조치를 인정하는 경우에는 제재 절차를 빨리 종결시켜 제재 절차의 효율성을 높일 필요가 있다. 이러한 제도로서 고려할 수 있는 것이 **합의 제도**인데, 관련 법령 및 감독규정에는 근거 규정이 없다. 미국이나 영국이 이러한 합의 제도를 운영하고 있다. 영국의 경우 제재 절차 진행 중 어느 때라도 제재 대상자와 합의할 수 있다.[100] 미국의 경우에도 제재 절차에서 제재권자와 제재 대상자 사이에 합의가 일반적으로 활용되고 있으며, 합의는 제재 절차의 어느 단계에서도 이루어질 수 있다.[101]

우리도 제재 제도의 효율성을 높이기 위하여 **합의 제도를 도입하는 것을 고려**할 필요가 있다. 사실 제재 조치와 관련하여 금융감독기관과 다툼이 생길 여지가 많이 있는 부분은, 물론 제재 조치 부과 자체에 대한 다툼이 있을 수도 있겠지만, 제재 조치 수준의 과다 여부에 관한 사항일 것이

97 FCA Handbook, Decision Procedure and Penalties Manual (DEPP) 3.1.1.
98 FCA Handbook, Decision Procedure and Penalties Manual (DEPP) 3.1.2.(2).
99 FCA Handbook, Decision Procedure and Penalties Manual (DEPP) 3.1.2.(1).
100 FCA Handbook, Decision Procedure and Penalties Manual (DEPP) 5.1.3.
101 윤광균(2008), 64면.

다. 즉, 제재 조치 대상자가 위반행위에 대해서 예상하는 제재 조치 수준이 있을 텐데, 금융감독기관이 과중한 제재 조치를 내리는 경우에 이를 다투고 싶어 할 것이다. 그렇다면 제재 조치 결정 과정에서 제재 조치 대상자가 위반행위를 인정하는 경우에는 제재 조치 수위만 결정하면 되기 때문에 이를 제재 대상자와 협의를 통해 결정한다면 굳이 번거로운 공식적인 제재 절차를 밟을 필요 없이 제재 절차를 빨리 종결시켜 제재 결정 과정에 들어가는 시간과 비용을 절약할 수 있는 장점이 있게 된다. 제재권자인 금융감독기관 입장에서도 합의 제도에 의하여 공식적인 재재 절차를 밟을 필요가 없기 때문에 업무 부담이 경감되는 효과도 있다.

다만 합의 제도를 도입하는 데 있어서 투명성과 공정성을 확보할 수 있는 장치를 잘 마련해야 한다. 금융감독기관이 합의 제도를 '자의적으로' 운영하면 합의 제도의 신뢰성을 훼손시켜 부작용이 더 커질 수 있기 때문이다. 따라서 합의 제도에 관한 법적 근거를 명확히 하고, 합의 기준에 관한 사항을, 물론 모든 경우를 다 담기는 쉽지 않겠지만, 법령에 자세히 규정함으로써 금융감독기관이 합의 제도를 운영함에 있어서 어느 정도 투명성을 확보하도록 해야 한다. 예를 들어, 합의를 하게 되면 통상적으로 부과될 수 있는 제재 조치보다 한 단계 내지 두 단계 정도 낮은 수준의 제재 조치를 부과하는 것을 규정할 수도 있을 것이다.

참고문헌

강현호, 「금융감독원의 법적 성격」, 『공법연구』 제31집 제3호, 한국공법학회, 2003. 3.

고동원, 「영국의 금융기관 임·직원 제재 제도와 우리 나라에 대한 시사점」, 『21세기 상사법·민사소송법의 과제』, 하촌 정동윤 선생 고희 기념 논문집, 법문사, 2009. 5. 30.

______, 「금융기관 임직원 제재 절차의 공정성과 투명성 확보를 위한 법제 개선 방안」, 『성균관법학』 제24권 제1호, 성균관대학교 법학연구소, 2012. 3.

______, 「미국의 금융기관 임직원 제재 절차 제도와 시사점」, 『은행법연구』 제6권 제1호, 은행법학회, 2013. 5.

국무총리실, 「국무총리실, 관계부처 합동으로 금융감독 혁신 방안 마련」, 보도자료의 붙임 자료(금융감독 혁신 방안), 2011. 9. 2.

금융감독원 법무실, 『금융법무다이제스트』 통권 제23호, 2010. 3.

김성수, 「투명성과 정보 공개의 실현을 위한 한국행정법의 과제」, 『동아시아행정법』 제6호, 동아시아행정법학회, 2004.

______, 「금융감독기관의 제재조치와 권리구제」, 『행정법연구』 제20호, 행정법이론실무학회, 2008. 4.

윤광균, 「금융감독상의 제재와 적법 절차에 관한 고찰」, 『저스티스』 통권 제104호, 한국법학원, 2008. 6.

이병화, 『축조해설 은행법』, 삼영사, 2008.

이상제, 「제재 제도 선진화 방안」, 정책토론회 자료, 한국금융연구원, 2008. 8. 28.

정순섭, 『은행법』 제2판, 지원출판사, 2024.

정재황, 『신헌법입문』 제7판, 박영사, 2017.

정찬형 · 최동준·도제문, 『은행법강의』 제3판, 박영사, 2015.

정찬형 편집대표, 『주석 금융법 I (은행법)』, 한국사법행정학회, 2007.

조성국, 「미국 연방거래위원회 사건 처리 절차에 관한 연구-행정법판사 (Administrative Law Judge) 제도를 중심으로-」, 『공정거래법 집행의 선진화』, 한국법제연구원, 2007. 7. 5.

주지홍, 「방송통신위원회 심판관리제도의 합리적 개선방안 연구」, 『법학연구』 제50권 제2호, 부산대학교 법과대학·법학연구소, 2009. 10.

한국은행 은행감독원, 『은행법 해설』, 1993.

Blair, Michael, ed., *Blackstone's Guide to The Financial Services and Markets Act 2000*, Oxford University Press, 2009.

Blair, Michael and George Walker, eds., *Financial Services Law*, Oxford University Press, 2006.

Carnell, Richard Scott, Jonathan R. Macey and Geoffrey P. Miller, *The Law of Financial Institutions*, Wolters Kluwer, 2013.

FCA Handbook, Decision Procedure and Penalties (DEPP) Manual.

Malloy, Michael P., *Principles of Bank Regulation*, Thomson West Group, 2003.

Office of the Comptroller of the Currency (OCC), "Process for Taking Administrative Enforcement Actions Against Banks Based on BSA Violations," Bulletin 2005-45, Dec. 23, 2005 〈http://www.occ.gov/news-issuances/bulletins/2005/bulletin-2005-45.html〉.

______, *Bank Supervision Process: Comptroller's Handbook*, Sep. 2007.

______, "Policies and Procedures Manual 5310-3 (Enforcement Action Policy)," Sept. 9, 2011a.

______, "Bank Appeals Process: Guidance for Bankers," Nov. 1, 2011b 〈http://www.occ.gov/news-issuances/bulletins/2011/bulletin-2011-44.html〉.

04

중앙은행과 금융감독

제1절 총설

제2절 중앙은행의 목적과 독립성

제3절 중앙은행의 조직

제4절 중앙은행의 기능

제5절 중앙은행의 금융감독

제1절 총설

한국은행은 우리나라의 중앙은행으로서 통화신용정책을 수립하고 집행을 통하여 물가안정을 도모하는 역할을 수행하며, 은행 등 금융기관에 대한 대출 업무를 통해 **최종대출자(last of resort)의 기능**을 수행하기도 한다. 한국은행은 1950년 5월 5일 제정된 「한국은행법」(법률 제138호)에 의해 1950년 6월 설립되었다. 한국은행은 설립 당시부터 은행에 대한 감독·검사 업무를 수행했으나, 1997년 12월 「금융감독기구의 설치 등에 관한 법률」[1]이 제정되어 통합 금융감독기관이 설치되면서 은행에 대한 감독·검사 업무는 당시 금융감독위원회 및 금융감독원에 이관되어 현재는 은행에 대한 직접적인 감독·검사 권한은 없다. 그러나 여전히 한국은행은 중앙은행으로서 화폐 발행 권한을 가지며, 지급준비율 정책, 금융기관 대출(할인·재할인) 정책, 공개시장 운영 정책 등에 의하여 통화신용정책을 수행하고, 지급결제 제도를 운영·관리하며, 최종대출자 기능을 수행한다는 점에서 그 중요성은 크다. 이런 점에서 중앙은행의 통화신용정책이 정부나 정치권으로부터 영향을 받지 않고 독립적이고 중립적으로 수행될 수 있도록 하는 제도적 장치의 마련이 중요하다. 특히 금융위기가 발생할 때 최종대출자로서 중앙은행의 역할을 충실히 수행하기 위해서 **금융안정(financial stability)** 기능의 중요성이 더욱 강조되고 있으며, 2008년 세계적 금융위기를 겪으

---

1 2008년 2월 29일 제정된 금융감독기구법으로 대체되었다.

며 금융안정의 중요성이 더욱 부각되면서 우리나라도 2011년 9월 16일 「한국은행법」을 개정하여 한국은행의 목적 중 하나로 금융안정 기능을 추가하였다(제1조 제2항).

특히 중앙은행도 통화신용정책과 금융안정 기능을 효율적으로 수행하기 위해서는 은행 등 금융기관의 업무와 재산 상황에 대한 파악을 잘 하고 있어야 하며, 이를 위해서 비록 직접적인 검사 및 감독 권한은 없지만 필요한 경우에는 자료 제출을 요구할 수 있으며(제87조), 금융감독원에 대하여 금융기관 검사 및 공동검사를 요청할 수 있는 권한을 부여하고 있다(제88조). 이런 점에서 보면 한국은행도 제한적으로 은행 등 금융기관에 대한 감독 업무를 수행한다고 볼 수 있다. 그래서 이 장에서는 한국은행의 조직과 기능 및 금융감독 업무에 관한 내용을 살펴본다.

제2절 중앙은행의 목적과 독립성

I. 한국은행의 설립 목적

1. 서설

한국은행의 설립 목적은 **'물가안정'**과 **'금융안정'**이라고 할 수 있다. 한국은행은 원래 물가안정만이 설립 목적으로 되어 있었으나, 2011년 9월 16일 「한국은행법」 개정(2011년 12월 17일 시행)에 의해 "한국은행은 통화신용정책을 수행함에 있어 금융안정에 유의하여야 한다."라는 조항(제1조 제2항)이 추가되면서 금융안정도 설립 목적에 추가되었다.

2. 한국은행의 설립 목적

1) 설립 목적[2]

(1) 물가안정

「한국은행법」 제1조 제1항은 한국은행의 설립 목적을 "효율적인 통화신용정책의 수립과 집행을 통하여 물가안정을 도모함으로써 국민 경제의 건전한 발전에 이바지하는 것이다."라고 규정하고 있다. 즉, 중앙은행인 한국은행의 목적은 물가안정을 도모하는 것이다. 물가안정이라고 하는 것은 통화 가치의 안정을 의미한다.[3]

(2) 금융안정

2011년 9월 16일 「한국은행법」이 개정되면서 제1조 제2항에 "통화신용정책을 수행함에 있어서 금융안정에 유의해야 한다."라는 문구가 추가되어 금융안정도 한국은행의 설립 목적이 되었다. 중앙은행이 금융기관에 대한 최종대출자 기능을 수행한다는 점에서 한국은행이 금융안정 기능을 충분히 수행할 수 있고, 금융안정이 한국은행의 목적으로 규정된 것은 바람직하다. 다만 "유의해야 한다."라고 하고 있어서 물가안정이 한국은행의 주요 목적이고, 물가안정이 금융안정 목적보다 우선해야 한다고 보아야 할 것이다.

---

2 미국, 영국, 독일, 일본 등 주요국의 중앙은행 설립 목적에 대한 논의는 고동원(2004) 참조.

3 한국은행 법규실(1999), 7면; 한국은행 법규실(2012), 8면(「한국은행법」 제1조에 규정된 "효율적인 통화신용정책의 수립 및 집행"은 목적 달성을 위한 수단이며, "국민경제의 건전한 발전에 이바지함"은 목적 달성의 방향이라고 해석할 수 있다).

금융안정을 중앙은행의 목적으로 하는 것에 대해서는 중앙은행의 주요 목적인 물가안정과 충돌하게 되어 오히려 중앙은행의 독립성이 훼손된다는 점을 들어 반대하는 견해가 있을 수 있다. 즉, 금융시장의 혼란 등 금융위기가 발생할 때 금융안정을 위하여 중앙은행이 적극적인 금융 지원을 했을 때 오히려 물가안정에는 위협이 될 수 있기 때문에 물가안정 도모의 목적과 병렬적으로 둘 수 없다는 견해이다. 그러나 중앙은행의 금융안정 목적 추구는 최종대출자 기능 및 통화신용정책 수행과 불가분의 관계에 있다는 점,[4] 역사적으로 중앙은행은 통화가치 안정(monetary stability)과 금융안정의 두 가지 목표를 추구해 왔으며, 정치적·경제적 상황에 따라 상대적인 중요도가 변화할 따름이라는 점[5] 등으로 비추어 볼 때, 두 가지 목적이 조화롭게 수행되는 한 금융안정 목적 수행이 물가안정 목적 수행에 지장을 초래하지는 않을 것이다.[6] Ferguson(2003)도 "금융안정이 중앙은행에 아주 중요한 관심사(vital interest)이며, 중앙은행의 아주 적합한(appropriate) 목적이고, 항상 중앙은행의 근본적인(fundamental) 목적이 되어 왔으며 앞으로도 될 것이다."라고 주장하고 있다.[7] Ferguson(2003)의 분석에 따르면, 일본의 경우 "국민 경제의 건전한 발전에 이바지"하는 것을 중앙은행인 일본은행의 통화금융정책의 이념이라고 하고 있어서[8] 이를 금융안정을 암시하는 것으로 보면서, "신용질서 유지에 기여"[9]를 명시적으로 금융안정의 목적을 나타낸 것으로 보고 있다.[10] 일본의 경우 중앙은행이 은행감독 권한을 보유

4 김대식·김태준(2003), 309면.
5 김대식·김태준(2003), 309~310면.
6 같은 견해는 김대식·김태준(2003), 310면.
7 Ferguson(2003), pp. 1, 20(이외에도 영국, 스위스, 캐나다 등의 국가도 명시적 또는 간접적으로 금융안정의 도모를 중앙은행의 목적으로서 규정하고 있다고 분석하고 있다).
8 日本銀行法 第二条.
9 日本銀行法 第一条.
10 Ferguson(2003), p. 20.

하고 있지 않지만 금융안정 책무를 중앙은행이 수행하고 있다는 점에 비추어 은행감독 권한이 없어진 한국은행도 여전히 중앙은행으로서 금융안정을 목적으로 할 필요는 있다.

(3) 설립 목적의 변천

1950년 제정된 「한국은행법」은 한국은행의 설립 목적으로 "① 국민 경제 발전을 위한 통화 가치의 안정, ② 은행과 신용 제도의 건전화와 그 기능 향상에 의한 경제 발전과 국가 자원의 유효한 이용의 도모, ③ 정상적인 국제무역 외환거래의 달성을 위한 국가의 대외 결제 준비자금의 관리"를 규정하고 있었다(제3조). 이후 ②와 ③의 목적이 한국은행의 설립 목적에서 제외되었는데, 변천 과정을 살펴보면 다음과 같다.

우선 ③의 목적은 1961년 12월 제정되고 1962년 1월 시행된 「외국환관리법」(1998년 9월 16일 법률 제5550호로 제정된 「외국환거래법」으로 변경)에 의해 한국은행의 외국환정책 수립 및 외국환 관리의 기능이 정부로 이관되어 제1차 「한국은행법」 개정이 될 때(1962년 5월 24일) 삭제되었다. 이에 따라 한국은행은 「한국은행법」에 따른 외국환 업무와 외국환의 보유 등의 업무(법 제82조), 그리고 「외국환거래법」 및 시행령에 따른 기획재정부 장관이 위탁한 업무 등 제한적인 외국환 관련 업무를 취급하고 있다.

②의 목적은 1997년 12월 제정되고 1998년 4월 시행된 「금융감독기구의 설치 등에 관한 법률」에 따라 통합 금융감독기관이 설립되면서 한국은행이 수행하고 있던 은행에 대한 감독·검사 권한이 통합 금융감독기관에 이관되면서 제6차 「한국은행법」 개정 시(1997년 12월 31일 개정, 1998년 4월 1일 시행) 삭제되었다. 이에 따라 한국은행은 은행 등에 대한 자료제출 요구권(제87조) 및 금융감독원에 대한 은행 검사 요구권, 공동검사 요구권, 검사 결과 송부 요청권, 시정조치 요청권 등(제88조) 제한적인 감독 권한만 갖게 되었다.

(4) 목적 조항의 추가 방안: 지급결제 제도의 안정성 및 효율성 도모[11]

중앙은행의 기능 중에서 전통적인 통화신용정책 수행 이외에 지급결제 제도의 안정성 및 효율성 유지 기능의 중요성이 커지고 있다. 지급결제 제도의 운영 기능을 중앙은행의 목적으로 명시적으로 규정한 국가들도 있다. 일본의 경우 "자금결제의 원활한 확보의 도모"를 중앙은행의 목적으로 규정하고 있다.[12] 독일의 경우 중앙은행인 독일연방은행(Deutsche Bundesbank)의 책무로서 "지급결제 제도의 안정에 이바지"하는 것을 규정하고 있다.[13] 스위스도 중앙은행인 스위스국립은행(Swiss National Bank)의 책무로서 "지급결제 제도 운영의 도모 및 확보"를 규정하고 있다.[14] 호주도 중앙은행인 호주준비은행(Reserve Bank of Australia)의 최고의사결정기관인 지급결제제도위원회(Payments System Board)의 기능으로서 "지급결제 제도의 효율성 도모"를 명시적으로 규정하고 있다.[15]

우리나라도 중앙은행의 지급결제 제도 관리·운영 업무의 중요성을 인식하고, 2003년 9월 제7차「한국은행법」개정 시 한국은행의 지급결제 제도에 관한 총괄 관리 및 감시 기능을 대폭 보완하여 그 업무 범위에 대하여 자세히 규정했다. 개정 전에는 "한국은행은 통화신용정책과 직결되는 지급결제 제도의 운영·관리 업무를 수행한다."라고만 되어 있어(제81조), 단순하고 업무 범위가 제한적이었다. 그러나 개정된「한국은행법」은 "한국은행이 지급결제 제도의 안전성과 효율성을 도모하기 위하여 한국은행이 운영하는 지급결제 제도에 관하여 필요한 사항을 정할 수 있다."라고 규정하고 있다(제81조 제1항).[16] 그리고 한국은행은 한국은행 이외의 지급결제 제도의

11 이에 관한 내용은 고동원(2005), 23~24면.
12 日本銀行法 第一条.
13 Bundesbank Act, Article 3 (Tasks).
14 Federal Act on the Swiss National Bank, Art. 5 (Tasks).
15 Reserve Bank Act 1959, Section 10B (Functions of Payments System Board).

운영기관에 대하여 지급결제 관련 자료를 요구하거나 운영 기준 개선 등을 요청할 수 있고, 한국은행이 운영하는 지급결제 제도의 참가기관에 대하여 필요한 자료의 제출을 요구할 수 있는 등(제81조 제2항, 제3항, 제4항) 한국은행의 지급결제 제도 관리·운영에 관한 권한을 대폭 강화하였다. 이것은 바로 지급결제 제도 운영에서 중앙은행의 역할이 중요함을 인식한 것이다.

그러나 우리나라는 다른 나라와는 달리 아직 목적 조항에 지급결제 제도의 안정성 및 효율성 도모에 관한 내용은 반영되어 있지 않다. 물론 「한국은행법」에는 그 업무의 하나로서 "지급결제 제도의 안전성과 효율성을 도모"하기 위하여 지급결제 제도의 관리·운영 업무를 할 수 있도록 규정하고는 있으나,[17] 지급결제 제도의 안정성 및 효율성 도모가 중앙은행의 중요한 역할임을 고려할 때 **"지급결제 제도의 안정성[18]과 효율성 도모"를 목적 조항에 명시적으로 규정**하는 것이 바람직하다. 이렇게 목적 조항에 규정함으로써 한국은행이 추구하는 주요 목적 중의 하나가 지급결제 제도의 안정성 및 효율성 도모임을 확실하게 인식하게 되고, 더 나아가 지급결제 제도의 안정성 및 효율성 도모를 위해서 한국은행이 추가적으로 수행하게 되는 업무에 대해서도 법적 근거가 확실하게 되는 장점이 있게 된다.

16 「한국은행법」은 지급결제 제도의 '안전성'이라는 표현을 사용하고 있다.

17 이 부분도 법문을 자세히 들여다보면, 한국은행이 운영하는 지급결제 제도에만 적용되게 되어 있어서, 한국은행 이외의 자가 운영하는 지급결제 제도에 대해서는 '지급결제 제도의 안전성과 효율성 도모'의 목적이 적용되지 않는 것으로 이해할 수 있는 문제점이 있다.

18 '안전성'(security)보다 '안정성'(stability)이 보다 포괄적인 용어로서 더 적합하다고 본다. 예를 들어, 독일의 경우에도 "… contribute to the <u>stability</u> of payment and clearing systems." 라고 표현하고 있다.

II. 중앙은행의 독립성

1. 중앙은행의 독립성 보장 필요성

어느 한 국가에서 중앙은행의 독립성 확보는 중요한 문제이다. **중앙은행의 독립성이 확보**되지 않으면 통화가치의 안정과 금융안정을 유지하기가 어렵기 때문이다. 그래서 세계 거의 모든 국가가 정부에서 분리된 별도의 중앙은행을 설립하고, 정치권이나 정부의 압력을 받지 않도록 독립적인 운영을 보장하고 있다. 이렇게 일반 행정부처와 별도로 중앙은행을 설치하고 독립성을 보장하는 이유를 다음과 같이 설명할 수 있다.

첫째, **통화가치의 안정**을 위해서이다. 그 이유는 정부가 통화신용정책을 수행하는 경우에는 아무래도 선거 등 정치적인 압력에 약할 수밖에 없어서 화폐 발행 기능을 정부로부터 분리된 별도의 중앙은행에 맡기고 있는 것이고, 중앙은행의 독립성을 보장할 필요가 있기 때문이다. 둘째, 통화량 조절이나 금리 조정 등 **통화신용정책은 금융시장 상황에 따라 적기에 신속하게 수행될 필요**가 있으므로 일반 행정부처보다는 금융시장과 접촉하면서 시장 상황을 잘 파악하고 있는 중앙은행이 담당하는 것이 보다 효율적이고 전문성이라는 면에서도 바람직하기 때문이다. 셋째, 금융위기가 발생하는 경우 신속히 대응하고 가능한 빨리 수습하여 금융시장의 안정을 유지하기 위해서는 금융시장 상황을 잘 알고 있고 **화폐 발권력에 기반한 최종대출자 기능을 수행하는 중앙은행**이 하는 것이 효율적이므로 이러한 점에서도 중앙은행의 독립성이 필요하기 때문이다.

2. 한국은행의 독립성 보장을 위한 제도적 장치

1) 통화신용정책의 중립적 수립과 자율적 집행 규정

(1) 의의

한국은행이 중앙은행으로서 정부나 정치권 등으로부터 간섭을 받지 않고 중립적이고 자율적으로 통화신용정책을 수립하고 집행하도록 하기 위하여 「한국은행법」은 "한국은행의 **통화신용정책은 중립적으로 수립되고 자율적으로 집행**되도록 하여야 한다."는 규정을 두고 있다(제3조 전단). 통화신용정책의 '**중립적 수립**'이란 구체적으로 금융·경제 또는 산업에 관하여 풍부한 경험이 있거나 탁월한 지식을 가진 위원들로 구성된 금융통화위원회(제13조 제3항)가 정부 또는 특정 계층이나 세력의 이익이 아닌 국민 전체의 이익을 위하여 중립적인 입장에서 통화신용정책을 수립하는 것을 의미한다.[19] 통화신용정책의 '**자율적 집행**'이란 한국은행이 정부 또는 특정 계층이나 세력의 간섭이나 압력 등을 받지 않고 금융통화위원회가 수립한 정책을 스스로의 판단과 책임으로 집행하는 것을 의미한다.[20]

(2) 통화신용정책의 중립적 수립을 위한 「한국은행법」의 관련 규정

통화신용정책의 중립적 수립을 위한 「한국은행법」의 규정으로는 ① 한국은행에 합의제 최고의사결정기관인 금융통화위원회를 설치하여 통화신용정책을 수립하도록 한 것(제12조), ② 금융통화위원회 위원 구성에서 금융·경제 또는 산업에 관하여 풍부한 경험이나 지식을 가진 위원들로 구성하도록 한 것(제13조 제1항), ③ 금융통화위원회 위원의 결격 사유를 규정한 것(제13조 제3항, 제17조), ④ 금융통화위원회 위원의 임기제 및 임기 중 신

---

19 한국은행 법규실(1999), 43면; 한국은행 법규실(2012), 19면.
20 한국은행 법규실(1999), 43면; 한국은행 법규실(2012), 19면.

분 보장을 규정한 것(제15조, 제18조), ⑤ 금융통화위원회 위원의 정치 활동 및 겸직을 금지한 것(제19조, 제20조), ⑥ 금융통화위원회 회의 의결 정족수를 위원 5인 이상의 출석과 출석위원 과반수의 찬성으로 의결하도록 엄격하게 한 것(제21조 제2항), ⑦ 금융통화위원회의 심의·의결 사항과 이해관계가 있는 위원은 당해 사항의 심의·의결에서 제척(除斥)되도록 한 것(제23조) 등을 들 수 있다.

(3) 1997년 「한국은행법」 개정에 의한 한국은행 독립성 강화 조치

1997년 12월 31일 개정된 「한국은행법」에는 **한국은행의 독립성을 강화**하기 위해 여러 규정이 추가되었다. 우선 금융통화위원회가 정부의 지시나 간섭에서 벗어나 중립적이고 자율적으로 통화신용정책을 수립할 수 있도록 하기 위해 정부가 금융통화위원회 구성 및 운영에 관여할 수 있었던 범위를 크게 축소하였다. 금융통화위원회의 구성과 관련해서는 ① **금융통화위원회의 당연직 의장이었던 종전 재정경제부 장관** 및 교체위원(즉, 재정경제부 장관이 사고가 있을 때 대체하는 위원)이었던 재정경제부 차관을 **금융통화위원회 위원에서 배제**하였고(제13조), ② **한국은행 총재는 재정경제부 장관의 제청에 의하여 대통령이 임명하던 것을 국무회의 심의를 거쳐 대통령이 임명하도록 변경**하였으며(제13조 제2항), ③ 7인의 임명직 위원 중 5인을 정부 측에서 추천하도록 하던 것을 6인의 임명직 위원 중 2인만을 정부 측에서 추천하도록(재정경제부 장관 및 금융감독위원회 위원장 추천 각 1인) 변경하였고(제13조 제1항), ④ 재정경제부 장관이 담당하던 금융통화위원회 위원 추천에 관한 사무를 한국은행 총재가 담당하도록 변경하였다(시행령 제11조).

또한 1997년 12월 31일 개정 「한국은행법」은 금융통화위원회의 중립적 운영을 위하여 ① 금융통화위원회 위원의 자격 요건(제13조 제3항), 신분 보장(제18조), 정치 활동 및 겸직의 금지(제19조, 제20조) 등의 규정을 신설하였고, ② 모든 임명직 위원을 비상임에서 상임으로 변경하고(제13조 제4항), 임

기를 3년에서 4년으로 연장하였으며(제15조), ③ 금융통화위원회의 의결 사항에 대해 재정경제부 장관이 제한 없이 재의를 요구할 수 있던 것을 "정부의 경제정책과 상충된다고 판단되는 경우"에만 재의 요구를 할 수 있도록 제한하고(제92조 제1항), 재정경제부 장관은 재의 요구 사실을 즉시 공표하도록 하였다(제92조 제3항).

2) 무자본특수법인으로 설립

「한국은행법」은 한국은행이 통화신용정책을 독립적으로 수립하고 자율적으로 집행할 수 있도록 하기 위하여 한국은행을 정부 조직이 아닌 **무자본특수법인으로 설립**하고(제2조), 운영의 자율성을 보장하고 있다(제29조). 그 이유는 통화신용정책은 다른 일반 행정과 달리 독립성과 자율성이 강하게 요구되기 때문에 한국은행을 정부 조직이 아닌 특수법인으로 설립하여 한국은행이 통화신용정책을 독자적으로 수행하도록 한 것이다.[21] 그리고 자본금이 있는 경우 출자자(정부나 일반 주주)로부터 간섭을 받거나 이해상충이 발생할 가능성이 있기 때문에 한국은행을 무자본법인으로 한 것이다(제2조).

3) 내부 운영의 자율성 보장

한국은행이 통화신용정책을 중립적으로 수립하고 자율적으로 집행하기 위해서는 내부 운영의 자율성을 보장하는 것이 필요하다. 그 이유는 한국은행의 내부 조직이나 인사 또는 예산 등에 대한 정부의 지나친 간섭이나 통제는 간접적으로 통화신용정책의 중립적 수립과 자율적 집행에 대한 간섭이나 통제로 이어질 수 있기 때문이다. 이에 따라 「한국은행법」은

21 같은 설명은 한국은행 법규실(2012), 11면.

“한국은행의 자주성 존중”을 기본원칙으로 규정하고(제3조 후단), 1997년 12월 제6차「한국은행법」개정 전에 한국은행 내부 운영의 자율성을 제약하고 있었던 재정경제부 장관의 한국은행에 대한 업무 검사권 및 한국은행의 정관 변경 승인권을 폐지하였으며, 예산에서도 경비성 예산을 제외하고는 금융통화위원회가 정할 수 있도록(제29조, 제98조) 대폭적인 자율권을 인정하고 있다.

3. 독립성과 책임성·투명성의 관계

1) 독립성과 책임성의 관계

중앙은행의 책임성(accountability)은 **중앙은행이 자신의 업무 수행에 대한 평가를 받아 평가 결과에 따라 책임을 지는 것**을 말한다. 중앙은행은 자신의 정책 수행 결과에 대해 평가를 받을 필요가 있다. 중앙은행이 독립적·중립적으로 통화신용정책을 수행하는 경우 그 결과에 대해 책임을 지도록 하는 것이 권한과 책임의 조화라는 면에서 필요하고, 특히 중앙은행이 물가안정 달성에 최선을 다하도록 하기 위해서는 적정한 책임의 부과가 필요하다. 이러한 책임성은 국회나 정부로부터 견제와 통제를 받는 제도적 장치에 의해서 구현될 수 있다. 이런 점에서 한국은행의 책임성을 구현하기 위한「한국은행법」의 규정을 살펴보면, ① 국민의 대표기관인 국회에게 매년 2회 이상 통화신용정책 수행 상황에 관한 보고서를 작성하여 제출하여야 하고, 한국은행 총재는 국회 또는 그 위원회가 보고서와 관련하여 출석을 요구하는 경우에는 출석하여 답변해야 하는 규정(제96조), ② 정부에 대해서는 매년 감사원의 감사를 받고(제95조), 한국은행의 업무 상태 등의 내용을 담은 연차보고서를 매년 정부에 제출하고 공표해야 하며(제102조 제1항), 급여성 경비 등의 예산에 대해서는 기획재정부 장관의 사전 승인을 얻도록 하고(제98조 제2항), 금융통화위원회의 의결에 대한 재의 요구권을 기획재정부 장관에게 부여하면서 최종 결정권을 대통령에 부여한 규정(제92조 제1항, 제2항) 등을 들 수 있다.

중앙은행의 독립성이 중앙은행에 대한 신뢰 유지와 물가안정 달성에 필수적인 조건인 데 반해, 책임성은 독립성 강화에 수반되는 부수적 요건이라고 할 수 있다. 그리고 중앙은행의 독립성과 책임성 사이에는 제도적인 측면에서 서로 상충관계(trade-off)가 있다. 예를 들어, 중앙은행의 책임성을 강화하기 위한 장치(정책 목표 달성이 실패할 때 정책 담당자에 대한 책임 추궁 등)는 정치적 영향력이 개입할 수 있는 여지가 있어 독립성을 해칠 수 있다. 따라서 둘 사이의 상충관계를 고려할 때 책임성은 중앙은행의 독립성을 해하지 않는 범위 내에서 최소한의 수준으로 제한될 필요가 있다.

2) 독립성과 투명성의 관계

중앙은행의 투명성(transparency)은 **중앙은행이 자신의 정책 목표 설정과 결정에 관련된 정보를 외부에 얼마나 적정하게 알리느냐에 관련된 것**이다. 기본적으로 통화신용정책이 투명하게 공개될수록 금융시장이 신속하게 조정되어 통화신용정책의 유효성이 제고될 수 있다. 또한 중앙은행은 독립적으로 통화신용정책을 수행할 권한을 부여받은 대신에 자신의 정책을 투명하게 공개할 필요도 있다. 중앙은행의 독립성이 약한 상태에서 중앙은행이 투명하게 정보를 공개하는 경우 중앙은행의 정책이 노출되어 정치적 영향의 개입을 가져올 가능성도 있다. 그러나 반대로 중앙은행이 투명하게 정보를 공개할수록 정부나 정치권의 개입에 대한 반대 여론이 형성될 수 있어 오히려 중앙은행의 독립성이 강화될 수 있을 것이다.

III. 통화신용정책 수행 관련 기본원칙

1. 서설

「한국은행법」은 한국은행의 통화신용정책 수립과 집행에서 지켜야 할 기본원칙을 규정하고 있다. 「한국은행법」은 ① 통화신용정책의 중립적 수립 및 자율적 집행에 관한 규정(제3조 전단), ② 한국은행의 자주성 존중 규정(제3조 후단), ③ 정부 경제정책과 조화 준수 의무 규정(제4조 제1항), ④ 통화신용정책 수행 시 시장 기능 중시 의무 규정(제4조 제2항), ⑤ 업무 수행에서 공공성 및 투명성 확보 의무 규정(제5조)을 두고 있다. 이하 그 내용을 자세히 살펴본다.

2. 통화신용정책의 중립적 수립 및 자율적 집행

「한국은행법」 제3조는 "**한국은행의 통화신용정책은 중립적으로 수립되고 자율적으로 집행되도록 하여야 한다.**"라고 규정하고 있다. 이는 한국은행의 독립성 내지 중립성 확보 조항으로서 한국은행이 정부나 정치권 등으로부터 간섭을 받지 않고 중립적으로 통화신용정책을 수립하고 자율적으로 집행하도록 하는 것을 보장하는 조항이다. 이렇게 한국은행이 중립적인 통화신용정책을 수립할 수 있도록 하기 위하여 앞서 본 것처럼, 「한국은행법」은 합의제 최고의결기관인 금융통화위원회를 한국은행에 설치하도록 하고 있으며(제12조), 금융통화위원회 위원 구성에서 금융·경제 또는 산업에 관하여 풍부한 경험이나 지식을 가진 위원들로 구성되도록 하며(제13조 제1항), 위원의 자격 요건 및 결격 요건을 별도로 규정하고 있고(제13조 제3항, 제17조), 위원의 임기제 및 임기 중 신분 보장을 규정하고 있으며

(제15조, 제18조), 위원의 정치 활동 및 겸직 금지 규정을 두고 있다(제19조, 제20조). 또한 한국은행을 무자본특수법인으로 설립하도록 한 것(제2조)도 바로 통화신용정책의 중립성을 보장하기 위한 것이다. 자본금이 있는 경우 출자자(정부 또는 일반 주주)로부터 간섭을 받거나 이해상충이 발생할 가능성이 있기 때문이다. 한편 「한국은행법」은 한국은행이 중립적으로 수립된 통화신용정책이 자율적으로 집행되도록 하기 위하여 한국은행을 정부조직이 아닌 무자본특수법인으로서 공적 민간기구로 설립하도록 하고(제2조), 한국은행의 조직이나 기구, 예산 및 결산 등 한국은행의 운영에 관한 사항도 금융통화위원회의 심의·의결만으로 결정하도록 하고 있다(제29조).

3. 한국은행의 자주성 존중

「한국은행법」 제3조는 "**한국은행의 자주성은 존중되어야 한다.**"라고 규정하고 있다. **자주성**의 의미는 "한국은행의 중립적·자율적 통화신용정책의 수행을 위한 전제로서 한국은행의 내부 조직 및 기관 운영 등의 자율성을 존중"하는 것으로 해석할 수 있다.[22] 한국은행의 자주성을 넓게 본다면, 통화신용정책의 중립적·자율적 수립 및 집행과 한국은행 내부 운영의 자율성을 포함하는 개념으로도 볼 수 있다.[23] 이에 따라 한국은행의 정관 변경에 관한 사항이나 조직 및 기구에 관한 사항, 예산 및 결산에 관한 사항, 직원의 보수 기준에 관한 사항은 정부 등 다른 기관의 간섭 없이 한국은행 내부 최고의사결정기관인 금융통화위원회의 심의·의결 절차만으로 결정된다(제28조). 다만 급여성 경비 등 일부 예산에 대해서만 기획재정부

22 한국은행 법규실(1999), 41~42면.
23 한국은행 법규실(1999), 48면; 한국은행 법규실(2012), 21~22면.

장관의 사전 승인을 얻도록 하고 있다(제98조 제2항). 한국은행의 자주성을 보장하기 위한 내용은 1997년 제6차 「한국은행법」 개정에 의하여 상당히 진전된 것인데, 종전에는 재정경제부 장관이 한국은행에 대한 업무검사권(개정 전 제40조), 정관 변경 승인권(개정 전 제7조 제6항) 및 금융통화위원회의 의결 사항에 대한 재의(再議) 요구권(개정 전 제39조 제1항)도 갖고 있어서 내부 운영에 대한 자율성을 확보하기가 상당히 어려웠다.

4. 정부의 경제정책과 조화

「한국은행법」 제4조 제1항은 "한국은행의 통화신용정책은 물가안정을 저해하지 아니하는 범위 내에서 정부의 경제정책과 조화를 이룰 수 있도록 하여야 한다."라고 규정하고 있다. 이 규정을 둔 이유는 "국민 경제의 건전한 발전은 통화신용정책의 수립·집행을 통한 물가안정만으로 달성되는 것은 아니며, 정부가 각종 경제정책의 수립·집행을 통해 도모하는 기타 거시 경제 목표들과 물가안정이 함께 조화를 이루어야만"[24] 가능할 것이기 때문이다. 「한국은행법」에 따라 한국은행의 통화신용정책과 정부의 경제정책의 조화를 위한 규정으로 들 수 있는 것은 ① 매년 물가안정 목표 설정 시 정부와 협의 의무(제6조 제1항), ② 정부의 환율정책 등에 대한 한국은행과 협의 의무(제83조), ③ 한국은행 총재의 국무회의 출석·발언권(제90조 제1항), ④ 정부의 한국은행 총재에 대한 국무회의 출석 요구권(제90조 제2항), ⑤ 금융통화위원회 의결이 정부의 경제정책과 상충된다고 판단되는 경우 기획재정부 장관의 재의 요구권 및 금융통화위원회 재의결 시 대통령의 최종 결정권(제92조), ⑥ 정부의 금융통화에 관한 중요한 정책 수립 시 금융

24 한국은행 법규실(1999), 54면.

통화위원회의 의견 청취 의무(제93조), ⑦ 기획재정부 차관 또는 금융위원회 부위원장의 금융통화위원회 회의 열석·발언권(제91조) 등을 들 수 있다.

5. 통화신용정책 수행 시 시장 기능 중시

「한국은행법」 제4조 제2항은 “**한국은행은 통화신용정책을 수행함에 있어서 시장 기능을 중시하여야 한다.**”라고 규정하고 있다. 이는 한국은행이 통화신용정책을 수립하고 집행하는 데 직접 규제 수단(예를 들어, 은행의 여신과 수신 금리에 대한 직접 규제, 은행의 대출 등 자금 운용에 대한 직접 통제 등)보다는 금융 자원의 효율적 배분 및 은행의 자율성을 존중하는 시장 원리에 기초한 간접 규제 수단(예를 들어, 대출(할인·재할인) 정책, 지급준비율 정책, 공개시장 운영 정책)을 주로 이용하여야 한다는 것을 의미하는 것으로 볼 수 있다.[25]

6. 업무 수행에서 공공성 및 투명성 확보

1) 서설

「한국은행법」 제5조는 “**한국은행은 그 업무 수행과 기관 운영에 있어 공공성과 투명성을 확보하도록 노력하여야 한다.**”라고 규정하고 있다. 이 조항의 취지는 “한국은행이 그 권한을 합리적·객관적으로 행사하고 그에 따른 책임을 지도록 하기 위한 것”이다.[26]

---

25 한국은행 법규실(1999), 53면; 한국은행 법규실(2012), 25면.
26 한국은행 법규실(1999), 54면.

2) 공공성 확보

한국은행의 공공성 확보라 함은 "업무 수행이나 기관 운영이 한국은행 자신이나 그 임직원의 이익 또는 특정인이나 특정의 당파, 계급, 종교, 지역 등 부분 이익만이 아닌 국민 전체의 이익을 추구하는 방향으로 이루어지는 것"을 의미한다.[27] 한국은행은 공공성을 확보하기 위해서 그 업무 수행에 일반 영리기업과 같이 이익 추구를 목적으로 해서는 안 되며, 효율적인 업무 수행과 건전한 기관 운영을 위해 노력해야 한다.[28] 한국은행의 공공성을 확보하기 위한 「한국은행법」의 규정으로는 ① 한국은행의 설립 목적을 물가안정으로 규정하고(제1조) 한국은행은 물가안정 목표 달성에 최선을 다하도록 한 규정(제6조 제3항), ② 한국은행이 영리 행위나 영리기업의 소유나 운영에 참여할 수 없다는 규정(제103조), ③ 매 회계연도 결산상 순이익금 중 적립금을 제외한 나머지 금액을 정부에 세입으로 납부하도록 하는 규정(제99조 제3항), ④ 한국은행의 손실금 중 적립금으로 보전할 수 없는 부분은 정부가 보전하도록 하는 규정(제100조), ⑤ 금융통화위원회 위원의 자격 요건(제13조 제3항), 신분 보장(제18조), 정치 활동 및 겸직 금지(제19조, 제20조)의 규정, ⑥ 영리 목적 업무 종사 금지 및 겸직 제한 규정을 집행간부 및 감사뿐만 아니라 직원까지 적용하도록 한 규정(제41조, 제46조), ⑦ 집행간부 및 감사와 직원에 대해 청렴 및 비밀유지 의무가 적용되도록 한 규정(제42조, 제46조), ⑧ 모든 직원에 대해 형법상 뇌물죄의 적용을 받도록 한 것(시행령 제19조) 등을 들 수 있다.

---

27 한국은행 법규실(1999), 54면; 한국은행 법규실(2012), 27면.
28 한국은행 법규실(1999), 55면.

3) 투명성 확보

한국은행의 투명성 확보라 함은 "업무 수행과 기관 운영이 민주적인 절차에 따라 이루어지고 관련 정보가 적시에 이해관계자들에게 공개되는 것"을 말한다.[29] 결국 투명성은 한국은행의 업무 수행과 기관 운영에서의 절차에 관한 것을 말한다. 투명성을 확보하기 위한 「한국은행법」 규정으로는 ① 한국은행은 정부와 협의하여 물가안정 목표를 정하고 매년 통화신용정책 운용 방향을 수립하고 공표하도록 한 규정(제6조), ② 금융통화위원회 의사록의 공개 의무(제24조 제2항), ③ 한국은행은 감사(監事)의 상시 감사(제45조 제1항)와 매년 감사원의 감사를 받고(제95조), 감사는 매년 종합감사보고서를 작성하여 정부에 제출하도록 한 규정(제45조 제2항), ④ 통화신용정책 수행 상황에 관한 보고서의 국회 제출 의무 규정(제96조), ⑤ 연차보고서의 매년 정부 제출 의무 규정(제102조), ⑥ 급여성 경비 예산에 대해서는 금융통화위원회 의결 전에 미리 기획재정부 장관의 승인을 얻도록 하고, 회계연도 종료 후 2개월 이내에 당해 연도의 결산서를 정부에 제출하도록 한 규정(제98조 제5항), ⑦ 한국은행은 매월 20일 이내에 전월 최종 영업일 현재 대차대조표를 공고하도록 한 규정(제101조) 등을 들 수 있다.

7. 물가안정 목표의 설정

한국은행은 정부와 협의하여 **물가안정 목표**(inflation targeting)를 정하여야 한다(제6조 제1항). 이것은 한국은행의 물가안정을 위한 통화신용정책이 정부의 경제정책과 조화를 도모할 수 있도록 하여야 한다는 규정(제4조 제1항)을 실현하기 위한 조항이다. 한국은행은 설정한 물가안정 목표를 달성

---

29 한국은행 법규실(1999), 55면.

하기 위하여 최선을 다하여야 한다(제6조 제3항). 그리고 한국은행은 매년 통화신용정책 운영 방향을 수립하여 공표하여야 한다(제6조 제2항).

제3절 한국은행의 조직

한국은행은 통화신용정책의 최고의사결정기구인 금융통화위원회와 집행기관인 총재·부총재 및 집행간부로 구성된다. 이하에서는 한국은행의 법적 지위, 금융통화위원회의 구성·운영 및 권한에 관한 사항과 집행기관의 구성 등에 대하여 살펴본다.

I. 한국은행의 법적 지위

1. 의의

「한국은행법」 제2조는 "**한국은행은 무자본특수법인**이다."라고 규정하고 있다. 「한국은행법」은 한국은행이 정부기관이 아닌 민간기구로서 '법인'임을 명시하고 있으며, 한국은행은 「한국은행법」이라는 특별법에 의하여 설립되는 '특수법인'이라는 것을 규정하고 있다. 한국은행이 공적 기능(통화신용정책 수립 및 집행, 화폐 발행 업무 등)을 수행한다는 점과 한국은행 총재나 금융통화위원회 위원이 국가에 의하여 임명되는 등 법인의 집행부 구성에 국가가 관여하는 점에 비추어 보아 '사법인'(私法人)이 아닌 '공법인'(公法人)에 해당한다.

2. '법인'의 의미

한국은행이 '법인'이라는 의미는 통화신용정책의 수립과 집행을 정부가 하지 않고 정부 조직과 분리된 독립적인 법인이 수행한다는 의미이다. 그 이유는 통화신용정책은 다른 일반 행정행위와 달리 중립성 및 자율성이 상당히 요구되기 때문에 별도의 법인으로 중앙은행을 설립하여 통화신용정책을 수행하도록 하기 위한 것이다. 이런 이유로 거의 대부분의 국가도 정부 조직이 아닌 별도의 법인으로 중앙은행을 설립하여 통화신용정책을 수행하고 있다.

3. '무자본'의 의미

1950년 제정된 「한국은행법」은 한국은행의 자본금을 15억 원(圓)으로 하고 있었지만(제4조), 1962년 5월 24일 제1차 「한국은행법」 개정에 의하여 무자본으로 변경되었다. '무자본'이라는 의미는 한국은행이 업무 수행을 위해 필요한 실질적인 자산을 보유하고 있지 않다는 것이 아니라, 회계장부상 자본금 계정이 존재하지 않는다는 것뿐이며, 한국은행은 납입자본금(기본자본)은 없지만 결산상 순이익금을 특정한 목적 또는 손실 보전 등에 대비하여 적립하고 있으므로(제99조) 경제적 의미에서 자본(부가자본)을 보유하고 있다고 볼 수 있다.[30] 또한 한국은행을 무자본으로 한 이유는 자

30 한국은행 법규실(2012), 14~15면.

본금을 가질 경우 출자자(정부 또는 민간 주주)로부터 간섭을 받거나 이해상충이 발생할 우려가 있어 통화신용정책의 중립성 및 자율성을 유지하기가 어렵기 때문이다.[31]

II. 금융통화위원회

1. 금융통화위원회의 구성

1) 구성

금융통화위원회는 한국은행의 내부 최고의사결정기구이다(제12조). 금융통화위원회는 7인의 위원으로 구성된다. ① 한국은행 총재, ② 한국은행 부총재, ③ 기획재정부 장관이 추천하는 위원 1인, ④ 한국은행 총재가 추천하는 위원 1인, ⑤ 금융위원회 위원장이 추천하는 위원 1인, ⑥ 대한상공회의소 회장이 추천하는 위원 1인, ⑦ 사단법인 전국은행연합회 회장이 추천하는 위원 1인 등 7인의 위원으로 구성된다(제7조 제1항).

금융통화위원회 위원은 상임으로 한다(제12조 제4항). 제6차 「한국은행법」 개정(1997년 12월 31일) 전에는 당연직 위원을 제외한 위원은 비상임이었으나, 현재는 상임이다. 그런데 당연직 위원을 제외한 위원을 상임제로 하는 것이 중앙은행의 독립성 유지에 도움이 될 수 있는지는 좀 더 면밀한 검토가 필요하다. 일반 회사의 경우에도 사외이사 제도를 도입한 취지가 외부인으로서 경영진을 견제하기 위한 목적이라는 점에서 비상임 위원제가 오히려 중앙은행의 독립성을 확보하는 데 더 효율적일 수도 있다. 오

31 같은 설명은 한국은행 법규실(2012), 15면.

히려 내부 위원이 됨으로써 통화신용정책 수립에 독립성을 확보하지 못할 수도 있다는 점에서 비상임제로 하는 방안을 검토할 필요가 있다. 외국의 사례를 보면 일부 위원을 비상임으로 하는 국가도 있다. 미국의 경우 통화정책 결정기구인 연방공개시장위원회(Federal Open Market Committee: FOMC)는 7인의 연방준비제도이사회 이사와 5인의 연방준비은행 대표자인 위원으로 구성되는데,[32] 이 중 연방준비은행의 대표자 5인은 비상임이어서 전원 상임제는 아니다. 호주의 경우도 중앙은행인 호주준비은행(Reserve Bank of Australia)의 통화정책위원회(Monetary Policy Board)는 총재, 부총재, 사무총장(Secretary) 및 6인의 위원으로 구성되는데,[33] 6인의 위원은 비상임(on a part-time basis)이다.[34] 뉴질랜드의 경우도 중앙은행인 뉴질랜드준비은행(Reserve Bank of New Zealand)의 통화정책위원회(Monetary Policy Committee)는 5인 이상 7인 이하의 위원으로 구성되는데, 총재, 2인 또는 3인의 내부 상임위원 및 2인 또는 3인의 외부 비상임위원으로 구성되어야 한다.[35]

한국은행 총재는 금융통화위원회 의장을 겸임하며, 국무회의의 심의를 거쳐 대통령이 임명한다(제12조 제2항). 당연직 위원인 한국은행 부총재는 한국은행 총재가 추천하여 대통령이 임명한다(제36조 제1항). 한국은행 부총재가 금융통화위원회의 당연직 위원이 된 것은 2003년 9월 제7차 「한국은행법」 개정 때이다. 나머지 위원은 금융·경제 또는 산업에 관하여 풍부한 경험이 있거나 탁월한 지식을 가진 자로서 추천기관의 추천을 받아 대통령이 임명한다(제12조 제3항).

32 Federal Reserve Act of 1913, Sec. 12A(a).
33 Reserve Bank Act 1959, Sec. 25AA.
34 Reserve Bank Act 1959, Sec. 25AB(1).
35 Reserve Bank of New Zealand Act 2021, Sec. 100(1), (2).

2) 의장

의장은 금융통화위원회를 대표하며, 금융통화위원회의 회의를 주재하고 회무를 통할한다(제14조 제1항). 의장이 부득이한 사유로 직무를 수행할 수 없을 때에는 금융통화위원회가 미리 정한 위원이 의장의 직무를 대행한다(제14조 제2항). 그런데 1997년 제6차 「한국은행법」 개정 전에는 당시 금융통화운영위원회의 의장은 한국은행 총재가 아닌 재무부 장관(재정경제부 장관)이었다. 사실상 한국은행의 독립성이 보장될 수 없었던 큰 이유 중의 하나이었다. 1997년 외환위기로 국제통화기금(IMF)의 자금 지원을 받으면서 「한국은행법」이 개정되었고, 이에 따라 **한국은행 총재가 금융통화위원회의 의장이 된 것은 한국은행의 독립성을 확보하는 데 획기적인 사건**이 되었다.

3) 위원의 임기

금융통화위원회 의장인 한국은행 총재의 임기는 4년이며, 1차에 한하여 연임할 수 있다(제33조 제2항). 당연직 위원인 한국은행 부총재의 임기는 3년이며, 1차에 한하여 연임할 수 있다(제36조 제2항). 나머지 추천기관의 추천으로 임명된 위원의 임기는 4년이며, 연임할 수 있고 연임 횟수에 제한이 없다(제15조). 추천기관의 추천으로 임명된 위원에 궐원(闕員)이 있을 때에는 새로 임명하되, 새로 임명된 위원의 임기는 전임자의 잔여 임기로 한다(제16조). 한국은행 총재나 부총재는 새로 임명된 경우 임기는 새로 시작한다.

4) 위원의 결격 사유

「한국은행법」은 금융통화위원회 위원의 결격 사유를 규정하고 있다. 대한민국 국민이 아닌 자나 국가공무원법 제33조에 해당하는 자는 금융통화위원회 위원이 될 수 없다(제17조). 따라서 외국인은 금융통화위원회 의장인 한국은행 총재나 위원이 될 수 없다.

5) 위원의 신분 보장

금융통화위원회의 독립성을 확보하기 위하여 「한국은행법」은 위원의 신분 보장에 관한 조항을 두고 있다. 금융통화위원회 위원은 다음에 해당하는 경우를 제외하고는 임기 중 그 의사에 반하여 해임되지 아니한다. ① 위원의 결격 사유(제17조)에 해당하는 경우, ② 심신의 장애로 인하여 직무를 수행할 수 없게 된 경우, ③ 「한국은행법」에 의한 직무상의 의무를 위반하여 위원으로서 직무 수행이 부적당하게 된 경우에는 해임 사유가 된다(제18조 제1항). 위원이 해임 사유에 해당하여 해임되는 경우 해임되기 전에 위원으로서 한 행위는 효력을 상실하지 아니한다(제18조 제2항).

6) 위원의 정치 활동 금지

「한국은행법」은 금융통화위원회가 정치적 영향을 받지 않고 업무를 수행하도록 하여 통화신용정책의 독립성과 중립성을 확보하기 위하여 위원의 정치 활동 금지 조항을 두고 있다. 즉, 금융통화위원회 위원은 정당법 제6조의 규정에 불구하고 정당에 가입할 수 없으며, 정치 운동에 관여할 수 없다(제19조).

7) 겸직 금지

금융통화위원회 위원은 재직 중 ① 국회의원 또는 지방의회의원의 직, ② 국가공무원 또는 지방공무원의 직, 또는 ③ 그 밖의 보수를 받는 직을 겸할 수 없으며, 영리를 목적으로 하는 사업을 영위해서도 아니 된다(제20조).

2. 금융통화위원회의 운영

1) 회의

금융통화위원회의 회의는 의장이 필요하다고 인정하는 때 또는 위원 2인 이상의 요구가 있을 때 의장이 소집한다(제21조 제1항). 「한국은행법」에 특별한 규정이 있는 경우를 제외하고는 위원 5인 이상의 출석과 출석위원 과반수의 찬성으로 의결한다(제21조 제2항). 위원은 2인 이상의 찬성으로 의안을 발의할 수 있지만, 의장은 단독으로 의안을 발의할 수 있다(제21조 제3항). 금융통화위원회는 필요한 경우 관계 전문가 등을 회의에 출석시켜 의견을 들을 수 있다(제22조 제2항). 기획재정부 차관 또는 금융위원회 부위원장은 금융통화위원회 회의에 열석하여 발언할 수 있는데, 다만 금융위원회 부위원장은 금융위원회 소관 사항에 한하여 열석하여 발언할 수 있다(제91조). 이렇게 정부 부처 공무원이 금융통화위원회 회의에 참석하여 발언을 할 수 있는 권리를 인정하는 것은 금융통화위원회의 통화신용정책 결정이 정부의 경제정책과 조화를 도모하기 위한 제도적 장치(제4조 제1항) 중의 하나라고 볼 수 있다. 한국은행 부총재보도 금융통화위원회의 회의에 출석하여 발언할 수 있다(제22조 제1항).

2) 위원의 제척 사유

금융통화위원회 회의의 심의·의결에 공정성을 기하기 위하여 해당 사항에 이해관계가 있는 위원은 해당 사항의 심의·의결에서 제척되도록 하고 있다. 즉, ① 위원 본인과 직접적인 이해관계가 있는 사항이나 ② 배우자, 4촌 이내의 혈족 또는 2촌 이내의 인척 관계에 있는 자와 직접적인 이해관계가 있는 사항에 대해서는 해당 위원은 그 심의·의결에서 제척된다(제23조).

3) 의결서의 작성 및 의사록의 공개

금융통화위원회가 의결을 한 때에는 의결서를 작성하여 의결에 참여한 위원이 기명하고 날인 또는 서명하여야 한다(제24조 제1항). 금융통화위원회는 의사록을 작성하고, 금융통화위원회가 정하는 바에 의하여 이를 공개하여야 한다(제24조 제2항). 2011년 9월 16일 개정된 「한국은행법」은 의사록 공개에 대한 제한 조항을 추가하였다. 즉, 금융통화위원회는 국회 소관 상임위원회가 요구할 경우 금융통화위원회 의결서나 익명으로 처리된 금융통화위원회 의사록 전문의 자료를 비공개로 제출하여야 하며, 특히 익명으로 처리된 금융통화위원회 의사록 전문 자료의 경우에는 해당 금융통화위원회 개최 후 4년이 경과한 경우에 한해서만 비공개로 제출하도록 하고 있다(제24조 제3항).

4) 위원의 손해배상 책임

금융통화위원회가 고의 또는 중대한 과실로 인하여 한국은행에 손해를 끼친 때에는 당해 회의에 출석한 모든 위원은 한국은행에 대하여 연대하여 손해배상 책임을 진다(제25조 제1항 본문). 다만 그 회의에서 명백히 반대 의사를 표시한 위원은 그러한 책임에서 면제된다(제25조 제1항 단서). 위원에 대한 손해배상을 위한 소송에 있어서는 감사가 한국은행을 대표한다(제25조 제2항).

5) 한국은행 총재의 긴급조치권

한국은행 총재는 내우·외환·천재·지변 또는 중대한 재정경제상의 위기로 인하여 통화신용정책에 관하여 긴급 조치가 필요한 경우로서 금융통화위원회를 소집할 시간적 여유가 없을 때에는 금융통화위원회의 권한 범위 안에서 필요한 조치를 할 수 있다(제26조 제1항). 한국은행 총재는 긴급 조치를 한 때에는 지체 없이 금융통화위원회의 회의를 소집하고 그 내용을 보고하여야 한다(제26조 제2항). 금융통화위원회는 총재가 취한 긴급 조치를 확인·수정하거나 정지할 수 있다(제26조 제3항).

3. 금융통화위원회의 권한

1) 통화신용정책에 관한 심의·의결

금융통화위원회가 통화신용정책에 관하여 심의·의결하는 사항은 다음과 같다(제28조). ① 한국은행권 발행에 관한 기본적인 사항, ② 금융기관의 지급준비율, 최저 지급준비금의 보유 기간 및 보유 방법, ③ 한국은행의 금융기관에 대한 재할인 및 그 밖의 여신 업무의 기준 및 이자율, ④ 한국은행의 금융기관에 대한 긴급 여신에 관한 기본적인 사항, ⑤ 한국은행이 여신을 거부할 수 있는 금융기관의 지정, ⑥ 공개시장에서 한국은행의 국채 또는 정부보증증권 등의 매매 또는 대차(貸借)에 관한 기본적인 사항, ⑦ 한국은행통화안정증권의 발행·매출·환매·상환 등에 관한 기본적인 사항, ⑧ 한국은행통화안정계정의 설치 및 운용에 관한 기본적인 사항, ⑨ 금융기관으로부터 자금 조달에 중대한 애로가 발생하거나 발생할 가능성이 높은 경우 금융기관 외의 영리기업에 대한 여신의 기본적인 사항, ⑩ 지급결제 제도의 운영·관리에 관한 기본적인 사항, ⑪ 금융기관 및 지급결제 제도 운영기관에 대한 자료 제출 요구에 관한 사항(통화신용정책의 수립 및 지급결제 제도의 원활한 운영을 위하여 필요한 경우에 한한다), ⑫ 「한국은행법」 제81조의2에 따른 일시적인 결제 부족 자금의 지원에 관한 사항, ⑬ 「한국은행법」 제87조에 따른 금융기관 등에 대한 자료 제출 요구(다만 통화신용정책의 수립을 위하여 필요한 경우에 한한다), ⑭ 금융감독원에 대한 금융기관 검사 및 공동검사 요구(통화신용정책의 수립을 위하여 필요한 경우에 한한다), ⑮ 금융기관의 각종 예금에 대한 이자 및 그 밖의 지급금의 최고율 결정, ⑯ 금융기관의 각종 대출 등 여신 업무에 대한 이자 및 그 밖의 요금의 최고율 결정, ⑰ 금융기관이 행하는 대출의 최장 기한 및 담보의 종류에 대한 제한, ⑱ 극심한 통화팽창기 등 국민경제상 긴절한 경우 일정한 기간 내의 금융기관의 대출과 투자의 최고 한도 또는 분야별 최고 한도의 제한, ⑲ 극심한 통화팽창기 등 국민경제상 긴절한 경우 금융기관의 대출에 대한 사전 승인, ⑳ 그 밖에 「한국은행법」과 다른 법률에 금융통화위원회의 권한으로 규정된 사항이다.

2) 한국은행의 운영에 관한 심의·의결

금융통화위원회는 한국은행의 운영에 관한 다음의 사항을 심의·의결한다(제29조). ① 한국은행의 정관 변경에 관한 사항, ② 한국은행의 조직 및 기구에 관한 사항, ③ 한국은행의 예산 및 결산에 관한 사항, ④ 한국은행 소속 직원의 보수 기준에 관한 사항, ⑤ 그 밖에 한국은행의 운영과 관련하여 「한국은행법」 또는 한국은행 정관에 금융통화위원회의 권한으로 규정된 사항이다.

III. 집행기관 및 감사

1. 집행기관

한국은행의 집행기관은 집행간부와 직원으로 구성된다. 한국은행의 집행간부는 총재 및 부총재 각 1인과 부총재보 5인 이내로 구성된다(제32조).

1) 집행간부

(1) 총재

가) 한국은행의 대표자

한국은행 총재는 한국은행을 대표하고, 그 업무를 통할한다(법 제34조 제1항). **총재는 금융통화위원회의 의장을 겸임**하며(제13조 제2항), 국무회의의 심의와 국회 인사청문회를 거쳐 대통령에 의해 임명된다(제33조 제1항). 총재의 임기는 4년이며, 한 차례만 연임할 수 있다(제33조 제2항).

나) 총재의 권한과 의무

한국은행 총재는 금융통화위원회가 수립한 정책을 수행하며, 「한국은행법」 및 정관에 의하여 부여된 그 밖의 권한을 행사한다(제34조 제2항). 총재는 금융통화위원회가 유의하여야 할 사항을 수시로 통보하며, 금융통화위원회의 심의·의결을 위하여 필요한 자료 및 의견을 제공할 의무를 진다(제34조 제3항).

다) 대리인 선임권

한국은행 총재는 부총재·부총재보 또는 직원 중에서 한국은행의 업무에 관하여 재판상 또는 재판 외의 모든 행위를 할 권한이 있는 대리인을 선임할 수 있다(제35조 제1항). 재판상 대리인으로 선임될 수 있는 직원은 재판과 관련된 업무에 2년 이상 종사한 경험이 있거나 이러한 업무에 대한 학식과 경험이 풍부한 자로 한다(제35조 제2항, 시행령 제8조 제2항).

(2) 부총재

한국은행 부총재는 총재가 추천하여 대통령이 임명한다(제36조 제1항). 부총재는 총재를 보좌한다(제37조). 부총재는 금융통화위원회의 당연직 위원이 된다(제13조 제2호). 부총재는 한국은행의 집행간부이면서 금융통화위원회의 위원을 겸하고 있는 셈이다. 부총재의 임기는 3년으로 하되, 1차에 한하여 연임할 수 있다(제36조 제2항).

(3) 부총재보

한국은행 부총재보는 총재가 임명한다(제36조의2 제1항). 부총재보는 총재와 부총재를 보좌하며, 각자 정관이 정하는 바에 따라 업무를 분장한다(제37조). 부총재보의 임기는 3년으로 하되, 1차에 한하여 연임할 수 있다(제36조의2 제2항). 총재는 부총재보가 ① 파산선고를 받은 경우, ② 금고 이상의 형(刑) 또는 「한국은행법」, 그 밖의 금융 관련 법령(외국의 금융 관련 법령을 포함한다)에 의하여 벌금 이상의 형을 선고받은 경우, ③ 심신의 장애로 인하여 직무를 수행할 수 없게 된 경우, ④ 「한국은행법」, 「한국은행법」에 의한 명령, 정관을 위반한 경우에는 해임할 수 있다(제38조). 즉, 위 해임 사유에 해당하지 않는 한 부총재보는 해임되지 않는다고 보아야 할 것이다.

2) 직원

한국은행의 직원은 총재가 임면한다(제39조).

3) 집행기관의 책무

총재·부총재·부총재보 및 직원은 금융통화위원회가 수립한 통화신용정책을 성실히 집행해야 한다(제40조 제1항). 금융통화위원회는 총재·부총재·부총재보 및 직원의 업무 수행에 대하여 필요한 경우 총재에 대하여 시정을 요구하거나 징계를 요구할 수 있다(제40조 제2항).

4) 겸직 제한

총재·부총재·부총재보 및 직원은 그 직무 외의 영리를 목적으로 하는 업무에 종사하지 못하며, 당해 임명권자의 승인을 얻지 아니하고는 다른 직무를 겸하지 못한다(제41조).

5) 청렴 및 비밀 유지 의무

총재·부총재·부총재보 및 직원은 금융기관 또는 그 기관의 임직원에게 여신을 강요하거나 금품 및 그 밖의 이익을 받아서는 아니 된다(제42조 제1항). 총재·부총재·부총재보 및 직원 또는 그 직에 있었던 자는 직무상 알게 된 정보를 다른 사람에게 누설하거나 직무 외의 목적으로 이를 사용해서는 아니 된다(제42조 제2항). 비밀 유지 의무를 위반한 자는 3년 이하의 징역 또는 2천만 원 이하의 벌금에 처한다(제104조).

2. 감사

1) 임명

한국은행에 감사 1인을 둔다(제43조 제1항). 감사는 기획재정부 장관의 추천으로 대통령이 임명한다(제43조 제2항).

2) 임기

한국은행 감사의 임기는 3년으로 하되, 1차에 한하여 연임할 수 있다(제44조).

3) 임무

한국은행의 감사는 한국은행의 업무를 상시 감사하며, 그 결과를 수시로 금융통화위원회에 보고해야 한다(제45조 제1항). 감사는 매년 종합감사보고서를 작성하여 정부와 금융통화위원회에 제출해야 한다(제45조 제2항). 한국은행 총재는 감사의 직무 수행상 필요한 직원의 임면에 관하여 감사와 협의하여야 한다(다만 정관이 정하는 하급 직원의 임면에 관하여는 예외이다)(제45조 제3항).

4) 해임 사유의 제한

감사는 ① 파산 선고를 받은 경우, ② 금고 이상의 형 또는 「한국은행법」 및 그 밖의 금융 관련 법령(외국의 금융 관련 법령을 포함한다)에 의하여 벌금 이상의 형을 선고받은 경우, ③ 심신의 장애로 인하여 직무를 수행할 수 없게 된 경우, ④ 「한국은행법」, 「한국은행법」에 의한 명령, 정관을 위반한 경우에는 해임될 수 있다(제46조→제38조). 즉, 위 해임 사유에 해당하지 않는 한 감사는 해임될 수 없다고 보아야 할 것이다.

5) 겸직 제한

감사는 그 직무 외의 영리를 목적으로 하는 업무에 종사하지 못하며, 당해 임명권자의 승인을 얻지 아니하고는 다른 직무를 겸하지 못한다(제46조→제41조).

6) 청렴 및 비밀 유지 의무

감사는 금융기관 또는 그 금융기관의 임직원에게 여신을 강요하거나 금품 및 그 밖의 이익을 받아서는 아니 된다(제46조→제42조 제1항). 감사 또는 그 직에 있었던 자는 직무상 알게 된 정보를 다른 사람에게 누설하거나 직무 외의 목적으로 이를 사용해서는 아니 된다(제46조→제42조 제2항). 비밀 유지 의무를 위반한 자는 3년 이하의 징역 또는 2천만 원 이하의 벌금에 처한다(제46조→제104조).

IV. 한국은행의 회계

1. 예산 및 결산

한국은행의 회계연도는 정부의 회계연도에 따른다(제97조). 정부의 회계연도는 「국가재정법」 제2조에 따라 매년 1월 1일에 시작하여 12월 31일에 종료한다. 한국은행의 매 회계연도 예산은 금융통화위원회의 의결을 거쳐 확정한다(제98조 제1항). 한국은행은 예산 중 급여성 경비 등 대통령령이 정하는 예산(일반관리비의 인건비와 급여성 복리후생비에 해당하는 예산을 말한다). (시행령 제17조)에 대하여는 미리 기획재정부 장관의 승인을 얻어야 한다(제98조 제2항). 한국은행은 당해 회계연도 개시 60일 전까지 기획재정부 장관에게 예산서를 제출하여야 한다(제98조 제3항). 한국은행 총재는 회계연도 종료 후 2개월 이내에 외부감사를 받은 해당 연도 결산서(재무제표와 그 부속명세서 및 「공인회계사법」 제23조에 따른 회계법인의 감사보고서를 포함한다)를 국회 소관 상임위원회와 기획재정부 장관에게 각각 제출하여야 한다(제98조 제4항).

2. 이익금 처분 및 손실 보전

1) 이익금 처분

한국은행은 매 회계연도마다 결산상 순이익금을 자산의 감가상각에 충당한 후 나머지가 있는 때에는 결산상 순이익금의 100분의 30을 매년 적립하여야 한다(제99조 제1항). 한국은행은 결산상 순이익금을 적립금으로 적립한 후 나머지가 있는 때에는 정부의 승인을 얻어 이를 특정 목적을 위한 적립금으로 적립할 수 있다(제99조 제2항). 한국은행은 결산상 순이익금을 적립한 후 나머지가 있는 때에는 이를 정부에 세입으로 납부하여야 한다(제99조 제3항).

2) 손실 보전

한국은행의 회계연도에서 발생한 손실은 적립금으로 보전하고, 적립금이 부족한 때에는 「국가재정법」이 정하는 바에 따라 정부가 보전한다(제100조).

3. 대차대조표의 공고

한국은행은 매월 20일 이내에 전월의 최종 영업일 현재의 자산 및 부채를 일정한 항목으로 표시하는 대차대조표를 공고하여야 하며, 이 경우 매 회계연도 최종 영업일 현재의 대차대조표는 당해 회계연도 종료 후 2개월 이내에 공고할 수 있다(제101조 제1항). 한국은행의 대차대조표에는 한국은행 총재, 감사 및 작성 담당 책임자가 기명하고 날인 또는 서명하여야 한다(제101조 제2항).

제4절 한국은행의 기능

I. 서설

한국은행은 중앙은행으로서 「한국은행법」에 따라 물가안정을 달성하기 위하여 그 수단으로서 **통화신용정책을 수립하고 집행**한다. 이러한 통화신용정책을 수행하기 위해서 한국은행은 다음과 같은 업무를 수행한다. 즉, 「한국은행법」 제4장 및 제5장에 따르면, 한국은행은 ① 화폐 발행 업무, ② 지급준비금 운영 업무, ③ 금융기관에 대한 여신 업무, ④ 공개시장에서 증권 매매 업무, ⑤ 정부 및 정부대행기관과 여신 및 수신 업무, ⑥ 민간에 대한 업무, ⑦ 지급결제 제도 관리·감시 업무, ⑧ 외국환 관련 업무, ⑨ 경제 조사 및 통계자료의 수집 및 작성 업무, ⑩ 금융기관에 대한 자료 제출 요구 업무 및 금융감독기관에 대한 금융기관 검사 및 공동검사 요구 업무 등을 수행한다. 이 중 지급준비금 운영 업무, 금융기관에 대한 여신 업무 및 공개시장에서 증권 매매 업무가 한국은행이 통화신용정책을 수행하기 위한 대표적인 수단이다. 이외에도 한국은행은 매 회계연도 경과 후 3개월 이내에 연차 보고서를 정부에 제출하고 이를 공표해야 하며(제102조), 감사원의 감사를 매년 받아야 하며(제95조), 매년 2회 이상 통화신용정책의 수행 상황에 관한 보고서를 국회에 제출하여야 하는(제96조) 등 정부나 국회로부터 견제를 받는다. 또한 한국은행은 정책 수립을 위하여 필요하다고 인정하는 경우에는 기획재정부 및 금융위원회와 상호 자료를 요청하여 정보를 공유할 수 있다(제94조). 이하에서는 한국은행의 업무와 정부와 국회 등과 관계에 관한 내용에 대하여 살펴본다. 우선 그 전에 통화신용정책의 대상이 되는 금융기관의 범위에 대하여 알아본다.

II. 「한국은행법」에 따른 금융기관의 범위

1. 서설

다른 금융 관련 법률들과 마찬가지로 「한국은행법」도 「한국은행법」이 적용되는 금융기관의 범위를 규정하고 있다(제11조). 즉, 「한국은행법」의 적용 대상 금융기관이 한국은행의 통화신용정책의 대상이 되는 금융기관이 된다. 「한국은행법」 제11조 제1항은 「한국은행법」 적용 대상 '금융기관'을 ① 「은행법」 제2조에 따른 은행[36]과 ② 금융지주회사법에 따른 은행지주회사라고 하고 있다. 한편 「한국은행법」은 「한국은행법」에 따른 금융기관의 범위에서 배제하는 조항도 두고 있는데, 보험회사, 상호저축은행, 신탁회사를 "금융기관으로 보지 않는다"고 규정하고 있다(제11조 제3항). 아래에서는 「한국은행법」에 따른 금융기관의 범위에 대해 자세히 살펴보기로 하는데, 특히 "「은행법」 제2조에 따른 은행"의 범위가 문제된다.

2. 「은행법」 제2조에 따른 은행

1) 서설

「한국은행법」은 금융기관의 범위에서 "「은행법」 제2조에 따른 은행"이라고 규정하고 있어(제11조 제1항) 검토가 필요하다. 즉, 「은행법」에 따라 인가를 받아 설립된 은행인 일반은행이 포함되는 것은 당연하데, 이 의미가 한국산업은행, 한국수출입은행, 중소기업은행, 농협은행, 수협은행 등 특별법에 근거하여 설립된 특수은행도 포함될 수 있는지 여부가 문제된다.

2) 「은행법」 제2조에 따른 은행의 범위

(1) 서설

「은행법」 제2조에 따른 은행은 "은행업을 규칙적·조직적으로 경영하

36 "은행"의 범위에는 「은행법」에 따른 은행으로 간주되는 외국은행 국내지점도 포함된다(「은행법」 제58조 참조).

는 한국은행 외의 모든 법인"을 말한다(제2호). 「은행법」은 '은행업'을 "예금을 받거나 유가증권 또는 그 밖의 채무증서를 발행하여 불특정 다수인으로부터 채무를 부담함으로써 조달한 자금을 대출하는 것을 업(業)으로 하는 것"이라고 정의하고 있다(제2조 제1호). 결국 은행업의 범위가 중요해지는데, 은행업의 요소를 분석해 보면, ① 예금의 수입 또는 채무증서의 발행에 의한 불특정 다수인으로부터 자금 조달 업무와 ② 대출 업무로 구분할 수 있다. 물론 두 업무를 동시에 수행해야 하고, 어느 한쪽 업무만 취급하면 은행이 아니다. 자금 조달 업무에서 중요한 것은 "불특정 다수인"으로부터 채무를 부담하는 것이므로 특정 조합원 또는 회원만을 대상으로 예금을 수입하는 상호금융기관으로 분류되는 신용협동조합, 새마을금고, 산림조합, 농업협동조합 및 수산업협동조합은 「은행법」에 따른 은행이 되지 않는다. 그리고 자금 조달 방법으로서 "예금의 수입" 또는 "유가증권 또는 그 밖의 채무증서를 발행"하는 것을 선택적으로 규정하고 있기 때문에 예금 업무를 취급하지 않더라도 사채나 기업어음(commercial paper: CP) 등을 발행하여 자금을 조달하고 대출 업무를 하면 「은행법」에 따른 은행에 해당된다. 대표적인 예가 신용카드회사, 시설대여회사, 할부금융회사, 신기술사업금융회사 등 「여신전문금융업법」에 따른 여신전문금융회사이다. 그래서 「여신전문금융업법」은 여신전문금융회사를 명시적으로 「한국은행법」과 「은행법」이 적용되지 않는다고 규정하여(제52조 제1항) 적용 배제를 하고 있다.

여기서 「은행법」 제2조에 따른 은행이 「은행법」에 따라 인가를 받아 설립된 은행(즉, 전국은행, 지방은행 및 외국은행 국내지점)을 말하는 것은 당연한데, 더 나아가 한국수출입은행, 한국산업은행, 중소기업은행, 농협은행, 수협은행 등 특수은행도 포함되는지에 관한 문제가 있다. 특수은행도 예금을 수입하거나 채권을 발행하여 조달한 자금으로 대출 업무를 수행하므로 은행업을 영위한다고 볼 수 있기 때문이다.

(2) 「은행법」에 따라 은행업 인가를 받은 일반은행

「은행법」 제2조에 따른 은행의 대표적인 예는 「은행법」에 따라 은행업 인가를 받은 은행, 즉 일반은행이 된다. 「은행법」에 따른 은행은 전국을 영업 구역으로 하는 '전국은행'과 전국을 영업 구역으로 하지 않는 '지방은행'으로 나누어지며(「은행법」 제2조 제1항 제10호), 외국은행 국내지점은 「은행법」에 따른 '은행'으로 간주되기 때문에(「은행법」 제59조 제1항), 외국은행 국내지점도 포함된다.

(3) 특별법에 근거하여 설립된 특수은행

가) 서설

개별 특별법에 따라 설립된 특수은행이 「은행법」 제2조에 따른 은행의 범위에 포함될 수 있는지 여부가 논란이 될 수 있다. 즉, 「은행법」 제2조에 따른 은행의 범위를 「은행법」에 따라 은행업 인가를 받은 은행이라고 좁게 해석할 수도 있다. 이와 같은 해석의 사례는 여러 금융 관련 법률에서 발견할 수 있다. 우선 자본시장법 제8조 제9항 제1호는 "「은행법」 제2조의 은행"이라고 하면서, 시행령에서 중소기업은행, 한국산업은행, 농협은행 등을 별도로 규정하고 있어, 이것은 「은행법」에 따라 인가를 받은 일반은행을 의미하는 것으로 보게 된다. 금융실명법도 "금융회사등"을 정의하면서, "「은행법」에 따른 은행"과 중소기업은행, 한국산업은행, 한국수출입은행, 농협은행, 수협은행 등을 별도로 규정함으로써(제2조 제1호) 「은행법」에 따른 은행을 일반은행을 의미하는 것으로 쓰고 있다. 이는 「특정금융거래정보의 보고 및 이용 등에 관한 법률」에서도 마찬가지이다(제2조 제1호). 반면에 구조개선법은 금융기관을 정의하면서 "「은행법」에 따라 설립된 은행"이라고 하고, 중소기업은행을 별도로 규정하고 있는데(제2조 제1호), 이 경우에는 「은행법」에 따라 은행업 인가를 받은 일반은행을 의미하는 것이 확실하게 된다. 이렇게 "「은행법」에 따른 은행" 또는 "「은행법」 제2조에 따른 은행"의 의미를 좁은 의미로 해석하여 일반은행만을 의미하는 것으로 보게 되면, 특수은행은 「한국은행법」 적용 대상이 아니라고 보아야 하는 결론이 된다.

나) 한국수출입은행

한국수출입은행은 정부와 금융기관 등으로부터 차입한 자금과 수출입금융채권의 발행으로 조달한 자금으로 수출입이나 해외 투자 자금으로 대출하는 업무를 영위하므로(「한국수출입은행법」 제18조, 제20조), 「은행법」 제2조에 따른 은행으로 볼 수 있다. 즉, 예금 수입 업무는 하지 않지만 유가증권인 수출입금융채권의 발행을 통하여 자금을 조달하고 대출하는 업무를 수행하기 때문에 「은행법」에 따른 은행의 정의에 포섭된다. 그러나 「한국수출입은행법」은 한국수출입은행에 대해서 「한국은행법」이 적용되지 않는다고 명시적으로 배제하고 있어(제2조 제3항), 「한국은행법」 적용 대상이 아니다.

다) 한국산업은행

한국산업은행은 예금의 수입이나 산업은행채권 발행을 통한 자금 조달 업무와 대출 업무를 수행하므로(「한국산업은행법」 제18조) 「은행법」 제2조에 따른 은행에 해당된다. 그래서 「한국은행법」에 따른 금융기관에 해당되고 「한국은행법」이 적용된다고 볼 수 있다.[37] 「한국산업은행법」도 "이 법에 특별한 규정이 없으면 「은행법」 … 을 한국산업은행에 적용한다."라고 하고 있어(제3조), 「은행법」에 따른 은행으로 보고 있다고 할 수 있다.

라) 중소기업은행

중소기업은행도 예금의 수입과 중소기업금융채권 발행을 통한 자금 조

---

37 「한국산업은행법」이 2009. 5. 21. 개정(2009. 6. 1. 시행)되면서, 한국산업은행이 수행하던 정책금융 업무는 한국정책금융공사로 이관되었으나, 「한국산업은행법」이 2014. 5. 21. 개정(2014. 12. 31. 시행)되면서 정책금융 업무가 다시 한국산업은행으로 이관되었다.

달 업무를 하면서 대출 업무를 수행하므로(「중소기업은행법」 제33조) 「은행법」에 따른 은행에 해당되며, 「한국은행법」에 따른 금융기관에 해당된다고 볼 수 있다. 「중소기업은행법」도 "이 법에 특별한 규정이 있는 경우를 제외하고는 「은행법」 … 을 중소기업은행에 적용한다."라고 하고 있어(제3조 제3항), 「은행법」에 따른 은행으로 보고 있다고 할 수 있다.

마) 농협은행

농협은행은 「농업협동조합법」의 개정(2011. 3. 31. 개정, 2012. 3. 2. 시행)으로 종전의 농업협동조합중앙회의 신용사업 부문이 별도로 분리되어 농협금융지주회사 산하의 자회사로 설립되었다(「농업협동조합법」 제161조의10 제5항). 농협은행도 「은행법」에 따른 은행 업무(즉, 예금 수입 업무와 대출 업무)를 영위하므로(제161조의11 제2항), 「은행법」에 따른 은행에 해당되어 「한국은행법」에 따른 금융기관에 해당되고 「한국은행법」이 적용된다고 볼 수 있다. 「농업협동조합법」도 농협은행에 대하여 "이 법에 특별한 규정이 없으면 「은행법」 … 을 적용한다."라고 하고 있어(제161조의11 제8항), 「은행법」에 따른 은행으로 보고 있다고 할 수 있다. 한편 「농업협동조합법」이 2011년 개정되기 전에는 「한국은행법」은 "농업협동조합중앙회의 신용사업 부문을 「한국은행법」상의 금융기관으로 본다."라는 간주 규정을 두어 「한국은행법」 적용 대상 금융기관으로 하였었다(제11조 제2항).

바) 수협은행

수협은행도 「수산업협동조합법」의 개정(2016. 5. 29 개정, 2016. 12. 1. 시행)으로 종전의 수산업협동조합중앙회의 신용사업 부문이 분리되어 별도의 법인으로 설립되었다(「수산업협동조합법」 제141조의4 제1항). 수협은행도 「은행법」에 따른 은행 업무(즉, 예금 수입 업무와 대출 업무)를 영위하므로(제141조의9 제1항), 「은행법」에 따른 은행에 해당되어 「한국은행법」에 따른 금융기관에 해당되고 「한국은행법」이 적용된다고 볼 수 있다. 「수산업협동조합법」도 수협은행에 대하여 “이 법에 특별한 규정이 없으면 「은행법」 … 을 적용한다.”라고 하고 있어(제141조의4 제3항), 「은행법」에 따른 은행으로 보고 있다고 할 수 있다.

3. 「금융지주회사법」에 의한 은행지주회사

「금융지주회사법」에 근거하여 설립된 **은행지주회사도 「한국은행법」에 따른 금융기관에 해당**된다. 「금융지주회사법」에 따른 은행지주회사의 정의는 “① 「은행법」에 따른 인가를 받아 설립된 은행, ② 「은행법」 제2조 제1항 제1호의 은행업을 영위하는 금융기관으로서 대통령령이 정하는 금융기관, ③ ① 및 ②의 금융기관을 지배하는 금융지주회사 중 어느 하나에 해당하는 회사를 포함하여 1개 이상의 금융기관을 지배하는 금융지주회사”를 말한다(제2조 제1항 제5호).

즉, 은행을 자회사로 두고 있는 금융지주회사를 말한다. 그런데 여기서 특수은행을 자회사로 두고 있는 금융지주회사, 예를 들어 농협금융지주회사도 금융지주회사법에 따른 은행지주회사로 볼 수 있는지가 문제가 된다. 금융지주회사법은 “「은행법」에 따른 인가를 받아 설립된 은행”이라고 하고 있어, “「은행법」 제2조에 따른 은행”과는 달리 보아야 하기 때문이다. 즉, “「은행법」에 따른 인가를 받아 설립된 은행”이라 함은 일반은행에 해당된다고 보아야 할 것이다. “「은행법」 제2조 제1항 제1호의 은행업을 영위하는 금융기관으로서 대통령령이 정하는 금융기관”이 특수은행을 염두에 두고 만들어진 조항이라고 보여지나, 시행령에서 정한 금융기관이 없기 때문에 특수은행을 은행지주회사의 자회사의 범위에 포함된다고 보기도 어렵다. 이러한 금융지주회사도 「한국은행법」에 따른 적용 대상 금융기관의 범위에서 적용 배제할 특별한 이유가 없으므로 입법 보완을 할 필요가 있다.

4. 특별법에 의하여 「한국은행법」에 따른 '금융기관'으로 간주되는 기관

각 특별법에 의하여 「한국은행법」에 따른 금융기관으로 간주되는 기관이 있다. 「한국은행법」에는 이에 관한 조항이 없고, 개별 법률에 규정되어 있다. 그러한 기관으로는 신용협동조합중앙회, 새마을금고중앙회, 상호저축은행중앙회가 있다.

1) 신용협동조합중앙회의 신용사업 부문

신용협동조합중앙회의 경우 「신용협동조합법」은 신용협동조합중앙회가 그 회원인 신용협동조합 및 조합원을 위한 내·외국환 업무와 국가·공공단체 또는 금융기관의 업무 대리[38]를 수행하는 경우에 신용협동조합중앙회의 신용사업 부문은 「한국은행법」 제11조의 금융기관으로 간주한다고 규정하고 있다(제6조 제3항).[39] 즉, 신용협동조합중앙회의 신용사업 부문은 회원을 대상으로 예탁금을 수납하고 대출을 하기 때문에(즉, 불특정 다수인을 대상으로 하지 않기 때문에) '「은행법」 제2조에 따른 은행'이 아니라서 「한국은행법」에 따른 금융기관이 될 수 없지만, 신용협동조합중앙회의 신용사업 부문은 일정한 업무 영위와 관련해서는 금융기관으로 간주하고 있는 것이

38 "국가·공공단체 또는 금융기관의 업무 대리"가 구체적으로 무엇을 의미하는지 명확하지 않으나, "국가 및 지방자치단체를 대리하여 정책자금 대출·상환 업무를 수행하거나 은행을 대리하여 은행 고객을 상대로 예금 수입 및 지급 업무를 수행하는 경우 등"이 이에 해당할 것으로 본다(한국은행 법규실(2012), 79면 각주 45)).

39 「한국은행법」에 따른 금융기관으로 간주되는 조항은 1998. 1. 13. 「신용협동조합법」을 개정할 때 신설된 것이다.

다. 이렇게 신용협동조합중앙회의 신용사업 부문을 「한국은행법」에 따른 금융기관으로 간주하는 규정을 둔 이유는 그 회원인 신용협동조합이 독자적으로 취급하기 어려운 지급결제 기능을 그 중앙 조직인 신용협동조합중앙회를 통해 수행할 수 있도록 하기 위한 것이다.[40] 즉, 「한국은행법」에 따른 금융기관의 자격을 갖게 된 신용협동조합중앙회가 다른 금융기관과 직접 어음 교환 등 지급결제 업무를 수행하고, 개별 신용협동조합은 그 중앙회와 연계하여 간접적으로 금융기관과 지급결제 업무를 수행할 수 있도록 한 것이다.[41] 따라서 신용협동조합중앙회는 한국은행에 당좌 예금 계정을 개설할 수 있고, 은행 사이의 지급결제 제도에 참가할 수 있다.[42]

2) 새마을금고중앙회의 신용사업 부문

새마을금고중앙회의 경우도 신용협동조합중앙회의 경우와 동일하다. 즉, 「새마을금고법」도 새마을금고중앙회의 신용사업 부문이 내·외국환 업무 등 일정한 업무를 수행하는 경우에는 「한국은행법」 제11조의 금융기관으로 간주하는 규정을 두고 있다(제6조 제1항).[43] 그 취지는 신용협동조합중앙회의 경우와 같다.

3) 상호저축은행중앙회

상호저축은행중앙회의 경우도 일정한 업무에 대해서는 「한국은행법」에 따른 금융기관으로 간주된다. 즉, 상호저축은행중앙회는 ① 내국환 업무, ② 국가·공공단체·금융기관의 대리 업무, ③ 국채·지방채의 모집·인

40 한국은행 법규실(2012), 80면.
41 한국은행 법규실(2012), 80면.
42 한국은행 법규실(2012), 80면.
43 「한국은행법」에 따른 금융기관으로 간주되는 조항은 1998. 1. 13. 「새마을금고법」 개정 시 신설된 것이다.

수·매출 업무, ④ 상호저축은행의 공동 이익을 위한 자회사의 설립·운영 또는 다른 법인에 대한 출자 업무, ⑤ 전자금융거래법에서 정하는 직불전자지급수단의 발행·관리 및 대금의 결제 업무, ⑥ 전자금융거래법에서 정하는 선불전자지급수단의 발행·관리·판매 및 대금의 결제 업무, ⑦ 국가기관·지방자치단체 및 그 밖의 공공단체가 위탁하는 업무를 수행하는 데 있어서는 「한국은행법」에 따른 금융기관으로 간주된다(「상호저축은행법」 제36조 제4항).[44] 상호저축은행중앙회의 경우도 상호저축은행을 통한 지급결제가 원활히 이루어질 수 있도록 「한국은행법」에 따른 금융기관으로 간주하여 적용 대상 금융기관으로 하고 있는 것이다.

4) 소결

각 특별법에 의하여 제한된 업무 범위에서 「한국은행법」에 따른 금융기관으로 간주되는 기관의 경우, 「한국은행법」에 이러한 간주 조항이 없어서 이러한 기관들이 「한국은행법」 적용 대상 금융기관이라는 것을 잘 알 수 없는 문제가 있다. 따라서 명확성을 위해서 「한국은행법」에도 이러한 기관들을 「한국은행법」 적용 대상 금융기관으로 규정하는 것이 바람직하다.

5. 「한국은행법」에 따른 '금융기관'에 해당하지 않는 금융기관

1) 의의

「한국은행법」 제11조 제3항은 "보험회사와 상호저축은행 업무 또는 신탁 업무만을 영위하는 회사는 「한국은행법」상의 금융기관으로 보지 아니

44 2000. 1. 28. 「상호저축은행법」 개정 시 신설된 것이다.

한다."라고 규정함으로써 명시적으로 「한국은행법」 적용 대상에서 배제하고 있다.

2) 보험회사

보험회사는 보험료 등의 형태로 금전을 수입하고 이 자금을 대출로 운용한다는 점에서 신용중개기관으로서 일면 금융기관과 유사하다고 볼 수 있지만, 보험료 수입의 성격이 예금 수입과 다르다는 점, 대출을 하지만 수입 보험료의 자산 운용(portfolio) 차원에서 대출을 하는 것이지 '업'으로서 하는 것이 아니라는 점을 고려할 때 '은행'이라고 보기는 어렵다. 그래서 「한국은행법」은 명시적으로 보험회사를 금융기관이 아니라고 규정하고 있다.

3) 신탁회사

신탁회사의 경우도 마찬가지이다. 신탁회사는 위탁자로부터 금전 등 재산을 신탁재산으로 수탁하여 그 자금을 운용(물론 대출도 포함되지만)하는 것이므로 '은행'과 다르다. 그래서 「한국은행법」에 따른 금융기관으로 보기가 어렵다.

4) 상호저축은행

상호저축은행의 경우는 좀 다른데, 예금을 수입하고 자금을 대출하는 업무를 취급하기 때문에 「은행법」에 따른 은행에 해당되지만, 상호저축은행은 업무 범위나 영업 구역이 제한되고 서민금융기관으로서 특성이 있어서 정책적인 목적으로 「한국은행법」 적용 대상에서 배제하고 있다.[45] 「상호저축은행법」도 명시적으로 「한국은행법」이 적용되지 않는다고 규정하면

45 한국은행 법규실(2012), 82면.

서, 다만 「한국은행법」 제80조 제1항(한국은행의 영리기업에 대한 여신)과 제3항(여신을 받은 영리기업에 대한 재산 상황 등에 대한 한국은행의 조사 확인권)은 상호저축은행에 대해서 적용하도록 예외 조항을 두고 있다(「상호저축은행법」 제36조 제1항).[46]

6. 소결

「한국은행법」 적용 대상 금융기관의 하나로 규정하고 있는 "「은행법」 제2조에 따른 은행"의 범위를 '은행업을 영위하는 「은행법」에 따라 인가를 받은 은행', 즉 일반은행이라고 해석할 여지도 있다. 「은행법」에 규정되어 있으므로 당연히 「은행법」에 따른 인가를 받은 은행이라고 볼 수 있기 때문이다. 이러한 해석의 사례는 자본시장법과 금융실명법 등에서 발견할 수 있다. 이렇게 해석하는 경우에는 개별 특별법에 의해 설립된 특수은행은 「한국은행법」 적용 대상 금융기관이 아니라고 볼 여지가 있다. 특히 개별법이 「한국은행법」이 적용된다는 명시적인 조항이 없는 상태(「은행법」이 적용된다는 조항은 있지만)에서는 더욱 그러하다. 따라서 입법론으로는 이런 해석의 여지가 있게 규정하는 것보다 적용되는 금융기관을 열거하는 방식이 법적 안정성과 명확성을 위해서는 바람직하다. 또한 「한국은행법」에 규정되어 있지 않지만 개별 법률에 의해 「한국은행법」의 적용 대상이 되는 상호저축은행중앙회, 신용협동조합중앙회, 새마을금고중앙회의 경우도 「한국은행법」에 명확히 규정할 필요가 있다.

46 「상호저축은행법」 제36조 제1항은 상호저축은행에 대하여 「한국은행법」이 적용되지 않는다고 하면서, 「한국은행법」 제80조 제1항 및 제3항(영리기업에 대한 여신 조항)은 제외된다고 규정하고 있는데, 그러한 예외 규정이 없더라도 상호저축은행은 「한국은행법」에 따른 금융기관이 아니기 때문에 「한국은행법」 제80조 제1항은 「한국은행법」에 따른 금융기관이 아닌 상호저축은행에 당연히 적용되는 것으로 보아야 할 것이다.

III. 한국은행의 업무[47]

1. 화폐 발행 업무

1) 화폐 발행의 독점권

(1) 의의

한국은행은 중앙은행으로서 **법화**(法貨)인 화폐를 독점적으로 발행할 수 있는 권한을 가지고 있다. **'화폐'**라 함은 **한국은행이 발행하는 한국은행권(韓國銀行券)**(즉, 지폐(紙幣)를 말한다)**과 주화(鑄貨)**를 말하고(제48조, 제53조 제1항), 화폐의 발행이라고 하는 것은 한국은행이 창구를 통하여 화폐를 한국은행 이외의 자에게 이전하여 통용되도록 하는 것을 말한다.[48] 우리나라에서는 한국은행만이 화폐 발행권을 가지며(제47조), 한국은행이 발행한 화폐는 법화로서 모든 거래에서 무제한 통용된다(제48조, 제53조 제2항). 한국은행이 발행한 화폐는 한국은행의 부채가 되지만, 한국은행이 보유하는 화폐는 한국은행의 자산 또는 부채가 되지 아니한다(제50조, 제53조 제2항). 한국은행은 정부의 승인을 얻어 금융통화위원회가 정하는 바에 의하여 어떠한 규격·모양 및 권종(券種)의 화폐도 발행할 수 있다(제49조, 제53조 제2항). 한국은행은 화폐로 채권(債權)을 회수하며 한국은행에 예금할 수 있는 자로부터 예금을 수입(受入)하여야 한다(제51조 제1항, 제53조 제2항). 한국은행은 한국은행에 예금한 자의 요구에 의하여 즉시 화폐로 예금을 환급하여야 하며, 다만 환급 기간에 관하여 약정이 있는 경우에는 환급 기간이 도래한 후에 환급한다(제51조 제2항, 제53조 제2항).

---

47 미국, 영국, 독일, 일본 등 주요국의 중앙은행 업무 범위에 대한 논의는 고동원(2004) 참조.
48 한국은행 법규실(1999), 10면.

(2) 중앙은행전자화폐(CBDC) 발행 논의

중앙은행전자화폐(Central Bank Digital Currency: CBDC)의 발행 논의가 있다. 중앙은행이 실물화폐가 아닌 '전자적 형태'(digital form)로 발행하는 '법정화폐'를 말한다. 즉, 강제통용력을 갖고 있는 '법화'(legal tender)인 것이다. 또한 중앙은행이 발행하는 '전자화폐'라는 점에서 비트코인(Bitcoin) 등 민간에서 이용되고 있는 '암호자산'(crypto asset, 또는 '가상자산'(virtual asset))[49]과도 다르다.

중앙은행전자화폐의 발행은 중앙은행의 통화신용정책뿐만 아니라 지급결제 체계 및 금융안정에도 영향을 미칠 수 있으며, 익명화가 쉽지 않다는 점에서 개인정보 보호 문제 및 자금세탁 이용 행위 문제 등 여러 쟁점이 제기된다. 이에 따라 국제결제은행(BIS) 등 주요 국제금융기구들과 주요국 중앙은행들은 중앙은행전자화폐 발행에 대한 논의를 하고 있으며, 특히 중국의 경우에는 시범적인 실시를 하고 있다.[50] 우리도 한국은행이 중앙은행전자화폐 발행에 대한 기술적·법적 검토 등 발행 관련 많은 연구와 논의를 진행하고 있다.

그렇다면 한국은행은 「한국은행법」을 개정하지 않고도 중앙은행전자화폐를 발행할 수 있는가? 결론적으로 「한국은행법」을 개정해서 '한국은행은 전자적 형태의 화폐를 발행할 수 있다'는 조문을 두어야 할 것이다. 그 이유를 살펴본다. 「한국은행법」 제47조는 "화폐의 발행권은 한국은행만이 가진다."라고 하면서, 제48조는 "한국은행이 발행한 한국은행권은 법화로서 모든 거래에 무제한 통용된다."라고 하고 있고, 한국은행이 발행하는 주화에 대하여 제47조와 제48조를 준용하고 있다(법 제53조). 여기서 '한국은

---

49 암호자산에 대한 전반적인 설명은 한국은행(2018), 1~2면.
50 한국은행(2020), 2면.

행권'이라는 것은 '권'(券)이 '증서'라는 의미를 갖고 있으므로 '종이화폐', 즉 '지폐'를 말한다. 주화는 동전을 말한다. 따라서 「한국은행법」에 따른 화폐는 지폐인 한국은행권과 동전인 주화를 의미한다. 이런 점에서 현재의 '화폐'의 의미는 전자적으로 발행되는 화폐를 포섭한다고 보기는 어려운 것이고, 중앙은행전자화폐 발행에 관한 법적 근거를 명확히 할 필요가 있다.[51]

2) 화폐 교환 의무

한국은행은 보유하고 있는 화폐의 사정이 허용하는 한 권종(券種) 사이의 교환 요구에 응하여야 한다(제52조 제1항, 제53조 제2항). 한국은행은 훼손·오염 및 그 밖의 사유로 인하여 통용에 적합하지 아니한 화폐를 신권(新券)으로 교환하여야 한다(제52조 제2항, 제53조 제2항). 주화의 훼손을 막기 위하여 2011년 9월 16일 개정된 「한국은행법」은 제53조의2에 "누구든지 한국은행의 허가 없이 영리를 목적으로 주화를 다른 용도로 사용하기 위하여 융해·분쇄·압착, 그 밖의 방법으로 훼손하여서는 아니 된다."라는 조항을 추가하였다.[52]

3) 위조·변조된 한국은행권의 집중 관리

한국은행은 위조 또는 변조된 한국은행권에 대한 수사 및 재판이 종료된 후에는 해당 위조 또는 변조된 한국은행권을 한국은행에 집중하여 관리할 수 있다(제49조의2 제1항). 위조 또는 변조된 한국은행권의 집중 관리를 위하여 필요한 사항은 한국은행이 관계 기관과 협의하여 정한다(제49조

---

51 같은 주장은 고동원(2022), 18면; 정순섭 외 2인(2021), 45면; 한국은행(2019), 58면; 서자영(2021), 107면.

52 「한국은행법」 제53조의2를 위반하여 주화를 훼손한 자는 6개월 이하의 징역 또는 500만원 이하의 벌금에 처한다(법 제105조의2).

의2 제2항). 2011년 9월 16일 「한국은행법」이 개정되면서 추가된 조항이다.

2. 예금 수입 및 지급준비 제도 운영 업무

1) 서설

한국은행은 금융기관으로부터 예금을 수입하며(제54조), 각 금융기관이 보유하여야 할 지급준비금의 최저율 변경을 통하여 통화신용정책을 수행한다.

2) 예금 수입 업무

(1) 예금 수입 업무의 내용

한국은행은 금융기관으로부터 예금을 수입함으로써 예금 업무를 수행한다.[53] 이러한 예금 수입 업무는 대출 업무와 더불어 중앙은행의 일반적 기능의 하나인 '은행의 은행'으로서 업무를 수행하게 된다. 한국은행의 예금 수입 업무는 통화를 환수하는 의미를 갖게 된다. 한편 금융기관은 한국은행에 보유된 지급준비금을 한국은행 또는 다른 금융기관에 대한 결제 자금으로 사용할 수 있는데(제62조), 이것이 바로 예금을 인출하는 것이 된다.

(2) 대상 금융기관의 범위

한국은행의 예금 수입 업무의 대상 기관은 「한국은행법」에 따른 금융기관이다.[54] 따라서 「은행법」 제2조에 따른 은행이 해당되는데, 여기에는 해석상 논란이 있지만 「은행법」에 의거하여 설립된 일반은행과 개별 특별법

53 이외에도 한국은행은 정부(법 제71조), 정부대행기관(법 제77조 제1항), 금융통화위원회가 업무 수행상 필요하다고 인정하는 법인(법 제79조), 외국의 금융기관, 국제금융기구, 외국정부와 그 대행기관 또는 국제연합기구(법 제82조)로부터 예금을 수입할 수 있다.

54 여기서 '금융기관'이라 함은 "「은행법」 제2조에 따른 은행"(즉, 해석상 일반은행 및 특수은행) 및 금융지주회사법에 의한 은행지주회사를 말한다(법 제11조 제1항).

에 따라 설립된 한국산업은행 등 특수은행이 포함된다고 볼 수 있다. 그리고 금융지주회사법에 의한 은행지주회사도 「한국은행법」 적용 대상 금융기관이기는 하지만(법 제11조 제1항) 은행지주회사는 금융업을 수행하는 회사가 아니므로 예금 수입 대상 기관에 해당하지는 않을 것이다.

다만 특수은행인 중소기업은행이 적용 대상이 되는지에 대해서는 법적으로 명확하지 않은 점이 있어 입법적 개선이 필요하다. 「중소기업은행법」 제52조 제1항이 "「한국은행법」 제56조 제2항의 규정(지급준비율의 결정)을 적용하지 않는다."고 규정하고 있고, 이에 따라 「중소기업은행법」 제33조의4가 "중소기업은행의 지급준비금은 금융통화위원회가 다른 금융기관과 구분하여 정하는 율에 의한다."라고 규정하고 있다. 따라서 「한국은행법」 제56조 제2항을 제외한 나머지 「한국은행법」의 조항들이 중소기업은행에 적용되어 한국은행의 예금 수입 업무 대상에 중소기업은행도 포함된다고 해석할 여지가 있지만, 「중소기업은행법」 제3조 제3항이 "이 법에 특별한 규정이 있는 경우를 제외하고는 「은행법」을 중소기업은행에 적용한다."라고만 되어 있고 「한국은행법」은 제외되어 있어 「한국은행법」이 중소기업은행에 전면적으로 적용된다고 보기가 어렵다고 볼 여지도 있다.[55] 「중소기업은행법」에 「한국은행법」이 중소기업은행에게 적용된다는 점을 명확히 규정할 필요가 있다.

55 반면에 중소기업은행에도 적용 대상이 된다고 하면서 「중소기업은행법」 제3조 제3항을 근거 조항으로 들고 있는 설명은 한국은행 법규실(2012), 73, 242면. 또한 노철우(2006), 109면도 "중소기업은행에 대해서는 「중소기업은행법」에 특별한 규정이 있는 경우를 제외하고는 한국은행법 및 은행법이 적용된다."고 설명하면서 근거 조항으로 「중소기업은행법」 제3조 제3항을 들고 있는데, 제3조 제3항에는 「한국은행법」은 규정되어 있지 않아서 근거 조항이 명확하지 않은 점이 있다.

3) 금융기관의 지급준비금 예치 의무

금융기관은 예금채무와 그 밖에 대통령령으로 정하는 채무(이하 "지급준비금 적립 대상 채무"라 한다)에 대하여 금융통화위원회가 정하는 최저 지급준비율에 상당하는 금액 이상의 금액을 **지급준비금으로 보유**해야 한다(제55조 제1항, 제56조). 2011년 9월 16일 「한국은행법」이 개정되기 전에는 예금에 대해서만 지급준비금 예치 의무가 적용되었으나, 이후는 예금 이외에도 제한적인 경우에 한해 일정한 조건을 충족하는 은행채(은행이 발행하는 채권)와 특수은행채권의 발행에 따른 채무가 지급준비금 예치 의무 대상이 되었다(시행령 제12조의2).[56] 지급준비금에 대해서는 금융통화위원회가 정하는 바에 의하여 이자를 지급할 수 있다(제55조 제2항). 한편 한국은행에 보유된 지급준비금은 금융통화위원회가 정하는 바에 따라 한국은행 또는 다른 금융기관에 대한 결제 자금으로 사용할 수 있다(제62조). 각 금융기관이 보유할 최저지급준비금은 금융통화위원회가 정하는 바에 따라 매 월별로 계산한다(제59조 제1항). 금융기관의 최저지급준비금은 대한민국 안에 있는 그 본점·지점 및 출장소를 종합하여 계산한다(제59조 제2항).

56 제12조의2(지급준비금 적립 대상 채무) 법 제55조 제1항에서 "대통령령으로 정하는 채무"란 만기(채권을 발행할 때 정한 만기를 말한다) 2년 이하의 원화표시 채권으로서 다음 각 호의 어느 하나에 해당하는 채권의 발행에 따라 발생한 채무를 말한다.

1. 금융통화위원회가 현저한 통화팽창기에 또는 현저한 통화팽창기가 될 우려가 있는 경우에 법 제55조 제1항에 따른 지급준비금(이하 "지급준비금"이라 한다)의 적립이 필요하다고 인정하는 기간 동안 발행되는 「은행법 시행령」 제19조에 따른 금융채
2. 금융통화위원회가 현저한 통화팽창기에 정부와 지급준비금의 적립 여부 및 그 기간에 대하여 협의를 거쳐 정하는 기간 동안 발행되는 다음 각 목의 채권
   가. 「농업협동조합법」 제153조에 따른 농업금융채권
   나. 「수산업협동조합법」 제156조에 따른 수산금융채권
   다. 「중소기업은행법」 제36조의2에 따른 중소기업금융채권
   라. 「한국산업은행법」 제25조에 따른 산업금융채권

4) 지급준비율

지급준비율이라 함은 "금융통화위원회가 정하는 각 금융기관이 보유할 지급준비금의 최저율"을 말하며, 금융통화위원회는 필요하다고 인정하는 경우 지급준비율을 변경할 수 있다(제56조 제1항). 지급준비율은 한계 지급준비금 이외에는 100분의 50 이하로 하며, 모든 금융기관에 일률적으로 적용한다(제56조 제2항). 금융통화위원회가 지급준비율을 인상할 때에는 점진적으로 하여야 하며, 모든 금융기관에 대해 이를 사전 통보하여야 한다(제61조). 금융통화위원회는 필요하다고 인정하는 때에는 지급준비금의 예치 의무(제55조) 및 한계지급준비금 보유 의무(제57조)의 범위 안에서 지급준비금 적립 대상 채무의 종류별 및 규모별로 지급준비율을 달리 정할 수 있다(제58조).

5) 한계지급준비금

금융통화위원회는 현저한 통화팽창기에 필요하다고 인정하는 경우 금융통화위원회가 지정하는 날의 지급준비금 적립 대상 채무액을 초과하는 증가액에 대하여 지급준비율에 해당하는 금액을 초과하여 전액까지를 최저지급준비금으로 추가로 보유하도록 요구할 수 있다(제57조).

6) 지급준비자산

금융통화위원회는 필요하다고 인정하는 경우 금융기관에 대하여 지급준비금과는 별도의 **지급준비자산**을 보유하도록 요구할 수 있다(제63조). 이 경우 금융기관은 지급준비자산을 현금, 정부의 채무 또는 정부가 보증한 채무를 표시하는 유통증권 또는 한국은행의 채무를 표시하는 유통증권으로 보유하여야 한다(시행령 제14조 제1항). 지급준비자산의 최저 보유 비율 및 한도와 그 밖의 필요한 사항은 금융통화위원회가 정한다(시행령 제14

조 제2항).

7) 지급준비금 예치 의무 위반 시 제재 조치

(1) 의의

금융통화위원회가 정한 최저지급준비금 보유 기간 중 보유한 지급준비금이 최저지급준비금에 미치지 못한 때에는 해당 금융기관은 해당 최저지급준비금 보유 기간 동안의 평균 부족액의 50분의 1에 해당하는 **과태금(科怠金)**을 한국은행에 납부하여야 한다(제60조 제1항). 지급준비금의 부족이 연속하여 3기의 최저지급준비금 보유 기간에 걸쳐 계속된 때에는 금융통화위원회는 당해 금융기관에 대하여 최저지급준비금을 1기의 최저지급준비금 보유 기간 이상 보유할 때까지 신규의 대출·투자 또는 주주에 대한 배당금의 지급 등을 금지할 수 있다(제60조 제2항). 지급준비금 예치 의무에 대한 제재 조치 내용은 2011년 9월 16일「한국은행법」개정에 의하여 다소 달라졌다.

(2) 과태금의 법적 성질

과태금은 행정처분에 해당하는가? 이에 대한 행정법원 판결이 있다. 행정법원은 과태금 부과는 "지급준비금 보유 의무 위반(구체적 사실)에 대한 제재 및 이익 박탈·환수(법 집행)를 명한 공권력 행사"에 해당하고 "「행정소송법」 제2조 제1항 제1호의 처분으로서 항고소송의 대상이 된다."고 판단함으로써 한국은행의 대표기관으로서 한국은행 총재가「행정소송법」 제2조 제2항의 행정청의 지위에서 부과하는 행정처분에 해당한다고 보고 있다.[57]

---

57 서울행정법원 2020. 10. 19. 선고 2019구합53723 판결(확정). 이에 대한 논의는 법무법인(유) 세종(2020), 1~2면.

3. 금융기관에 대한 여신 업무

1) 서설

한국은행은 금융통화위원회가 정하는 바에 의하여 금융기관에 대하여 여신(與信) 업무를 할 수 있는데, 이는 금융기관을 통해 본원통화(本源通貨)를 공급하는 방식으로 통화신용정책을 수행하기 위한 것이다. 「한국은행법」 제64조와 제65조에 따른 **한국은행의 금융기관 여신 방식**은 ① 약속어음·환어음 및 그 밖의 신용증권의 재할인·할인 또는 매매 방식(제64조 제1항 제1호), ② 신용증권, 국채, 정부보증채 및 한국은행통화안정증권 등을 담보로 하는 대출(제64조 제1항 제2호), ③ 긴급 사태가 발생할 때 임시로 적격성을 부여한 자산을 담보로 하는 대출(제65조) 등 세 가지가 있다. 이러한 금융기관에 대한 여신 업무는 간접적인 통화신용정책 수단의 대표적인 것 중의 하나이다. 즉, 대출 금리나 대출 총량의 조절을 통하여 통화량을 조절함으로써 통화신용정책을 수행하게 된다. 또한 이러한 여신 업무는 중앙은행의 최종대출자 기능을 수행하는 것이 되는데, 그중에서도 특히 「한국은행법」 제65조에 의한 긴급 여신은 최종대출자 기능의 전형적인 것이 된다.

2) 어음 (재)할인 방식

어음 (재)할인 방식은 금융기관이 받은 약속어음·환어음 및 그 밖의 신용증권을 재할인하거나 할인 또는 매매하는 방식을 말한다(제64조 제1항 제1호 본문). 다만 대상 증권은 한국은행이 취득한 날로부터 1년 이내에 만기가 도래하는 증권에 한한다(제64조 제1항 제1호 단서). **'할인'**이라 함은 만기가 도래하지 아니한 증권을 소지하고 있는 금융기관이 그 권리를 한국은행에 양도하고 한국은행은 증권에 기재된 액면 금액에서 만기까지의 이자 및 수수료(즉, 할인료)를 공제한 금액을 지급하는 거래를 말한다.[58] **'재할**

인'은 금융기관이 거래 고객을 상대로 할인을 하고 취득한 증권을 한국은행이 다시 할인하는 거래를 말한다.[59] 재할인·할인 또는 매입한 신용증권에는 그 증권을 제공한 금융기관의 배서가 있거나 양도증서가 첨부되어야 한다(제64조 제2항).

3) 증권 담보 대출 방식

증권 담보 대출 방식은 (재)할인 대상 증권(즉, 금융기관이 받은 약속어음·환어음 및 그 밖의 신용증권) 이외에 국채, 정부보증채, 한국은행통화안정증권 및 그 밖에 금융통화위원회가 정하는 증권을 담보로 하는 1년 이내의 기한부(期限附) 대출의 방식을 말한다(제64조 제1항 제1호). "그 밖에 금융통화위원회가 정하는 증권"은 2011년 9월 16일 「한국은행법」이 개정되면서 추가된 것이다. 한국은행이 금융안정 기능을 효율적으로 수행할 수 있게 금융통화위원회가 탄력적으로 담보 대상 증권을 정할 수 있도록 법에서 위임하고 있다. 그리고 담보로서 취득한 신용증권에는 그 증권을 제공한 금융기관의 배서가 있거나 양도증서가 첨부되어야 한다(제64조 제2항).

4) 긴급 여신

(1) 의의

한국은행은 긴급한 경우 위의 적격 증권 이외의 자산을 담보로 하여 금융기관에 여신을 제공할 수 있다. 즉, 한국은행은 ① "자금 조달 및 운용의 불균형 등으로 유동성이 악화된 금융기관에 대하여 긴급히 여신을 하는 경우" 또는 ② "전산 정보 처리 조직의 장애 기타 우발적 사고 등으로 인하여

58 한국은행 법규실(2012), 265~266면.
59 한국은행 법규실(2012), 266면.

금융기관 지급 자금의 일시적 부족이 발생함으로써 업무 수행에 현저한 지장이 초래될 것으로 인정되어 일시적으로 여신을 하는 경우"에는 금융통화위원회의 위원 4인 이상의 찬성으로 "임시로 적격성을 부여한 자산"을 담보로 하여 금융기관에게 여신을 제공할 수 있다(제65조 제1항). 대상 자산의 적격성에 대해서는 금융통화위원회가 결정할 것이다. 임시로 적격성을 부여할 수 있는 자산의 예로는 「한국은행법」 제64조 제1항 제2호의 담보 대출의 대상이 되는 적격 증권에 해당하지 않는 회사채·은행채·특수채, 금융기관이 민간에 대하여 보유하고 있는 대출채권(債權)[60]을 들 수 있다.[61]

(2) 의결 시 정부의 의견 수렴

금융통화위원회는 긴급 여신을 의결하고자 할 경우 정부의 의견을 들어야 한다(제65조 제4항). 이 조항은 2011년 9월 16일 「한국은행법」이 개정되면서 추가된 것인데, 금융안정이 위협받는 긴급한 경우에는 한국은행이 최종대출자 기능을 수행할 때 정부의 경제정책과 조화를 이루어야 한다는 것을 의미한다고 볼 수 있다.

(3) 대출과 투자의 제한

위의 첫 번째 사유, 즉 "자금 조달 및 운용의 불균형 등으로 유동성이 악화된 금융기관에 대하여 긴급히 여신을 하는 경우"에 여신을 받은 금융기관에 대하여는 이를 상환할 때까지 금융통화위원회가 대출과 투자를 제한할 수 있다(제65조 제2항).

(4) 대상 금융기관의 업무와 재산 상황 조사·확인

한국은행이 이러한 긴급 여신을 한 경우에는 긴급 여신과 관련하여 필요하다고 인정하는 때에는 당해 금융기관의 업무와 재산 상황을 조사·확

---

60 대출채권을 담보로 설정할 때 관련 법적 논의는 정순섭·이민경(2024), 387~438면.
61 한국은행 법규실(2012), 273면 각주 4).

인할 수 있다(제65조 제3항).

(5) 여신의 범위 문제

「한국은행법」 제65조는 '여신'이라고 규정하고 있는데, 「한국은행법」은 '여신'에 대한 정의 조항을 두고 있지 않고 있어 여신의 범위가 문제될 수 있다. 우선 「한국은행법」 제64조 제1항에 비추어 볼 때, 여신은 '재할인·할인' 및 '대출'을 포함하는 것으로 볼 수 있다. 그렇다면 「한국은행법」 제65조의 경우에도 여신은 재할인·할인 및 대출을 포함하는 것인가? 그렇게 보기는 어렵다고 본다. 그 이유는 「한국은행법」 제65조는 "임시로 적격성을 부여한 자산을 담보로 하는 여신"이라고 하고 있어 자산을 담보로 하는 재할인 또는 할인은 있을 수 없으므로 여기서는 여신을 대출의 의미로 보는 것이 타당할 것이다. 따라서 여신이라는 문구를 대출로 수정하여 명확하게 하는 것이 바람직하다.

(6) 여신 기한의 문제

여신을 대출로 본다면 「한국은행법」 제64조처럼 "1년 이내"의 대출만 의미하는 것인가? 이 부분은 명확하지가 않다. 「한국은행법」 제65조가 "일시적으로 여신을 하는 경우"라고 하고 있어, 「한국은행법」 제64조와 동일하게 "1년 이내"의 대출만 뜻하는 것으로 해석될 여지도 있으나,[62] 문언 해석상 반드시 그렇게 보아야 할지는 의문이다. 결국은 한국은행이 긴급 여신을 할 때 정하는 조건에 따라 결정될 것으로 보이지만, 이 또한 근거 조항이 없다는 점을 고려할 때 법적 근거 면에서도 미약하다. 입법론으로는 대출의 최장 기한을 정하면서 구체적인 대출 기간을 금융통화위원회가 정할 수 있도록 하는 근거 조항을 「한국은행법」에 두는 것이 바람직하다. 물

62 이러한 견해는 한국은행 법규실(2012), 273면("긴급여신을 인정하고 있는 취지 및 법문상 '일시적으로'라는 표현을 하고 있는 점 등을 고려할 때 여신 기간은 1년 이내에서 금융기관의 지급자금의 부족 해소 등에 필요한 최단 기간으로 운용되어야 할 것이다.").

론 필요한 경우에는 대출을 연장할 수 있도록 하는 문구도 추가할 필요가 있다.

5) 여신 거부 및 여신 제한

(1) 여신 거부 사유

한국은행에 융자를 신청한 금융기관이 다른 금융기관에 비하여 한국은행의 여신에 과도하게 의존하여 왔거나 불건전한 대출 방침 또는 투자 방침을 지속하여 왔다고 금융통화위원회가 인정하는 경우 한국은행은 당해 금융기관에 대한 융자를 거부할 수 있다(제66조 제1항). 그럼에도 불구하고 금융통화위원회가 이러한 금융기관에 대하여 여신을 허용하는 경우에는 당해 금융기관에 대한 여신에 적용하는 할인율 또는 이율을 인상할 수 있다(제66조 제2항).

(2) 여신 제한 의무

한국은행은 극심한 통화팽창기에는 금융기관에 대한 여신을 제한하여야 하며, 부득이한 경우에 한하여 신규로 여신을 제공하되 조속히 여신액을 감축하도록 노력하여야 한다(제67조).

4. 공개시장에서 증권 매매 또는 대차 업무

1) 서설

한국은행은 통화신용정책 수단의 하나로서 **공개시장(open market)에서 증권 매매나 대차**의 방식을 통하여 통화량을 조절한다.

2) 공개시장 운영 업무

(1) 업무 내용

한국은행은 통화신용정책을 수행하기 위하여 금융통화위원회가 정하는 바에 따라 자기 계산으로 ① 국채, ② 원리금 상환을 정부가 보증한 유가증권(즉, 정부보증채), ③ 그 밖에 금융통화위원회가 정한 유가증권(한국은행통화안정증권 등)을 **공개시장에서 "매매 또는 대차"**할 수 있다(제68조 제1항). '대차'는 2011년 9월 16일 「한국은행법」을 개정할 때 추가된 것이다. 공개시장 운영 대상 유가증권은 자유롭게 유통되고 발행 조건이 완전히 이행되고 있는 것에 한한다(제68조 제2항).

(2) 대상 금융기관의 범위

금융통화위원회가 제정한 「공개시장운영규정」은 공개시장 운영 대상 금융기관을 일반은행, 중소기업은행, 한국산업은행, 한국수출입은행, 금융투자업자(투자매매업자, 투자중개업자, 집합투자업자, 신탁업자), 종합금융회사, 자금중개회사, 증권금융회사, 한국거래소, 보험회사, 국민연금기금, 상호저축은행 및 상호저축은행중앙회, 농업협동조합중앙회, 수산업협동조합중앙회, 산림조합중앙회, 신용협동조합중앙회, 새마을금고중앙회로 규정하고 있다(제2조 제1항). 그런데 이는 한국은행의 통화신용정책의 대상기관을 은행 이외의 다른 금융기관으로 확대하고 있다는 점과 일반적인 「한국은행법」 적용 대상 금융기관에 대한 예외를 인정한다는 점에서 상당히 중요한 문제이다. 이렇게 중요한 사항이 법에 명확한 법적 근거를 두고 있지 않다는 점에서 재검토될 필요가 있다. 물론 「한국은행법」이 "금융통화위원회가 정하는 바에 의하여"라고 하고 있으므로(법 제68조 제1항), 이에 근거하여 금융통화위원회가 그 대상 금융기관의 범위를 정하고 있다고 주장할 여지도 있다. 그러나 이는 상당히 포괄적인 위임[63]이라는 점을 고려할 때 법적 문제가 제기될 수 있다. 따라서 「한국은행법」에 대상 금융기관의 범위를 정하거나 아니면 대강의 범위를 정한 다음 구체적인 범위는 금융통화위원회에 위임하는 방식을 취해야 할 것이다. 그러한 근거 조항이 없는 상태에서는 공개시장 운영 대상 금융기관의 범위를 「한국은행법」의 적용 대상 금융기관에 한하는 것으로 해석될 여지가 있어 금융통화위원회 규정(規程)과 충돌되는 문제점이 발생한다.

(3) 대상 증권의 범위

공개시장에서 매매 대상이 되는 증권은 「한국은행법」에 규정된 국채와 정부보증채(정부가 원리금 상환을 보장한 증권) 이외에 금융통화위원회가 정한 유가증권인 한국은행통화안정증권(다만 환매도(還買渡)를 조건으로 매입하는 경우에 한한다)과 한국주택금융공사가 발행한 주택저당증권이 해당한다(공개시장운영규정 제4조 제1항). 그리고 공개시장에서 대차 대상이 되는 증권은 국채와 정부보증채(정부가 원리금 상환을 보증한 증권)에 한한다(공개시장운영규정 제10조).

그런데 "금융통화위원회가 정하는 유가증권"의 범위와 관련해서는 다음과 같은 점을 생각해 볼 필요가 있다. 유통이 자유롭고 발행 조건이 완전히 이행되고 있는 유가증권이면 다 공개시장 운영 대상 증권이 될 수 있으므로 해석상 그러한 유가증권의 신용도는 고려하지 않아도 문제가 없게 될 것이다. 그러나 한국은행의 공개시장 운영 대상 증권이 위험도가 있다면 공개시장 운영 정책의 신뢰성이 훼손될 가능성이 있다. 그러한 점을 고려하여 「한국은행법」에 따른 대상 증권도 신용도가 높은 국채나 정부보증채로 한정하여 규정하고 있으며, 위임을 받아 금융통화위원회가 정한 유가증권의 범위도 한국은행통화안정증권이나 정부투자기관인 한국주택금

63 「헌법」은 포괄위임금지원칙을 규정하고 있다. 즉, 「헌법」 제75조는 "대통령은 법률에서 구체적으로 범위를 정하여 위임받은 사항에 관하여 대통령령을 발할 수 있다."고 규정하고 있다.

융공사가 발행하는 신용등급이 높은 채권에 한정하고 있다.

그러나 해석상 금융통화위원회가 신용도가 높지 않은 채권(예를 들어, 회사채 등)을 공개시장 운영 대상 증권으로 정해도 법적인 문제는 없게 된다. 그런데 과연 신용등급이 좋지 않은 증권을 공개시장 운영 대상 증권으로 지정하는 것이 바람직한 것인가에 대해서는 의문이 든다. 따라서 공개시장 운영 정책이 효율적으로 작동하려면 신용도가 높은 증권으로 한정하는 것을 고려할 필요가 있다. 이런 점을 고려할 때 공개시장 운영 대상 증권의 범위를 금융통화위원회에 위임을 할 때 어느 정도 제한할 수 있도록 하는 문구를 추가하는 것이 바람직하다.[64][65] 그렇게 하는 것이 포괄위임금지원칙을 충실히 따르는 방안이 될 수 있다.

3) 한국은행통화안정증권

한국은행은 「한국은행법」 및 「한국은행통화안정증권법」과 금융통화위원회가 정하는 바에 따라 **한국은행통화안정증권**(이하 "통화안정증권"이라 한다)을 공개시장에서 발행할 수 있다(제69조 제1항). 선진국의 경우 공개시장 운영은 주로 정부가 발행한 국채를 대상으로 하지만, 우리나라의 경우에는 공개시장 운영에 이용할 국채의 발행 잔액이 충분하지 않아서 이를 보충하기 위하여 한국은행이 그 채무를 표시하는 유통증권인 통화안정증권을 직접 발행하여 그 증권을 공개시장 운영의 대상 증권으로 하고 있는 점이 특징이다.[66]

한국은행은 통화안정증권을 환매조건부로 발행할 수는 없지만, 이미

---

64 물론 긴급한 상황인 경우에는 예외로 하는 조항을 두는 것을 고려할 필요는 있다.

65 이러한 주장에 대한 반대 견해로서 금융통화위원회가 시장 상황에 따라 대상 증권을 신축적으로 조절할 수 있도록 하기 위해서 현행 규정을 그대로 유지하는 것이 더 바람직하다는 주장이 있을 수도 있다.

66 한국은행 법규실(1999), 17면.

발행한 통화안정증권을 만기 전에 환매하거나 액면 금액으로 추첨 상환할 수는 있다(제69조 제2항). 통화안정증권의 추첨 상환은 금융통화위원회가 필요하다고 인정하는 때에 한하여 할 수 있다(제69조 제4항). 통화안정증권의 이율·만기일 및 상환 조건에 관한 사항은 금융통화위원회가 정한다(제69조 제3항). 한국은행은 환매 또는 상환한 통화안정증권을 지체 없이 회수하여 폐기하여야 하나, 환매도(還賣渡)를 조건으로 매입하는 경우에는 예외이다(제69조 제5항). 통화안정증권은 한국은행의 채무를 표시하는 증권이므로 한국은행이 보유하는 통화안정증권은 한국은행의 자산 또는 부채가 되지 아니하나, 환매도를 조건으로 매입하는 경우에는 한국은행의 자산 또는 부채가 된다(제69조 제6항).

4) 한국은행통화안정계정의 설치

한국은행은 금융통화위원회가 정하는 바에 의하여 **한국은행통화안정계정을 설치**하여 금융기관으로 하여금 그 계정에 예치하게 할 수 있다(제70조 제1항). 한국은행통화안정계정에 예치된 금액은 지급준비금으로 보지 아니한다(제70조 제2항).

5. 정부 및 정부대행기관과 업무

1) 서설

한국은행은 세금 등 정부 수입을 국고금으로 받아 두었다가 정부가 필요로 할 때 자금을 내주거나 정부가 자금이 일시적으로 부족할 때 자금을 빌려 주기도 하는 '정부의 은행' 역할을 한다.

2) 국고금 예수 업무 및 국가사무 취급 업무

한국은행은 대한민국 국고금의 예수기관으로서 「국고금관리법」이 규정하는 바에 따라 국고금을 취급한다(제71조). 또한 한국은행은 국가의 수입 징수를 보조하며, 국채의 발행·매각·상환 및 그 밖의 사무를 취급할 수 있다(제73조). 이외에도 한국은행은 정부에 속하는 증권·문서 및 그 밖의 고가물을 보호예수할 수 있다(제72조). 한국은행은 정부의 사무 취급에 대하여 실비의 범위 안에서 요금 또는 수수료를 청구할 수 있다(제74조).

3) 정부에 대한 여신과 국채 및 정부보증채의 인수 업무

한국은행은 정부에 대하여 당좌대출 또는 그 밖의 방식으로 여신을 할 수 있으며, 정부로부터 국채를 직접 인수할 수 있다(제75조 제1항). 즉, 한국은행은 정부에 대한 여신 또는 국채의 직접 인수를 통하여 정부에 대하여 신용을 제공함으로써 정부의 은행으로서 기능을 수행한다. 정부에 대한 여신과 직접 인수한 국채의 총액은 금융기관과 일반에 대하여 정부가 부담하는 모든 채무를 합하여 국회가 의결한 기채(起債) 한도를 초과할 수 없다(제75조 제2항). 정부에 대한 여신의 이율 및 그 밖의 조건은 금융통화위원회가 정한다(제75조 제3항). 이외에도 한국은행은 원리금 상환에 대하여 정부가 보증한 채권(즉, 정부보증채)을 직접 인수할 수 있다(제76조 제1항). 정부보증채의 인수에 대한 이율 및 그 밖의 조건은 금융통화위원회가 정한다(제76조 제2항).

4) 정부대행기관에 대한 여신 및 수신 업무

한국은행은 정부대행기관의 예금을 수입하며, 정부대행기관에 대하여 대출할 수도 있다(제77조 제1항). **정부대행기관**이라 함은 "생산·구매·판매 또는 배급에 있어서 정부를 위하여 공공의 사업 또는 기능을 수행하는 법인으로서 정부가 지정한 법인"을 말한다(제77조 제2항). 정부대행기관은 기획재정부 장관이 관계 부처의 장과 협의한 후 국무회의의 심의를 거쳐 대통령의 승인을 얻어 지정한다(시행령 제15조 제1항). 기획재정부 장관은 같은 절차를 거쳐 정부대행기관의 지정을 취소할 수 있다(제15조 제2항). 한국은행의 정부대행기관에 대한 대출은 그 원리금 상환에 대하여 정부가 보증한 경우에 한하여 할 수 있다(제77조 제3항). 금융통화위원회는 한국은행의 정부대행기관에 대한 대출 이율 및 그 밖의 조건을 정한다(제77조 제4항). 이외에도 한국은행은 통화팽창기에 정부대행기관에 대한 여신의 억제와 여신액의 감축을 위하여 노력하여야 한다(제78조).

6. 민간에 대한 업무

1) 서설

한국은행은 물가안정 도모라고 하는 목적을 달성하기 위한 업무 수행에 있어서 공공성을 확보하여야 하므로(제5조), 원칙적으로 민간 부문과 거래하는 것이 금지되며, 일정한 경우에 한하여 제한적으로 거래를 할 수 있다.

2) 민간과 거래 제한

(1) 의의

한국은행은 원칙적으로 정부·정부대행기관 또는 「한국은행법」에 따른 금융기관 이외의 법인이나 개인과 예금 또는 대출의 거래를 하거나 그러한 법인이나 개인의 채무를 표시하는 증권을 매입할 수 없다(제79조 본문). 다만 한국은행은 금융통화위원회가 정하는 바에 의하여 업무 수행에 필요하다고 인정하는 법인과 예금 거래를 할 수는 있다(제79조 단서).

(2) '법인'의 범위

여기서 '법인'의 범위가 문제될 수 있다. 해석상은 「한국은행법」에 따른 금융기관이 아닌 금융업자뿐만 아니라 일반 기업도 다 포함될 수 있다고 볼 수 있다. 다만 예금 거래와 관련해서는 금융통화위원회가 정하는 법인과 거래를 할 수 있도록 하고 있어서(제79조 단서) 그 범위는 금융통화위원회가 결정하게 된다. 이에 따라 금융통화위원회가 제정한 「한국은행의 당좌예금 등 거래대상기관에 관한 규정」은 「한국은행법」 제79조 단서에 따른 예금거래 대상 기관으로 자본시장법에 따른 투자매매업자·투자중개업자·집합투자업자·증권금융회사·종합금융회사·자금중개회사·한국예탁결제원·한국거래소, 보험회사, 한국수출입은행, 예금보험공사, 상호저축은행, 「한국은행법」 제80조 제1항에 따라 한국은행의 여신을 받는 영리기업을 규정하고 있다(제2조 제3호).[67] 「한국은행법」 제80조 제1항에 따른 영리기업의 범위에 대해서는, 뒤에서 보는 것처럼 논란의 여지가 있지만 여기서는 일반 기업도 포함된다고 볼 수 있다.

3) 예외적인 경우 영리기업에 대한 여신 가능

(1) 의의

한국은행은 심각한 통화신용의 수축기 등 아주 제한적인 경우에 한하여 **「한국은행법」에 따른 금융기관이 아닌 금융업자**[68] **등 영리기업에 대하여 여신을 제공**할 수 있다. 즉, "금융기관의 신용 공여가 크게 위축되는 등

---

67 「한국은행법」 제79조 단서에 따른 예금 거래 대상 기관으로 상호저축은행중앙회, 신용협동조합중앙회 및 새마을금고중앙회가 제외된 이유는 개별 설립 근거법에 의해서 내국환업무 등과 관련해서 「한국은행법」에 따른 금융기관으로 간주되기 때문이다(「상호저축은행법」 제36조 제4항, 「신용협동조합법」 제6조 제3항, 「새마을금고법」 제5조 제1항).

68 은행 이외의 금융기관(금융투자회사, 보험회사, 상호저축은행 등)이 해당될 수 있을 것이다.

금융기관으로부터의 자금 조달에 중대한 애로가 발생하거나 발생할 가능성이 높은 경우" 한국은행은 금융통화위원회의 위원 4인 이상의 찬성으로 「한국은행법」에 따른 "금융기관이 아닌 자로서 금융업을 영위하는 자 등 영리기업"에 대하여 여신을 제공할 수 있다(제80조 제1항). 이러한 여신에 대해서는 금융통화위원회가 지정하는 조건을 준수하여야 한다(제80조 제2항). 이 경우 한국은행은 이러한 여신과 관련하여 필요하다고 인정하는 경우에는, 금융기관에 대한 긴급 여신의 경우와 마찬가지로, 당해 영리기업의 업무와 재산 상황을 조사 및 확인할 수 있다(제80조 제3항→제65조 제3항). 또한 금융통화위원회는, 금융기관에 대한 긴급 여신의 경우와 마찬가지로, 영리기업에 대한 긴급 여신을 의결하고자 할 경우 정부의 의견을 들어야 한다(제80조 제3항→제65조 제3항). 이는 2011년 9월 16일 「한국은행법」을 개정할 때 추가된 조항이다.

(2) 여신 대상인 영리기업의 범위 논의

「한국은행법」은 여신 대상 기관을 "금융기관이 아닌 자로서 금융업을 영위하는 자 등 영리기업"이라고 하고 있어서 그 범위가 해석상 문제될 수 있다. 즉, "금융기관이 아닌 금융업을 영위하는 자"에만 한정하는 것인지, 아니면 "… 등 영리기업"이라고 하고 있으므로 "금융기관이 아닌 금융업자"를 예시 규정으로 보아 일반 회사 등의 영리기업도 포함할 수 있는지가 해석상 문제될 수 있다. 이에 대해서 "'금융업을 영위하는 자'는 예시적 사항에 불과하므로 여신 대상은 반드시 금융업자에 국한되지 아니하며 기타 금융위원회가 필요하다고 인정하는 영리기업이면 가능하다. 여기서 영리기업이라 함은 반드시 「상법」상 회사만을 말하는 것이 아니며, 공기업도 해당될 수 있는 것으로 본다."는 견해가 있다.[69] 반면에 「한국은행

69 한국은행 법규실(2012), 327면. 이 견해는 인적·물적 시설 없이 설립되는 특수목적회사

법」에 따른 금융기관이 아닌 금융업자에 한정해서 보는 것이 타당하다는 견해도 있다.[70]

따라서 입법적으로 명확하게 할 필요가 있다. 입법 취지가 "금융기관이 아닌 금융업자"에 한정하려는 것이라면 "… 등 영리기업"이라는 문구를 삭제하면서 "비은행금융기관"으로 수정하는 것을 고려할 필요가 있다. "영리기업"이라고 하면 일반적으로 주식회사 등 일반 기업을 의미하는 것으로 많이 쓰이므로 현재의 문구는 혼동을 가져올 염려가 있기 때문이다. 만약 일반 영리기업도 포함하려고 한다면 「한국은행법」에 따른 금융기관이 아닌 금융업자와 더불어 일반 영리기업을 명시적으로 별도로 규정하는 것이 바람직하다. 그리고 영리기업의 구체적인 범위를 금융통화위원회가 정할 수 있도록 위임 근거 조항을 신설하면서 그러한 영리기업의 대강의 범위를 법에서 규정하는 것도 필요하다.

(3) 여신의 범위와 여신 조건 등의 문제

「한국은행법」은 '여신'의 정의를 하고 있지 않아 그 범위가 문제될 수 있다. 즉, '대출'만을 의미하는 것인지, 아니면 '재할인·할인'도 포함하는 것인지 문제가 될 수 있다. 여신 대상이 되는 기관인 "금융기관이 아닌 금융업자 등 영리기업"의 경우는 어음 등의 할인 업무를 하는 금융기관도 있고[71] 그렇지 않은 금융기관도 있어[72] 대상 금융기관에 따라 대출과 재할인·할인 둘 다 보거나 아니면 대출만 해당한다고 볼 수밖에 없다. 그러므로 '여신'의 범위를 명확히 규정하여 혼동이 없도록 하는 것이 바람직하다.

다음에 재할인·할인의 경우 대상 증권의 범위가 문제될 수 있으며, 대

(special purpose company: SPC)도 영리기업에 해당할 수 있다고 보고 있다(한국은행 법규실(2012), 328면).

70 고동원(2009), 659면.

71 상호저축은행의 경우를 들 수 있다(「상호저축은행법」 제11조 제1항 제5호).

72 자본시장법에 따른 투자매매업자·투자중개업자, 보험회사 등을 들 수 있다.

출의 경우에도 대출 기한이나 담보 취득 여부 및 담보 자산의 범위 등 구체적인 대출 조건이 어떻게 되는지도 문제될 수 있다. 「한국은행법」은 이에 대해 정하지 않고 있다. 다만 「한국은행법」은 이러한 여신에 대해서는 "금융통화위원회가 지정하는 조건을 준수하여야 한다."라고 규정하고 있어(제80조 제2항), 금융통화위원회가 구체적인 재할인·할인 조건이나 대출 조건을 정할 수 있다고 볼 수도 있다. 그러나 법에 구체적인 대출 등의 조건의 대강을 규정하고 있지 않고 있어 「헌법」 제75조에 규정된 포괄위임 금지원칙에 반한다는 주장이 제기될 여지도 있다. 따라서 「한국은행법」에 재할인·할인 조건이나 대출 조건의 근거 조항을 두는 것이 바람직하다.

7. 지급결제 제도의 관리 및 감시 업무

1) 서설

중앙은행의 기능 중의 하나는 중요성이 커져 가고 있는 **지급결제 제도의 안정성과 효율성을 도모하는 역할**이다. 이에 따라 2003년 9월 제7차 「한국은행법」을 개정할 때에 지급결제 제도에 대한 총괄 관리 및 감시 업무를 한국은행에 명시적으로 부여하여 그 기능을 보다 강화하였다.

2) 한국은행이 운영하는 지급결제 제도 관리 및 감시

한국은행은 지급결제 제도의 안전성과 효율성을 도모하기 위하여 **한국은행이 운영하는 지급결제 제도(실시간 총액 결제 기능 등을 수행하는 '한은금융망'(BOK-WIRE)을 말한다)**에 관하여 필요한 사항을 정할 수 있다(법 제81조 제1항). 한국은행은 한국은행이 운영하는 지급결제 제도의 참가기관에 대하여 필요한 자료의 제출을 요구할 수 있다(제81조 제4항). 여기서 참가기관은 은행 등 금융기관을 말한다. 또한 2011년 9월 16일 개정된 「한국은행법」은 한국은행이 "금융통화위원회가 정하는 바에 따라 한국은행이 직접 운영하는 지급결제 제도의 참가기관에 대하여 일중(日中)의 일시적인 결제 부족 자금을 지원"할 수 있도록 하고 있다(제81조의2). 이는 금융안정이 위협받을 때 지급결제 제도의 안정을 도모하기 위하여 한국은행이 지급결제 참가 금융기관에게 일시적인 결제 부족 자금을 지원할 수 있도록 하고 있는 것이다.

3) 한국은행 이외의 자가 운영하는 지급결제 제도 관리 및 감시

한국은행은 한국은행 이외의 자가 운영하는 지급결제 제도에 대하여 필요한 경우 당해 운영기관 또는 감독기관에 대하여 운영 기준 개선 등을 요청할 수 있다(제81조 제2항). **한국은행 이외의 자가 운영하는 지급결제 제도는 금융결제원이 운영하는 소액결제 체계와 한국예탁결제원이 운영하는 증권결제 체계**를 말한다. 그리고 한국은행은 지급결제 제도의 원활한 운영을 위하여 한국은행 이외의 자가 운영하는 지급결제 제도의 운영기관에 대하여 지급결제 관련 자료를 요구할 수 있으며, 이 경우 요구받은 기관은 이에 반드시 응해야 한다(제81조 제3항).

8. 외국환 관련 업무

1) 서설

1950년 5월 제정된 「한국은행법」은 한국은행에게 외환정책 수립 권한을 부여하고(제7조 제2항), 모든 외환을 집중 보유·관리할 수 있도록 하는 등 최고 외국환 관리기구의 기능을 수행하도록 하였다(제101조 내지 제108조). 그러다가 1961년 12월 「외국환관리법」이 제정(1962년 1월 20일 시행)되면서 이러한 최고 외국환 관리기구로서 한국은행의 권한은 정부로 이관되었으며, 현재는 외국환 업무 및 외국환의 보유 등 아주 제한적인 외국환 관련 업무만을 수행하고 있다.

「한국은행법」이 규정하고 있는 **한국은행의 외국환 관련 업무**는 다음과 같다. 첫째, 한국은행은 기획재정부 장관의 인가를 얻어 ① 외국환 업무 및 외국환의 보유, ② 외국의 금융기관, 국제금융기관, 외국정부와 그 대행기관 또는 국제연합기구로부터 예금의 수입, ③ 귀금속의 매매 업무를 수행할 수 있다(제82조). 둘째, 한국은행은 정부의 환율정책, 외국환은행의 외화 여신·수신 업무 및 외국환 매입·매도 초과액의 한도 설정에 관한 정책에 대하여 협의하는 기능을 수행한다(제83조). 셋째, 한국은행은 금융통화위원회가 정하는 바에 의하여 「한국은행법」에 따른 금융기관과 환(換)거래 계약을 할 수 있다(제84조). 넷째, 한국은행은 정부의 지시에 따라 대한민국이 회원으로 가입한 국제통화기구나 국제금융기구 등과 사무·교섭 및 거래 등에 있어서 정부를 대표한다(제85조).

그런데 여기서 문제가 되는 쟁점은, 첫째 「한국은행법」 제82조가 규정하는 "외국환 업무"의 범위가 어떻게 되는지, 둘째 한국은행은 「외국환거래법」, 같은 법 시행령 및 「외국환거래규정」[73]에 따라 외국환 업무 취급기관으로서 "외국환 업무"를 취급할 수 있는데, 그렇다면 외국환거래법령에 따른 외국환 업무와 「한국은행법」에 따른 외국환 업무는 어떠한 관계에 있는지, 즉 「한국은행법」에 따른 외국환 업무와 외국환거래법령에 따른 외국환 업무는 동일한 것인지, 아니면 별개의 다른 업무로 보아야 하는지, 셋째 한국은행의 외국환 업무에 대해서는 「한국은행법」뿐만 아니라 외국환거래법령이 동시에 적용되는지에 관한 것이다.

73 이하에서는 「외국환거래법」, 같은 법 시행령 및 「외국환거래규정」을 다 합해서 "외국환거래법령"이라고 한다.

2) 외국환 업무

(1) 외국환 업무의 범위

한국은행은 기획재정부 장관의 인가를 얻어 ① 외국환 업무 및 외국환의 보유, ② 외국의 금융기관, 국제금융기관, 외국정부와 그 대행기관 또는 국제연합기구로부터 예금의 수입, ③ 귀금속의 매매 업무를 수행할 수 있다(제82조). 그런데 한국은행은 별도의 법률인 **「외국환거래법」과 시행령 및 「외국환거래규정」에 따라 '외국환 업무'를 영위**할 수 있다. 「외국환거래법」 및 시행령에 근거하여 제정된 「외국환거래규정」에 따르면, 한국은행은 ① 외국환의 매매 및 파생금융 거래, ② 외화자금 및 외국환의 보유와 운용, ③ 정부 및 그 대행기관, 국내 금융기관으로부터 외화예금의 수입(受入), ④ 외국의 금융기관, 국제금융기구, 외국정부와 그 대행기관 또는 국제연합기구로부터 예금의 수입, ⑤ 외국에 있는 금융기관 또는 외국정부로부터 외화자금의 차입, ⑥ 채무의 인수 및 보증, ⑦ 국제금융기구에 대한 출자 및 융자, ⑧ 외국환은행에 대한 외화자금의 융자, ⑨ 귀금속의 매매, ⑩ 외국 중앙은행으로부터 원화예금의 수입, ⑪ 대외환(對外換)거래 계약 체결, ⑫ 그 밖에 ① 내지 ⑪의 업무에 부대되는 업무를 영위할 수 있다(「외국환거래규정」 제2-25조). 이 중 ②의 외국환 보유 업무, ③의 외화예금 수입 업무 및 ⑨의 귀금속의 매매 업무는 「한국은행법」 제82조가 규정하고 있는 외국환 관련 업무와 동일하지만, 나머지 업무는 「한국은행법」에 규정되어 있지 않아, 외국환거래법령에 따른 외국환 업무의 범위가 넓다는 것을 알 수 있다.

(2) 견해 대립

그렇다면 한국은행이 외국환 업무를 영위하려고 하는 경우에 「한국은행법」과 외국환거래법령이 둘 다 적용되는지가 문제될 수 있다. 이에 대해서는 「한국은행법」이 한국은행이 영위하는 업무에 대하여 규정하고 있는 기본적인 법률이므로 한국은행의 업무에 대해서는 「한국은행법」이 기본적으로 적용되고 외국환거래법령도 적용된다는 견해를 취하게 되면 한국은행이 외국환거래법령에 따라 영위하는 외국환 업무 중 「한국은행법」이 규정하고 있지 않은 일부 업무는 영위할 수 없다는 결론이 된다. 특히 이 견해에 따르면 외국환거래법령에 의거하여 인가를 받을 필요가 없지만,[74] 「한국은행법」에 따르면, 기획재정부 장관의 인가를 얻어야 하는 결론이 된다. 또한 이 견해에 따르면, 한국은행이 영위하고 있는 외화자금 운용 업무(외국환거래법령에 따라 허용된 업무이다)는 「한국은행법」에 규정되어 있지 않기 때문에 그러한 업무를 영위할 수 없다는 결론이 된다.

다른 견해는 한국은행의 업무에 대해 다른 법이 허용된 업무로 규정하고 있다면 그러한 업무는 특별법으로서 해당 법률에 따라 영위할 수 있다는 견해가 있을 수 있다. 즉, 관련 법률이 특별히 한국은행에 허용한 업무라면 「한국은행법」의 규정 여부에 상관없이 영위할 수 있다고 보는 것이다. 이 견해에 따르면, 한국은행은 별도의 법령인 외국환거래법령에 따라 외화자금 운용 업무 등의 외국환 업무를 영위할 수 있게 된다.[75] 그리고 이

74 그 이유는 다음과 같다. 종전 외국환관리법(법률 제447호)은 외국환 업무를 영위하고자 하는 자(외국환은행)는 종전 재정경제부 장관의 인가를 받도록 규정하면서(법 제7조 제1항), "한국은행은 인가된 외국환은행으로 본다."라는 부칙 조항(제3항)을 두었는데, 이 부칙 조항에 의하여 한국은행은 별도의 인가를 받을 필요가 없었다. 그리고 1998. 9. 16. 외국환관리법이 폐지되면서 새로 제정된 「외국환거래법」은 외국환 업무 등록제를 채택하면서(법 제8조 제1항), 부칙 제4조에 "종전 외국환관리법에 의해서 인허가를 받은 경우(인가를 받은 경우로 보는 경우를 포함)에는 「외국환거래법」에 따라 인허가를 받은 것으로 본다."라고 규정했는데, 이 조항에 의하여 한국은행은 별도의 외국환 업무 등록을 할 필요가 없게 된 것이다. 즉, 별도의 등록을 하지 않아도 「외국환거래법」에 따른 외국환 업무 등록을 한 것으로 간주된 것이다. 따라서 별도의 인가를 받을 필요가 없다고 할 수 있다. 이러한 설명은 한국은행 법규실(2012), 346~347면.

75 이러한 견해는 한국은행이 외국환거래법령에 따라 기획재정부 장관이 위탁하는 외국환 관련 업무 수행의 경우(환전영업자 및 외국환중개회사에 대한 감독, 환전영업자의 등록 취소, 외국환평형기금의 운용에 관한 업무 등을 말한다. 「외국환거래법」 제23조 제1항, 시행령 제37조 제3항)를 고려할 때 보다 설득력이 있을 것이다. 이러한 업무를 외국환거래법령에 따라 허용되는 별도의 업무로 보지 않으면 한국은행이 수행할 수 있는 업무로

경우에는 한국은행은 외국환거래법령에 의거하여 별도의 인가를 받지 않고도 외국환 업무를 영위할 수 있게 된다. 따라서 한국은행은「한국은행법」에 따른 외국환 관련 업무와 외국환거래법령에 따른 외국환 업무를 둘 다 영위할 수 있게 된다. 이 견해에 따르면,「한국은행법」에 따른 외국환 업무와 외국환거래법령에 따른 외국환 업무는 다르게 보게 될 것이며, 한국은행이 수행하고 있는 외화자금의 운용 업무 등의 적법성을 확보하는 장점이 있게 된다. 물론 이 경우는「한국은행법」에 따른 외국환 업무의 범위가 무엇인지에 대한 의문이 여전히 남게 되는 문제는 있다.[76]

(3) 소결

한국은행의 업무 범위에 대해서는 기본적으로「한국은행법」이 적용되어야 한다고 보는 견해가 타당하다고 본다. 다만「한국은행법」이 한국은행은 다른 법령에서 허용된 업무를 영위할 수 있다고 명시적으로 규정하고 있는 경우에는 그 근거에 따라 한국은행은 다른 법령에서 별도로 허용된 업무를 영위할 수 있다고 볼 수 있다. 이 견해를 취하면 외국환거래법령에 따라 허용되는 외화자금의 운용 업무 등이 위법해지는 불합리한 결과가 발생되는 문제가 있게 된다.

이러한 문제를 어떻게 해결할 수 있는가? 두 가지 방법이 있을 수 있다. 첫째는「한국은행법」 제82조 제1항이 규정하고 있는 '외국환 업무'를 '「외국환거래법」에 따른 외국환 업무'로 해석하는 것이다. 그렇게 보게 되면 한국은행은「외국환거래규정」에 규정되어 있는 외국환 업무를 영위하는데 문제가 없게 된다.[77] 물론「한국은행법」에 따른 기획재정부 장관의 인가

볼 수 없기 때문이다.

76 실제로는「한국은행법」에 따른 외국환 관련 업무는 영위하지 않고, 외국환거래법령에 따른 외국환 업무를 영위하면 아무 문제가 없게 될 것이다.

77 한국은행 법규실(2012), 347면은 이러한 입장에서 설명하는 것으로 보인다. 이런 입장을 취할 때,「한국은행법」 제82조가 규정하고 있는 외국환의 보유 업무나 외국금융기관으로

를 받아야 하는 문제는 여전히 있게 된다.[78] 두 번째 방법은 한국은행이 외국환거래법령에 따라 영위하는 외국환 업무는 별도의 법에 의해 영위하는 것이므로 「한국은행법」과는 상관없이 별개로 영위할 수 있다고 보는 것이다. 이렇게 보면 한국은행은 외국환거래법령에 따라 외국환의 운용 업무 등 그 밖의 관련 외국환 업무를 영위할 수 있게 된다. 물론 이 경우는 「한국은행법」에 따른 외국환 관련 업무(외국환 업무, 외국환의 보유 업무 등)를 영위하려면 기획재정부 장관의 인가를 얻어야 하는 문제가 있고, 「한국은행법」에 따른 외국환 업무의 범위가 무엇인지에 대한 의문이 남는 문제는 있다.

(4) 개선 방안

이러한 여러 가지 문제는 입법 불비(즉, 「한국은행법」 제82조가 보다 명확하게 규정하지 않은 것)에서 발생한 것이다. 따라서 궁극적인 해결 방안은, 첫째 「한국은행법」 제82조 및 시행령에 외국환거래규정이 정하고 있는 한국은행의 외국환 업무 범위를 자세히 규정하고(그리고 이 경우는 「한국은행법」에 따른 기획재정부 장관의 인가제는 폐지하고[79] 금융통화위원회가 그 범위를 정하도록 하는 것이 바람직하다), 「외국환거래규정」에 따른 외국환 업무 조항은 폐지하는 방안을 검토할 수 있다.[80] 둘째, 「한국은행법」에는 외국환 업무의 근거 조항만 두고 자세한 업무의 범위는 외국환거래법령에서 규정하는 방안을 고려해 볼 수 있다. 셋째, 「한국은행법」에 따른 외국환 업무의 문구를 '외국환거래법령에 따른 외국환 업무'로 수정하는 방안[81]도 검토해 볼 수 있

부터 예금 수입 업무, 귀금속의 매매 업무 등은 필요가 없는 규정이 될 것이다.

78 이러한 견해에 대해 종전의 「외국환관리법」 및 「외국환거래법」의 관련 규정(부칙 규정 등)에 따라(즉, 인가를 받은 것으로 간주하는 규정) 별도의 인가가 필요하지 않다는 견해가 있다(한국은행 법규실(2012), 347면 각주 6)).

79 같은 견해는 한국은행 법규실(2012), 347면 각주 6).

80 이 견해는 여전히 「한국은행법」이 기본적인 업무 범위 규제법이라는 입장에서 취하게 되는 것이다.

81 이 경우는 「한국은행법」에 따른 외국환 관련 업무(외국환 보유 업무 등)는 규정할 필요

다.[82] 그리고 「한국은행법」에 따른 외국환 업무에 대한 기획재정부 장관의 인가제는 폐지하는 것이 바람직하다.[83]

3) 외화표시 자산 운용 관련 금융통화위원회의 의견 청취

한국은행 총재는 외화표시 자산의 운용과 관련된 주요 계획에 관하여 미리 금융통화위원회의 의견을 들어야 한다(제82조의2). 이는 2012년 3월 21일 제9차 「한국은행법」 개정 시 추가된 조항이다. 외화표시 자산 운용이 통화신용정책과 관련되어 있다는 점을 고려해서 금융통화위원회의 의견을 듣도록 하고 있는 규정이다.

한국은행은 외환시장에서 외화 매입이나 금융기관으로부터 외화 매입 등으로 외화자산을 취득하게 된다. 한국은행은 외화자산을 국외에서 운용할 수도 있지만 국내에서도 운용할 수 있다. 외화자산 국외 운용은 외환보유액을 포함한 외화자산을 안전하게 관리하면서 운용 수익을 얻는 것이 주요 목적이고, 사전에 운용 계획과 전략을 수립하고 이에 따라 상시적이고 계속적으로 자산 운용을 하지만, 국내 운용은 외환시장의 안정이나 금융기관 등에 대한 외화 유동성 지원 등의 외환정책 수행이 주된 목적이며 외환시장 동향과 외환 수급 사정 등을 고려하여 필요한 경우에만 한시적으로 자산 운용을 수행하기 때문에 사전에 구체적인 계획을 수립하기가 어려운 점이 있다.[84] 이런 점에서 보면, "외화표시 자산의 운용과 관

가 없게 될 것이다. 외국환거래법령에 따른 외국환 업무의 범위가 「한국은행법」에 따른 외국환 관련 업무의 범위를 다 포함하고 있기 때문이다.

82 동시에 외국환거래법령에 따라 기획재정부 장관이 한국은행에 위탁한 업무에 대한 근거를 「한국은행법」에 두는 방안도 검토할 수 있다. 이 경우는 "외국환거래법령에 따라 한국은행이 수행하도록 한 업무"를 추가로 「한국은행법」에 두면 될 것이다.

83 2009. 2. 11. 한나라당 김성식 의원 등 15인 의원이 발의한 한국은행법 개정안(의안번호 1803771)은 기획재정부 장관의 인가제를 폐지하고 있었다(개정안 제82조).

84 한국은행 법규실(2012), 354면 각주 10).

련된 주요 계획"에는 국외 외화자산 운용 계획만을 의미하는 것으로 보아야 할 것이다.[85]

그리고 "의견을 들어야 한다."라고 하고 있고, 그 방법에 대해서는 규정하지 않고 있어서 한국은행 총재가 의견을 듣는 방법을 적절히 선택할 수 있을 것이다. 예를 들어, 정식 회의가 아니더라도 간담회 등을 통해서 의견을 수렴해도 무방하다고 보아야 할 것이다.[86] 그리고 제시된 의견을 반드시 따라야 하는지도 문제가 될 수 있는데, '의견에 따라야 한다'가 아니고 "의견을 들어야 한다."라고 되어 있는 점을 고려할 때 제시된 의견을 참조하라는 것이지 반드시 의견에 따라야 한다고 보기는 어려울 것이다.[87]

4) 정부의 환율정책 등에 대한 협의

한국은행은 정부의 환율정책, 외국환은행의 외화 여신·수신 업무 및 외국환 매입·매도 초과액의 한도 설정에 관한 정책에 대하여 협의하는 기능을 수행한다(제83조). 그 이유는 환율안정 등을 위한 정부의 환율정책과 외화 여신 및 수신 업무에 관한 정책 등은 한국은행의 통화신용정책과 밀접한 관련이 있어서(예를 들어, 거주자 외화예금은 총통화의 범위에 포함된다) 이러한 정책과 한국은행의 통화신용정책이 서로 조화를 이룰 필요가 있으므로(제4조) 정부의 환율정책 등에 대하여 협의하는 기능을 부여한 것이다.

5) 금융기관과 환거래 계약 체결 업무

한국은행은 "금융통화위원회가 정하는 바에 의하여 **금융기관과 환(換) 거래 계약을 체결**"할 수 있다(제84조). 여기서 '금융기관'이란 「한국은행법」

85 같은 견해는 한국은행 법규실(2012), 355면.
86 같은 견해는 한국은행 법규실(2012), 357면.
87 같은 견해는 한국은행 법규실(2012), 357면.

제11조가 규정하는 금융기관이라고 보아야 할 것이다. 따라서 환거래 계약이란 한국은행이 「한국은행법」에 따른 금융기관과 체결하는 국내 환거래 계약을 의미하는 것으로 보아야 할 것이다.[88] 그리고 외국 금융기관과 체결하는 대외 환거래 계약은 외국환거래법령에 의거하여 체결하는 계약이라고 보아야 할 것이다(「외국환거래규정」 제2-25조 제11호).[89] 그리고 '환거래'라 함은 서로 떨어진 지역에 위치해 있는 자 사이의 채권(債權)·채무(債務)의 결제나 자금의 수수(收受)를 직접 현금 거래로 하지 않고 금융기관의 매개에 의하여 결제하는 거래를 말한다.[90] 종전에는 어음이나 수표 등에 의한 환거래가 주로 이루어졌지만, 전자금융기술의 발전으로 전자적 방법에 의한 자금이체 등 다양한 형태로 환거래가 이루어지고 있다.[91]

6) 국제기구에서 정부 대표

한국은행은 정부의 지시에 따라 대한민국이 회원으로 가입한 국제통화기구 또는 국제금융기구와 사무·교섭 및 거래에 있어 정부를 대표한다(제85조). 이는 한국은행이 국제통화 금융 분야에 관한 전문적인 기관이라는 점을 고려하여 정부를 대표하도록 한 것이다. 여기서 "정부를 대표"한다는 것은 국제기구와의 관계에서 대한민국 정부를 대리하여 사무·교섭 및 거래의 행위를 하는 것을 의미한다.[92] 이와 관련한 법률로는 「국제금융기구에의 가입조치에 관한 법률」이 있는데, 제5조는 한국은행 총재가 원칙적으

88 같은 견해는 한국은행 법규실(2012), 363면.
89 같은 견해는 한국은행 법규실(2012), 363면. 외화자산의 국외 운용과 관련하여 자금이체 등의 업무를 수행하기 위해서 외국 금융기관과 환거래 계약을 체결하고 있다(한국은행 법규실(2012), 364면).
90 한국은행 법규실(2012), 364면.
91 한국은행 법규실(2012), 364면.
92 한국은행 법규실(2012), 366면.

로 국제금융기구의 대한민국 대리 위원(다만 국제결제은행(Bank for International Settlements)의 경우는 정위원[93])이 되며 기획재정부 장관의 지시를 받아 각 국제금융기구와 사무·교섭 및 거래에 정부를 대표하도록 규정하고 있다.

9. 경제 조사와 통계 자료의 수집 및 작성 업무

한국은행은 통화신용정책의 수립에 필요한 통화와 은행 업무·재정·물가·임금·생산·국제수지 및 그 밖의 경제 일반에 관한 통계 자료의 수집·작성과 경제에 관한 조사를 할 수 있으며, 이를 위하여 필요한 자료와 정보를 정부기관이나 법인 또는 개인에게 요구할 수 있다(제86조). 이는 통계 자료의 작성과 경제에 관한 조사를 위해서 관련자나 기관들에게 자료 제출을 요구할 수 있는 권한을 부여한 것이다. 여기서 "법인"의 범위는 「한국은행법」에 따른 금융기관뿐만 아니라 금융기관이 아닌 자로서 한국은행과 당좌예금거래 약정을 체결한 법인도 포함되고, 영리법인이나 비영리법인 등 모든 형태의 법인이 해당될 것이다.[94]

IV. 정부와 국회 등과 관계

1. 총재의 국무회의 출석

한국은행 총재는 금융 통화에 관한 사항에 대하여 국무회의에 출석하

93 국제결제은행(BIS)의 경우는 중앙은행 사이의 정책 협력을 주 임무로 하고 중앙은행이 회원이 되므로 한국은행이 정회원이 되도록 한 것이다.

94 같은 견해는 한국은행 법규실(2012), 370면.

여 발언할 수 있다(제90조 제1항). 그리고 정부는 총재에게 국무회의에 출석할 것을 요구할 수 있다(제90조 제2항). 이는 한국은행의 통화신용정책이 정부의 경제정책과 조화되는 것을 도모하기 위한 것이다(제4조).

2. 정부의 금융통화위원회 의결에 대한 재의 요구

기획재정부 장관은 금융통화위원회의 의결이 정부의 경제정책과 상충된다고 판단되는 경우에는 재의를 요구할 수 있다(제92조 제1항). 기획재정부 장관의 재의 요구가 있는 경우에 금융통화위원회가 위원 5인 이상의 찬성으로 전과 같은 의결을 한 때에는 대통령이 이를 최종 결정한다(제92조 제2항). 기획재정부 장관은 재의 요구를 할 경우에는 재의 요구의 취지 및 내용을 즉시 공표하여야 한다(제92조 제3항, 시행령 제16조 제2항).

3. 연차보고서의 공표

한국은행은 매 회계연도 경과 후 3개월 이내에 당해 회계연도 중의 한국은행의 업무 상태와 통화 및 정부의 외환에 관한 정책을 개략적으로 기술하고 금융경제 상태를 분석한 연차보고서를 정부에 제출하고, 이를 공표하여야 한다(제102조 제1항). 연차보고서는 금융통화위원회의 의결을 거쳐야 한다(제102조 제2항).

4. 감사원의 감사

한국은행은 매년 감사원의 감사를 받는다(제95조).

5. 국회에 의한 견제

한국은행은 매년 2회 이상 "통화신용정책의 수행 상황과 거시 금융안정 상황에 대한 평가보고서"를 작성하여 국회에 제출하여야 한다(제96조 제1항). 한국은행 총재는 국회 또는 그 위원회가 제출한 보고서와 관련하여 출석을 요구하는 경우에는 출석하여 답변하여야 한다(제96조 제2항). 이러한 국회에 대한 보고 의무의 취지는 한국은행이 통화신용정책을 수행함에 있어 국민의 대표기관인 국회에 의한 견제를 받도록 하여 책임성을 강화하는 데 있다.

제5절 중앙은행의 금융감독

I. 서설

1997년 12월 31일 제6차「한국은행법」개정에 의하여 한국은행이 그동안 갖고 있었던 은행에 대한 검사 및 감독 권한이 없어지고, 대신에 금융기관 등에 대한 자료 제출 요구 권한과 금융감독기관인 금융감독원에 대한 금융기관 검사 및 공동검사 요구 권한 등 제한적인 감독 관련 권한만을 갖고 있을 뿐이다. 즉, 한국은행은 금융기관의 경영 상태를 분석하기 위하여 금융기관에 대하여 필요한 자료를 요청할 수 있고, 필요한 경우에는 금융감독원에게 금융기관의 검사를 요구하거나 금융감독원의 금융기관 검사에 공동으로 참여할 수 있다.

II. 금융기관에 대한 자료 제출 요구권

1. 「한국은행법」에 따른 자료 제출 요구권

1) 의의

한국은행이 금융감독권으로서 행사할 수 있는 권한 중의 하나는 **은행 등 금융기관에 대한 자료 제출 요구권**이다. 즉, 한국은행은 "금융통화위원회가 통화신용정책 수행을 위하여 필요하다고 인정하는 경우"에 금융기관 등에 자료 제출을 요구할 수 있다(제87조). 은행 등 금융기관에 대한 자료 제출 요구권은 한국은행의 은행에 대한 감독권이 없어지면서 한국은행이 통화신용정책의 수립 및 집행에 필요한 정보를 수집할 수 있도록 하기 위하여 신설된 것이다. 요구하는 자료는 금융기관의 업무 부담을 충분히 고려하여 필요한 최소한의 범위로 한정하여야 한다(제87조 단서). 그리고 "통화신용정책 수행을 위하여 필요하다고 인정하는 경우"에 한하므로 그러한 사유는 요구할 때마다 금융통화위원회의 의결을 거칠 필요는 없고, 금융통화위원회가 규정을 제정하여(제30조) 미리 정할 수 있다. 이에 따라 금융통화위원회가 제정한 「한국은행의 금융기관 검사 요구 등에 관한 규정」(1999년 2월 18일 제정)[95]이 제정되어 은행 등 금융기관에 요청할 수 있는 자료의 범위가 규정되어 있다(제4조 제1항). 물론 미리 정한 자료 제출 요구의 범위에 해당되지 않을 경우에는 금융통화위원회가 건(件)별로 의결하여

95 2024년 7월 8일 개정된 규정을 인용하였다.

요구할 수는 있을 것이다.

2) 대상 금융기관의 범위

한국은행이 자료 제출을 요구할 수 있는 금융기관의 범위는 ①「한국은행법」 제11조에 규정된 금융기관, ②「한국은행법」 제11조에 규정된 금융기관이 아닌 자로서 금융업을 영위하는 자 중 한국은행과 당좌예금거래 약정을 체결한 자, ③ 위의 ①이나 ②에 속하지 아니하는 자로서 구조개선법 제2조에 따른 금융기관 중 자산 규모 등을 고려하여 대통령령(시행령 제15조의2)으로 정하는 자이다(제87조 제1호 내지 제3호).

위의 ①의 「한국은행법」 제11조에 규정된 금융기관의 범위에는 은행(특수은행 포함) 및 은행지주회사 이외에 「한국은행법」에 따른 금융기관으로 간주되는 상호저축은행중앙회, 신용협동조합중앙회 및 새마을금고중앙회도 포함된다고 보아야 할 것이다. 이들 중앙회는 개별 설립 근거법에 의해서 내국환 업무 등과 관련해서 「한국은행법」에 따른 금융기관으로 간주되기 때문이다(「상호저축은행법」 제36조 제4항, 「신용협동조합법」 제6조 제3항, 「새마을금고법」 제5조 제1항).

위 ②의 한국은행과 당좌예금거래 약정을 체결한 자의 범위는 금융통화위원회가 제정한 「한국은행의 당좌예금 등 거래대상기관에 관한 규정」[96]에 규정되어 있는데, 이 중 「한국은행법」 제11조의 금융기관이 아닌 자로서 금융업을 영위하는 기관은 자본시장법에 따른 투자매매업자·투자중개업자·집합투자업자·증권금융회사·종합금융회사·자금중개회사·한국예탁결제원·한국거래소, 보험회사, 한국수출입은행, 상호저축은행이 해당된다(제2조 제3호).

---

96 2020년 9월 10일 개정된 규정을 인용하였다.

앞 ③의 대상 금융기관은 2011년 9월 16일 「한국은행법」 개정 시 추가된 조항인데, 2008년 세계적 금융위기를 겪으면서 중앙은행의 거시건전성 감독(macro-prudential supervision) 업무의 중요성이 강조되면서 한국은행의 금융안정 기능을 보다 강화하기 위해 한국은행이 자료 접근할 수 있는 금융기관의 범위를 넓힌 것이다. 대상 금융기관은 자산 규모가 해당 금융업의 평균 자산 규모 이상인 투자매매업자·투자중개업자·집합투자업자, 보험회사, 상호저축은행, 여신전문금융업법에 따른 신용카드회사·시설대여업자·할부금융업자·신기술사업금융업자가 해당된다(시행령 제15조의2).

3) 자료 제출 요구에 응하지 않는 경우 제재 조치 문제

금융기관 등이 한국은행의 자료 제출 요구에 응하지 않았을 때 취할 수 있는 제재 조치가 있는지가 문제될 수 있다. 한국은행은 일반적인 감독권 및 제재권이 없기 때문에 「한국은행법」은 그러한 제재 조치에 대하여 규정하고 있지 않다. 여기에 대해서는 두 가지 방법을 고려할 수 있다.

첫 번째는 자료 제출 요구 대상 기관이 한국은행과 당좌예금거래 약정을 체결하는 경우에는 이 약정에 제재 조치에 관한 사항을 규정하여 제재 조치를 취할 수 있는 방법이다. 이 경우는 당사자 사이의 사적 계약 관계에 따른 의무 불이행에 따른 조치가 될 것이다. 두 번째는 간접적인 방법에 의한 제재 조치가 있을 수 있다. 즉, 한국은행이 금융감독기관인 금융감독원에게 시정조치를 요구하여 제재 조치를 취하는 방법이다(제88조 제2항). 다만 한국은행이 이러한 시정조치 요구권을 이용하기 위해서는 먼저 금융감독원에 해당 금융기관에 대한 검사 또는 공동검사를 요구하고 그러한 검사 결과에 따라 시정조치를 요구하여야 한다(제88조 제1항, 제2항). 이러한 시정조치 요구에 대하여 금융감독원은 응하여야 할 의무가 있다(제88조 제2항 후단). 물론 이러한 시정조치권을 이용할 수 있는 대상 기관은 「한국은행법」

제11조에 규정된 금융기관에 한정되는 문제는 있다. 한국은행이 금융감독원에 검사 또는 공동검사를 요구할 수 있는 기관은 「한국은행법」 제11조에 규정된 금융기관에 한정되기 때문이다(제88조 제1항).

2. 자본시장법 등에 따른 자료 제출 요구권

1) 서설

한편 「한국은행법」에 따른 금융기관에 대한 자료 제출 요구권 이외에 한국은행은 자본시장법, 「전자금융거래법」 및 가상자산법에 따라 관련 해당 금융기관 등에게도 자료 제출을 요구할 수 있는 권한이 있다.

2) 자본시장법에 따른 자료 제출 요구권

자본시장법에 의하면 한국은행은 금융통화위원회가 금융투자업자가 영위하는 국가 또는 공공단체 업무의 대리 업무(제40조 제1항 제3호) 또는 투자자를 위하여 그 투자자가 예탁한 투자자예탁금으로 수행하는 자금이체 업무(제40조 제1항 제4호)와 관련하여 통화신용정책의 수행 및 지급결제 제도의 원활한 운영을 위하여 필요하다고 인정하는 때에는 이러한 업무를 영위하는 금융투자업자에 대하여 자료 제출을 요구할 수 있다(제419조 제1항). 증권회사 등 금융투자업자에 대하여 자료 제출을 요구할 수 있도록 하고 있다.

3) 「전자금융거래법」에 따른 자료 제출 요구권

「전자금융거래법」에 따르면, 한국은행은 금융통화위원회가 전자지급거래와 관련하여 통화신용정책의 수행 및 지급결제 제도의 원활한 운영을 위하여 필요하다고 인정하는 때에는 「전자금융거래법」에 따른 금융기관,

전자금융업자 및 전자채권관리기관에 대하여 자료 제출을 요구할 수 있다(제41조 제1항, 제29조 제2항).

4) 가상자산법에 따른 자료 제출 요구권

가상자산법에 근거하여 한국은행은 금융통화위원회가 가상자산거래와 관련하여 통화신용정책의 수행, 금융안정 및 지급결제 제도의 원활한 운영을 위하여 필요하다고 인정하는 경우에는 가상자산사업자에 대하여 자료 제출을 요구할 수 있다(제16조).

III. 금융감독원에 대한 금융기관 검사 요구권 등

1. 「한국은행법」에 따른 금융기관 검사 및 공동검사 요구권

1) 의의

한국은행은 금융통화위원회가 통화신용정책 수행을 위하여 필요하다고 인정하는 경우 금융감독원에게 구체적 범위를 정하여 **금융기관(「한국은행법」 제11조에 규정된 금융기관을 말한다)에 대한 검사를 요구**할 수 있으며, 필요한 경우에는 **한국은행 소속 직원이 금융감독원의 금융기관 검사에 공동으로 참여할 수 있도록 요구**할 수 있다(제88조 제1항 전단). 이러한 검사 및 공동검사 요구권은 1997년 12월 「한국은행법」 개정에 의하여 한국은행의 은행감독권이 없어지면서 대신에 한국은행이 통화신용정책을 수행하기 위하여 필요한 정보를 얻거나 그 결과를 확인하고자 할 경우에 금융감독기관의 검사권을 활용하기 위한 것이다.[97]

2) 대상 금융기관의 범위

이러한 검사 및 공동검사 요구권의 대상 기관은 「한국은행법」 제11조에 규정된 금융기관에 한하므로, 앞서 본 자료 제출 요구권의 대상 기관과 범위에서 차이가 있다.

3) 요구 사유

앞서 본 자료 제출 요구권과 마찬가지로 검사 또는 공동검사 요구권은 "통화신용정책의 수행을 위하여 필요하다고 인정하는 경우"로 한정하고 있으므로 그러한 사유는 금융통화위원회가 미리 규정을 제정하여 정할 수 있을 것이다. 이에 따라 「한국은행의 금융기관 검사 요구 등에 관한 규정」(1999년 2월 18일 제정)이 제정되어 검사 또는 공동검사를 요구할 수 있는 사유를 규정하고 있다(제6조).

4) 금융감독원의 조치

금융감독원은 이러한 검사 또는 공동검사를 요구받은 날부터 1개월 내에 응하여야 한다(제88조 제1항, 시행령 제15조의3). 2011년 9월 16일 「한국은행법」 개정 전에는 "금융감독원이 [한국은행의 검사 및 공동검사 요청에 대하여] 이에 응하여야 한다."라고만 되어 있고, 구체적인 기일이 정해져 있지 않아 금융감독원이 한국은행의 요청에 대하여 성실히 응하지 않는 경우가 많아 한국은행의 정보 접근성에 문제를 가져왔기 때문에 이를 시정하기 위하여 시행령에 "1개월 이내"라는 문구가 추가된 것이다.

---

97 이러한 간접적인 검사 권한만으로 한국은행이 최종대출자 기능과 지급결제 제도의 운영·관리 기능을 충실히 수행할 수 없기 때문에 한국은행에게 건전성 규제와 관련된 직접 검사권을 허용해야 한다는 주장은 김홍범(2002), 117면.

5) 금융감독원이 응하지 않은 경우 강제 이행 수단 여부

한국은행의 검사 또는 공동검사 요구권에 대하여 금융감독원이 응하지 않았을 경우에는 어떤 강제 이행 수단이 있을까? 「한국은행법」에는 금융감독원이 "응하여야 한다."라고만 하고 있지 응하지 않았을 때 어떤 조치를 취할 수 있는지에 대해서는 규정되어 있지 않다. 특별한 제재 수단은 없는 것으로 보이나, 금융감독원의 관련 담당 임원이나 직원에 대해서 제재 조치를 취하는 방법밖에 없을 것이다. 즉, 한국은행의 이러한 요구에 대해 금융감독원이 응하지 않은 것은 결국은 금융감독기구법을 위반한 것이므로(이러한 한국은행의 검사 요구권은 금융감독기구법 제62조도 동일하게 규정되어 있다) 금융감독원 원장, 부원장 및 부원장보의 경우에는 해임 사유가 될 수 있고(금융감독기구법 제32조), 직원의 경우는 내부 징계 대상이 될 수 있을 것이다.[98]

2. 자본시장법 등에 따른 검사 및 공동검사 요구권

1) 서설

「한국은행법」에 따른 금융기관 검사 및 공동검사 요구권 이외에 자본시장법과 「전자금융거래법」에 근거하여 금융투자업자나 전자금융업자 등에 대한 검사 및 공동검사 요구권도 인정된다.

2) 자본시장법에 따른 금융투자업자 검사 및 공동검사 요구권

자본시장법에 따르면, 한국은행은 금융통화위원회가 통화신용정책의 수행을 위하여 필요하다고 인정하는 때에는 금융투자업자가 영위하는 국

98 같은 견해는 한국은행 법규실(1999), 219면.

가 또는 공공단체 업무의 대리 업무(제40조 제1항 제3호) 또는 투자자를 위하여 그 투자자가 예탁한 투자자 예탁금으로 수행하는 자금이체 업무(제40조 제1항 제4호)에 대하여 금융감독원장에게 검사를 요구하거나 한국은행과 공동검사를 요구할 수 있다(제419조 제3항).

3) 「전자금융거래법」에 따른 전자금융업자 등의 검사 및 공동검사 요구권

「전자금융거래법」에 근거하여, 한국은행은 금융통화위원회가 통화신용정책의 수행을 위하여 필요하다고 인정하는 때에는 전자화폐 발행업자, 전자자금이체 업무를 수행하기 위하여 등록한 금융기관 및 전자금융업자, 그리고 전자채권관리기관에 대하여 금융감독원에게 검사를 요구하거나 한국은행과 공동검사를 요구할 수 있다(제41조 제2항, 제29조 제2항).

3. 금융감독원에 대한 검사 결과 송부 및 시정조치 요청권

한국은행은 금융감독원에 대하여 검사 및 공동검사의 요구에 의한 검사 결과의 송부를 요청하거나 검사 결과에 따라 금융기관에 대하여 필요한 시정조치를 요청할 수 있으며, 이 경우 금융감독원은 이에 응해야 한다(제88조 제2항). 이러한 요청권이 신설된 배경도 금융감독원에 대한 금융기관 검사 및 공동검사 요구권이 신설된 것과 같다. 결국은 한국은행이 은행감독권 및 검사권이 없고 제재권도 없어서 직접 시정조치를 취할 수는 없을 것이고, 금융감독기관인 금융감독원에 대하여 시정조치를 하여 줄 것을 요청할 수밖에 없는 것이다.

IV. 금융기관 및 영리기업에 대한 조사·확인권

1. 긴급 여신 대상 금융기관의 업무와 재산 상황에 대한 조사·확인권

1) 의의

한국은행은 「한국은행법」 제11조에 규정된 금융기관에 대하여 어음의 재할인이나 증권 담보 대출의 방식으로 여신을 제공하는(제64조) '은행의 은행' 기능을 수행한다. 더 나아가 한국은행은 긴급한 경우, 즉 "① 자금 조달 및 운용의 불균형 등으로 유동성이 악화된 금융기관에 대하여 긴급히 여신을 하는 경우 및 ② 전산 정보 처리 조직의 장애 및 그 밖의 우발적 사고 등으로 인하여 금융기관 지급 자금이 일시적으로 부족하여 업무 수행에 현저한 지장이 초래될 것으로 인정되는 경우"에는 금융통화위원회의 위원 4인 이상의 찬성으로 임시로 적격성을 부여한 자산(「한국은행법」 제64조에 규정된 적격 담보 증권이 아닌 자산)을 담보로 하여 금융기관에 대하여 긴급 여신을 제공할 수 있다(제65조 제1항). 이 경우 한국은행은 긴급 여신과 관련하여 필요하다고 인정하는 때에는 당해 **금융기관의 업무와 재산 상황을 조사 및 확인**할 수 있다(제65조 제3항).

2) 조사·확인권 부여 이유

이러한 한국은행의 조사 및 확인 권한은 금융감독원을 경유하지 않고 직접 행사할 수 있는데, 이는 금융기관에 대한 채권자 내지 최종대출자의 지위에서 행사하는 권한이라고 볼 수 있다.[99] 즉, 긴급 여신을 받은 금융기

99 한국은행 법규실(1999), 224면.

관은 적격 담보 증권을 제공하지 못했기 때문에 채권자인 한국은행이 채권 확보를 위해 특별히 채무자인 금융기관의 신용 상태를 확인할 필요가 있고, 지급결제 제도의 안정이 위협받는 상태에서는 지급결제 제도의 운영·관리 업무를 담당하는 한국은행이 지급결제 불능을 방지하여 지급결제 제도의 안정성을 유지할 필요가 있다는 점을 고려하여 직접적인 조사·확인권을 인정한 것이라고 볼 수 있다.[100]

3) 조사·확인의 방법

「한국은행법」은 조사·확인의 방법에 대해서는 특별히 규정하고 있지 않으므로 금융기관에 대해 자료 제출을 요구하거나 구두로 보고를 요구할 수도 있고, 한국은행 소속 직원이 직접 금융기관을 방문하여 서류나 장부 또는 물건을 조사하거나 보고받을 수도 있다고 볼 수 있다.[101] 조사·확인의 대상은 금융기관의 업무 및 재산 상황이라고 포괄적으로 규정되어 있지만, 한국은행은 일반적인 금융감독권자로서 조사·확인을 하는 것이 아니므로 긴급 여신과 관련된 업무와 재산 상황만을 조사·확인할 수 있다고 보아야 할 것이다.[102]

2. 영리기업에 대한 여신과 관련한 영리기업의 업무와 재산 상황 조사·확인권

한국은행은 "금융기관의 신용 공여가 크게 위축되는 등 금융기관으로부터의 자금조달에 중대한 애로가 발생하거나 발생할 가능성이 높은 경

100 한국은행 법규실(1999), 225면.
101 같은 견해는 한국은행 법규실(1999), 225면.
102 같은 견해는 한국은행 법규실(1999), 225면.

우” 등 아주 제한적인 경우에 한하여 「한국은행법」 제11조에 규정된 금융기관이 아닌 금융업자 등 영리기업에 대하여 금융통화위원회의 위원 4인 이상의 찬성으로 여신을 제공할 수 있다(제80조 제1항). 이 경우 한국은행은 이러한 여신과 관련하여 필요하다고 인정하는 경우에는 당해 영리기업의 업무와 재산 상황을 조사·확인할 수 있다(제80조 제3항, 제65조 제3항). 이러한 영리기업에 대한 조사·확인권도 금융감독권자로서 행사하는 것이 아니고, 채권자 내지 최종대출자로서 행사하는 것으로 보아야 한다. 조사·확인의 방법이나 대상은 위의 긴급여신의 경우와 마찬가지로 볼 수 있다.

V. 금융통화위원회의 금융위원회 금융감독 관련 조치에 대한 재의 요구권

금융통화위원회는 금융위원회가 통화신용정책과 직접 관련되는 금융감독 관련 조치를 하는 경우 이의(異議)가 있을 때에는 재의(再議)를 요구할 수 있다(제89조 제1항). 이러한 재의 요구가 있는 경우 금융위원회가 재적위원 3분의 2 이상의 찬성으로 종전과 같은 의결을 한 때에는 금융위원회의 조치는 확정된다(제89조 제2항). 이러한 금융통화위원회의 재의 요구권을 인정한 이유는 금융위원회의 금융감독정책과 한국은행의 통화신용정책이 상당히 밀접한 관계에 있어 금융감독정책 방향이 통화신용정책과 다를 경우에는 통화신용정책 수행에 효율성이 떨어질 수 있기 때문이다.

VI. 금융안전망기구와 정보 공유

1. 의의

기획재정부 장관과 금융통화위원회 및 금융위원회는 정책 수립에 필요하다고 인정하는 경우 상호 자료를 요청할 수 있으며, 이 경우 특별한 사유가 없는 한 이에 응하여야 한다(제94조). 이는 금융안정 기능을 수행하는 기획재정부와 금융통화위원회 및 금융위원회 사이에 상호 정보를 공유하여 효율적으로 금융안정 기능을 수행하도록 하기 위함이다. 이는 금융산업정책과 금융감독에 서로 연관되어 있는 **금융안전망기구** 사이에 금융정보의 공유를 통한 효율적인 정책 수립과 집행을 도모하기 위한 목적이라고 볼 수 있다. 그런데 「한국은행법」에는 자료 협조 요청 대상 기관에 금융감독 업무의 집행기관인 금융감독원과 예금보험 업무를 담당하는 예금보험공사가 제외되어 있어 과연 금융통화위원회가 금융감독원과 예금보험공사에게 각각에 관한 자료뿐만 아니라 금융감독원 및 예금보험공사가 보유하고 있는 감독 대상 금융기관 및 부보(附保)금융기관[103]에 관한 자료도 요청할 수 있는지가 문제될 수 있다. 물론 금융통화위원회가 제정한 「한국은행법 제94조 등에 따른 자료 협조에 관한 규정」(2009년 9월 24일 제정)은 자료 요청 협조 대상 기관으로서 금융감독원과 예금보험공사를 규정하고 있어(제2조), 실무적으로는 금융통화원회가 직접 자료 제공 요청을 할 수 있다고 볼 여지도 있으나, 이는 법적 근거가 없어서 여전히 쟁점은 제기될 수 있다.

103 「예금자보호법」 적용 대상이 되는 금융기관, 즉 예금보험 대상이 되는 금융기관을 말하는데, 은행, 상호저축은행, 종합금융회사, 보험회사, 자본시장법에 따른 투자매매업자·투자중개업자 등이 포함된다(「예금자보호법」 제2조 제1호).

2. 금융감독원과 정보 공유 문제

금융통화위원회의 자료 협조 요청 대상 기관에 금융감독기관인 금융감독원이 제외되어 있다. 그렇다면 금융통화위원회는 금융위원회에게 금융감독원에 관한 자료뿐만 아니라 금융감독원이 보유하고 있는 감독 대상 금융기관에 관한 자료도 요청할 수 있는가? 이에 대해서는 금융감독원은 금융위원회가 요구하는 자료 제출을 해야 할 의무가 있으므로(금융감독기구법 제58조) 금융감독원뿐만 아니라 금융감독원이 보유하고 있는 검사 대상 금융기관에 관한 자료도 금융위원회에 요청하여 받을 수 있다는 견해가 있다.[104] 물론 해석상 가능한 견해라고 보이지만, 현실적으로는 바람직하지 않다. 특히 긴급을 요하는 자료인 경우 금융위원회를 통하여 받는 것은 현실적으로 효율적인 방법은 아니다. 특히 금융위원회와 금융감독원이 별개의 조직이라는 점과 금융위원회를 통하여 금융기관에 관한 자료를 입수하는 경우 발생하는 비효율성을 고려할 때 입법론으로는 금융감독원도 자료 요청 대상 기관으로 추가하는 것이 필요하다.[105]

3. 예금보험공사와 정보 공유 문제

예금보험 업무와 금융안정 기능을 수행하는 예금보험공사도 마찬가지이다. 「예금자보호법」에 의하여 금융위원회가 예금보험공사에 대하여 그 업무, 회계 및 재산에 관한 사항 등을 보고하게 할 수 있으므로(제28조 제1

104 한국은행 법규실(1999), 226면 각주 19).
105 이러한 점을 고려하여 한국은행 법규실(1999), 226면 각주 19)도 "실무적으로는 한국은행이 [직접] 금융감독원에 요청하여 송부받는 것이 좋을 것으로 생각한다."라고 하고 있다.

항), 이 조항을 근거로 하여 금융통화위원회는 예금보험공사뿐만 아니라 부보금융기관에 관한 자료를 금융위원회에 요청하여 받을 수 있다고 볼 수도 있으나, 비효율적인 방법이다. 예금보험공사도 대상 기관에 추가하는 것이 필요하다.

4. 자료 요청 방법의 문제

「한국은행법」 제94조의 해석상 자료 요청을 건별로 할 수 있는지, 아니면 정기적으로 요청할 수 있는지가 명확하지 않다. 특히 이에 관한 세부적인 하위 규정도 없어 어떻게 실무상 처리하고 있는지가 애매하나, 해석상 정기적인 자료 요청이나 건별 자료 요청 둘 다 가능한 것으로 생각된다. 이러한 상호 자료 요청 제도의 효율성을 기하기 위해서는 관련 하위 규정에 구체적으로 어떻게 상호 자료 요청을 할 수 있는지에 대하여 자세하게 규정하고, 더 나아가 관련 기관 사이에 자료 요청에 관한 업무협약을 체결하는 것도 고려할 필요가 있다. 그래서 관련 규정과 협약에 정기적으로 제공해야 할 자료의 내용을 정함으로써(물론 비밀을 유지해야 하거나 보안이 필요한 자료는 예외로 할 필요는 있다) 해당 기관이 계속적으로 금융경제 관련 정보의 동향을 파악하여 금융시장의 변화에 적극적으로 대처할 수 있도록 할 필요가 있다.

5. 자료 제공 의무화 방안

이러한 상호 자료 제공 요청에 대하여 "특별한 사유가 없는 한" 자료 요청에 응하도록 되어 있어, 특별한 사유가 있게 되면 상대 기관이 요청한 자료를 제공하지 않아도 되는데, 이것도 재고할 필요가 있다. 우선 "특별한 사유"의 범위가 애매하여 모든 자료 요청을 거부할 수 있는 경우도 발생할 수 있다는 점, 중요한 금융에 관한 정보가 상호 교환이 되어야 경제 정책과 조화도 도모할 수 있다는 점, 특히 금융위기가 발생할 때에는 상호 업무 협조가 이루어져야 한다는 점 등을 고려할 때, 대상 기관은 상대 기관이 요청한 자료를 "의무적으로" 제공하도록 해야 할 것이다.

6. 정보공유협의체 신설 필요

더 나아가 입법론으로는 모든 금융경제 관련 정보가 한 군데 모여서 공유되는 체제를 갖추도록 할 필요가 있다. 예를 들어, 법적 기구인 **정보공유협의체 기구**를 신설하는 방안도 필요하다.[106]

106 다른 나라의 입법례를 살펴보면, 미국의 경우 연방금융기관검사협의회(Federal Financial Institutions Examination Council: FFIEC)는 통화감독청(OCC), 연방준비제도이사회(FRB), 연방예금보험공사(FDIC) 등 은행감독기관들이 보유하거나 사용하는 은행과 은행지주회사들의 장부, 재무제표, 서류 등에 대한 접근이 가능하며(12 U.S.C. § 3308), 이러한 서류나 정보 등은 FFIEC의 중앙정보저장체제(Central Data Repository)에 집중되어 OCC, FRB, FDIC 등 금융감독기관에 의해 공유된다(금융감독원 조사연구실(2009), 129면). 프랑스의 경우에도 제재 조치를 받은 금융기관 및 임원에 대한 정보는 'FIDEC'라는 정보 공유 전산 체제에 자동적으로 입력되도록 되어 있어 은행위원회(CB), 금융시장청(AMF) 및 보험감독원(ACAM) 등 해당 금융감독기관이 금융기관 및 임원에 대한 정보를 수집할 수 있는 체제를 갖추고 있다(금융감독원 조사연구실(2009), 149면).

참고문헌

고동원, 「주요국 중앙은행의 목적 및 업무 범위에 대한 비교와 그 시사점에 관한 연구」, 한국은행 금융경제연구원, 2004. 12.

______, 「중앙은행의 목적 및 기능에 관한 비교법적 고찰-아시아 주요 국가를 중심으로-」, 『일감법학』 제10권, 건국대학교 법학연구소, 2005. 12.

______, 「한국은행의 조직 및 기능과 그 법적 문제점에 관한 고찰」, 『성균관법학』 제21권 제1호, 성균관대학교 법학연구소, 2009. 4.

______, 「중앙은행전자화폐(Central Bank Digital Currency)의 발행에 따른 법적 문제와 예금보험제도에 미치는 영향」, 『금융안정연구』 제23권 제1호, 예금보험공사, 2022. 6.

금융감독원 조사연구실, 『주요 선진국의 금융안정 기능 강화 논의』, 2009. 1.

김대식·김태준, 「우리나라 금융산업의 발전 방향」, 『글로벌 시대의 한국금융』, 한국은행 금융경제연구원, 2003.

김홍범, 『금융감독, 이대론 안된다』, 두남, 2002.

노철우, 「한국은행법 및 은행법상 금융기관의 범위」, 『금융법연구』 제3권 제2호, 한국금융법학회, 2006. 12.

법무법인(유) 세종, 「한국은행총재가 금융기관의 외화지급준비금 부족을 이유로 금융기관에 대하여 한 과태금 부과통보의 법적성질·근거와 기속행위성을 최초로 밝힌 사례」, 뉴스레터, 2020. 11. 4.〈https://www.shinkim.com/kor/media/newsletter/1333〉.

서자영, 「중앙은행의 디지털화폐 발행에 관한 연구」, 서울대학교 법학박사학위논문, 2021. 2.

정순섭·이민경, 「중앙은행여신과 적격담보제도에 관한 법적 연구」, 『상사법연구』 제43권 제3호, 한국상사법학회, 2024. 11.

정순섭 외 2인, 『중앙은행 디지털화폐(CBDC) 관련 법적 이슈 및 법령 제·개정 방향』, 한국은행 외부연구용역보고서, 2021. 2.

한국은행, 『암호자산과 중앙은행』, 2018. 7.

______, 『중앙은행 디지털화폐』, 2019. 1.

______, 「주요국 및 우리나라의 중앙은행 디지털화폐(CBDC) 추진 현황」, 2020. 11.

한국은행 법규실, 『주제별 해설 한국은행법』, 1999. 10.

______, 『한국은행법 해설』, 2012. 4.

Ferguson, Roger W., "Should Financial Stability Be An Explicit Central Bank Objective?," a paper presented for the BIS Conference on "Monetary Stability, Financial Stability and the Business Cycle," held in Basel, Switzerland on 28~29 March 2003.

05

예금보험기구와 금융감독

제1절 총설
제2절 예금보험기구의 조직
제3절 예금보험기구의 기능
제4절 예금보험기구의 금융감독

제1절 총설

I. 서설

우리나라에서 예금보험제도가 도입된 것은 1996년 6월 1일이다. 1995년 12월 29일에 제정되고 1996년 6월 1일부터 시행된「예금자보호법」에 의하여 예금보험 제도를 운영하고 부실금융기관의 정리 업무를 담당하는 예금보험공사가 설립되었고(제3조), 보험료의 납부 및 보험금의 지급 등에 관련된 사항은 1997년 1월 1일부터 시행되었다(부칙 제1조).「예금자보호법」은 예금보험 제도에 가입된 금융기관이 "파산 등의 사유로 예금 등을 지급할 수 없는 상황에 대처하기 위하여 예금보험 제도를 효율적으로 운영하여 예금자 등을 보호하고 금융 제도의 안정성을 유지"하는 것 목적으로 하고 있다(제1조).

예금보험기구인 예금보험공사도 일정 부분 금융감독 기능을 수행한다. 부실금융기관 정리 업무를 담당하고 예금보험 제도를 운영하는 예금보험공사는 예금보험기금 지출의 최소화를 위해서 예금보험에 가입한 금융기관들이 부실화되지 않도록 잘 감시할 필요가 있다. 이를 위해서「예금자보호법」은 예금보험공사에게 예금보험에 가입한 금융기관들에 대한 업무와 재산 상황에 관한 자료를 제출하도록 요구할 수 있도록 하고 있으며, 비록 제한적인 경우에 한하고 있지만 금융기관들의 업무와 재산 상황에 대한 '조사'를 할 수 있도록 하고 있으며, 더 나아가 금융감독기관인 금융감독원에 대해서 금융기관 검사 및 공동검사를 하도록 요청할 수 있는 권한을 부여하고 있다(제21조). 이처럼 예금보험공사는 제한적이지만 예금보험에 가입한 금융기관들을 감독할 수 있는 권한이 있다. 이 장에서는 예금보험공사의 조직, 기능 및 금융감독 업무에 대하여 자세히 살펴본다.

II. 적용 대상 금융기관의 범위

「예금자보호법」이 적용되는 금융기관을 살펴본다. 「예금자보호법」은 열거하여 규정하고 있는데 다음과 같다. ① 「은행법」에 따라 인가를 받은 일반은행과 외국은행 국내지점,[1] ② 한국산업은행, 중소기업은행, 농협은행, 수협은행 등 특수은행, ③ 자본시장법에 따라 증권을 대상으로 투자매매업·투자중개업의 인가를 받은 투자매매업자·투자중개업자(다자간매매체결회사, 채무증권만을 대상으로 전문투자자에 대해서만 투자매매업 또는 투자중개업 인가를 받은 자, 증권을 대상으로 전문투자자에 대해서만 환매조건부매매를 중개하는 투자중개업 인가를 받은 자, 온라인소액투자중개업자 등록을 한 자는 제외된다), ④ 자본시장법에 따른 증권금융회사 및 종합금융회사, ⑤ 보험회사(재보험회사는 제외된다), ⑥ 상호저축은행 및 상호저축은행중앙회[2]이다(제2조 제1호, 시행령 제2조 제1항, 제2항). 「예금자보호법」은 **「예금자보호법」 적용 대상이 되는 금융기관을 '부보(附保)금융기관'**이라고 하고 있다. 예금보험에 가입되어 있는 금융기관을 말한다.

1 법문에는 외국은행 국내대리점도 포함되어 있으나, 실제로 대리점이 영업을 하고 있지 아니하므로 제외하였다. 그리고 '대통령령이 정하는 외국은행 국내지점'은 제외하도록 되어 있으나 현재 제외된 외국은행 국내지점은 없다.

2 상호저축은행중앙회는 2009년 2월 4일부터 포함되었다.

부보금융기관의 범위는 달라졌는데, 제정「예금자보호법」은 일반은행, 외국은행 국내지점, 한국산업은행, 중소기업은행, 농협은행, 수협은행(수산업협동조합 포함)만을 대상으로 했었으나, 1997년 12월 31일「예금자보호법」이 개정되면서 각 개별 법률에 근거하여 운영되어 오던 예금보험 제도 대상 금융기관인 증권회사, 보험회사, 종합금융회사, 상호저축은행, 신용협동조합 등의 금융기관이 대상에 포함되었다가, 이후 수산업협동조합과 신용협동조합은 2002년 12월 개정된「예금자보호법」에 의해 2004년 1월 1일부터 제외되었다.

III. 예금보험 대상이 되는 '예금 등'의 범위

1. 서설

예금보험 대상이 되는 '**예금 등**'의 범위는「예금자보호법」및 시행령이 규정하고 있다. 부보금융기관별로 차이가 나는데, 부보금융기관이 정부나 지방자치단체, 한국은행, 금융감독원, 예금보험공사 및 다른 부보금융기관으로부터 조달한 자금은 '예금 등'의 범위에 포함되지 않는다(시행령 제3조 제1항 제1호 내지 제3호). 다만 다른 부보금융기관으로부터 조달한 자금 중 ①「근로자퇴직급여 보장법」에 따른 확정기여형퇴직연금 제도나 개인형퇴직연금 제도의 자산관리 업무를 수행하는 퇴직연금사업자인 부보금융기관으로부터 적립금(예금 등으로 운용되는 적립금으로 한정한다)을 예치받은 경우 및 ②「조세특례제한법」에 따른 개인종합자산관리계좌가 개설된 신탁업자인 부보금융기관으로부터 금전(개인종합자산관리계좌에서 예금 등으로 운용되는 금전으로 한정한다)을 예치받은 경우는 그 범위에 포함된다(시행령 제3

조 제1항 제3호 가목, 나목).

2. 은행 등의 예금 등

'은행 등'의 '예금 등'의 범위에는 ① 은행, 외국은행 국내지점, 한국산업은행, 중소기업은행, 농협은행, 수협은행의 경우는 예금·적금(積金)·부금(賦金) 등에 의하여 불특정 다수인으로부터 채무를 부담함으로써 조달한 금전과 ② 자본시장법 제103조 제3항에 따라 원본(元本)이 보전(補塡)되는 금전신탁 등을 통하여 조달한 금전이 포함된다(제2조 제2호 가목). 다만 양도성예금증서(certificate of deposit: CD)의 발행을 통한 자금 조달, 개발신탁에 의해 조달한 자금, 채권(債券)[3]의 발행에 의해 조달한 자금, 환매조건부채권의 매도를 통해 조달한 자금은 제외된다(시행령 제3조 제2항). 외화예금은 2008년 11월 3일 전까지는 예금보험 대상에서 제외되었으나, 이후에는 포함되었다.

3. 투자매매업자·투자중개업자의 투자자 예탁금 등

자본시장법에 따른 투자매매업자·투자중개업자의 경우는 ① 고객으로부터 증권의 매매 또는 그 밖의 거래와 관련하여 예탁받은 금전("**투자자 예탁금**")과 ② 자본시장법 제103조 제3항에 따라 원본이 보전되는 금전신탁 등을 통하여 조달한 금전이 포함되며, 증권금융회사의 경우에는 예탁받은 금전이 해당한다(법 제2조 제2호 나목). 다만 투자자 예탁금 중 ① 투자자 예

3 일반은행이 발행하는 금융채권(은행채권), 한국산업은행이 발행하는 산업금융채권, 중소기업은행이 발행하는 중소기업금융채권, 농협은행이 발행하는 농업금융채권, 수협은행이 발행하는 수산금융채권을 말한다.

탁금에 관하여 발생한 조세의 납부를 위하여 예탁되어 있는 금전, ② 환매조건부채권을 매도하여 조달한 금전, ③ 자본시장법에 따라 모집 또는 매출되는 증권의 취득 또는 매수의 청약을 위하여 예탁되어 있는 금전, ④ 파생상품의 매매와 그 밖의 거래와 관련하여 증권금융회사에 예탁되어 있는 금전, ⑤ 자본시장법 제117조의8에 따라 증권금융회사에 예탁되어 있는 금전, ⑥ 자본시장법 시행령 제137조 제1항 제3호의2에 따라 증권금융회사에 예탁되어 있는 금전, ⑦ 자본시장법에 따라 고객에게 대부(貸付)한 증권의 담보를 위하여 예탁된 금전 중 증권금융회사에 보관된 금전은 포함되지 않는다(시행령 제3조 제3항 제1호 내지 제4호).

4. 보험회사의 수입보험료 등

보험회사의 경우는 ① 보험계약에 따라 수입한 수입보험료, ② 변액보험계약에서 보험회사가 보험금 등을 최저 보증하기 위하여 받은 금전, ③ 자본시장법 제103조 제3항에 따라 원본이 보전되는 금전신탁 등을 통하여 조달한 금전이 해당된다(법 제2조 제2호 다목). 다만 수입보험료 중 ① 보험계약자 및 보험료납부자가 법인인 보험계약에 의하여 수입한 수입보험료(다만 확정기여형퇴직연금 제도, 개인형퇴직연금 제도, 중소기업퇴직연금기금 제도 또는 법률 제10967호 「근로자퇴직급여보장법」 전부개정법률 부칙 제2조 제1항 본문에 따른 퇴직보험계약에 의하여 수입한 수입보험료는 제외한다), ② 「근로자퇴직급여보장법」 제2조 제8호의 확정급여형퇴직연금 제도에 따른 퇴직보험계약에 따라 수입한 수입보험료, ③ 보증보험계약에 의하여 수입한 수입보험료, ④ 재보험계약에 의하여 수입한 수입보험료는 제외된다(시행령 제3조 제4항 제1호 내지 제3호).

5. 종합금융회사의 금융상품

종합금융회사(구조개선법에 의하여 종합금융회사와 합병한 은행 또는 투자매매업자·투자중개업자를 포함한다)의 경우는 ① 자본시장법 제336조 제1항에 따라 어음의 발행에 의하여 조달한 금전과 ② 불특정 다수인을 대상으로 하여 모은 자금을 유가증권에 투자하여 수익금을 지급하는 금융상품(Cash Management Account: CMA)에 의하여 조달한 금전이 해당한다(제2조 제2호 바목).

6. 상호저축은행의 예금 등

상호저축은행의 경우는 계금·부금·예금 및 적금 등에 의하여 조달한 금전과 상호저축은행중앙회의 경우는 자기앞수표 발행에 의하여 조달한 금전을 말한다(제2조 제2호 마목).

7. 부보금융기관의 외국지점이 조달한 금전은 제외

부보금융기관의 외국지점이 조달한 금전으로서 해당 외국지점이 소재한 국가의 예금보험 제도에 의하여 보호되고 있다고 예금보험공사가 인정한 금전은 예금 등의 범위에 포함되지 아니한다(시행령 제3조 제5항). 원칙적으로 부보금융기관의 외국지점에 예치한 예금 등도 우리나라의 예금보험 제도에 의해 보호되나, 해당 국가에서 보호하는 경우는 제외하고 있는 것으로서 이는 이중 보험금 지급이 되지 않도록 하기 위한 것이다.

IV. 부실금융기관 및 부실우려금융기관의 정의

1. 부실금융기관의 정의

「예금자보호법」에 따른 '**부실금융기관**'은 다음과 같이 세 가지 경우의 어느 하나에 해당되는 부보금융기관을 말한다. 첫째, "① 경영 상태를 실사(實査)한 결과 부채가 자산을 초과하는 부보금융기관 또는 ② 거액의 금융사고나 부실채권의 발생으로 부채가 자산을 초과하게 되어 정상적인 경영이 어렵게 될 것이 명백한 부보금융기관으로서 금융위원회 또는 예금보험공사의 최고의사결정기관인 예금보험위원회가 결정한 부보금융기관," 둘째 "예금 등 채권(債權)의 지급이나 다른 금융기관으로부터 차입금의 상환이 정지 상태에 있는 부보금융기관," 셋째 "외부로부터 자금 지원 또는 별도의 차입(정상적인 금융거래에서 발생하는 차입을 제외한다)이 없이는 예금 등 채권의 지급이나 차입금의 상환이 어렵다고 금융위원회 또는 예금보험위원회가 인정한 부보금융기관"을 말한다(제2조 제5호). 여기서 '예금 등 채권'이라 함은 "예금자 등(부보금융기관에 대하여 예금 등 채권을 가진 자를 말한다. 제2조 제3호)이 예금 등 금융거래에 의하여 부보금융기관에 대하여 가지는 원금·원본·이자·이익·보험금 및 각종 지급금(支給金)과 그 밖에 약정된 금전의 채권"을 말한다(제2조 제4호).

「예금자보호법」에 따른 부실금융기관은 일정한 조건이 될 때 자동적으로 부실금융기관으로 정해지는 경우와 금융위원회나 예금보험위원회의 인정 내지 결정 절차에 의해 정해지는 경우가 있음을 알 수 있다.[4] 그러나 전

4 부실금융기관의 지정에 예금보험공사가 보다 적극적으로 참여할 수 있는 법적 권한을 부여받아야 한다는 주장은 김홍범(2002), 121면.

자의 경우도 여전히 금융위원회나 예금보험위원회의 결정 내지 지정 절차가 있어야 할 것이다. 다만 요건이 정해져 있어 다소 형식적인 절차에 그친다는 것인 데 반해, 금융위원회나 예금보험위원회가 인정 또는 결정하는 경우는 재량권이 있다는 점이 다르다.

2. 부실우려금융기관의 정의

「예금자보호법」에 따른 '**부실우려금융기관**'이라 함은 "재무 구조가 취약하여 부실금융기관이 될 가능성이 농후하다고 예금보험위원회가 결정하는 부보금융기관"을 말한다(제2조 제5호의2). 정의에 비추어 볼 때 부실우려금융기관의 결정에 예금보험위원회의 재량권이 상당히 크게 될 것이다. 그리고 부실금융기관과 달리 금융위원회가 개입하지는 않고 예금보험공사가 단독으로 결정하게 된다.

제2절 예금보험기구의 조직

예금보험기구인 예금보험공사에는 내부 최고의사결정기관으로서 예금보험위원회를 두고 있다. 여기서는 예금보험위원회의 구성과 회의 운영, 그리고 예금보험공사의 조직에 대하여 살펴본다.

I. 예금보험위원회

1. 법적 성격

예금보험공사의 업무 운영에 관한 기본 방침을 수립하고 예금보험기금 및 예금보험기금채권상환기금의 운용 계획 등을 "심의"하기 위한 기구로서 예금보험공사에 **예금보험위원회**를 두고 있다(제8조 제1항, 제2항). 예금보험위원회의 성격과 관련해서는 애매하게 규정하고 있다. 「예금자보호법」 제8조가 "심의"하기 위하여 예금보험위원회를 둔다고 하고 있어서 의결기관으로 보기에 어려운 점이 있으나, 「예금자보호법」 제10조 제4항이 예금보험위원회는 위원 과반수의 출석과 출석위원 과반수의 찬성으로 "의결"한다고 하고 있고, 관련된 다른 조문에서도 "의결"이라는 표현을 사용하고 있어서, 이런 조항들을 보면 의결기관으로 볼 수도 있기 때문이다. 예금보험위원회가 부실금융기관의 결정과 부실금융기관에 대한 지원 여부 결정 등 중요한 사항을 다루고 있는 점을 고려할 때 의결기관으로 보는 것이 타당하며, 그러한 점에서 「예금자보호법」 제8조에 의결기관이라는 점을 명확하게 규정해야 할 것이다.

2. 구성

1) 위원회의 구성

예금보험위원회는 7인의 위원으로 구성된다. 당연직 위원인 예금보험공사 사장, 금융위원회 부위원장, 기획재정부 차관, 한국은행 부총재 등 4인과 금융위원회가 위촉하는 위원 1인과 기획재정부 장관과 한국은행 총재가 각각 추천하여 금융위원회가 위촉하는 위원 2인 등 3인의 위촉직 위원으로 구성된다(제9조 제1항).

2) 위촉직 위원의 임기와 자격 요건 등

위촉직 위원의 임기는 3년이며, 연임할 수 있다(제9조 제3항). 위촉직 위원의 결격 요건은 ① 대한민국 국민이 아닌 자, ②「공공기관의 운영에 관한 법률」 제34조 제1항 제2호에 해당하는 사람 및 ③ 국가공무원법 제33조 각 호의 어느 하나에 해당하는 자이며, 적극적인 자격 요건은 금융·경제 또는 법률에 관한 학식과 경험이 풍부한 자이다(제9조 제2항→제16조, 시행령 제11조). 이렇게 위촉직 위원의 적극적인 자격 요건을 규정함으로써 전문성을 가진 자가 예금보험위원회의 업무에 관여하도록 하고 있다. 또한 위촉직 위원은 정당에 가입할 수 없도록 하고 정치 운동에도 관여할 수 없도록 함으로써(제9조의2), 정치적인 영향을 받지 않고 업무를 처리하도록 하고 있다. 이는 예금보험공사의 업무가 부실금융기관의 정리 등에 관한 업무를 처리하고 있어 정치적 영향을 많이 받을 수 있고, 그렇게 되는 경우에는 여러 문제점이 발생할 수 있으므로 이것을 방지하기 위하여 둔 규정으로 볼 수 있다. 위촉직 위원에 대해서는 신분 보장 규정이 적용된다. 위촉직 위원은 ① 대한민국 국민이 아니게 된 때, ②「공공기관의 운영에 관한 법률」 제34조 제1항 제2호에 해당하게 된 때, ③ 국가공무원법 제33조 각 호의 어느 하나에 해당되게 된 때, ④ 심신의 장애로 인하여 직무 수행이 심히 곤란하게 된 때, 또는 ⑤「예금자보호법」에 의한 직무상 의무를 위반하여 위원으로서의 직무 수행이 부적당하게 된 때가 아니면 임기 전에 그 의사에 반하여 해촉되지 아니한다(제9조의3). 이는 예금보험위원회의 독립성을 보장하기 위한 조항으로 볼 수 있다. 그리고 위촉직 위원이 위의 해촉 사유에 해당하여 해촉되는 경우 해촉되기 전에 위원으로서 한 행위는 그 효력을 상실하지 아니한다(제9조의3 제2항).

3. 운영

예금보험공사의 사장이 예금보험위원회의 위원장이 된다(제10조 제1항). 위원장은 위원회를 대표하고, 회무를 통할한다(제10조 제2항). 위원장이 부득이한 사유로 직무를 수행할 수 없는 때에는 금융위원회 부위원장, 기획재정부 차관, 한국은행 부총재 순서로 직무를 대행한다(제10조 제3항). 회의는 위원장이 소집한다(시행령 제10조 제1항). 위원회는 위원 과반수의 출석과 출석위원 과반수의 찬성으로 의결한다(제10조 제4항 본문). 다만 부실금융기관의 청산 또는 파산 등이 금융 제도의 안정성을 크게 해할 우려가 있다고 예금보험위원회가 인정하는 경우 보험금을 지급하거나 지원하는 방식에 의해서 자금 지원을 하는 사항에 대해서는 재적위원 3분의 2 이상의 찬성으로 의결한다(제10조 제4항 단서, 제38조의4 제3항). 위원회는 안건의 제목과 내용을 등을 포함한 의사록을 작성하고, 위원회가 정하는 바에 의하여 이를 공개하여야 한다(제10조 제5항). 위원회는 필요한 경우 부보금융기관을 대표한다고 인정되는 자 또는 관계 전문가 등을 예금보험위원회에 출석하게 하여 의견을 들을 수 있다(제10조 제6항). 예금보험공사의 부사장, 이사와 감사는 예금보험위원회의 회의에 출석하여 의견을 진술할 수 있다(시행령 제10조 제2항).

II. 예금보험공사

1. 법적 지위

예금보험공사는 무자본특수법인이다(제4조). 이는 한국은행이나 금융감독원과 같다. '법인'의 형태이므로 정부 조직이 아니다. 또한 예금보험 업무를 취급하는 공공적인 성격을 갖고 있어서 '공법인'이라고 분류할 수 있으며, 「예금자보호법」이라는 특별법에 의해 설립된 기관이라는 점에서 '특수법인'으로 분류할 수 있다. 그리고 한국은행의 경우와 마찬가지로 예금보험 제도에 이해관계가 있는 정부나 금융기관 등 출자자가 있는 경우 예금보험공사가 공정하고 중립적인 결정을 하기가 어렵게 될 수 있어 무자본으로 한 것으로 이해할 수 있다.

2. 설립 등기와 정관

1) 설립 등기

예금보험공사는 금융위원회로부터 정관의 인가를 받은 날부터 2주 이내에 주된 사무소의 소재지에서 설립 등기를 하여야 한다(제5조 제1항). 예금보험공사는 주된 사무소를 서울특별시에 둔다(제5조의2 제1항). 예금보험공사는 설립 등기를 함으로써 성립한다(제5조 제2항). 설립 등기 사항은 목적, 명칭, 주된 사무소의 소재지, 사장의 성명·주민등록번호 및 주소, 부사장·이사 및 감사의 성명 및 주소, 공고의 방법이다(시행령 제4조 제2항). 등기를 필요로 하는 사항은 등기 후가 아니면 제3자에게 대항하지 못한다(제5조 제3항).

2) 정관

예금보험공사의 정관에는 목적, 명칭, 사무소의 소재지, 예금보험기금 및 예금보험기금채권상환기금에 관한 사항, 예금보험위원회에 관한 사항, 이사회에 관한 사항, 임원과 직원에 관한 사항, 업무와 그 집행에 관한 사항, 회계에 관한 사항, 정관의 변경에 관한 사항 및 공고의 방법을 기재하여야 한다(제6조 제1항). 예금보험공사가 정관을 변경하고자 할 때에는 예금보험위원회의 의결을 거쳐 금융위원회의 인가를 받아야 한다(제6조 제2항).

3. 임원 및 직원

1) 임원

(1) 임원의 구성

예금보험공사에 임원으로 사장 1인, 부사장 1인을 포함한 5명 이내의 상임이사, 7명 이내의 비상임이사, 감사 1인을 둔다(제11조 제1항). 임원의 임면은 「예금자보호법」이 아니고 「공공기관의 운영에 관한 법률」이 적용된다. 이에 따르면 예금보험공사 사장은 임원추천위원회가 복수로 추천한 사람 중에서 금융위원회 위원장의 제청(提請)에 의하여 대통령이 임명하며(제26조 제1항), 임기는 3년이다(제28조 제1항). 사장·부사장·이사 및 감사에 궐원(闕員)이 있을 때에는 새로 임명하되, 임기는 임명된 날부터 기산(起算)한다(제11조 제2항).

(2) 임원의 결격 사유

사장·부사장·이사 및 감사의 결격 사유는 대한민국 국민이 아닌 자, 「공공기관의 운영에 관한 법률」 제34조 제1항 제2호에 해당하는 사람, 국가공무원법 제33조에 규정된 사유에 해당하는 자이다(제16조).

(3) 임원의 직무

사장은 예금보험공사를 대표하고, 업무를 통할(統轄)한다(제12조 제1항). 부사장은 사장을 보좌하고, 이사는 사장과 부사장을 보좌하되 각각 정관이 정하는 바에 의하여 예금보험공사의 업무를 분장(分掌)한다(제12조 제2항). 감사는 예금보험공사의 업무와 회계를 감사한다(제12조 제3항).

(4) 임원의 겸직 금지 및 비밀 누설 금지 의무

예금보험공사의 상임임원은 직무 외의 영리를 목적으로 하는 업무에 종사하지 못한다(「공공기관의 운영에 관한 법률」 제37조 제1항). 예금보험공사의 임원 및 임원이었던 자는 직무상 알게 된 비밀을 누설하여서는 아니 된다(제17조). 이러한 비밀 유지 의무를 위반한 자는 2년 이하의 징역 또는 1천만 원 이하의 벌금에 처한다(제40조 제1호).

(5) 임원의 신분 보장

사장·부사장·이사 및 감사는 ① 대한민국 국민이 아닌 자가 되는 경우, ② 「공공기관의 운영에 관한 법률」 제34조 제1항 제2호에 해당하는 경우, ③ 국가공무원법 제33조 각 호의 어느 하나에 해당되게 되는 경우, ④ 「예금자보호법」이나 「예금자보호법」에 의한 명령이나 정관을 위반하는 경우, ⑤ 심신의 장애로 인하여 직무의 수행이 심히 곤란하게 된 경우, ⑥ 「공공기관의 운영에 관한 법률」 제22조 제1항, 제31조 제6항, 제35조 제2항·제3항, 제36조 제2항 및 제48조 제4항·제8항에 따라 임명권자가 해임하거나 정관으로 정한 사유가 있는 경우를 제외하고는 임기 전에 그 의사에 반하여 해임되지 아니한다(제13조 제1호 내지 제4호). 그만큼 임원의 신분을 보장하여 업무의 독립성을 유지하고자 함이다.

2) 이사회

예금보험공사에 이사회를 둔다(제14조 제1항). 이사회는 사장·부사장 및 이사로 구성한다(제14조 제2항). 이사회는 예금보험공사의 업무에 관한 주요 사항을 의결한다(제14조 제3항). 사장이 이사회의 의장이 된다(「공공기관의 운영에 관한 법률」 제18조 제4항). 이사회는 재적이사 과반수의 찬성으로 의결한다(「공공기관의 운영에 관한 법률」 제19조 제2항). 감사는 이사회에 출석하여 의견을 진술할 수 있다(제14조 제4항).

3) 직원

예금보험공사의 직원은 사장이 임면한다(제15조). 국가공무원법 제33조 각 호의 어느 하나에 해당하는 자는 직원이 될 수 없다(제16조 제3호). 직원은 직무 외에 영리를 목적으로 하는 업무에 종사하지 못한다(「공공기관의 운영에 관한 법률」 제37조 제1항). 예금보험공사의 직원 및 직원이었던 자는 직무상 알게 된 비밀을 누설하여서는 아니 된다(제17조). 이러한 비밀 유지 의무를 위반한 자는 2년 이하의 징역 또는 1천만 원 이하의 벌금에 처한다(제40조 제1호).

4. 회계 및 예산과 결산

1) 회계

예금보험공사의 회계연도는 정부의 회계연도에 따른다(제22조). 따라서 「국가재정법」 제2조에 따라 매년 1월 1일에 시작하여 12월 31일에 종료한다.

2) 예산 및 결산

예금보험공사의 예산과 결산은 예금보험위원회의 의결을 거쳐 금융위원회의 승인을 얻어야 한다(제23조). 예산은 회계연도 개시 전에 금융위원회의 승인을 얻어야 하고, 결산은 회계연도 종료 후 3개월 이내에 금융위원회의 승인을 얻어야 한다(시행령 제13조).

5. 금융위원회의 예금보험공사에 대한 감독

예금보험공사에 대한 감독권은 금융위원회가 가지고 있다. 즉, 금융위원회는 예금보험공사의 업무를 지도·감독하고 이에 필요한 명령을 할 수 있다(제27조 제1항). 금융위원회는 「예금자보호법」에 의한 예금보험공사의 처분이 위법한 때 또는 예금자 등을 보호하기 위하여 필요하다고 인정하는 때에는 그 처분의 전부 또는 일부를 취소하거나 집행을 정지시킬 수 있다(제27조 제2항). 금융위원회는 필요하다고 인정할 때에는 예금보험공사에 대하여 업무·회계 및 재산에 관한 사항 등을 보고하게 하거나, 소속 공무원으로 하여금 예금보험공사의 업무 상황 또는 장부·서류·시설, 그 밖에 필요한 물건을 검사하게 할 수 있다(제28조 제1항). 금융위원회 소속 공무원이 예금보험공사에 대한 검사를 하는 경우에는 권한을 표시하는 증표를 지니고 관계인에게 이를 제시하여야 한다(제28조 제2항).

제3절 예금보험기구의 기능

I. 서설

예금보험공사는 예금보험 제도를 효율적으로 운영하여 예금자 등을 보호하고 금융 제도의 안정성을 유지하기 위하여 다음과 같은 업무를 수행한다. ① 예금보험기금 및 예금보험기금채권상환기금의 관리 및 운용 업무, ② 부보금융기관이 납부하는 예금보험료 및 예금보험기금채권상환특별기여금의 수납 및 산정 업무, ③ 부실금융기관의 부실관련자에 대한 손해배상청구권의 대위(代位) 행사 업무, ④ 보험사고 발생 시 보험금의 지급 및 계산 업무, ⑤ 부실금융기관의 정리(resolution) 업무, ⑥ 착오송금 반환 지원 업무, ⑦ 위 ① 내지 ⑥의 업무에 부대하는 업무, ⑧ 예금자의 보호를 위하여 정부가 위탁하거나 지정하는 업무, ⑨ 그 밖에 다른 법령에서 정하는 업무이다(제18조 제1항). 예금보험공사는 예금보험위원회의 심의를 거쳐 업무수행에 관한 규정(規程)을 제정할 수 있으며(제18조 제2항), 필요한 때에는 업무의 일부를 다른 기관에게 대행하게 할 수 있다(제20조 제1항).[5]

II. 예금보험기금 및 예금보험기금채권상환기금의 설치 및 운영 업무

1. 서설

우리나라는 보험금을 지급하기 위한 자금을 기금 형태로 미리 마련하여 보험사고가 발생할 때 보험금을 지급하는 제도를 운영하고 있다. 예금보험공사에는 2개의 기금이 설치되어 있는데, 첫째는 부보금융기관들이 납부하는 보험료 등으로 조성되어 보험금을 지급하는 **예금보험기금**이 있고(제24조), 둘째는 부보금융기관의 구조 조정을 지원하는 과정에서 발생한 예금보험기금의 채무(2002년 12월 31일까지 발생한 채무에 한함)를 정리하기 위하여 설치된 **예금보험기금채권(債券)상환기금**이 있다(제26조의3 제1항). 이에 따라 2003년 1월 1일자의 예금보험기금에 속하는 자산과 부채 및 그 밖의 권리·의무는 예금보험기금채권상환기금이 포괄 승계하였다(부칙 제9

5 대행기관은 한국자산관리공사, 부보금융기관, 신용협동조합중앙회가 있다(시행령 제12조 제1항).

조). 즉, 신설된 예금보험기금채권상환기금은 2003년 1월 1일 이전에 보험사고가 발생하였거나 자금을 지원하기로 결정한 경우에 해당되는 예금보험 업무를 수행한다.[6] 따라서 기존 예금보험기금은 2003년 1월 1일 이후 발생한 보험사고에 대한 예금보험 업무를 수행하게 된다.[7] 예금보험기금채권상환기금은 2027년 12월 31일까지 청산하도록 되어 있으며, 잔여 자산 및 부채와 권리·의무 등은 금융위원회가 국고나 예금보험기금 중에서 귀속 주체를 정하도록 되어 있다(부칙 제10조).

2. 예금보험기금의 설치 및 운영

1) 재원

(1) 개관

예금보험기금의 재원(財源)은 ① 부보금융기관의 출연금, ② 정부의 출연금, ③ 예금보험기금채권의 발행 자금, ④ 정부가 예금보험공사에 양여(讓與)한 국유재산, ⑤ 정부·한국은행·부보금융기관 등으로부터 차입금, ⑥ 부보금융기관이 납부하는 보험료, ⑦ 예금보험공사가 보험금이나 가지급금(假支給金)을 지급한 경우에 부실금융기관에 대한 예금자 등의 권리를 취득한 채권(債權)을 회수한 자금, ⑧ 예금보험공사가 보험금을 지급한 경우 당해 보험사고와 관련하여 매입한 예금 등 채권을 회수한 자금, ⑨ 부실금융기관의 정리 등을 위하여 지원한 자금을 회수한 자금, ⑩ 예금보험기금의 운용 수익 및 그 밖의 수익금으로 구성된다(제24조 제2항). 이하에서는 ①, ③ 및 ④에 대하여 자세히 살펴본다.

6 예금보험공사(2009), 240면.
7 예금보험공사(2009), 240면.

(2) 부보금융기관의 출연금

부보금융기관의 출연금은 부보금융기관의 예금 등의 잔액 등을 고려하여 납입자본금 또는 출자금의 100분의 1(종합금융회사와 상호저축은행의 경우에는 100분의 10)을 초과하지 아니하는 범위 안에서 부보금융기관별로 정한다(제24조 제4항). 납부 시기는 예금보험의 적용을 받게 된 이후 업무를 개시한 날부터 1개월 이내이다(시행령 제14조 제1항). 납부 금액은 해당 부보금융기관의 인가 또는 허가에 필요한 최저자본금 또는 최저자기자본에 부보금융기관별로 일정한 비율을 곱한 금액인데, 최저자기자본이 납입자본금보다 큰 경우에는 납입자본금을 기준으로 한다(시행령 제14조 제1항). 그 비율은 은행의 경우는 100분의 1, 투자매매업자·투자중개업자의 경우 100분의 1, 보험회사의 경우는 100분의 1, 종합금융회사의 경우는 100분의 5, 상호저축은행의 경우는 100분의 5이다(시행령 제14조 제1항 제1호 내지 제5호). 다만 ① 부보금융기관이 합병되어 영업 또는 설립의 인가나 허가를 받은 부보금융기관, ② 부보금융기관의 영업을 양수하기 위하여 영업 또는 설립의 인가나 허가를 받은 부보금융기관, ③ 부보금융기관에 해당하는 「예금자보호법」 제36조의3에 따라 설립된 정리금융회사는 출연금을 납부하지 아니하여도 된다(시행령 제14조 제3항).

(3) 예금보험기금채권의 발행

예금보험공사는 예금자 보호 및 신용질서의 안정을 위하여 필요한 자금을 조달하기 위하여 예금보험위원회의 의결을 거쳐 **예금보험기금의 부담으로 예금보험기금채권(債券)을 발행**할 수 있다(제26조의2 제1항). 예금보험공사가 예금보험기금채권을 발행하고자 하는 경우에는 발행할 때마다 금액, 조건과 발행 및 상환의 방법을 정하여 금융위원회에 신고하여야 한다(제26조의2 제2항). 예금보험기금채권의 발행에 관하여 필요한 사항은 예금보험위원회가 정한다(제26조의2 제3항). 예금보험기금채권의 소멸시효는 원금은 5년, 이자는 2년이다(제26조의2 제4항). 정부는 예금보험기금채권의 원리금 상환에 대하여 보증할 수 있다(제26조의2 제5항). 예금보험기금채권은 자본시장법 제4조 제3항에 따른 특수채증권으로 본다(제26조의2 제6항).

(4) 정부의 국유재산 무상 양여

정부는 예금자 보호 및 신용질서의 안정을 위하여 필요하다고 인정하는 때에는 「국유재산법」 제6조 제3항의 일반재산을 무상으로 예금보험공사에게 양여할 수 있다(제24조의2 제1항). 정부의 국유재산 무상 양여는 국무회의의 심의 및 대통령의 승인을 거쳐 미리 국회의 동의를 얻어야 한다(제24조의2 제2항 본문). 다만 예금자 보호 및 신용질서의 안정을 위하여 매우 급하게 무상으로 양여할 필요가 있는 경우에는 국회의 사후 승인을 받아야 한다(제24조의2 제2항 단서).

2) 지출

예금보험기금에서 지출되는 항목은 ① 보험사고 발생 시 지급하는 보험금, ② 예금보험기금채권의 원리금 상환, ③ 보험사고와 관련된 예금 등의 채권을 매입하기 위하여 예금자 등에게 지급하는 금액, ④ 정리금융회사에 대한 출자금, ⑤ 정리금융회사의 운영에 필요한 지원 자금 및 부대 비용, ⑥ 부실금융기관의 정리 등을 위한 부실금융기관 등에 대한 지원 자금 및 부대 비용, ⑦ 차입금과 그 이자의 상환, ⑧ 예금보험공사의 운영에 필요한 자금을 관리하는 회계로 전출이다(제24조 제3항).

3) 여유 자금의 운용

예금보험공사는 예금보험기금의 여유 자금이 있는 때에는 ① 국채, 공공채(公共債), 그 밖에 예금보험위원회가 지정하는 유가증권을 매입하거나, ② 예금보험위원회가 지정하는 부보금융기관에 예치를 하거나, 또는

③ 그 밖에 금융위원회가 정하는 방법으로 예금보험기금을 운용할 수 있다(제25조).

4) 적립액 목표 규모의 설정

예금보험공사는 예금보험기금의 적립액이 적정한 수준을 유지하도록 **예금보험기금 적립액 목표 규모를 설정**하여야 한다(제30조의4 제1항). 목표 규모는 예금보험위원회의 의결을 거쳐 예금보험 제도의 효율적 운영을 저해하지 아니하는 범위에서 부보금융기관의 경영 및 재무 상황 등을 고려하여 각 부보금융기관 계정별로 정한다(제30조의4 제2항 전단). 이 경우 목표 규모는 상한 및 하한을 두어 일정 범위로 정할 수 있다(제30조의4 제2항 후단). 예금보험공사는 국민 경제의 전반적인 여건과 금융 제도의 안정성 등을 고려하여 목표 규모의 적정성을 주기적으로 검토하고, 필요하면 예금보험위원회의 의결을 거쳐 목표 규모를 재설정할 수 있다(제30조의4 제3항). 예금보험공사는 예금보험기금의 적립액이 목표 규모에 도달한 경우에는 향후 예상되는 예금보험기금의 수입액과 지출액의 규모를 고려하여 부보금융기관이 납부하는 보험료를 감면하여야 한다(제30조의4 제4항).

3. 예금보험기금채권상환기금의 설치 및 운영

1) 재원

(1) 개관

예금보험기금채권상환기금의 재원은 ①「공적자금상환기금법」 제4조에 의한 공적자금상환기금으로부터 출연금, ② 예금보험기금채권상환기금채권의 발행으로 조성한 자금, ③ 정부·한국은행·부보금융기관 등으로부터 차입금, ④ 부보금융기관이 납부하는 예금보험기금채권상환특별기여금, ⑤ 예금보험공사가 보험금이나 가지급금을 지급한 경우에 부실금융기관에 대한 예금자 등의 권리를 취득한 채권을 회수한 자금, ⑥ 예금보험공사가 보험금을 지급한 경우 당해 보험사고와 관련하여 매입한 예금 등 채권을 회수한 자금, ⑦ 부실금융기관의 정리 등을 위하여 지원한 자금을 회수한 자금, ⑧ 예금보험기금채권상환기금의 운용 수익 및 그 밖의 수입금이다(제26조의3 제2항). ②에 대하여 자세히 알아본다.

(2) 예금보험기금채권상환기금채권의 발행

예금보험공사는 예금보험기금채권 및 예금보험기금채권상환기금채권의 원리금 상환을 위하여 필요한 경우에는 예금보험위원회의 의결을 거쳐 **예금보험기금채권상환기금의 부담으로 예금보험기금채권(債券)상환기금채권(債券)을 발행**할 수 있다(제26조의3 제4항). 예금보험공사가 예금보험기금채권상환기금채권을 발행하고자 하는 경우에는 발행할 때마다 금액, 조건과 발행 및 상환의 방법을 정하여 금융위원회에 신고하여야 한다(제26조의3 제4항→제26조의2 제2항). 예금보험기금채권상환기금채권의 발행에 관하여 필요한 사항은 예금보험위원회가 정한다(제26조의3 제4항→제26조의2 제3항). 예금보험기금채권상환기금채권의 소멸시효는 원금은 5년, 이자는 2년이다(제26조의3 제4항→제26조의2 제4항). 정부는 예금보험기금채권상환기금채권의 원리금 상환에 대하여 보증할 수 있다(제26조의3 제4항→제26조의2 제5항). 예금보험기금채권상환기금채권은 자본시장법 제4조 제3항에 따른 특수채증권으로 본다(제26조의3 제4항→제26조의2 제6항).

2) 지출

예금보험기금채권상환기금은 ① 보험금 지급, ② 예금보험기금채권(2002년 12월 31일 이전에 발행된 것) 및 예금보험기금채권상환기금채권의 원리금 상환, ③ 보험사고와 관련된 예금 등의 채권을 매입하기 위하여 예금자 등에게 지급하는 금액, ④ 정리금융회사의 운영에 필요한 지원 자금 및 부대 비용, ⑤ 부실금융기관의 정리 등을 위한 부실금융기관 등에 대한 지원 자금 및 부대 비용, ⑥ 차입금과 그 이자의 상환, ⑦ 예금보험공사의 운영에 필요한 자금을 관리하는 회계로 전출, ⑧「공적자금상환기금법」제4조 제3항에 따라 체결되는 정산 약정에 따른 출연금의 반환금으로 지출된다(제26조의3 제3항).

3) 여유 자금의 운용

예금보험공사는 예금보험기금채권상환기금의 여유 자금이 있는 때에는 ① 국채, 공공채(公共債), 그 밖에 예금보험위원회가 지정하는 유가증권을 매입하거나, ② 예금보험위원회가 지정하는 부보금융기관에 예치를 하거나, 또는 ③ 그 밖에 금융위원회가 정하는 방법으로 예금보험기금채권상환기금을 운용할 수 있다(제25조).

4. 정부 및 한국은행 등으로부터 차입

예금보험공사는 보험금 등을 지급하거나 부실금융기관 정리 등의 업무 수행을 위하여 필요한 때에는「한국은행법」제79조에도 불구하고 대통령령이 정하는 바(시행령 제15조 제2항)에 의하여 미리 금융위원회의 승인을 얻어 정부·한국은행·부보금융기관 및 그 밖에 대통령령이 정하는 기관[8]으로부터 예금보험기금, 예금보험기금채권상환기금 또는 착오송금지원계정의 부담으로 자금을 차입할 수 있다(제26조 제1항). 자금 차입이 가능한 경우

8 한국수출입은행, 신용협동조합중앙회, 정리금융기관 및 한국자산관리공사이다(시행령 제15조 제3항 전단). 한국자산관리공사로부터 차입은 한국자산관리공사가 관리·운용하는 부실채권정리기금으로부터 차입하는 경우를 포함한다(시행령 제15조 제3항 후단).

는 다음의 업무와 관련된 경우이다. 즉, ① 보험사고 발생 시 보험금의 지급 및 정산, 보험사고와 관련된 예금 등 채권의 매입, 부실금융기관의 정리 등을 위한 부실금융기관 등에 대한 자금 지원, 착오송금반환지원계정 등의 업무, ② 예금보험기금채권의 원리금 상환 또는 예금보험기금의 차입금의 원리금 상환 업무, ③ 예금보험기금채권상환기금으로부터 지출되는 보험금, 예금보험기금채권(2002년 12월 31일 이전에 발행된 것) 및 예금보험기금채권상환기금채권의 원리금 상환, 보험사고와 관련된 예금 등 채권을 매입하기 위하여 예금자 등에게 지급하는 지급금, 정리금융회사의 운영에 필요한 지원 자금 및 부대 비용, 부실금융기관의 정리 등을 위한 부실금융기관 등에 대한 지원 자금 및 부대 비용, 차입금과 그 이자의 상환 등의 업무와 관련된 경우이다(제26조 제1항 제1호 내지 제3호). 다만 ③의 경우에 한국은행으로부터 차입은 일시 차입(차입 기간은 1년 이내에 한한다)에 한한다(제26조 제1항 단서). 정부는 한국은행으로부터 차입의 원리금 상환에 대하여 보증할 수 있다(제26조 제2항).

5. 구분 계리

예금보험공사는 예금보험기금 회계, 예금보험기금채권상환기금 회계, 착오송금반환지원계정 회계, 예금보험공사의 운영에 필요한 자금을 관리하는 회계 등 4개의 회계로 구분 관리한다(제24조의3 제1항). 예금보험기금 회계에는 은행, 투자매매업자·투자중개업자, 생명보험회사, 손해보험회사, 종합금융회사, 상호저축은행별로 각각 계정을 설치하고, 각 계정을 구분 계리하여야 한다(제24조의3 제2항). 예금보험기금채권상환기금 회계도 마찬가지로 은행, 투자매매업자·투자중개업자, 생명보험회사, 손해보험회사, 종합금융회사, 상호저축은행, 신용협동조합별로 각각 계정을 설치하고 구분하여 회계 처리하여야 한다(제24조의3 제2항). 부보금융기관별 계정 상호 간 자산 및 부채의 일괄 이전, 대출 등의 거래(대출한도를 포함한다), 예금보험공사와 부보금융기관별 계정 사이의 거래, 예금보험공사의 운영 경비의 배정 방법 등은 예금보험위원회가 정한다(제24조의3 제3항). 예금보험기금, 예금보험기금채권상환기금, 착오송금반환지원계정은 상호 거래할 수 없다(제24조의3 제4항).

III. 예금보험 제도의 운영 업무

1. 예금보험 관계의 성립

예금보험공사와 부보금융기관 및 예금자 등 사이의 예금보험 관계는 예금자 등이 부보금융기관에 대하여 예금 등 채권을 가지게 된 때에 성립한다(제29조 제1항). 부보금융기관은 예금보험공사가 정하는 바에 따라 예금보험 관계의 성립 여부와 그 내용을 표시하여야 한다(제29조 제2항). 예금보험공사는 부보금융기관에 대하여 예금보험 관계 표시의 이행 여부를 조사할 수 있다(제29조 제5항).

2. 보험료 및 예금보험기금채권상환특별기여금

1) 보험료

(1) 보험료의 계산

각 부보금융기관은 매년 예금 등의 잔액(보험회사의 경우에는 「보험업법」 제120조에 따른 책임준비금을 고려하여 시행령 제16조 제3항으로 정하는 금액을 말한다)에 1천분의 5(즉, 0.5%)를 초과하지 아니하는 범위 안에서 대통령령(시행령 제16조 제1항, [별표 1])으로 정하는 비율을 곱한 금액(해당 금액이 10만 원보다 적은 경우에는 10만 원)을 연간 **보험료로 예금보험공사에 납부**하여야 한다(제30조 제1항 전단). 이 경우 부보금융기관별로 경영 상황 및 재무 상황, 예금보험기금의 계정별 적립금액 등을 고려하여 대통령령으로 정하는 바에 따라 그 비율을 다르게 한다(제30조 제1항 후단). 보험료 계산 방식은 「예금자보호법 시행령」 [별표 1]에 규정되어 있다.

(2) 위험가중보험료율 방식의 근거 조항 및 비밀 유지 의무

「예금자보호법」은 보험료 계산 방식으로서 **위험가중보험료율(risk-weighted insurance premium) 방식**의 근거 조항을 두고 있다. 즉, 예금보험공사는 부보금융기관별로 경영 상황 및 재무 상황, 예금보험기금의 계정별 적립금액 등을 고려하여 그 비율을 다르게 정하는데(제30조 제1항 후단), 이 조항이 부보금융기관별로 보험료를 달리 할 수 있는 위험가중보험료율 방식의 근거 조항이다. 예금보험공사는 「예금자보호법 시행령」 [별표 1]에 규정된 보험료율을 기준으로 100분의 10의 범위에서 부보금융기관별로 예금보험위원회가 정하는 **차등보험료율을 적용**하고 있다(시행령 제16조의2 제1항).

그리고 부보금융기관 및 임직원(임직원으로 재직했던 사람을 포함한다)은 부보금융기관별로 다르게 책정된 보험료에 관한 내용을 광고에 활용하거나 당해 부보금융기관의 임직원 외의 일반인에게 공개 또는 누설하는 것이 금지된다(제30조의2 본문). 다만 예금자 보호를 위하여 필요하다고 인정되는 경우는 예외이다(제30조의2 단서, 시행령 제16조의3). 이러한 비밀 유지 의무를 위반한 자는 2년 이하의 징역 또는 1천만 원 이하의 벌금에 처한다(제40조 제2호).

(3) 출연금 및 보험료의 감액 또는 납부 유예

예금보험공사는 ① 보험사고가 발생하였을 때 당해 보험사고에 관련된 부보금융기관이나 ② 재무 상황 등에 비추어 예금 등의 지급이 정지될 우려가 있는 등 정상적인 경영이 심히 곤란한 부보금융기관에 대하여는 예금보험위원회의 의결을 거쳐 예금보험기금에 출연하는 출연금, 보험료 및 연체료의 전부 또는 일부를 감액하거나 일정 기간을 정하여 납부를 유예할 수 있다(제30조 제2항).

(4) 보험료 등의 우선변제권

예금보험공사는 보험사고가 발생한 부보금융기관이 납부하여야 할 예금보험기금 출연금, 보험료 및 연체료에 대하여 국세 및 지방세 다음으로 다른 채권에 우선하여 변제받을 권리를 가진다(제30조 제5항).

(5) 보험료의 납부 시기 및 연체료

부보금융기관은 매 사업연도 종료 후 3개월 이내에 보험료를 예금보험공사에 납부하여야 하는데, 다만 은행은 매분기 종료 후 1개월 이내에 납부하여야 한다(시행령 제16조 제1항). 부보금융기관이 보험료를 납부 기한까지 납부하지 아니할 경우에는 납부하지 아니한 보험료에 대하여 보험료 납부기한의 다음날부터 납부일까지의 일수(日數)에 부보금융기관의 일반자금 대출 시의 연체 이자율을 기준으로 예금보험위원회가 정하는 이자율을 곱한 금액의 연체료를 예금보험공사에 납부하여야 한다(제30조 제3항, 시행령 제16조 제2항).

2) 예금보험기금채권상환특별기여금

(1) 의의

예금보험기금채권상환특별기여금(이하 “특별기여금”이라 한다)은 특별히 설치된 예금보험기금채권상환기금의 재원의 하나로서 부보금융기관이 납부하는 보험료인데, 명칭을 '보험료' 대신에 '특별기여금'이라고 하고 있다.

(2) 특별기여금의 계산

부보금융기관은 매년 예금 등의 잔액(보험회사의 경우에는 「보험업법」 제120조에 의한 책임준비금을 고려하여 시행령 제16조의4 제3항이 정하는 금액)에 1천분의 3(즉, 0.3%)을 초과하지 아니하는 범위 내에서 대통령령(시행령 제16조의4 제1항, [별표 1의2])이 정하는 비율을 곱한 금액(당해 금액이 10만 원보다 적은 경우에는 10만 원)을 연간 특별기여금으로 예금보험공사에 납부하여야 한다(제30조의3 제1항). 특별기여금의 계산 방식은 「예금자보호법 시행령」 [별표 1의2]에 규정되어 있다.

(3) 특별기여금의 감액 또는 납부 유예

예금보험공사는 보험사고가 발생한 해당 부보금융기관이나 재무 상황 등에 비추어 예금 등의 지급이 정지될 우려가 있는 등 정상적인 경영이 심히 곤란한 부보금융기관에 대하여는 예금보험위원회의 의결을 거쳐 특별기여금 및 연체료의 전부 또는 일부를 감액하거나 일정 기간을 정하여 납부를 유예할 수 있다(제30조의3 제2항→제30조 제2항).

(4) 특별기여금 등의 우선변제권

예금보험공사는 보험사고가 발생한 부보금융기관이 납부하여야 할 특별기여금 및 연체료에 대하여 국세 및 지방세 다음으로 다른 채권에 우선하여 변제받을 권리를 가진다(제30조의3 제2항→제30조 제5항).

(5) 특별기여금의 납부 시기 및 연체료

부보금융기관은 매 사업연도 종료 후 3개월 이내에 특별기여금을 예금보험공사에 납부하여야 하는데, 다만 은행은 매분기 종료 후 1개월 이내에 납부하여야 한다(시행령 제16조의3 제1항). 부보금융기관이 특별기여금을 납부 기한까지 납부하지 아니할 경우에는 납부하지 아니한 특별기여금에 대하여 납부 기한의 다음날부터 납부일까지의 일수에 부보금융기관의 일반자금 대출 시의 연체 이자율을 기준으로 예금보험위원회가 정하는 이자율을 곱한 금액의 연체료를 예금보험공사에 납부하여야 한다(제30조의3 제2항→제30조 제3항, 시행령 제16조 제2항).

3. 보험금

1) 보험금의 지급

(1) 보험사고 발생 시 보험금의 지급

예금보험공사는 부보금융기관에 **보험사고가 발생한 때에는 당해 부보금융기관의 예금자 등의 청구에 의하여 보험금을 지급**하여야 한다(제31조 제1항 본문). 보험사고는 ① 부보금융기관의 예금 등 채권의 지급 정지 상태에 있는 '**제1종 보험사고**'와 ② 부보금융기관의 영업 인가·허가의 취소, 해산 결의 또는 파산선고가 된 경우의 '**제2종 보험사고**'의 두 가지가 있다(제2조 제8호). 제1종 보험사고가 발생한 후 제2종 보험사고가 발생한 경우 제2종 보험사고를 독립된 보험사고로 보지 아니한다(제31조 제5항). 제1종 보험사고에 대하여는 예금보험위원회의 의결에 따른 보험금의 지급 결정이 있어야 한다(제31조 제1항 단서). 그러한 의결은 해당 부보금융기관이 보험사고의 발생 사실을 예금보험공사에 통지한 날로부터 2개월 이내에 이루어져야 하며(제34조 제1항), 금융위원회의 승인을 얻어 1개월을 초과하지 아니하는 기간 내에서 그 기한을 연장할 수 있다(제34조 제2항). 예금보험공사는 보험금을 지급함에 있어 보험사고가 발생한 부보금융기관이 예금자 등에게 가지는 항변(抗辯)으로써 보험금청구권자에게 대항할 수 있다(제31조 제9항). 예금보험공사는 보험금을 지급한 경우 지급한 범위 내에서 부보금융기관에 대한 예금자 등의 권리를 취득한다(제35조).

(2) 가지급금

예금보험공사는 제1종 보험사고의 경우 보험금의 지급 한도 내에서 예금보험위원회가 정하는 금액을 예금자 등의 청구에 의하여 당해 예금자 등에게 미리 지급할 수 있다(제31조 제2항, 시행령 제17조 제1항). 예금보험공사는 이러한 가지급금을 지급한 경우 그 지급한 범위 내에서 부보금융기관에 대한 예금자 등의 권리를 취득한다(제35조).

(3) 보험금청구권의 소멸 시효 및 시효 중단

예금자 등의 보험금청구권은 보험금 지급 개시일부터 5년간 행사하지 아니하면 시효로 인하여 소멸한다(제31조 제7항). 예금보험공사가 보험금청구권의 행사를 촉구하기 위하여 예금자 등에게 행하는 안내·통지 등은 시효 중단의 효력이 없다(제31조 제8항).

2) 보험금의 계산

(1) 보험금 한도

예금보험공사가 각 예금자 등에게 지급하는 보험금은 보험금 지급 공고일 현재 각 예금자의 예금 등 채권의 합계액에서 각 예금자 등이 해당 부보금융기관에 대하여 지고 있는 채무(보증채무 제외)의 합계액을 뺀 금액으로 한다(제32조 제1항). **보험금**은 1인당 국내총생산액, 보호되는 예금 등의 규모를 고려하여 1억 원 이상의 범위에서 대통령령으로 정하는 금액을 한도로 하는데, 그 **한도는 1인당 1억 원이다**(제32조 제2항, 시행령 제18조 제7항). 한도 기준은 "가구당"이 아니라 "1인당"을 기준으로 한다. 보험금 계산에 있어서 예금자 등이 미리 지급받은 가지급금이 있는 경우에는 보험금은 가지급금을 뺀 금액으로 한다(제32조 제3항).

(2) 원금과 이자 포함

보험금을 계산함에 있어 예금 등 채권의 금액은 예금 등의 금액(즉, 원금)과 그 금액에 부보금융기관의 1년 만기 정기예금 또는 이에 준하는 금융상품의 평균이자율을 고려하여 예금보험위원회가 정하는 이자율을 곱한 금액(즉, 이자 금액)을 합산한 금액을 한도로 한다(시행령 제18조 제5항 본문). 즉, **원금과 이자를 합한 금액**이다. 다만 보험회사에 대한 예금 등 채권 중 보험금(보험 기간이 종료되어 지급되는 보험금을 제외한다)의 경우에는 이자는 제외된다(시행령 제18조 제5항 단서).

(3) 투자매매업자·투자중개업자의 경우

투자매매업자·투자중개업자에게 보험금 지급 공고일 이전에 예금자 등에 의하여 증권이 매매되어 보험금 지급 공고일 후에 대금이 결제되는 때에는 그 결제되는 대금을 포함하여 보험금을 계산하며, 그 대금이 결제되는 때까지 보험금의 지급을 보류할 수 있다(시행령 제18조 제4항).

3) 보험금 지급 절차

(1) 예금보험공사에 대한 보험사고 통지

부보금융기관은 보험사고가 발생한 때에는 즉시 그 사실을 예금보험공사에게 통지하여야 한다(제33조 제1항). 기획재정부 장관·금융위원회 또는 금융감독원장은 ① 부보금융기관의 예금 등 채권의 지급 정지 또는 영업의 정지를 명령한 때, ② 부보금융기관의 영업의 인가·허가를 취소하거나 해산 결의를 인가한 때, 또는 ③ 법원으로부터 「채무자 회생 및 파산에 관한 법률」 제314조에 따른 파산선고 통지를 받은 때는 그러한 사실을 즉시 예금보험공사에게 통지하여야 한다(제33조 제2항).

(2) 보험금 지급의 결정

예금보험공사는 제1종 보험사고의 경우에 보험사고 발생 사실을 통지받은 날부터 2개월 이내에 예금보험위원회의 의결에 따라 보험금의 지급 여부를 결정하여야 한다(제34조 제1항). 그 기한은 금융위원회의 승인을 얻어 1개월을 초과하지 아니하는 기간 내에서 연장할 수 있다(제34조 제2항).

(3) 보험금 지급 공고

예금보험공사는 보험금 지급의 기간·방법 등을 서울특별시 및 해당 부보금융기관의 주된 사무소가 소재한 지역에서 발행되는 각 1개 이상의 일간신문과 인터넷 홈페이지에 공고하여야 하는데, 상호저축은행의 예금자 등에 대하여 보험금이나 가지급금을 지급하는 경우에는 주된 사무소가 소재한 지역에서 발행되는 일간신문 1개를 포함하여 2개 이상의 일간신문과 인터넷 홈페이지에 공고하여야 한다(제31조 제3항, 시행령 제17조 제2항). 이렇게 일간신문과 인터넷 홈페이지에 공고하는 날짜가 보험금 지급 공고일이 된다.

(4) 보험금 지급의 보류

예금보험공사는 예금자 등이 타인을 위하여 당해 부보금융기관에 대하여 담보로 제공하고 있는 예금 등 채권이 있거나 보증채무를 지고 있는 때에는 그러한 피담보채권이나 보증채무가 소멸할 때까지 담보로 제공하고 있는 채권 또는 보증채무에 상당하는 금액을 한도로 보험금의 지급을 보류할 수 있다(시행령 제18조 제1항). 한편 예금보험공사는 보험금을 지급함에 있어 예금자 등이 당해 부실금융기관이나 부실우려금융기관의 부실관련자에 해당되거나 부실관련자와 대통령령(시행령 제17조의2)이 정하는 특수관계에 있는 경우에는 당해 예금자 등의 예금 등 채권에 대하여 보험금 지급 공고일부터 6개월의 범위 내에서 보험금의 지급을 보류할 수 있다(제31조 제6항, 시행령 제17조의2). 예금보험공사는 위 2가지 경우에 해당하여 보험금의 지급을 보류하는 때에는 당해 보험금의 지급을 청구한 예금자 등에 대하여 일정한 사항을 기재한 서면을 교부하여야 하는데, 서면에 기재되어야 하는 사항은 ① 지급을 보류하는 보험금의 금액, ② 보험금의 지급 보류 사유, ③ 보험금의 지급 보류 기간, ④ 보험금의 지급 보류 사유가 소멸되거나 지급 보류 기간이 만료되어 예금자 등이 보류된 보험금의 지급을 청구하는 경우의 절차 및 방법이다(시행령 제18조 제2항).

4) 예금 등 채권의 매입과 개산지급금

(1) 의의

예금보험공사는 보험금을 지급하는 경우에는 당해 보험사고와 관련된 예금 등 채권을 예금자 등으로부터 매입할 수 있다(제35조의2 제1항). 예금보험공사는 예금 등 채권을 매입하는 경우에 예금자 등의 청구에 의하여 예금 등 채권의 가치를 개산(槪算)한 금액(이하 **"개산지급금"**이라 한다)을 예금자 등에게 지급하여야 한다(제35조의2 제2항 전단). 이 경우 예금보험공사가 매입한 예금 등 채권을 회수한 금액에서 소요된 비용을 공제한 금액이 개산지급금을 초과하는 때에는 그 초과하는 금액을 당해 예금자 등에게 추가로 지급하여야 하며, 예금자 등이 수령한 개산지급금이 예금보험공사가 매입한 예금 등 채권을 회수한 금액에서 소요 비용을 뺀 금액을 초과할 때에는 해당 예금자 등은 그 초과하는 금액을 예금보험공사에 되돌려 주어야 한다(제35조의2 제2항 후단).

(2) 개산지급금의 계산

개산지급금은 예금보험공사가 예금자 등으로부터 매입하는 예금 등 채권의 가액을 보험금 지급 공고일을 기준으로 산정한 금액(보증채무를 지고 있는 예금자 등의 보증채무에 상당하는 금액의 예금 등 채권과 담보권의 목적물로 되어 있는 예금 등 채권의 금액을 제외한다)에 개산지급률을 곱하여 계산한 금액으로 한다(제35조의2 제3항). 개산지급률은 예금보험공사가 결정하는데, 이때 당해 부실금융기관의 재무 상황에 비추어 파산 절차가 진행되는 경우 당해 부실금융기관과 관련된 예금 등 채권에 대하여 변제받을 수 있을 것으로 예상되는 금액을 고려하여 결정하여야 한다(제35조의3).

(3) 개산지급금의 지급 승인 및 공고

예금보험공사는 개산지급금을 지급하고자 하는 때에는 개산지급률, 예금 등 채권의 매입 기간·방법 등을 정하여 예금보험위원회의 의결을 거쳐 금융위원회의 승인을 얻어야 한다(제35조의4). 예금보험공사는 금융위원회의 승인을 얻은 때에는 그 내용을 서울특별시 및 해당 부보금융기관의 주된 사무소가 소재한 지역에서 발행되는 각 1개 이상의 일간신문과 인터넷 홈페이지에 공고하여야 하며, 상호저축은행의 경우에는 주된 사무소가 소재한 지역에서 발행되는 일간신문 1개를 포함하여 2개 이상의 일간신문과 인터넷 홈페이지에 공고하여야 한다(제35조의4, 시행령 제19조→제17조 제2항).

(4) 예금보험공사의 대위상계권(代位相計權)

예금보험공사는 예금자 등을 대신하여 보험금 지급 공고일 현재 각 예금자 등의 예금 등 채권(예금자 등이 타인을 위하여 당해 부보금융기관에 대하여 담보로 제공하고 있는 예금 등 채권을 제외한다)과 각 예금자 등이 해당 부보금융기관에 대하여 지고 있는 채무(보증채무를 제외한다)를 상계할 수 있다(제35조의6).

IV. 부실관련자에 대한 책임 추궁 업무

1. 서설

1997년 말 외환위기 이후 금융 구조 조정 과정에서 예금보험공사는 부실 부보금융기관에 대한 예금 대지급(代支給) 등으로 공적 자금을 투입하였다. 이에 따라 예금보험공사가 투입한 공적 자금을 최대한 회수할 수 있도록 하기 위하여 2000년 1월 21일 「예금자보호법」을 개정하여 예금보험공사에게 손해배상청구권의 대위(代位) 행사를 할 수 있도록 허용했다. 즉, 예금보험공사는 자금을 지원한 부실금융기관이나 부실우려금융기관에게 부실관련자에 대한 손해배상청구를 하도록 요구할 수 있고, 당해 부실금융기관 등이 이에 응하지 아니한 때에는 예금보험공사가 부실금융기관 등의 손해배상청구를 대위할 수 있도록 하는 제도를 도입하였다(제21조의2).

2. 예금보험공사의 부실금융기관 등에 대한 손해배상청구 요구

예금보험공사는 부실금융기관 또는 부실우려금융기관(그 청산법인 또는 파산재단을 포함한다)에게 부실 또는 부실 우려에 책임이 있다고 인정되는 부실관련자에 대하여 손해배상청구를 하도록 요구할 수 있다(제21조의2 제1항). 여기서 **부실관련자의 범위**는 ① 부실금융기관이나 부실우려금융기관의 전·현직 임직원, ② 부실금융기관이나 부실우려금융기관의 「상법」 제401조의2 제1항 각 호에 규정된 자(업무집행지시자 등), ③ 부실금융기관이나 부실우려금융기관에 대하여 채무를 이행하지 아니한 채무자(채무자가 법인인 경우 당해 법인의 전·현직 임직원, 「상법」 제401조의2 제1항 각 호에 규정된 자 및 대통령령(시행령 제12조의3)이 정하는 주요 주주를 포함한다), ④ 그 밖의 제3자를 말한다(제21조의2 제1항).

그리고 손해배상청구를 요구할 수 있는 경우는 ① 예금보험공사가 부실금융기관이나 부실우려금융기관을 위하여 보험금의 지급을 결정하거나 지급한 때, ② 예금보험공사가 설립한 정리금융회사가 영업이나 계약의 양수 또는 예금 등 채권의 지급을 결정하거나 지급을 한 때, ③ 부실금융기관이나 부실우려금융기관의 재무구조 개선 등을 위하여 자금 지원을 결정하거나 자금 지원을 한 때에 한정된다(제21조의2 제1항 제1호 내지 제3호). 부실금융기관이나 부실우려금융기관이 예금보험공사의 요구에 의하여 부실관련자에 대하여 손해배상청구 소송을 제기한 때는 예금보험공사는 그 소송의 계속 중 당해 부실금융기관 등을 보조하기 위하여 소송에 참가할 수 있다(제21조의2 제4항). 이러한 예금보험공사의 손해배상청구 요구나 소송 참가는 부실금융기관이나 부실우려금융기관을 합병하거나 인수한 부보금융기관에게도 적용된다(제21조의2 제8항 전단). 이 경우 예금보험공사는 당해 부보금융기관에 대하여 부실관련자에 대한 손해배상청구 또는 소송 참가에 필요한 자료의 제출을 요청할 수 있으며, 그 요청을 받은 당해 부보금융기관은 특별한 사유가 없는 한 이에 응하여야 한다(제21조의2 제8항 후단).

3. 예금보험공사의 부실관련자에 대한 손해배상청구의 대위

부실금융기관이나 부실우려금융기관이 예금보험공사의 손해배상청구 요구에 응하지 아니한 때에는 예금보험공사는 즉시 당해 부실금융기관이나 부실우려금융기관을 대위하여 부실관련자에 대하여 손해배상청구를 할 수 있다(제21조의2 제3항). 예금보험공사가 이러한 손해배상청구권을 대위행사하여 소송에서 승소하거나 해당 부실금융기관 등의 요청으로 소송 참가를 하는 경우 비용은 당해 부실금융기관 등이 부담한다(제21조의2 제5항). 이러한 **예금보험공사의 손해배상청구권 대위 행사**는 부실금융기관이나 부실우려금융기관을 합병하거나 인수한 부보금융기관에 대하여서도 적용된다(제21조의2 제8항 전단). 이 경우 예금보험공사는 당해 부보금융기관에 대하여 부실관련자에 대한 손해배상청구에 필요한 자료의 제출을 요청할 수 있으며, 그 요청을 받은 당해 부보금융기관은 특별한 사유가 없는 한 이에 응하여야 한다(제21조의2 제8항 후단).

4. 손해배상청구 대위 행사 등과 관련한 행정기관 등에 대한 정보 제공 요구

예금보험공사는 손해배상청구의 요구, 손해배상청구권의 대위 행사 또는 소송 참가를 하기 위하여 필요한 때에는 관계 중앙 행정기관, 지방자치단체, 그 밖에 대통령령(시행령 제12조의5)이 정하는 공공기관 및 금융기관에게 부실관련자 또는 이해관계인의 재산 및 업무에 관한 자료 또는 정보의 제공을 요구할 수 있다(제21조의3 제1항 본문). 다만 금융기관에게 부실관련자 또는 이해관계인의 금융거래의 내용에 대한 정보 또는 자료의 제공을 요구하는 경우에는 「예금자보호법」 제21조의4(금융거래정보 등의 제공 요구)의 규정을 적용한다(제21조의3 제1항 단서). 이러한 요구를 받은 공공기관 등의 장은 특별한 사유가 없는 한 이에 응하여야 한다(제21조의3 제2항).

5. 금융기관에 대한 금융거래정보의 제공 요구

예금보험공사 사장은 손해배상청구의 요구, 손해배상청구권의 대위 행사 및 소송 참가와 이에 따른 부실관련자 또는 이해관계인 등에 대한 조사와 관련하여 금융거래의 내용에 대한 정보 또는 자료에 의하지 아니하고는 부실관련자의 손해배상책임이나 부실관련자 또는 그 이해관계인의 재산 은닉 등의 여부를 확인할 수 없다고 인정하는 경우에는 금융실명법 제4조 제2항에 따른 금융거래 비밀보장 규정에도 불구하고 금융실명법 제2조 제1호에 따른 금융기관의 장에게 금융거래의 내용에 대한 정보 또는 자료의 제공을 요구할 수 있다(제21조의4 제1항 전단). 이 경우 요구를 받은 당해 금융기관은 이에 응하여야 한다(제21조의4 제1항 후단). 그리고 예금보험공사 사장이 요구하는 금융거래의 내용에 대한 정보 또는 자료는 필요한 최소한에 그쳐야 한다(제21조의4 제2항).

V. 부실금융기관의 정리 업무

1. 서설

예금보험공사의 주요 기능 중의 하나는 부실금융기관을 정리하는 업무이다. 예금보험 제도를 운영하는 예금보험기구로서 금융기관이 부실화될 때 이를 효율적으로 정리하는 것도 결국은 정리 비용을 절감함으로써 예금보험기금의 손실을 최소화할 수 있다는 점에서 필요한 기능이다. 이를 위해서 「예금자보호법」은 예금보험공사가 부실금융기관의 합병이나 인수 등을 알선하거나 필요한 경우 부실금융기관에게 자금 지원을 함으로써 효율적인 정리가 이루어질 수 있도록 하고 있다.[9] 또한 예금보험공사가 직접 정리금융회사를 설립하여 정리금융회사를 통하여 부실금융기관의 영업이나 계약을 인수해서 부실금융기관을 효율적으로 정리할 수 있도록 하고 있다.

2. 부실금융기관 등의 합병 등의 알선 및 계약이전 명령 등의 요청

1) 부실금융기관 등의 합병 또는 인수 등의 알선

예금보험공사는 예금자 등의 보호 및 금융 제도의 안정성 유지를 위

9 예금보험공사가 부실금융기관의 정리 방식 및 시기에 관한 의사 결정 과정에 보다 적극적으로 참여할 수 있는 법적 권한을 부여받아야 한다는 주장은 김홍범(2002), 121면.

하여 필요하다고 인정할 때에는 부실금융기관이나 부실우려금융기관 또는 당해 부실금융기관 등을 자회사 등으로 두는 금융지주회사를 당사자로 하는 **합병이나 영업의 양도·양수 또는 제3자에 의한 인수를 알선**(斡旋)할 수 있다(제36조).

2) 금융위원회에 대한 부실금융기관의 계약이전 명령 등의 요청

예금보험공사는 예금자 등의 보호를 위하여 필요하다고 인정되는 경우로서 일정한 기준에 해당하는 경우에는 예금보험위원회의 의결을 거쳐 **금융위원회에 대하여 부실금융기관에 대한 계약이전[10]의 명령 또는 파산신청 등 필요한 조치를 취할 것을 요청**할 수 있다(제36조의2 제1항, 시행령 제20조 제1항). 부실우려금융기관은 해당하지 않는다. 그러한 요청을 할 수 있는 일정한 기준에 해당하는 경우는 부실금융기관의 채무가 재산을 초과하면서 ① 부보금융기관과 부실금융기관 사이의 합병이나 영업의 양도·양수 또는 제3자에 의한 부실금융기관의 인수가 지연되어 예금자 등의 이익을 해하거나 예금보험기금의 부담이 가중되는 경우, 또는 ② 부보금융기관과 부실금융기관 사이의 합병이나 영업의 양도·양수 또는 제3자에 의한 부실금융기관의 인수가 심히 곤란하여 예금자 등의 이익을 해하거나 예금보험기금의 부담이 가중되는 경우이다(시행령 제20조 제1항). 예금보험공사의 요청을 받은 금융위원회는 그 결과를 지체 없이 예금보험공사에게 통보하여야 한다(제36조의2 제2항).

10 '계약이전'이라 함은 "예금과 대출 등의 금융거래에 관련된 계약의 이전"을 말한다(구조개선법 제10조 제1항 제8호).

3. 관리인, 청산인 또는 파산관재인의 업무

1) 관리인의 업무

(1) 의의

구조개선법에 의하면, 금융위원회가 부보금융기관에 대하여 영업 전부의 정지를 명령하거나 계약이전의 결정을 하고 정부 등에 의한 자금 지원 및 예금보험공사에 의한 예금 등 채권의 지급이 있는 경우에는 **금융위원회는 예금보험공사의 임원이나 직원을 관리인으로 선임해야 한다**(제14조의6 제1항). 선임할 수 있는 것이 아니고 반드시 선임해야 하는 강행규정이다.

(2) 관련 기관이나 금융기관 등에 대한 자료나 정보의 제공 요구

관리인으로 선임된 예금보험공사의 임원이나 직원은 법원행정처, 관계 중앙행정기관, 지방자치단체, 가상자산법 제2조 제2호에 따른 가상자산사업자, 그 밖에 대통령령(시행령 제12조의5)이 정하는 공공기관 및 금융기관에게 해당 부보금융기관의 부실관련자 또는 이해관계인의 가족관계등록 사항과 재산 및 업무에 관한 자료 또는 정보의 제공을 요구할 수 있다(제35조의7→제21조의3 제1항 본문). 다만 금융기관의 장이나 그 특정 점포에 부실관련자 또는 이해관계인의 금융거래 내용에 대한 정보 또는 자료의 제공을 요구하는 경우에는 「예금자보호법」 제21조의4(금융거래정보 등의 제공 요구)의 규정을 적용한다(제35조의7→제21조의3 제1항 단서). 이러한 요구를 받은 공공기관 등은 특별한 사유가 없는 한 이에 응하여야 한다(제35조의7→제21조의3 제3항).

2) 청산인 또는 파산관재인의 업무

(1) 의의

예금보험공사가 보험금 지급 또는 자금 지원을 하는 부보금융기관(구

조개선법에 의하여 계약이전이 결정된 부보금융기관으로서 예금보험공사가 자금 지원을 하고자 하는 경우를 포함한다)이 해산하거나 파산한 경우에 지원 자금 등의 효율적인 회수가 필요한 때에는, 법원은 「상법」 제531조(청산인의 결정), 「채무자 회생 및 파산에 관한 법률」 제355조(파산관재인의 선임) 및 청산인이나 파산관재인의 선임에 관한 관련 법률의 규정에 불구하고 **예금보험공사 또는 그 임직원을 청산인 또는 파산관재인으로 선임해야 한다**(제35조의8 제1항). 이는 예금보험공사가 금융기관의 정리 업무를 담당하고 있고 이에 관한 전문성도 갖추고 있어 정책적으로 청산인이나 파산관재인 선임권을 갖고 있는 법원으로 하여금 예금보험공사나 그 임직원을 반드시 청산인이나 파산관재인으로 선임하도록 하는 강행규정이다.

(2) 관련 기관이나 금융기관 등에 대한 자료나 정보 제공 요구

청산인이나 파산관재인으로 선임된 예금보험공사 또는 그 임직원은 앞서 관리인 선임에서 서술한 것처럼 관계 기관이나 단체 또는 금융기관 등에게 필요한 자료나 정보의 제공을 요구할 수 있다(제35조의8 제4항→제21조의3).

4. 부실금융기관 등에 대한 자금 지원 업무

1) 자금 지원의 결정

(1) 서설

예금보험공사는 부실금융기관의 정리 업무와 관련해서 예금보험위원회의 의결을 거쳐 부실금융기관이나 부실우려금융기관 또는 당해 부실금융기관 등을 자회사 등으로 두고 있는 금융지주회사에 대하여 자금 지원을 할 수 있다(제38조). **'자금 지원'**이라 함은 "예금보험공사가 예금보험기금 또는 예금보험기금채권상환기금의 부담으로 자금의 대출 또는 예치,

자산의 매수, 채무의 보증 또는 인수, 출자 또는 출연을 하는 것"을 말한다(제2조 제7호).

(2) 자금 지원이 이루어지는 경우

예금보험공사의 자금 지원은 다음과 같은 경우에 이루어진다(제38조 제1항 제1호 내지 제3호).

가) 부실금융기관 등을 인수·합병하는 자 등의 자금 지원 신청이 있는 경우

부실금융기관이나 부실우려금융기관 또는 당해 부실금융기관 등을 자회사 등으로 두는 금융지주회사를 인수·합병하거나 그 영업을 양수하고자 하는 자 또는 계약이전을 받고자 하는 자가 예금보험공사에 자금 지원을 신청한 경우이다(제38조 제1항 제1호→제37조). 이 경우에 누구에게 자금 지원을 할 수 있는가? 자금 지원 신청을 하는 경우 "인수·합병하거나 영업을 양수하고자 하는 자 또는 계약이전을 받고자 하는 자"라고 볼 여지도 있으나, 「예금자보호법」 제38조 제1항 본문이 "부보금융회사 또는 그 부보금융회사를 … 자회사 등으로 두는 금융지주회사"에게 자금 지원을 할 수 있다고 하고 있고, 부실금융기관 등에게 자금 지원을 한 후 보다 건전한 금융기관이 되게 만들어 인수 등이 원활히 되도록 하는 것이 목적이므로 부보금융기관인 해당 부실금융기관이나 부실우려금융기관 또는 당해 부실금융기관 등을 자회사 등으로 두는 금융지주회사에게 자금 지원을 할 수 있다고 해석하는 것이 타당할 것이다. 이는 부실금융기관 등에게 자금을 지원하여 인수·합병이나 영업 양수가 원활히 이루어지도록 하고자 하는 것이라는 점에서 그렇게 해석하는 것이 합리적이다.

나) 부실금융기관 등의 합병이나 인수 등을 원활하게 하려고 하는 경우

부실금융기관이나 부실우려금융기관 또는 당해 부실금융기관 등을 자회사 등으로 두는 금융지주회사를 당사자로 하는 합병이나 영업의 양도·

양수 또는 제3자에 의한 인수가 원활하게 이루어질 수 있도록 하기 위하여 필요하다고 인정되는 경우이다(제38조 제1항 제1호→제36조). 이 경우에도 앞의 가)에서 논의한 것처럼 부실금융기관 등에게 자금 지원을 할 수 있다고 보아야 할 것이다.

다) 부실금융기관 등의 재무구조 개선이 필요한 경우

예금자 보호 및 신용질서의 안정을 위하여 부실금융기관이나 부실우려금융기관의 재무구조 개선이 필요하다고 인정되어 해당 부실금융기관이나 부실우려금융기관에게 자금 지원을 하는 경우이다(제38조 제1항 제2호).

라) 금융위원회의 요청에 의한 경우

구조개선법 제12조 제1항에 근거하여 부실금융기관이 계속된 예금 인출 등으로 인한 재무 구조의 악화로 영업을 지속하기가 어렵다고 인정되는 경우, 금융위원회가 예금보험공사에 대하여 해당 부실금융기관에 대한 출자를 요청하거나 해당 부실금융기관이 보유하고 있는 국채·지방채·정부보증채 또는 해당 부실금융기관이 발행한 후순위채권의 매입을 요청한 때, 해당 부실금융기관에게 자금 지원을 하는 경우이다(제38조 제1항 제3호→구조개선법 제12조 제1항, 시행령 제5조의8).

(3) 자금 지원 대상 부보금융기관 등에 대한 실사

예금보험공사는 자금 지원 여부를 결정함에 있어 필요한 경우에는 부보금융기관 또는 해당 부보금융기관을 자회사 등으로 두는 금융지주회사의 경영 및 재무 상태를 객관적으로 파악하기 위하여 그 자산·부채 등에 대한 실사(due diligence)를 실시할 수 있다(제38조 제2항, 시행령 제24조의2 제1항).

(4) 채권양도의 특례

예금보험공사가 이러한 자금 지원과 관련하여 양도받는 자산의 취득으로 인하여 지명채권(指名債權)을 양도받는 때에는 2개 이상의 일간신문(전국을 보급지역으로 하는 일간신문이 1개 이상 포함되어야 한다)에 지명채권 양수 사실을 공고함으로써 「민법」 제450조 규정에 의한 지명채권 양도의 대항 요건을 갖춘 것으로 본다(제38조의3 제1항 본문).[11] 다만 채무자, 물상보증인(物上保證人) 및 그 밖의 이해관계인은 공고 전에 당해 채권 양도인과 사이에 발생한 사유로 예금보험공사에게 대항할 수 있다(제38조의3 제1항 단서). 예금보험공사가 공고를 한 때에는 양도받은 채권과 관련된 자료를 보관·관리하고, 이를 이해관계인이 열람할 수 있도록 하여야 한다(제38조의3 제2항).

2) 자금 지원 시 경영 정상화 계획의 이행을 위한 약정 체결

(1) 의의

예금보험공사가 자금 지원을 하는 경우에는 당해 부보금융기관과 경영 정상화 계획의 이행을 위한 서면 약정을 체결하여야 한다(제38조의5 제2항 전단).

(2) 약정 내용

약정에는 당해 부보금융기관의 경영 정상화를 위한 다음의 사항을 포함하여야 하는데, 그러한 사항은 ① 자기자본비율 등 대통령령이 정하는 재무 건전성 기준(시행령 제24조의4 제2항)에 관한 당해 부보금융기관의 목표 수준, ② 수익성 기준으로서 시행령(제24조의4 제3항)이 정하는 자산 또는 자본에 대한 수익의 비율, 수익에 대한 비용의 비율, 임직원 1인당 생산성에 관한 당해 부보금융기관의 목표 수준, ③ 자산 건전성 기준으로서 시행령(제24조의4 제4항)이 정하는 대출채권에 대한 부실채권의 비율에 관한 당해 부보금융기관의 목표 수준, ④ 위의 목표 수준을 이행하기 위하여 필요한 당해 부보금융기관의 인원·조직 및 임금의 조정 등 구조조정 계획과 자금

---

11 이러한 채권양도의 특례는 예금보험공사가 보험금의 지급과 관련하여 양도받는 자산이나 정리금융회사로부터 양도받는 자산에 대해서도 적용된다(법 제38조의3 제1항 제1호, 제2호).

조달 계획 등을 포함한 구체적인 실천 계획, ⑤ 위의 구체적인 실천 계획에 관한 사항으로서 당해 부보금융기관의 노동조합의 동의가 필요한 사항에 대한 동의서, ⑥ 위의 목표 수준을 달성하지 못할 경우 총인건비의 동결 등 당해 부보 금융기관이 추가적으로 추진할 이행 계획이다(제38조의5 제2항 후단 제1호 내지 제6호).

(3) 약정 내용의 공개

예금보험공사는 약정을 체결한 경우에는 전자문서 등을 통하여 이를 공개하여야 한다(제38조의5 제3항 본문). 다만 당해 부보금융기관의 경영에 중대한 영향을 줄 수 있는 사항으로서 시행령이 정하는 사항(주식 또는 채권 등 유가증권의 발행에 관한 사항, 부동산 또는 채권 등 보유 자산의 매각에 관한 사항, 경영 정상화 계획을 추진하기 위한 방법에 관한 사항)은 제외할 수 있다(제38조의5 제3항 단서, 시행령 제24조의5).

(4) 보고나 자료 제출 요구 등

예금보험공사는 이행 실적의 점검을 위하여 자금 지원을 한 부보금융기관에 대하여 업무 또는 재산에 관한 보고, 자료의 제출, 관계자의 출석 및 진술을 요구할 수 있다(제38조의5 제5항).

(5) 시정조치나 징계 등의 요구

예금보험공사는 자금 지원을 한 부보금융기관의 임직원이 약정을 이행하지 못한 경우 등 「예금자보호법」이 정하는 일정한 사항을 이행하지 못하는 경우에는 당해 부보금융기관의 장에게 이를 시정하게 하거나 당해 임원의 해임·직무정지·경고·주의 또는 직원의 징계·주의를 요구할 수 있는 권한이 있다(제38조의5 제6항). 자금 지원에 대한 대가로서 약정 이행에 대한 강제력을 부여하고 있는 것이다. 그러한 경우는 ① 경영 정상화 계획의 이행을 위한 약정을 이행하지 못한 경우, ② 약정에 의해서 예금보험공사가 요구하는 보고서 또는 자료를 허위로 작성하거나 제출을 태만히 하는 경우, ③ 약정에 의한 예금보험공사의 업무 수행을 거부·방해 또는 기피한 경우, ④ 예금보험공사의 시정 명령이나 징계 요구에 대한 이행을 태만히 한 경우이다(제38조의5 제6항 제1호 내지 제4호).

3) 자금 지원 시 최소 비용 원칙

(1) 의의

「예금자보호법」은 **예금보험기금의 손실이 최소화되도록 보험금 지급이나 자금 지원이 이루어져야 한다는 최소 비용 원칙**을 규정하고 있다. 즉, 예금보험공사는 부보금융기관 및 당해 부보금융기관을 자회사 등으로 두는 금융지주회사에 대하여 보험금을 지급하거나 자금 지원을 하는 경우에는 예금보험기금의 손실이 최소화되는 방식을 적용하여야 한다(제38조의4 제1항).[12]

(2) 부보금융기관에 대한 실사

예금보험공사는 보험금을 지급하거나 자금 지원을 하는 경우에는 미리 부보금융기관 또는 해당 부보금융기관을 자회사 등으로 두는 금융지주회사의 자산·부채 등에 대한 실사 등을 실시하여 경영 및 재무 상태를 객관적으로 파악함으로써 예금보험기금의 손실이 최소화되도록 하여야 한다(시행령 제24조의3).

(3) 다른 방식에 의한 지원 등 허용

예금보험공사는 부실금융기관이나 부실우려금융기관의 청산 또는 파산 등이 금융제도의 안정성을 크게 해(害)할 우려가 있다고 예금보험위원회가 인정하는 경우에는 최소비용원칙에 의한 방식 외의 방식으로 보험금을 지급하거나 자금 지원을 할 수 있도록 허용하고 있다(제38조의4 제3항).

12 예금보험기금채권상환기금에서도 보험금 지급이나 자금 지원이 이루어지므로(법 제26조의3 제3항), 자금 지원 시의 최소비용원칙은 예금보험기금채권상환기금에도 적용되어야 할 것이다.

최소비용원칙을 지킬 수 없는 상황을 고려하여 다른 방식을 허용하고 있는 것이다.

4) 자금 지원 시 공평 손실 분담 원칙

예금보험공사는 자금 지원을 하는 데 있어 지원 대상 부보금융기관의 부실에 책임이 있는 자의 공평한 손실 분담을 전제로 하여야 한다(제38조의5 제1항).

5. 정리금융회사의 설립 및 운영 업무

1) 정리금융회사의 설립

(1) 의의

예금보험공사는 예금자 등의 보호와 금융 제도의 안정성 유지를 위하여 필요하다고 인정하는 경우에는 금융위원회의 승인을 얻어 부실금융기관의 영업 또는 계약을 양수하거나 정리 업무를 수행하기 위한 **정리(整理) 금융회사를 설립**할 수 있다(제36조의3 제1항). 정리금융회사의 자본금은 예금보험기금의 부담으로 예금보험공사가 전액 출자한다(제36조의3 제4항). 정리금융회사는 예금보험공사의 자회사가 되는 셈이다. 정리금융회사는 주식회사로 한다(제36조의3 제2항). 정리금융회사의 임원인 사장·이사·감사는 예금보험공사에 의해 선임되는데, 사장 임명은 금융위원회의 승인을 받아야 한다(제36조의4 제2항).

(2) 정관 작성

예금보험공사는 정리금융회사의 정관을 작성하여야 하는데, 정관에는 목적, 명칭, 자본금의 총액, 설립 시 발행하는 주식의 총수, 주식 1주당 금액, 주된 사무소의 소재지, 공고의 방법을 포함하여야 한다(제36조의3 제3항).

(3) 설립 등기

예금보험공사는 정리금융회사를 설립한 때에는 금융위원회의 설립 승인을 얻은 날부터 2주 이내에 정리금융회사의 주된 사무소의 소재지를 관할하는 법원에 등기하여야 한다(제36조의6 제1항, 시행령 제22조 제1항). 정리금융회사의 설립 등기 사항은 목적, 명칭, 자본금의 총액, 발행주식의 총수, 주식 1주당 금액, 임원의 성명 및 주소, 주된 사무소 및 지점의 소재지 및 공고의 방법이다(시행령 제22조 제2항).

(4) 부실금융기관 관련 규정 적용

정리금융회사는 은행·투자매매업자·투자중개업자·보험회사·종합금융회사 또는 상호저축은행 등의 명칭을 사용할 수 있으며, 부실금융기관의 정리와 관련된 범위 안에서는 부실금융기관으로 보아 「예금자보호법」에 따른 관련 규정이 적용된다(제36조의3 제5항).

2) 정리금융회사의 업무 범위

정리금융회사는 예금 등 채권의 지급, 대출 등 채권의 회수, 그 밖에 부실금융기관의 정리 업무를 효율적으로 수행하기 위하여 필요한 업무로서 금융위원회가 승인한 업무를 수행한다(제36조의5 제1항). 정리금융회사가 예금자 등에게 지급하는 예금 등 채권의 금액은 보험금 및 개산지급금을 한도로 하고, 그 지급액은 예금보험공사가 지급하는 보험금에서 이를 뺀다(제36조의5 제2항).

3) 정리금융회사의 영업 기간과 해산

정리금융회사의 영업 기간은 5년 이내로 하는데, 금융위원회의 승인을 얻어 그 영업 기간을 연장할 수 있다(제36조의7 제1항). 예금보험공사는 정리금융회사의 영업 기간 만료, 정리금융회사와 부보금융기관 사이 합병이나 영업의 양도·양수 또는 제3자에 의한 정리금융회사의 인수 등의 경우에는 금융위원회의 승인을 얻어 정리금융회사를 해산하여야 한다(제36조의7 제2항). 예금보험공사는 정리금융회사가 영업을 계속하는 것이 예금자 등의 이익을 해할 우려가 있다고 인정되는 때에는 금융위원회의 승인을 얻어 정리금융회사를 해산할 수 있다(제36조의7 제3항).

4) 예금보험공사의 자금 지원 및 감독

예금보험공사는 예금보험위원회의 의결에 따라 정리금융회사의 운영에 필요한 범위 안에서 자금 지원을 할 수 있다(제36조의5 제3항). 예금보험공사는 정리금융회사의 업무를 지도·감독하며, 필요한 조치를 취할 수 있다(제36조의5 제4항, 시행령 제21조).

5) 금융감독원의 자료 제공 및 검사 요청

금융감독원장은 필요하다고 인정하는 경우 정리금융회사에 대하여 구체적인 범위를 정하여 필요한 자료의 제공을 요청하거나, 예금보험공사에 대하여 정리금융회사를 검사할 것을 요청할 수 있는데, 이 경우 요청을 받은 정리금융회사 또는 예금보험공사는 특별한 사유가 없는 한 이에 응하여야 한다(제36조의5 제5항).

VI. 착오송금 반환 지원 업무

1. 서설

2021년 1월 5일 「예금자보호법」 개정에 의해 착오송금 반환 지원 업무가 예금보험공사의 업무로 추가되었다. 금융거래자가 착오로 송금을 한 경우 송금인이 그 금액을 반환받기 위해서는 소송 제기 등 번잡한 절차를 거쳐야 하므로 금융거래자에게 불편을 초래한다. 이에 예금보험공사가 미리 조성한 착오송금지원계정 자금으로 송금인으로부터 부당이득반환채권을 매입하여 자금을 지원하고 후에 수취인을 상대로 착오송금액을 회수하는 업무를 말한다. 「예금자보호법」은 **'착오송금'**을 "송금인의 착오로 수취금융회사, 수취계좌번호 등을 잘못 기재하거나 입력하여 수취인에게 자금(「전자금융거래법」 제2조 제11호에 따른 선불전자지급수단을 포함한다. 시행령 제3조의2)이 이동된 거래"라고 하고 있다(제2조 제8호).

2. 착오송금지원계정의 설치 및 운영

1) 의의

착오송금으로 인한 송금인의 피해 회복 지원을 위하여 예금보험공사에 **착오송금반환지원계정을 설치**한다(제26조의4 제1항).

2) 재원

착오송금반환지원계정의 재원은 ① 정부, 한국은행, 부보금융기관, 그 밖에 대통령령으로 정하는 기관으로부터 차입금, ② 착오송금 송금인으로부터 매입한 수취인에 대한 부당이득반환채권을 회수한 자금, ③ 착오송금지원계정의 운용 수익, ④ 그 밖에 예금보험위원회가 정하는 수입금이다(제26조의4 제2항).

3) 지출

착오송금반환지원계정의 자금은 ① 착오송금 송금인으로부터 부당이득반환채권을 매입하기 위해 지급하는 금액과 부대 비용, ② 차입금과 그 이자의 상환, ③ 그 밖에 착오송금지원계정의 설치 목적 달성에 필요한 사항으로서 예금보험위원회가 정하는 지출에 사용된다(제26조의4 제3항).

4) 여유 자금의 운용

예금보험공사는 착오송금반환지원계정의 여유 자금이 있는 때에는 ① 국채, 공공채, 그 밖에 예금보험위원회가 지정하는 유가증권을 매입하거나, ② 예금보험위원회가 지정하는 부보금융기관에 예치를 하거나, ③ 그 밖에 금융위원회가 정하는 방법으로 착오송금반환지원계정의 자금을 운용할 수 있다(제26조의4 제4항→제25조).

3. 부당이득반환채권의 매입과 매입계약 해제

1) 매입과 자금 회수

예금보험공사는 착오송금한 송금인의 신청이 있는 경우 착오송금지원계정의 부담으로 착오송금 수취인에 대한 부당이득반환채권을 사후 정산 등의 방식으로 매입하여 소송을 제외한 반환 안내 등의 방법으로 회수할 수 있다(제39조의2 제1항 본문).

2) 매입계약의 해제

예금보험공사가 부당이득반환채권을 매입한 이후 착오송금 여부에 관하여 다툼이 있는 경우에는 대통령령(시행령 제24조의6)으로 정하는 요건 및 절차에 따라 매입계약을 해제할 수 있다(제39조의2 제1항 단서). 해제할 수 있는 경우는 송금인이 거짓이나 그 밖의 부정한 방법으로 부당이득반환채권의 매입을 신청한 경우 등이다(시행령 제24조의6 제1항 제1호 내지 제4호).

3. 관계기관 등의 협조 요구

예금보험공사는 착오송금한 송금인의 부당이득반환채권 매입 신청이 있는 경우 금융실명법 제4조(금융거래의 비밀 보장)에도 불구하고 자금이체 금융기관 등의 장에게 착오송금 수취인의 반환 불가 사유에 대한 자료 제출을 요구할 수 있다(제39조의3 제1항). 또한 예금보험공사는 착오송금 반환 지원 업무의 원활한 수행을 위하여 중앙행정기관, 자금이체 금융기관 등, 자금이체 금융기관 등이 가입한 중앙회·연합회·협회의 장에게 착오송금 수취인의 실지명의·주소·연락처, 착오송금 발생 현황 등의 자료 제출을 요구할 수 있다(제39조의3 제2항).

제4절 예금보험기구의 금융감독

I. 서설

예금보험공사는 부보금융기관 및 부보금융기관을 자회사 등으로 두고 있는 금융지주회사에 대한 직접적인 검사 및 감독권은 없다. 부실금융기관 정리 업무와 금융안정 기능을 수행하고 있는 예금보험공사로서는 부보금융기관이 부실화되지 않도록 부보금융기관의 업무와 재무 상황을 잘 파악하고 감시할 필요가 있다. 이런 점에서 부보금융기관을 감독하는 권한이 필요하다. 그러나 별도의 금융감독기관이 설치되어 있어 예금보험공사에게 검사 및 감독 권한을 부여할 경우 중복 감독의 문제가 발생하고, 이는 부보금융기관에게 부담을 주는 문제가 있다. 이를 고려하여 「예금자보호법」은 부보금융기관 등에 대한 검사 및 감독 권한 대신에 이와 유사한 기능을 수행하는 제한적인 조사권을 부여하고 있고, 자료 제출 요구권을 부여하고 있다(제21조 제1항, 제2항). 이외에도 금융감독기관인 금융감독원에 대하여 부보금융기관을 검사하거나 공동검사를 하도록 요청할 수 있는 권한도 부여하고 있다(제21조 제3항). 이러한 제도적 장치를 통하여 예금보험공사는 부보금융기관의 영업과 재무 상황을 잘 파악하여 부실화되지 않도록 선제적인 조치를 취할 수 있게 하고 있다.

그러나 국제예금보험기구협회(International Association of Deposit Insurers: IADI)와 바젤은행감독위원회(Basel Committee on Banking Supervision: BCBS)가 공동으로 2009년에 제정하고 2014년에 개정된 「효율적인 예금보험 제도를 위한 핵심 원칙」(Core Principles for Effective Deposit Insurance Systems)[13]에 따르면, 예금보험기구의 중요한 역할이 부실금융기관을 "조기에 발견하고 적기에 개입하여"(early detection and timely intervention) 효율적이고 안정적인 금융 제도 및 예금보험 제도를 유지해야 한다는 점[14]에 비추어 보면, 그 기능을 충실히 수행하기 위해서는 아래 논의하는 것처럼 보다 권한을 확대하는 방안이 필요하다.

---

13 핵심 원칙에 대한 자세한 분석과 핵심 원칙에 비추어 본 우리나라 예금보험 제도에 대한 평가는 고동원·노태석(2012) 참조.

14 Principle 13-EARLY DETECTION AND TIMELY INTERVENTION.

II. 부보금융기관 등에 대한 자료 제출 요구권

1. 의의

예금보험공사는 업무를 수행하기 위하여 필요한 범위 내에서 부보금융기관뿐만 아니라 당해 부보금융기관을 자회사 등으로 두는 금융지주회사에게 **업무 및 재산 상황에 관련된 자료의 제출을 요구**할 수 있다(제21조 제1항). 금융지주회사는 예금 등의 업무를 취급하지는 않지만 부보금융기관의 경영을 관리·운영하는 회사이므로 자료 제출 요구 대상으로 규정한 것이다. 자료 제출을 요구할 수 있는 경우는 제한되어 있다. 모든 경우에 자료 제출을 요구할 수 있는 것이 아니고, ① 부실금융기관이나 부실우려금융기관의 결정, ② 예금보험료 및 예금보험기금채권상환특별기여금의 산정 및 수납, ③ 보험금 등의 계산 및 지급, ④ 부실금융기관 정리 등의 업무를 수행하기 위하여 "필요한 범위에서" 그 업무 및 재산 상황에 관련된 자료의 제출을 요구할 수 있다(제21조 제1항).

2. 자료 제출 요청 목적의 확대 방안[15]

「예금자보호법」은 예금보험공사가 부보금융기관 등에 대한 자료 제출 요구권을 통해서 부보금융기관 등에 대한 경영 상태 정보를 파악할 수 있도록 하고 있다. 그러나 예금보험공사는 부실금융기관이나 부실우려금융기관의 결정 등 제한된 목적으로만 관련 자료를 요청할 수 있어서, 이러한 자료 요청권으로 예금보험공사가 부보금융기관 등의 부실 위험을 조기에

15 이하는 고동원(2018), 118~119면.

파악하는 데는 충분하지 않을 수 있다. 물론 이 조문을 넓게 해석하여 예금보험공사가 수행하는 업무 전반에 관한 자료를 부보금융기관 등에게 요구할 수 있다고 주장할 수도 있겠지만, 타당한 해석이라고 보기는 어렵다. 예금보험기구가 부보금융기관의 부실 위험을 조기에 발견하고 적기에 필요한 조치를 취해야 하는 역할을 충실히 수행하기 위해서는 부보금융기관의 경영 상태 전반을 잘 파악하고 있어야 하기 때문에 자료 제출 요구 대상의 범위를 넓히는 것이 필요하다. 요구 목적을 열거하는 대신에 보다 포괄적으로 규정하여 예금보험공사의 업무 수행을 위해서 필요한 경우로 확대해야 할 것이다. 아니면 부보금융기관의 부실 위험을 조기에 파악하여 예금보험기금의 손실을 최소화하기 위한 목적으로 자료 제출을 요구할 수 있다는 내용을 추가하는 방안을 고려할 수 있다.

III. 부보금융기관 등에 대한 조사권

1. 의의

예금보험공사는 자료 제출 요구 권한 이외에 부보금융기관 또는 부보금융기관을 자회사 등으로 두고 있는 금융지주회사의 **업무 및 재산 상황을 '조사'할 수 있는 권한**도 있다(제21조 제2항). 그러나 조사할 수 있는 경우는 제한되어 있다. ① 제출된 자료를 기초로 하여 구조개선법에 따른 적기시정조치에 관한 기준 등에 따라 부보금융기관이 부실 우려가 있다고 인정되는 경우나 ② 예금보험공사가 금융감독원에 대하여 부보금융기관 또는 부보금융기관을 자회사 등으로 두고 있는 금융지주회사에 대한 검사 등을 통하여 금융감독원으로부터 제공받은 자료의 사실 여부를 확인해 줄 것을 요청했으나(제21조 제5항) 확인이 이루어지지 아니한 경우로 제한되어 있다(제21조 제2항). 이 중 위의 ①의 부실 우려가 있다고 인정되는 경우로서 상호저축은행에 대해서는 특별히 조사 대상 범위를 보다 넓게 자세히 규정하고 있다. 즉, 적기시정조치 기준뿐만 아니라 "① 자기자본비율이 적기시정조치 기준에 2%를 더한 비율 미만인 경우, ② 최근 3개 회계연도 연속하여 당기 순손실이 발생한 경우, 또는 ③ 예금보험공사가 자기자본비율의 하락 추세 및 하락폭 등을 고려하여 금융감독원과 협의하여 조사의 필요성이 있다고 인정하는 경우"에 상호저축은행에 대한 단독 조사를 할 수 있는 권한을 부여하고 있다(시행령 제12조의2). 이는 2011년 상호저축은행들의 부실 사태 발생에 따른 경험으로 상호저축은행에 대해서는 감시를 보다 철저히 해야 한다는 것을 반영한 것이다. 이처럼 예금보험공사의 단독 조사권은 아주 제한적인 경우에만 발동된다는 것을 알 수 있다.

2. 조사권의 범위

「예금자보호법」은 다른 금융 관련 법령에서 금융감독기관 권한의 하나로서 규정하고 있는 '검사'라는 용어 대신에 '조사'라는 용어를 쓰고 있어서, 조사와 검사의 의미가 다른 것이 아니냐는 의문이 제기될 수도 있다. 그러나 조사라는 의미도 결국은 해당 부보금융기관을 직접 방문해서 사실 여부를 확인할 수 있는 권한까지 포함한다고 볼 수 있기 때문에[16] 검사와 다른 것이라고 보기는 어렵다. 다만 금융감독기관이 수행하는 검사 권한과 차별화하여 다르게 쓰기 위한 용어라고 이해할 수 있다.

16 비슷한 분석은 한국은행 법규실(1999), 219면(「한국은행법」 제65조 제3항은 한국은행이 긴급여신을 한 경우에 해당 금융기관의 업무 및 재산 상황을 "조사·확인"할 수 있도록 규정하고 있는데, 이 "조사"의 해석과 관련하여 직접 조사까지도 포함하는 것으로 보고 있다).

3. 금융위원회에 대한 조치 요청권

예금보험공사는 부보금융기관 또는 당해 부보금융기관을 자회사 등으로 두는 금융지주회사에 대한 조사 결과, 보험사고의 위험이 있다고 판단되는 때에는 이를 금융위원회에 통보하고 적절한 조치를 취하여 줄 것을 요청할 수 있다(제21조 제6항 전단). 이 경우 요청을 받은 금융위원회는 특별한 사유가 없는 한 이에 따라야 한다(제21조 제6항 후단).

4. 조사권의 확대 방안[17]

현재의 예금보험공사의 조사권으로 예금보험공사가 부보금융기관 등의 부실 위험을 조기에 파악하는 데 충분할 수 있는지도 검토해 볼 필요가 있다. 조사 권한을 부여하는 근거 중의 하나는 부보금융기관 등이 제출한 자료의 사실 여부를 확인하는 데 있다. 부보금융기관 등에 대한 조사권을 아주 제한적으로 부여한 상태에서는 예금보험공사가 부보금융기관 등의 경영 상태를 정확히 잘 파악할 수 없기 때문에 부보금융기관 등의 부실 위험을 조기에 파악하는 기능을 충실히 수행하기 어려울 수 있다. 이런 점에서 조사 권한을 확대하는 방안을 검토할 필요가 있는데, 이 경우 가장 큰 난점은 금융감독기관이 수행하는 검사 권한과 중복되는 문제와 이로 인한 부보금융기관 등의 부담 문제를 어떻게 해결할 수 있느냐 하는 문제이다.

그러나 다음과 같은 관점에서 본다면 예금보험기구에게 조사권을 확대하는 방안은 설득력이 있을 수 있다. 우선 금융안전망기구로서 예금보험기금의 손실 최소화 목적을 가지고 있는 예금보험공사가 부보금융기관 등에 대

17 이하는 고동원(2018), 119~121면.

한 충분한 정보 접근성을 갖고 있어야 한다는 점에 비추어 보면 조사권 확대의 필요성을 인정할 수 있다. 또한 예금보험기구의 '보충적 감시' 역할이라는 점에서 접근을 해볼 수도 있다. 예금보험공사의 조사권 행사가 금융감독기관의 감독 실패를 보완할 수 있는 역할을 할 수 있다는 것이다. 즉, 금융감독기관이 금융기관의 부실 위험을 발견해 내지 못할 수도 있는데, 이때 예금보험기구가 그러한 위험을 발견할 수 있다면 조사권 부여가 의미가 있게 된다.

이런 점에서 미국의 연방예금보험공사(FDIC) 사례를 살펴볼 필요가 있다. 연방예금보험공사는 예금수취금융기관 예금보험 제도의 운영과 부실금융기관 정리 업무를 수행한다는 점에서 예금보험공사와 같은 역할을 하고 있지만, 연방예금보험공사는 감독 관할 대상인 금융기관에 대하여 일반적인 감독권을 갖고 있다는 점에서 예금보험공사와 다르다. 즉, 연방예금보험공사는 주(州)인가은행이면서 연방준비은행 지급결제망에 가입하지 않고 예금보험 제도에 가입한 은행(insured state non-member banks) 및 주인가저축조합(state savings association)의 주(主) 감독기관(primary regulator)의 역할을 수행한다.[18] 그래서 연방예금보험공사는 이러한 예금수취금융기관에 대해서는 감독권 행사 차원에서 일반검사권(regular examination)을 보유한다.[19] 그리고 연방예금보험공사는 주 감독 대상이 되지 않는 모든 부보예금수취금융기관(insured depository institution)[20]에 대해서도 "예금보험 제도의 운영 목적"(for insurance purposes)을 위해서 특별검사권(special examination)을 보유하고 있다.[21][22]

---

18 Federal Deposit Insurance Act, Sec. 3(q)(2); 12 U.S.C. § 1813(q)(2).

19 Federal Deposit Insurance Act, Sec. 10(b)(2); 12 U.S.C. § 1820(b)(2).

20 '예금수취금융기관'이라 함은 은행, 저축금융기관(thrift institution)인 저축은행(savings banks)과 저축조합(savings association)을 말한다(Federal Deposit Insurance Act, Sec. 3(c)(2); 12 U.S.C. § 1813(c)(2)).

21 Federal Deposit Insurance Act, Sec. 10(b)(3); 12 U.S.C. § 1820(b)(3).
SEC. 10. ADMINISTRATION OF CORPORATION.--
(b) EXAMINATIONS.-

이것은 연방예금보험공사가 예금보험기금 손실 최소화의 목적을 가진 예금보험기구로서 역할을 충실히 수행하도록 하기 위한 것이다.

일본의 경우에도 예금보험기구가 부보금융기관에 대해서 직접 자료를 제출하도록 요구할 수 있으며(預金保險法 제37조 제1항), 중앙은행인 일본은행에 대해서도 필요하다고 인정하는 때에는 자료를 교부받거나 열람할 수 있고(預金保險法 제37조 제4항), 더 나아가 보험료 납부가 적정한지 확인 등 필요가 있다고 판단하는 경우에는 부보금융기관에 대하여 검사를 할 수 있도록 되어 있다(預金保險法 제137조 제6항).

이러한 미국과 일본의 사례에 비추어 볼 때, 예금보험공사의 조사권 확대 필요성을 인정할 수 있다. 미국 연방예금보험공사의 사례처럼 "예금보험 제도 운영 목적"으로 하는 조사권을 확대하는 방안이나 예금보험기구의 역할이 부보금융기관의 부실 위험 가능성을 조기에 발견하는 것이므로 조사권도 그러한 목적으로 범위를 확대하는 방안을 고려할 수 있다. 또는 부실 우려의 가능성이 있는 부보금융기관이나 부실 부보금융기관에 대해서는 예금보험공사가 단독으로 조사할 수 있도록 하는 방안도 검토할 수 있다.[23] 그리고 부보금융기관이 제출한 자료의 정확성을 확인하기 위한 서

---

(3) SPECIAL EXAMINATION OF ANY INSURED DEPOSITORY INSTITUTION.--
(A) IN GENERAL--In addition to the examinations authorized under paragraph (2), any examiner appointed under paragraph (1) shall have power, on behalf of the Corporation, to make any special examination of any insured depository institution or nonbank financial company supervised by the Board of Governors or a bank holding company described in section 165(a) of the Financial Stability Act of 2010, whenever the Board of Directors determines that a special examination of any such depository institution is necessary to determine the condition of such depository institution for insurance purposes, or of such nonbank financial company supervised by the Board of Governors or bank holding company described in section 165(a) of the Financial Stability Act of 2010, for the purpose of implementing its authority to provide for orderly liquidation of any such company under title II of that Act, ...

22 특별검사권에 대한 자세한 설명은 이진원·안주희·권민제(2017), 39~43면.

23 고동원·노태석(2010), 129~130면.

면이나 구두 조사를 한 후에도 사실 여부가 명확하게 확인되지 않은 경우에 한해서 직접 조사를 할 수 있도록 한다면 부보금융기관이 지게 되는 규제 부담의 문제에서도 벗어날 수 있다.

또한 국제예금보험기구협회(IADI)가 핵심 원칙에 대한 보다 자세한 사항을 규정한 2013년 「조기 발견과 적기 개입에 관한 지침」(General Guidance on Early Detection and Timely Intervention for Deposit Insurance Systems)도 예금보험기구가 부보금융기관에 대한 정보를 파악할 수 있는 방법의 하나로 현장검사(on-site examination)를 열거하고 있는 점[24]과 부보금융기관에 대해서 정확한 정보를 적기에 취득할 필요가 있다는 점[25]을 강조한 것에 비추어 보면, 예금보험공사의 조사권을 확대하는 방안에 타당성이 있다고 할 수 있다.

IV. 금융감독기관에 대한 부보금융기관 검사 요구권 등

1. 금융감독원에 대한 부보금융기관 등 검사 및 공동검사 요구권

1) 의의

예금보험공사는 "예금자 등의 보호와 금융 제도의 안정성 유지를 위하

24 Guidance, p. 12("The sources of information and channels of communication include: <u>on-site examinations;</u> off-site surveillance; communication with supervisors; communication with bank management; communication with bank auditors; market information.").

25 Guidance, p. 12("it is important that the relevant safety-net participants (central bank, independent bank supervisor or deposit insurer) have <u>timely, relevant and good quality information</u> from various reliable sources and mechanisms of communication with relevant parties.").

여 필요하다고 인정하는 경우"에는 금융감독원장에 대하여 구체적인 범위를 정하여 ① 부보금융기관 또는 부보금융기관을 자회사 등으로 두는 금융지주회사에 대하여 검사를 할 것을 요청하거나, ② 예금보험공사 소속 직원으로 하여금 부보금융기관이나 부보금융기관을 자회사 등으로 두는 금융지주회사에 대한 검사에 공동으로 참여하도록 예금보험위원회의 의결을 거쳐 요청할 수 있다(제21조 제3항 본문). 이 경우 요청을 받은 금융감독원장은 반드시 이에 따라야 한다(제21조 제3항 단서). 금융감독원이 부보금융기관에 대한 검사 및 감독 권한이 있으므로 **검사 및 공동검사 요청권을 예금보험공사에게 부여**하고 있다. 이는 예금보험공사의 제한적인 조사권을 보완하는 역할을 한다.

2) 조사권과 차이

예금보험공사는 부보금융기관 등에 대한 조사권이 있다. 그럼 조사권과 검사 및 공동검사 요청권은 어떤 차이가 있는가? 우선 예금보험공사의 조사권은 그 사유가 제한되어 있다. 그러나 검사 및 공동검사 요청권은 그보다 범위가 넓다는 점에서 차이가 있다. "예금자 등의 보호와 금융 제도의 안정성 유지를 위하여 필요하다고 인정하는 경우"라고 하고 있어서 조사권 발동이 되지 않는 사유의 경우에 이러한 검사 및 공동검사 요청권을 사용할 실익이 있다.

3) 요청 대상 확대 방안[26]

예금보험공사가 금융감독원에 대하여 검사를 요청하거나 공동검사를 요청할 수 있는 경우는 제한되어 있다. 즉, "예금자 등의 보호와 금융 제도

---

26 이하는 고동원(2018), 121~122면.

의 안정성 유지를 위하여 필요하다고 인정하는 경우"로 한정하고 있다(제21조 제3항). 또한 요청할 때는 "구체적인 범위를 정하여" 하도록 하고 있다(제21조 제3항). 특히 공동검사권을 요청할 때는 예금보험위원회의 의결을 거치도록 함으로써(제21조 제3항) 엄격한 절차를 거치도록 하고 있다. 예금보험공사가 이러한 검사 요청권이나 공동검사 요청권을 통하여 부보금융기관 등에 대한 업무나 재무 상황을 파악할 수 있기 때문에 부보금융기관 등에 대한 정보 접근성을 확보하는 또 하나의 수단이 된다.

공동검사와 관련해서는 예금보험공사와 금융감독원은 절차 등 보다 구체적인 업무 협의를 위해 양해협의서(MOU)를 체결하여 운영하고 있다.[27] 그러나 검사 요청권이나 공동검사 요청권을 행사할 수 있는 경우를 "예금자 등의 보호와 금융 제도의 안정성 유지를 위하여 필요하다고 인정하는 경우"로 한정하고 있어(제21조 제3항) 해석에 따라 범위가 좁아질 가능성도 있다. 예를 들어, 부실 발생의 우려가 없는 금융기관에 대해서도 검사 및 공동검사를 요청할 수 있는지가 문제가 될 수 있다. "예금자 등의 보호와 금융 제도의 안정성 유지"를 좁게 해석하면 이러한 경우는 요청할 수 없다고 볼 여지가 있다. 또한 "구체적인 범위"를 정하여 요청하도록 하고 있어서 대상 금융기관과 검사의 범위를 미리 정해야 하는 제한을 받는다.

이렇게 예금보험공사가 금융감독기관인 금융감독원에 대하여 검사나 공동검사를 요청할 수 있도록 하여 부보금융기관 등에 대한 정보를 취득할 수 있는 길을 넓혀 주고 있지만, 여전히 요청할 수 있는 경우를 제한하고 있어 부보금융기관 등의 부실 위험을 조기에 발견하기에는 미흡하다. 요청 사유를 제한적으로 보게 되면 부실 위험의 조기 발견 목적으로는 검사나 공동검사 요청을 할 수 없다고 볼 수 있기 때문이다. 따라서 검사나

27 금융감독원(2003. 9. 4.).

공동검사 요청 사유에 부보금융기관의 부실 위험을 조기에 파악하기 위한 목적도 추가하는 것이 필요하다. 또한 공동검사를 요청할 때 예금보험위원회의 의결을 거치도록 하는 것도, 공동검사가 시급한 상황도 있을 수 있다는 점에서, 그리고 검사 요청과 공동검사 요청을 굳이 차별화할 필요가 없다는 점에서 개선의 여지가 있다. 결론적으로 예금보험기구가 부보금융기관의 부실화 가능성 여부를 사전에 잘 판단하기 위해서는 부보금융기관에 대한 정보 접근성이 잘 확보되어야 한다는 점[28]에서 개선이 필요하다.

2. 금융감독원에 대한 부보금융기관 자료의 사실 확인 요청권

예금보험공사는 금융감독원장에 대하여 부보금융기관 및 부보금융기관을 자회사 등으로 두는 금융지주회사와 관련된 자료를 제공하여 줄 것을 요청할 수 있으며(제21조 제4항 본문), 부보금융기관의 보험사고 위험 여부 판단을 위하여 금융감독원장으로부터 받은 자료의 사실 여부에 대한 확인이 필요하다고 인정되는 경우에는 금융감독원장에게 1개월의 기간을 정하여 해당 부보금융기관 및 부보금융기관을 자회사 등으로 두는 금융지주회사에 대한 검사 등을 통하여 **자료의 사실 여부를 확인하여 줄 것을 요청**할 수 있다(제21조 제5항).

28 예금자 보호의 비용을 최소화하기 위해서도 부보금융기관의 부실 가능성에 대한 예금보호기구의 정보 수집 및 분석이 필수적이라고 하는 견해도 있다(정지만·오승곤(2010), 171면).

V. 금융감독기관에 대한 부보금융기관 자료 제공 요청권

1. 금융감독원에 대한 부보금융기관 등의 자료 제공 요청권

예금보험공사는 "예금자 등을 보호하기 위하여 필요하다고 인정"하면 금융감독원장에게 "구체적인 범위를 정하여" 부보금융기관 및 부보금융기관을 자회사 등으로 두는 금융지주회사와 관련된 **자료를 제공하여 줄 것을 요청**할 수 있으며, 이 경우 요청을 받은 금융감독원장은 이에 따르도록 하고 있다(제21조 제4항). 금융감독기관인 금융감독원이 부보금융기관의 업무 현황 등 관련 자료를 많이 확보하고 있으므로, 필요한 경우에 금융감독원에게 요청을 하여 부보금융기관 등에 관한 자료를 확보할 수 있도록 하고 있는 것이다.

2. 금융정보 공유 체계의 개선: 법적 금융정보공유기구의 설치

「예금자보호법」은 예금보험공사가 다른 금융안전망기구에게 자료 제공 요청을 할 수 있는 기관으로서 금융감독기관인 금융감독원만 규정하고 있고(제21조 제4항), 다른 금융안전망기구들인 통화신용정책을 수행하는 한국은행, 금융산업정책과 금융감독 권한을 갖고 있는 금융위원회, 조세·재정 정책과 외환정책 등의 국제금융정책 수립 및 집행 권한을 갖고 있는 기획재정부에게는 자료 제공 요청을 할 수 있는 규정을 두고 있지 않다. 반면에 금융감독기구법은 기획재정부 장관과 금융위원회 및 금융통화위원회는 정책 수행에 필요하다고 인정하는 경우 상호 자료를 요청할 수 있도록 하고 있으며(제65조), 「한국은행법」도 기획재정부 장관과 금융통화위원회 및 금융위원회는 정책 수립에 필요하다고 인정하는 경우 상호 자료를 요청할 수 있도록 규정하고 있다(제94조). 이와 같이 예금보험공사를 제외한 다른 금융안전망기구들 사이에는 상호 자료 공유에 대한 법적 근거를 두고 있으나, 「예금자보호법」은 예금보험공사가 금융감독원에 대해서만 부보금융기관 등에 관한 자료 제공 요청을 할 수 있도록 하고 있어, 금융정보 공유 체계가 미흡하다. 물론 2009년 9월 예금보험공사, 기획재정부, 금융위원회, 금융감독원 및 한국은행 사이에 금융 정보 공유에 관한 양해협의서(MOU)가 체결되어[29] 금융정보를 공유하고 있기는 하나, 양해협의서는 법적인 구속력이 없기 때문에 실질적인 정보 공유가 제대로 이루어지기가 어렵다.

또한 예금보험공사가 금융감독원에게 자료를 요청할 수 있는 경우도 제한적으로 규정하고 있는데, "예금자등을 보호하기 위하여 필요하다고 인정"하는 경우에 "구체적인 범위를 정하여" 요청할 수 있도록 되어 있어(법 제21조 제4항), 해석하기에 따라서는 자료 요청 대상 범위가 상당히 좁아질 수도 있기 때문에 실질적으로 정보 공유가 잘 이루어지지 않을 가능성도 있다. 즉, 예금보험공사가 예금자 보호를 위하여 필요하다고 판단하여 요청한 자료에 대하여 금융감독원이 예금자 보호 목적에 해당하지 않다고 판단하여 자료 제공을 거부할 수도 있다. 물론 「예금자보호법」이 예금보험공사가 자료를 요청한 경우 금융감독원은 "이에 따라야 한다."라고 해서(제21조 제4항) 강제적인 규정을 하고 있지만, 해석상 요청 대상 자료가 예금자 보

29 기획재정부·금융위원회·금융감독원·한국은행·예금보험공사(2009. 9. 15.); 예금보험공사(2011. 1. 10.). 예금보험공사는 금융감독원 및 한국은행과 2001년 3월 '금융정보공유협의회'를 구성하여 운영하고 있었으며(금융감독원(2001. 3. 14.)), 2004년 1월에는 예금보험공사, 금융감독원 및 한국은행 사이에 금융정보 공유에 대한 양해협의서(MOU)를 체결한 바 있다(감사원(2009. 7. 23.), 2면).

호 목적이 아니라고 판단하여 거절할 수 있다고 주장할 수 있기 때문이다.

이런 점에서 개선 방안이 필요한데, 우선 예금보험공사가 한국은행, 금융위원회 및 기획재정부에게도 부보금융기관 등의 업무 및 재산 상황에 관련된 자료 제공을 요청할 수 있도록 하는 근거 조항을 「예금자보호법」에 두어야 한다. 또한 가장 중요한 것은 금융안전망기구들이 금융정보를 상호 공유할 수 있는 체계를 잘 구축하는 것인데, 가장 바람직스러운 것은 모든 금융정보를 한 군데 집중하게 하여 각 금융안전망기구들이 필요한 자료나 정보를 이용할 수 있도록 하는 체계를 만드는 것이다. 예를 들어, **'금융정보공유협의회' 기구**를 만드는 것인데, 중요한 것은 이를 법적 기구화하는 것이다.[30] 양해협의서 형태로 하게 되면 법적 강제성이 없어서 잘 작동이 되지 않을 수 있다. 보다 구체적으로 살펴보면, 관련 법률에 따라 업무 관련 자료 제출 의무가 있는 개별 금융기관들은 관련 자료를 통일된 양식에 의해 이 협의회에 제출하게 하고, 이를 통해서 금융안전망기구들이 필요한 자료를 얻도록 하는 전산 체계를 구축하는 것이다. 그렇게 되면 금융기관들이 개별적으로 각 금융안전망기구에게 자료를 제출해야 하는 부담을 덜 수 있어 더 효율적인 체계가 될 수 있다. 이 경우 어느 기관이 이 협의회를 운영하느냐의 문제가 있을 수 있는데, 업무의 성격상 어느 한 기관이 관리하기에는 적합하지 않으므로 금융안전망기구들 사이의 금융안정 업무 협의체 기구인 **'금융안정협의회' 기구**를 만들고,[31] 이 기구가 금융정보 공유 업무를 담당하는 방안이 바람직하다. 이 협의회는 금융안정에 관한 정책 협의를 하는 최고기구이어서 기획재정부 등 금융안전망기구들이 다 참여하기 때문에 금융정보 공유 업무를 관리하기에 적합한 기구가 될 것이다.

---

30 같은 주장은 여러 곳에서 발견할 수 있는데, 대표적으로 김정석(2005), 8면; 고동원·노태석(2012), 84면; 장병훈·손영진(2017), 180면.

31 윤석헌 외 5인(2016), 135면.

이러한 금융정보공유기구를 설치하는 방안은 다른 나라의 사례에 비추어 보더라도 필요한 일이다. 예를 들어, 미국의 경우 물론 예금수취금융기관을 감독하는 연방금융감독기관들 사이의 정보 공유 체계이기는 하지만 연방금융감독기관들의 검사 업무 협의체인 '연방금융기관검사협의회'(Federal Financial Institutions Examination Council: FFIEC)[32]는 중앙전산보고 체계(central data repository system)를 구축하여 운영하고 있는데, 예금수취금융기관들이 여기에 통일된 양식으로 작성된 회계장부나 보고서 등 관련 자료를 직접 제출하면 이 협의회가 제출된 자료를 점검한 후에 각 연방금융감독기관에게 제공하는 체계를 갖고 있다.[33] 캐나다의 경우도 금융감독청(Office of the Superintendent of Financial Institutions: OSFI), 예금보험공사(Canadian Deposit Insurance Corporation: CDIC), 재무부, 중앙은행 등 금융안전망기구들이 정보 공유를 위해 '금융기관감독위원회'(Financial Institution Supervisory Committee)를 두어 운영하고 있는 사례도[34] 참조할 수 있다.

또한 이러한 효율적인 금융정보 공유 체계의 구축은 국제 기준에 비추어 보더라도 필요한 일이다. 예금보험기구가 부보금융기관의 부실 위험을 조기에 파악하고 적기 개입을 위해서 핵심 원칙과 지침이 강조하고 있는 것들 중의 하나는 다른 금융안전망기구들과 금융정보 공유가 원활하게 잘 이루어져야 한다는 점이다.[35] 각 금융안전망기구가 자신의 업무를 수행하면서 확보하고 있는 정보가 다른 금융안전망기구들에게 유용한 정보가 될 수 있기 때문이다. 특히 금융감독기관이 갖고 있는 정보는 예금보험기구에게 상당히 유용한 정보가 될 수 있다. 이런 점에서 현재의 금융정보 공

32 FFIEC에 대한 설명은 Carnell *et al.*(2013), pp. 433~444.

33 12 U.S.C. §§ 3305, 3308.

34 김정렬(2002), 25면.

35 Principle 4 - RELATIONSHIPS WITH OTHER SAFETY - NET PARTICIPANTS; Guidance, p. 26.

유 체계는 미흡한 면이 있으므로 개선이 필요하다.

VI. 부실금융기관 등의 부실관련자 등에 대한 조사권

1. 서설

예금보험공사는 자금 지원을 한 부실금융기관이나 부실우려금융기관에게 부실관련자에 대한 손해배상청구를 하도록 요구할 수 있고, 당해 부실금융기관이나 부실우려금융기관이 이에 응하지 아니한 때에는 예금보험공사가 당해 부실금융기관 등의 손해배상청구를 대위할 수 있도록 하고 있으며, 부실금융기관이나 부실우려금융기관이 부실관련자를 대상으로 한 소송에 예금보험공사가 참가할 수 있도록 하고 있다(제21조의2).

2. 부실관련자나 이해관계인에 대한 조사권

예금보험공사가 부실금융기관이나 부실우려금융기관에 대하여 손해배상청구의 요구를 하거나 손해배상청구권의 대위 행사 또는 소송 참가를 하기 위하여 필요한 때에는 당해 부실금융기관이나 부실우려금융기관, 부실관련자(부실관련자 중 그 밖의 제3자의 범위는 회계법인 또는 공인회계사에 한한다) 또는 이해관계인에 대하여 **업무 및 재산 상황에 관한 자료 제출 요구, 출석 요구**(이해관계인에 대한 출석 요구는 제외한다) **등 조사를 할 수 있다**(제21조의2 제7항). 예금보험공사는 조사를 하기 위하여 필요한 경우에는 소속 직원으로 하여금 부실금융기관이나 부실우려금융기관 및 부실관련자의 업무 및 재산 상황에 관한 장부·서류, 그 밖의 자료를 조사하게 할 수 있다(시행령 제12조의4 제1항).

3. 조사 절차

예금보험공사는 조사를 하는 경우 조사 대상자에게 미리 조사 사유 및 조사의 범위 등 필요한 사항을 통지하여야 한다(시행령 제12조의4 제2항 본문). 다만 사전 통지를 하는 경우 증거 인멸 등으로 조사 목적을 달성할 수 없는 경우에는 통지를 하지 않을 수 있다(시행령 제12조의4 제2항 단서). 조사를 하는 자는 권한을 표시하는 증표를 지니고 이를 관계인에게 제시하여야 한다(법 제21조의2 제9항). 예금보험공사는 조사를 하는 경우 조사 대상자에게 충분히 진술할 수 있는 기회를 주어야 한다(시행령 제12조의4 제3항). 예금보험공사는 조사를 종료한 때에는 조사 결과를 서면으로 당사자에게 통지하여야 한다(시행령 제12조의4 제4항).

참고문헌

감사원, 「한국은행 기관 운영 감사」, 보도자료의 첨부자료, 2009. 7. 23.

고동원, 「예금보험기구의 금융기관 부실 위험 조기 발견과 적기 개입」, 『금융리스크리뷰』 제15권 제2호, 예금보험공사, 2018. 7.

고동원·노태석, 「금융안정을 위한 예금보험기구의 역할에 관한 연구」, 『금융안정연구』 제11권 제1호, 예금보험공사, 2010. 6.

______, 「국제예금보험기구협회(IADI)의 「예금보험제도 핵심원칙」에 비추어 본 우리나라 예금보험제도의 개선 방향」, 『금융안정연구』 제13권 제1호, 예금보험공사, 2012. 6.

금융감독원, 「제1차 금융정보공유협의회 개최」, 보도자료, 2001. 3. 14.

______, 「금감원과 예보, 금융기관 공동검사에 관한 양해각서(MOU) 체결」, 보도자료, 2003. 9. 4. 기획재정부·금융위원회·금융감독원·한국은행·예금보험공사, 「정보공유 및 공동검사 양해각서(MOU) 체결」, 보도자료, 2009. 9. 15.

김정렬, 「예금보험기구의 금융감독권」, 『조사분석』 2002-5, 예금보험공사, 2002. 11.

김정석, 「금융안정망 기구간 상호관계에 대한 논의」, 『KDIC 금융분석정보』, 예금보험공사, 2005. 8.

김홍범, 『금융감독, 이대론 안된다』, 두남, 2002.

예금보험공사, 『예금자보호법 해설』, 2009.

______, 「금융유관기관 간 정보 공유 MOU 체결(09. 9. 15) 이후 현황 및 향후 운영 방향」, 보도자료, 2011. 1. 10.

윤석헌 외 5인, 「모델 금융감독법의 구조-기본 내용과 법안의 제안-」, 『은행법연구』 제9권 제1호, 은행법학회, 2016. 5.
이진원·안주희·권민제, 「글로벌 금융위기시 예금보험기구의 부실위험 대응 사례 및 시사점」, 『금융리스크리뷰』 제14권 제2호, 예금보험공사, 2017. 7.
장병훈·손영진, 「부실우려금융회사 지정 및 운영체계 개선 방향」, 『금융리스크리뷰』 제14권 제3호, 예금보험공사, 2017. 10.
정지만·오승곤, 「금융안정을 위한 금융기관 부실정리제도」, 『금융안정연구』 제11권 제1호, 예금보험공사, 2010.
한국은행 법규실, 『주제별 해설 한국은행법』, 1999. 10.

Carnell, Richard S., Jonathan R. Macey & Geoffrey P. Miller, *The Law of Financial Institutions*, Wolters Kluwer Law and Business, 2013.
International Association for Deposit Insurers (IADI), "IADI Core Principles for Effective Deposit Insurance Systems," Nov. 2014〈https://www.iadi.org/uploads/2013-06_Early_Detection_Timely_Intervention-publication_final.pdf〉.
_______, "General Guidance on Early Detection and Timely Intervention for Deposit Insurance Systems," June 2013〈https://www.iadi.org/uploads/2013-06_Early_Detection_Timely_Intervention-publication_final.pdf〉.

부록

금융감독 관련 기고문

1. 금융감독 체계 개편 국회가 나설 때

금융감독 체계는 금융산업 발전의 척도를 가늠할 수 있는 중요한 잣대이다. 올바른 금융감독 체계 구축 없이 금융산업과 금융시장의 발전을 기대하기는 어렵다. 이런 점에서 볼 때 현행 금융감독 체계는 문제가 많다. 금융산업정책 기능과 금융감독정책 기능을 하나의 기관(금융위원회)에서 담당하는 예는 세계적으로도 거의 찾아볼 수 없다. 견제와 균형을 이루어야 하는 두 기능이 제대로 작동할 여지가 없는 것이다. 또한 금융감독정책기관(금융위원회)과 금융감독집행기관(금융감독원)이 분리되어 있는 국가도 유례를 찾을 수 없다. 두 기관 사이에 마찰과 갈등이 일어나면서 시장에 혼란과 부담을 주고 있다. 우리가 국제적인 기준을 외치면서 유독 금융감독 체계만은 국제적인 기준을 따르지 않는 것이 잘 이해되지 않는다. 왜 이런 기형적인 현행 금융감독 체계가 탄생되었을까? 바로 2008년 당시 대통령직인수위원회가 졸속으로 추진했기 때문이다. 한시적인 기구인 인수위원회가 충분한 검토 없이 짧은 기간에 밀어붙이다 보니 이런 과오를 범한 것이다. 물론 관련 법안을 통과시킨 국회도 책임에서 자유로울 수는 없다. 당시 관련 전문가 등 학계는 현행 금융감독 체계가 문제가 많을 것이라고 주장했고, 이러한 염려는 2011년 저축은행 부실 사태에서 여실히 나타났다. 이런 점에서 현행 금융감독 체계가 대수술을 받아야 하는 것은 당연하다. 작년 대선을 앞두고 관련 학회 등이 수차례 토론회를 개최한 것도 바로 이러한 필요성을 공감하였기 때문이다.

1998년 이후 금융감독 체계 개편의 시도는 여러 번 있었다. 그럼에도 불구하고 이상적인 금융감독 체계를 갖추지 못한 것은 개편의 주도권이 정부에 있었기 때문이다. 금융감독 체계 개편은 정부 조직 개편과 맞물려 있다. 그런데 이해관계 당사자인 정부가 주도를 하다 보니 올바른 금융감독

체계 개편이 이루어질 수 없었고, 매번 미봉책으로 끝나버렸다. 정부가 금융감독정책 권한을 계속 행사하고 싶어 하는 '욕심' 때문이다. 작년 국무총리실이 발주한 연구용역보고서의 결과를 보아도 알 수 있다. 금융감독은 공적 민간기구가 수행하는 것이 바람직하다는 것이 다수의 전문가들의 일치된 견해인데도, 이 보고서는 정부가 금융감독권을 행사해야 한다는 '이상한' 결론을 제시하고 있다.

이번은 국민의 대표기관인 국회가 나설 때이다. 인수위원회가 주도를 하는 것은 바람직하지 않고 권한도 없다. 근거법인 「대통령직 인수에 관한 법률」 제7조는 인수위원회의 업무로서 정부 조직·기능의 '파악'이라고 규정하고 있다. 개편을 주도할 권한이 없다. 인수위원회는 현재의 문제점을 지적하고 새 정부나 국회에 개편의 필요성을 건의하는 정도의 역할을 하면 충분하다. 금융감독 체계 개편은 법 개정 사항이므로 입법부인 국회가 주도하는 것이 당연하다. 국회는 각계 전문가 등으로 구성된 특별민간위원회를 구성하여 정말 백년대계를 내다볼 수 있는 금융감독 체계의 밑그림을 그려야 한다. 1990년대 금융개혁을 주도한 호주의 『왈리스보고서』나 캐나다의 『매케이보고서』의 성공 사례를 참고할 필요가 있다. 둘 다 민간위원회가 주도한 것이다. 개편되는 금융감독 체계는 어떤 모습이어야 할까? 금융위원회의 금융산업정책 기능은 기획재정부로 넘기고, 금융감독정책 기능은 공적 민간기구인 금융감독원에 넘겨주는 것이다. 그렇게 되면 자연스럽게 감독정책기구와 감독집행기구의 통합도 이룰 수 있다. 이렇게 될 때 중요한 금융감독의 중립성, 독립성, 전문성을 확보할 수 있다. 그래서 대부분의 국가는 금융감독을 정부가 직접 하지 않고, 별도의 공적 기구를 만들어 수행하게 하고 있다. 바람직한 금융감독 체계의 모습을 기대해 본다.

〈국민일보 「오피니언」 기고문, 2013. 1. 29.〉

2. 금융감독의 독립성 확보가 더 중요하다

지난 6월 21일 금융위원회의 '금융감독 체계 선진화 태스크포스(T/F)'는 금융감독원의 금융소비자보호처를 내부 준독립기구화하는 금융감독 체계 개편 방안을 발표한 바 있다. 이에 박근혜 대통령은 금융소비자 보호 방안으로는 미흡하다고 지적하면서 금융소비자보호원을 독립기구로 설립하는 방안을 검토하라고 지시하였다. T/F의 '업적'(?)을 무색하게 하는 이례적인 사건이 벌어진 것이다. 그런데 문제는 이러한 발표와 지적이 금융감독 체계 개편의 본질적인 쟁점을 다루지 못하고 있다는 것이다. 현행 금융감독 체계의 보다 근본적인 문제는 금융감독의 독립성 확보가 되어 있지 않다는 점이다. 외국의 연구 결과(마쉬안다로 등, 2008)에 의하면 우리나라 금융감독 독립성 순위는 선진국(25개국)과 개발도상국(30개국) 55개 국가 중에서 거의 최하위인 48위에 해당하는 것으로 나타났다. 현행 금융감독 체계에서 문제의 심각성을 보여 주는 것이다. 왜 금융감독의 독립성이 중요한가. 그것은 정치권이나 정부로부터 독립된 금융감독이 이루어지지 않으면 금융불안정이 발생하여 금융산업의 발전을 저해하기 때문이다. 그래서 대부분의 국가도 감독기구를 정부로부터 독립된 '특수공법인' 형태로 만들고, 감독의 전문성과 책임성을 확보하는 체제를 구축하고 있다.

우리나라 현행 금융감독 체계는 어떤가. 정부기관인 금융위원회가 금융감독정책 권한을 갖고 있으니 금융감독의 독립성이 확보되었다고 말할 수 없다. 더구나 금융위원회는 금융산업정책 업무도 수행하고 있다. 금융산업정책과 금융감독정책 사이의 견제와 균형이 유지되지 못하고 있다. 2003년 신용카드 사태, 2011년 저축은행 부실 사태 등이 금융감독정책이 금융산업정책에 압도되어 감독이 제대로 이루어지지 않은 대표적인 사례이다. 더욱이 금융감독기구가 금융위원회와 금융감독원으로 나뉘어 있는 이원적인 체제로서 세계에서 유래를 찾아볼 수 없는 기이한 현상이다. 그래서 두 기관 사이에 갈등과 마찰이 일어나고, 서로 책임을 지지 않으려 한다. 전형적인 감독의 비효율성이 나타나고 있는 것이다.

이러한 문제에 대한 근본적인 해결 방안을 제시하지 않고 금융위원회의 제재권 강화와 금융소비자보호처의 준독립기구화 방안을 제시한 T/F 보고서는 졸작 중의 졸작이다. 애시당초 T/F가 출범할 때부터 이런 결과가 나올 것이라는 것은 이 분야 전문가라면 거의 예상할 수 있었다. 이해당사자인 금융위원회가 T/F 위원을 선임하였기에 한계가 있을 수밖에 없었던 것이다. 2011년 저축은행 사태가 터지고 나서 국무총리실 산하에 설치된 '금융감독혁신 T/F'의 경우도 마찬가지이다. 심지어 국무총리실이 발주한 2012년 연구용역보고서는 금융감독기구를 정부 조직으로 해야 한다는 방안을 제시하기도 했다. 이렇게 되면 '관치금융'이 심해질 것이 뻔한데도 불구하고 정부 입맛에 맞는 방안을 내놓았다.

이런 방법으로는 금융감독 체계의 근본적인 개편 방안을 모색할 수 없다. 금융감독 체계 개편 논의에서 이해당사자인 금융위원회와 정부 관련 부처는 배제되어야 한다. 대통령이 결단을 내리던가 아니면 국회가 주도하여야 한다. 전문가로 구성된 대통령 직속의 특별위원회를 설치하던가 아니면 국회에 특별위원회를 설치하여 민간 전문가의 의견을 수렴한 올바른 금융감독 체계 개편 방안을 모색해야 한다. 외국도 민간 전문가위원회를 설치하여 성공한 사례가 많다. 영국, 호주, 캐나다의 사례를 들 수 있다. 그렇지 않으면 문제투성이인 현행 금융감독 체계를 바로잡을 수 없다. 정부는 금융감독권을 계속 가지려는 '욕심'을 버려야 한다. 정부는 금융산업정책 기능만 수행해도 충분하다. 금융감독 업무는 공적 민간기구가 수행하는 것이 바람직하다. 그렇게 해야 금융감독의 기본원칙인 독립성, 전문성, 책임성을 확보할 수 있고, 효율적인 금융감독이 이루어질 수 있다. 제2의 금융위기를 막으려면 하루 빨리 현행 금융감독 체계를 고쳐야 한다. 다음 정부까지 기다려서는 안 된다.

〈서울신문 「열린세상」 기고문, 2013. 7. 4.〉

3. 금융감독 체계 개편, 독립성이 관건이다

지난 7월 23일 금융위원회(금융위)는 독립적인 금융소비자보호기구 신설을 골자로 하는 '금융감독 체계 선진화 방안'을 국무회의에 보고하고 국회에 제출하였다. 이는 지난 3월 국회가 여야 합의로 정부에게 '금융소비자보호원 신설 문제를 비롯한 전반적인 금융감독 체계 개편'에 관한 계획서를 올 상반기 중에 국회에 제출하도록 요구하였기 때문이다. 이에 따라 금융위는 '금융감독 체계 선진화 TF'를 가동시켰고, TF는 지난 6월 금융감독 체계 개편 방안을 발표한 바 있다. 금융감독원(금감원)의 금융소비자보호처를 내부 준독립기구화하는 방안이었다. 이에 대해 박 대통령이 금융소비자 보호 방안으로는 미흡하다는 지적을 하게 되자, 한 달 만에 대통령의 의중이 반영된 금융소비자보호원(금소원) 설립 방안을 내놓게 되었다.

그런데 문제는 금융위 안이 현행 금융감독 체계의 근본적인 문제점을 해결하는 방안을 제시하지 못하고 있다는 것이다. 금융위가 금융산업정책 기능과 금융감독정책 기능 둘 다 수행함으로써 금융감독의 독립성 확보가 되어 있지 않다는 가장 근본적인 문제에 대한 해법을 제시하지 않고 있다. 즉, 금융위의 금융산업정책 기능은 기획재정부로 이관하고 금융감독정책 업무는 금감원으로 넘기는 것이 근본적인 해법인데, 금융위는 이를 피해 가고 있다. '선진화'가 아닌 '후진화' 방안이다. 금융위는 금융산업정책과 금융감독정책의 분리 문제를 '금융행정 체계' 문제라고 하면서 여야

가 합의한 금융감독 체계 개편 대상이 아니라고 '꼼수'를 부리고 있다. 금융산업정책과 금융감독정책의 분리 필요성에 대해서는 "현실적으로 금융정책과 감독정책 간의 구분이 쉽지 않다."고 하면서 문제를 회피하고 있다. 그러나 엄연히 금융감독기구법은 금융산업정책과 금융감독정책의 업무를 분리하고 있다. 더욱이 지난 3월 정부 조직 개편이 마무리되어 또 다시 경제부처 조직 개편을 추진하는 것은 현실적으로 무리라고 한다. 정부 조직 개편은 언제나 건드릴 수 없는 '성역'인가. 문제가 있으면 고치는 것이 답이다. 과거 정부도 대통령 임기 중간에 정부 조직 개편을 한 사례가 있다. 못할 이유가 없다. 금소원 설립 방안도 문제투성이다. 금융감독 체계 개편 논의에서 중요한 금소원 설립 방안에 대해 심도 있는 논의 없이 대통령 말 한마디에 '급조된' 방안을 내놓았으니 말이다. 금융기관은 이제 '두 시어머니'를 모시게 될 것이라고 아우성이다. 금소원에 금융기관 자료 제출 요구권과 검사 및 제재권을 부여했으니 그럴 만도 하다. 금융상품 판매 관련 금융기관 영업행위 감독권을 금소원에 부여했으니 금감원과 업무 구분이 모호하게 될 가능성도 크다. 두 기관 사이에 긴밀한 업무 협조가 필요한데 잘 될 수 있을지도 의문이다. 현재도 금융위와 금감원이 수시로 관할권을 갖고 싸우고 있는 것이 현실인데. 어쨌든 금융위는 국회가 내 준 '숙제'를 마친 셈이다. 이제는 제출한 숙제를 검토해야 할 국회의 역할이 중요하다.

국회는 금융감독 체계 문제의 심각성을 인식하고 '올바른' 개편 방안을 만들어야 한다. 조급하게 서둘러서는 안 된다. 이번에야말로 진짜 '올바른' 개편 방안을 마련할 좋은 기회이다. 국회는 지난 7월 4일 금융·경제 분야 학자와 전문가들 143명이 '올바른 금융감독 체계 개편'을 촉구하는 성명서를 발표한 사실을 주목해야 한다. 핵심은 세 가지이다. 첫째, 금융위의 금융산업정책과 금융감독정책 기능을 분리하여 금융감독의 독립성을 확보하는 것이다. 둘째, 금융소비자 보호 기능을 전담하는 기구를 금감원에서 분리하는 것이다. 셋째, 감독 관련 기관 사이의 협력 체제 구축을 담당하고 체제적 위험(systemic risk) 관리를 하는 '금융안정협의회'를 설치하는 것이다. 특히 이들은 국회에 특별위원회를 설치하고 전문가들로 구성된 자문기구를 만들어 바람직한 금융감독 체계 개편 방안을 마련할 것을 주문하고 있다. 전문가 143명이 얼마나 답답했으면 이런 성명서를 내는 '극한' 방법을 택했을까. 국회는 이 점을 염두에 두고 올바른 금융감독 체계 개편 방안을 마련하기 위한 노력을 기울여야 한다.

〈서울신문 「열린세상」 기고문, 2013. 8. 7.〉

4. 관치금융 청산, 제재권 남용 방지에서 찾아야

우리나라 금융산업의 후진성을 나타내는 상징적인 말이 '관치(官治)금융'이다. 정부와 금융감독 당국의 영향력이 큰 금융산업을 말한다. 과거 정부가 경제 개발을 주도하면서 금융산업 분야에도 나타난 현상이다. 다른 분야에서는 관(官)의 영향력이 많이 사라졌으나, 금융산업 분야에서는 아직도 관치 금융이 사라지지 않고 있다. 강한 규제산업이다 보니 더욱 그러하다. 이제는 관치를 넘어 '정치(政治)금융' 현상도 나타나고 있다. 주요 금융기관장 선임에 정부나 정치권의 입김이 많이 작용하고 있다. '낙하산 인사'가 대표적이다. 이번 정부 들어서도 주요 금융지주회사 회장에 정부 관료 출신이 선임되면서 관치금융 논란이 다시 일어났다. 2011년 저축은행 부실 사태가 발생하기 전에는 은행 등 주요 금융기관의 상임감사위원 자리에는 금융감독 당국 출신이 차지하였다. 이제는 감사원 출신이 그 자리를 메꾸고 있다. 과거 이명박 정부 때도 마찬가지였다. 주요 금융지주회사 회장 자리에 '코드 인사'가 이루어지면서 한동안 잠잠하던 관치금융 논란이 다시 일어난 적이 있다. 전문가를 선임해야 할 민간 금융기관의 인사가 관치와 정치에 흔들리고 있다. 최근에는 금융감독 당국 고위 임원의 BS금융지주 회장에 대한 사퇴 압력 발언이 논란이 되기도 하였다.

이렇게 관치금융이 작동되는 근원은 무엇일까. 그것은 바로 정부와 금융감독 당국이 갖고 있는 금융기관에 대한 감독 권한에 있다. 구체적으로는 금융기관에 대한 검사권과 제재권이다. 이것은 마치 검찰 권력이 수사권과 기소권에서 나오는 것과 비슷하다. 검사권과 제재권은 남용되지 못하도록 적절하게 통제되어야 한다. 그런데 현행 법제는 이러한 남용 가능성을 통제할 수 있는 장치가 미흡하다. 대표적으로 금융기관과 임직원에 대한 제재 사유를 들 수 있다. 금융위원회가 제정한 감독규정(規程)인 '금융기관 검사 및 제재에 관한 규정'에는 제재 사유의 하나로서 '부당·불건전한 영업행위나 업무 처리를 한 경우'를 열거하고 있다. 어떤 업무 처리가 부당·불건전한 행위에 해당하는지가 애매하다. 금융감독 당국이 부당·불건전하다고 판단하면 금융기관이 방어하기가 쉽지 않다. 명백히 법령에 위반한 행위를 한 경우에 제재를 받는 것은 당연하다. 문제는 그렇지 않은 경우에 이런 추상적인 규정을 이용해서 감독당국이 제재할 가능성이 있다는 것이다. 감독을 받는 금융기관으로서는 이를 무시할 수 없다. 이렇다 보니 금융기관으로서는 금융감독 당국의 보이지 않는 '압력'을 무시하지 못한다. 바로 관치금융이 나오게 되는 것이다.

더욱이 제재 절차에 관한 사항은 법이 아닌 감독규정에 마련되어 있다. 금융감독 당국이 스스로 만든 내부 감독규정에 만들어 놓았으니 가능하면 제재 절차를 금융감독 당국에게 유리하게 만들어 놓을 것은 당연하다. 현행 제재 절차는 제재 대상자에게 충분한 방어권을 주지 못하고 있다. 시비를 가릴 수 있는 청문 절차도 거의 이루어지지 않고 있다. 이의 신청도 거의 받아들여지지 않는다. 제재 처분을 한 금융감독 당국에게 이의 신청을 하니 받아들여질 가능성이 거의 없다.

금융감독 당국의 제재권 남용을 막지 못하고 있는 현행 법제를 고쳐야 한다. 금융기관 검사 및 제재에 관한 법률을 제정해야 한다. 국회의 통제가 필요하다. 제재 사유를 명확하게 하고 제재 절차의 투명성과 공정성을 갖추어야 한다. 이렇게 해야 금융감독 당국의 감독권 행사에서 재량권 남용을 막을 수 있다. 관치금융을 막을 수 있는 한 방법이다. 지난 8월 민주당 민병두 의원실이 주최한 관치금융 방지 토론회가 있었다. 바로 제재권 남용을 관치금융의 근원이라 파악하고 검사 및 제재에 관한 법률을 제정할 필요가 있다는 주장이 나왔다. 타당하다. 금융감독 당국의 제재권 남용에 대한 통제가 관치금융을 청산하기 위한 첫걸음이 될 수 있다. 금융기관 검사 및 제재에 관한 법률이 시급히 제정되어야 하는 이유이다. 관치금융 청산 없이는 금융산업의 선진화는 요원한 일이다.

〈서울신문 「열린세상」 기고문, 2013. 9. 10.〉

5. '동양 사태'의 네 가지 교훈

최근의 '동양 사태'는 2011년 '저축은행 사태'에 이어 다시금 금융감독 체계의 문제점을 드러내었다. 금융위원회(금융위)와 금융감독원(금감원)으로 나뉘어 있는 금융감독 체계의 문제점이 여실히 드러난 것이다. 증권회사가 계열회사의 투자 부적격 등급 회사채나 기업어음(CP)을 판매하는 것을 규제하기 위해서는 관련 감독규정인 '금융투자업규정' 개정이 필요하다. 이 감독규정의 개정 권한은 금융위에 있다. 검사기관인 금감원은 동양증권 검사를 통해 문제점을 인지해도 감독규정 개정 없이는 규제할 수단이 마땅치 않았다. 그래서 금감원은 동양증권과 양해협의서(MOU)를 체결하여 규제할 수밖에 없었다. 양해협의서는 법적 강제력이 없으므로 규제 실효성 면에서 떨어진다. 결국 금감원은 금융위에 감독규정 개정을 '건의'할 수밖에 없었다. 그런데 감독규정을 개정하고 시행하는 데는 무려 1년이 넘게 걸렸다. 만약 금융감독기구가 통합되어 있었다면 이러한 '건의' 절차 없이 바로 감독규정 개정이 이루어져 규제의 적시성을 확보할 수 있었을 것이다. 금융감독기구의 분리에 따른 전형적인 문제점이 나타난 것이다. 금융감독기구의 통합 필요성을 알 수 있는 첫 번째 교훈이다.

또 하나는 규제개혁위원회(규개위)의 규제 신설 심사가 3개월 이상이 소요되면서 규제가 제때 실시되지 못했고, 일몰제(2년간 한시 시행)로 규제를 완화하여 규개위 심사를 통과했다는 점이다. 심사 절차도 문제이지만 과연 규개위가 금융감독 분야의 규제를 심사할 필요성이 있는지도 의문이다. 행정규제기본법상 중앙행정기관이 규제를 신설하거나 강화하려는 경우에는 규개위의 심사를 거쳐야 한다. 지난 2003년 '신용카드 사태' 때 금융감독 당국이 규개위의 반대로 신용카드 길거리 모집 규제를 하지 못한 적이 있다. 금융 분야의 규제는 다른 일반 행정규제 원칙의 잣대와는 다르게 보아야 한다. 특수성과 전문성이 요구되는 분야이다. 2008년 세계적 금융위기 이후 금융규제를 강화하는 추세이다. 다른 분야와 달리 규제 강화가 필요한 분야이다. 규제 완화를 지향하는 규개위 입장을 뛰어 넘기가 쉽지 않다. 조세 분야처럼 금융감독 분야를 규개위 심사에서 배제하는 방안을 고려해야 한다. 이해관계인이나 전문가로부터 의견 수렴 절차를 거치는 입법 예고만으로 충분하다고 본다.

세 번째는 증권회사 등 제2금융권에서 금산분리(즉, 금융자본과 산업자본의 분리) 규제의 필요성을 고민할 때가 되었다는 점이다. 이번에 동양증권이 계열회사의 자금 조달과 지원을 위한 사실상의 '사금고' 역할을 했음이 드러났다. 금산결합의 전형적인 폐해가 나타났다. 산업자본을 거느린 금융기관은 계열회사나 대주주의 자금 조달 창구 역할을 하려는 유혹에 빠지기 쉽다. 제2, 제3의 '동양 사태'를 근본적으로 막으려면 제2금융권에서도 금산분리 규제를 심각하게 고민해야 한다.

네 번째는 금융감독 관련 기관 사이의 공식적인 협의체 기구가 필요하다는 점이다. '동양 사태'가 터지기 전에 동양그룹 문제가 청와대 '서별관회의'에서 다루어진 적이 있다. 청와대 경제수석비서관을 포함한 금융경제 관련 부처나 기관의 장들이 모여서 중요한 경제금융 상황을 점검하고 논의하는 회의체이다. 비공식 회의체이다 보니 투명성이 부족할 수밖에 없다. 그러다 보니 '의혹'이 발생하곤 한다. 공식적인 금융감독 유관 기관 협의체를 만드는 것이 필요하다. 가칭 '금융안정협의회'를 만들어 금융감독 관련 기관 사이의 협력 체제를 구축하고, 거시건전성 감독을 강화하는 것이 필요하다. 공식적인 법적 기구로 만들어 투명성을 확보할 필요가 있다.

이번 '동양 사태'를 거울삼아 제2의, 제3의 '동양 사태'가 발생하지 않도록 제도 개선을 해야 한다. 특히 현행 금융감독 체계의 문제점이 다시 드러난 이상 국회는 이 문제를 그냥 방치해서는 안 된다. 국회는 전문가 의견을 수렴하는 등 제도 개선을 위한 논의를 본격적으로 시작해야 한다. 국회의 역할이 중요하다.

〈서울신문 「열린세상」 기고문, 2013. 11. 22.〉

6. '금융분쟁조정중재원'의 설립을 제안하며

2008년 세계적 금융위기 이후 금융기관과 금융소비자 사이에 금융분쟁 사건들이 많이 발생하고 있다. '키코'(KIKO) 파생상품계약에서 손실을 입은 중소수출업체들과 은행들 사이의 분쟁, 펀드상품에 투자했다 손실을 입은 투자자들과 금융기관 사이의 분쟁, 상호저축은행 후순위채권의 불완전 판매에 따른 분쟁 사건, 최근 '동양 사태'에서 동양그룹 계열사 발행 회사채나 기업어음(CP)의 불완전 판매에 따른 분쟁 등이 대표적이다. 금융분쟁의 특징은 대부분이 소액 사건이고 다수의 피해자가 발생한다는 점이다. 금융소비자는 법원에 소송을 제기하여 피해를 구제받을 수 있다. 그런데 소송의 경우 비용이 많이 들고, 최종 판결까지 소요되는 기간도 길다. 그래서 소송은 소액 사건이 대부분인 금융분쟁 사건에는 그다지 적합하지 않다.

이러한 소송 대신에 분쟁을 해결할 수 있는 방법이 조정(調停)이나 중재 제도이다. 조정은 조정인이 분쟁 당사자 사이의 합의를 유도하여 분쟁을 해결하는 제도이다. 중재는 당사자의 합의로 제3자인 중재인을 선임하고 중재인이 내리는 판정에 따르기로 하는 분쟁 해결 제도이다. 중재 판정은 확정 판결과 동일한 효력이 있다. 조정의 경우도 조정기구가 제시한 조정안을 분쟁 당사자 모두가 받아들이면 재판상 화해나 민법상 화해의 효력이 발생하므로 법원에 가지 않고도 분쟁을 해결할 수 있다. 조정은 비용도 거의 들지 않아 소액 사건인 금융분쟁에 적합하다. 금융소비자를 보호하는 방법은 사전적으로 금융기관이 금융상품을 판매할 때 설명 의무 등을 잘 준수하는지 감시하는 방법도 있지만, 사후적으로 금융소비자의 피해를 적절히 잘 구제할 수 있는 체제를 갖추는 것도 방법이다. 이런 점에서 효율적인 금융분쟁 해결 체제를 갖출 필요가 있다.

현재 금융분쟁 조정은 여러 조정기구에 의해서 이루어지고 있다. 대부분의 금융분쟁 조정은 금융감독원에 의해 처리되고 있다. 이외에도 일반 소비자 보호 업무를 담당하는 한국소비자원도 담당한다. 증권·파생상품 투자 분쟁과 관련해서는 자율규제기관인 한국거래소와 한국금융투자협회도 담당하고 있다. 이렇게 다기화된 금융분쟁 조정기구 체제는 금융소비자가 유리하다고 판단하는 조정기구를 선택할 수 있다는 점에서 장점이 될 수 있다. 반면에 조정기구에 따라 조정 결과가 달라질 수 있어 금융소비자 사이의 형평성 저해 문제와 조정기구의 신뢰성 저하 문제가 발생할 수 있다. 여러 기구가 담당하다 보니 조직과 인력이 중복되는 문제도 있다. 복잡하고 다양한 금융분쟁 사건의 효율적인 조정 업무를 위해서는 전문 인력이 필요한데, 현행 조정기구 체제는 전문성을 확보하는 데 한계가 있다. 조정 업무가 그 기관의 주 업무가 아니다 보니 전문성을 갖추기가 어렵다. 특히 금융감독기관인 금융감독원이 수행하는 분쟁조정 제도는 조정기구의 공정성과 독립성을 확보하는 데 한계가 있다.

이런 문제점을 해결할 수 있는 방법은 다기화된 조정기구를 통합하여 별도의 독립된 '금융분쟁조정중재원'을 설립하는 것이다. 조정 업무만 전담하기 때문에 전문성을 갖추게 된다. 이렇게 독립성과 전문성을 갖추면 조정 제도의 신뢰성을 높일 수 있다. 이렇게 되면 굳이 비용이 많이 드는 소송으로 갈 필요가 없게 될 것이다. 여기에 중재 기능까지 부여하면 더욱 확실한 금융분쟁 해결기구가 된다. 유사한 사례로 '한국의료분쟁조정중재원'이 있다. 의료 분쟁 해결도 독립성과 전문성이 필요하다는 점에서 금융분쟁과 같다. 최근 금융소비자 보호를 강화하기 위하여 '금융소비자보호원' 설립 움직임이 있다. 금융기관의 영업행위를 감독하는 기관이다. 건전성 감독기관과 업무 구분의 어려움과 감독의 사각지대 발생으로 비효율적인 감독기구 체제가 될 수 있다는 비판도 제기된다. '금융분쟁조정중재원' 설립이 대안이 될 수 있다. 전문성과 독립성을 갖춘 금융분쟁 해결기구 설립이 금융소비자 보호 강화라는 목적을 달성할 수 있을 것이다.

〈서울신문 「열린세상」 기고문, 2013. 12. 27.〉

7. 신용카드사의 고객 정보 유출 사태를 보며

'또' 큰 일이 터졌다. '카드사 고객 정보 유출 사태'이다. 2011년 상호저축은행 부실 사태, 2013년 9월 동양그룹 사태에 이어 세 번째 대형 금융사고이다. 한 신용정보업체 직원의 신용카드사 고객 정보 유출 사건이 일파만파로 퍼지고 있다. 대통령까지 나서서 관련자를 엄중 문책할 것을 지시했으니 사건의 중대성을 짐작할 수 있다. 이번 사태에 금융감독 당국도 책임에서 자유로울 수 없을 것 같다. 한 지인이 물었다. 금융감독 당국인 금융위원회(금융위)와 금융감독원(금감원) 중 누가 책임을 져야 하는지? 순간 어느 한쪽을 택하기가 어려웠다. 금융위는 금융감독정책 업무를 담당하고, 금감원은 금융감독집행 업무를 담당하는데, 어느 쪽이 책임이 있는지 분간하기가 어렵기 때문이다. 우리나라 금융감독기구 체제의 문제점을 여실히 말해 주고 있다.

이렇게 금융감독기구가 나뉘어 있으니 서로 책임을 떠넘기게 된다. 두 기관 사이의 업무 구분이 명확하지 않기 때문이다. 그러다 보니 두 기관이 책임감을 갖고 일하기가 어렵다. 금융위는 공무원 조직이고, 금감원은 공적 민간 조직이다. 더욱이 금융위는 금감원을 지도·감독할 수 있는 권한까지 있다. 이런 관계이다 보니 두 기관이 서로 협조를 한다는 것은 기대하기가 어렵다. 서로 손발이 잘 맞아야 하는데, 삐거덕거리는 소리만 난다. 정말 비효율적인 체제이다. 금융감독기구가 나뉘어야 할 하등의 이유가 없다. 이렇게 금융감독기구가 두 개로 나뉘어 있는 나라는 찾아볼 수 없다. 외국 금융전문가에게 금융위와 금감원이라는 조직에 대해 설명하면 고개를 갸우뚱거린다. 잘 이해가 안 된다고.

더욱이 금융위는 금융산업정책 권한까지 갖고 있다. 금융산업의 큰 그림을 그리는 역할이다. 금융산업정책은 금융산업의 발전을 도모하려는 성향 때문에 자연스럽게 금융규제 완화를 지향하게 된다. 자동차의 '엑셀'에 비유할 수 있다. 여기에 '브레이크' 역할을 하는 것이 금융감독기구이다. 금융감독기구가 별도로 독립되어 있어야 이런 견제 역할을 충실히 수행할 수 있다. 그런데 금융위가 '엑셀'과 '브레이크' 두 기능을 다 갖고 있으니 '엑셀'에 압도되어 '브레이크'가 제대로 역할을 할 수가 없다. 금융위처럼 두 권한을 동시에 갖고 있는 다른 나라의 사례도 거의 찾을 수 없다. 정말 '이상한' 체제이다. 이런 금융감독기구 체제에서 대형 금융사고가 터지는 것은 어쩌면 당연할 일일지도 모르겠다.

현행 금융감독 체계는 2008년 이명박 정부가 출범하면서 만들어졌다. 이후 계속 대형 금융사고가 터지고 있다. 문제가 있다는 것을 여실히 말해주고 있다. 2011년 상호저축은행 부실 사태가 터졌을 때 여러 시민단체와 학자들이 금융감독기구 체제 개편을 주장하였고, 2012년 대선 당시에도 여러 차례의 학회 세미나에서 금융감독기구 체제를 개편해야 한다는 목소리가 높았다. 그런데도 현 정부는 이를 무시하였다. 그 결과 대형 금융사고가 계속 터지고 있다.

최근 금융소비자 보호를 강화하기 위해 '금융소비자보호원'(금소원) 설립 움직임이 있다. 그러나 이렇게 문제가 많은 금융위 체제를 고치지 않고서 금소원을 신설해 보아야 여전히 같은 문제가 발생할 가능성이 크다. 오히려 금소원 신설은 더 '막강한' 금융위를 만들게 된다. 금감원과 금소원 두 기관을 거느리게 되기 때문이다. 금융감독기구 체제 개편의 핵심은 금소원 신설이 아니라 금융위의 '해체'에 있다. 금융위의 금융산업정책 기능은 기획재정부에게 돌려주고, 금융감독정책 기능은 금감원에게 넘겨주는 게 맞다. 이런 개편은 정부 조직 개편과 관련되는 사항이므로 받아들일 수 없다는 것이 정부(즉, 금융위)와 여당의 입장이다. 다시 4년을 기다려야 한다는 말인가. 제2, 제3의 '카드 사태'가 일어나더라도 말이다. 야당인 민주

당도 몇몇 국회의원을 제외하고는 당 차원에서 관심이 없다. 이번 사태가 바람직한 금융감독기구 체제를 만드는 계기가 된다면 전화위복의 기회가 될 수 있다. 다시금 국회의 관심을 촉구한다.

〈서울신문 「열린세상」 기고문, 2014. 2. 3.〉

8. 거시건전성 감독 총괄할 '금융안정협의회' 필요하다

2008년 세계적 금융위기는 여러 나라의 금융감독정책에 많은 변화를 가져왔다. 각국은 개별 금융기관이 부실화되지 않도록 감독하는 미시건전성 감독만으로는 금융안정을 유지하기가 어려워졌다는 점을 인식하게 되었다. 이제는 금융의 체제적 위험에 대응할 수 있는 거시건전성 감독이 보다 더 중요해진 것이다. 정부뿐만 아니라 금융감독기관, 중앙은행, 예금보험기구 등 금융안전망기구인 금융감독 유관기관 사이의 긴밀한 협조 체제 구축이 무엇보다도 중요해졌다. 거시건전성 감독은 어느 하나의 기관만이 단독으로 수행할 성질의 것이 아니다. 금융감독 유관기관 사이의 협조 체제를 구축하고, 각 기관 사이의 정보 공유 체제를 효율적으로 관리·운영하며, 거시건전성 감독을 총괄하는 기구가 필요한 이유이다.

현재 우리는 어떠한가. 우선 금융안전망기구 사이의 정보 공유 체제를 보자. 관련 법에는 기획재정부, 금융위원회, 한국은행 사이에는 상호 자료 요청권이 규정되어 있지만, 금융감독원과 예금보험공사는 제외되어 있다. 물론 이들 기관 사이에 상호 정보 공유에 관한 양해협의서(MOU)가 체결되어 운영되고 있다. 하지만 양해협의서는 법적 구속력이 없다는 점에서 효율적인 정보 공유 체제를 구축하는 데는 한계가 있다. 또한 거시건전성 감독의 성격상 금융감독 유관기관 사이에 정례적인 협의를 하고 현안을 논의는 회의체 기구가 필요하다. 현재 이 역할을 하고 있다고 볼 수 있는 것이 소위 청와대 '서별관회의'라고 불리는 '경제금융대책회의'이다. 청와대 경제수석비서관을 포함하여 경제·금융 관련 부처나 기관의 장이 모여서 중요한 경제·금융 상황을 점검하고 논의하는 회의체이다. 그런데 이 회의체는 법적 근거를 갖고 있지 않은 비공식 회의체이다. 그러다 보니 회의 내용도 공개되지 않아 투명성이 부족하고 결정 사항의 법적 구속력도 확보할 수 없는 한계가 있다. 법제화된 공식적인 협의체 기구가 필요한 이유이다.

미국의 경우 2008년 금융위기를 겪으면서 출범시킨 기구가 바로 '금융안정감시협의회'(Financial Stability Oversight Council: FSOC)이다. 재무부 장관, 연방준비제도이사회(FRB) 의장 등 금융감독 관련 수장뿐만 아니라 민간 보험전문가도 위원으로 참여하고 있는 것이 특징적이다. 금융안정을 유지하기 위한 포괄적 감시 권한을 보유하고 있으면서, 금융안정에 위험이 되는 요소를 파악하고 이에 대처하는 임무를 부여받고 있다. 거시건전성 감독 권한이 있는 셈이다. 이 기구는 개별 금융감독 관련 기관 등으로부터 필요한 정보를 수집하며, 감독 관련 기관 사이의 정보 공유와 업무 협조 등의 조정 역할을 수행하기도 한다. 또한 '체제적으로 중요한 금융기관'(SIFI)을 지정하는 권한도 갖고 있다. 이러한 역할을 수행하기 위해서 재무부 내에 별도의 조직으로 설치된 금융조사연구청(Office of Financial Research)으로부터 실무적인 지원을 받는다.

우리도 이러한 기구가 필요하다. 금융감독 유관기관의 장을 포함하고 민간 위원도 참여하는 법적 상설 협의체 기구로서 가칭 '금융안정협의회'를 설치할 필요가 있다. 정례적인 회의를 통해 금융안정과 관련된 현안을 논의하고 거시건전성 감독을 총괄하는 역할을 하는 것이다. 또한 금융정보 공유 체제를 구축하고 관리·운영하는 기능도 수행한다. 체제적으로 중요한 금융기관을 지정하고 관리·감독하는 업무도 총괄한다. 이를 위해 금융안정 및 거시건전성 감독과 관련된 연구·조사 업무를 수행하는 별도 조직의 지원을 받는 것이 필요한데, 한국은행에 설치하는 것도 방법이다. 금융위기가 발생할 때 이 협의체 기구의 역할은 더 중요해진다. 각 금융감독 유관기관에 대하여 필요한 긴급 요구권을 행사할 수 있도록 함으로써 효율적인 위기 대응 체제를 구축할 수 있기 때문이다. 2008년 금융위기 이후 이러한 협의체 기구 창설의 필요성이 많이 제기되고 있지만, 아직 이러한 기구가 설치되어 있지 않다. 다시 금융위기가 오기 전에 하루빨리 이 기구를 만들어야 한다.

〈서울신문 「열린세상」 기고문, 2014. 3. 8.〉

9. 금융사고 예방, 내부고발제 활성화 필요하다

최근 크고 작은 금융사고가 많이 발생하고 있다. 지난 1월의 신용카드사의 고객 정보 유출 사고를 비롯하여, 2013년 9월 KB국민은행 동경지점의 5,000억 원대의 부당 대출 사고, 2013년 11월 KB국민은행의 국민주택채권 횡령 사고, 2014년 2월 KB국민은행, 하나은행, 농협은행 등의 1조 8,000억 원 규모의 KT ENS 협력업체 부당 대출 사고, 지난 4월 KB국민은행의 1조 원대 허위 예금 입금 확인증 발급 사고, 그리고 우리은행 및 기업은행 등의 동경지점 부당 대출 사고 등 최근 들어서 부쩍 많은 금융사고가 발생하고 있다.

최근의 금융사고는 예사롭지 않다. 금융기관의 내부통제 체제가 제대로 작동하지 않고 있다는 것을 말한다. 지난 5월 7일 한국금융연구원 주최로 이에 관한 세미나가 개최되었다. 실적 위주의 영업 행태, 지배구조의 문제, 인사 문제 등이 지적되었다. 조직의 안정도가 낮은 금융기관일수록 금융사고 발생이 많다는 지적도 있었다. KB국민은행의 금융사고가 유독 많다. KB국민은행 그룹은 정권이 바뀔 때마다 '낙하산' 인사의 대상이 되었다. 인사 줄서기 등 불안정한 조직 문화가 형성될 수밖에 없다. 금융감독기구 체제의 문제도 지적될 수 있다. 금융위원회와 금융감독원으로 '수직적'으로 나뉘어 있는 금융감독기구 체제는 효율적인 감독을 하는 데 한계가 있다. 최근 금융감독 당국도 금융사고를 막기 위한 대책을 내놓았다. 중대한 내부통제 소홀로 인하여 금융사고가 발생한 경우 영업점 담당자부터 최고경영자까지 내부통제 책임이 있는 자에 대해서 엄중한 제재를 하고, 감사 등 내부통제자에 대한 책임을 강화하는 방안이다. 하지만 이러한 방안만으로 금융사고를 막을 수 있을지 의문이다.

금융사고 예방을 위해서는 내부고발(whistleblowing) 제도의 활성화가 효율적일 수 있다. 금융기관 내부의 문제는 무엇보다도 내부자가 잘 안다. 내부자의 정보에 의존하는 것이 최선의 예방책이다. 이를 위한 제도 정비가 필요하다. 내부고발자의 비밀이 확실하게 보장되어야 하며, 보고 체계가 명확해야 하고, 충분한 보상이 따라야 한다. 내부고발자에 대한 보복 조치가 이루어지지 않도록 하는 것도 중요하다. 금융기관 내부 규정이나 규칙으로 운영하기에는 한계가 있다. 2011년 제정된 「공익신고자보호법」이 이러한 내용을 다루고 있지만 충분하지 않다. 특히 이 법은 모든 금융 관련 법률들이 대상이 아니라 보험업법이나 상호저축은행법 등 일부 금융 관련 법들에 따른 '공익침해 행위'에 대해서만 적용하도록 되어 있어 한계가 있다. 금융기관의 특성을 반영한 내부고발 제도에 관한 법률을 별도로 제정하는 것을 검토해야 한다. 미국도 2008년 세계적 금융위기 이후 제정된 금융개혁법(Dodd-Frank Act)을 통해 내부고발 제도를 강화한 바 있다.

금융기관 스스로 외부 전문기관으로부터 정기적인 내부통제 진단을 받는 것도 금융사고를 막을 수 있는 방법이다. 비용이 들더라도 이 방법이 금융사고를 방지하여 오히려 비용을 절감하는 길이 될 수 있다. 조직의 안정화를 위한 최고경영자 승계 체계를 명확히 하는 것도 필요하다. 투명한 승계 절차가 갖추어질 때 인사 줄서기 관행이 사라지고 조직의 안정을 꾀할 수 있다. 이렇게 되면 '낙하산' 인사도 자연스럽게 막을 수 있다. 물론 금융사고가 발생할 때 엄격한 책임을 묻고 중한 처벌을 하는 것은 당연하다. 금융감독 당국도 내부통제에 관한 감독과 검사를 보다 강화하고, 금융기관에 대한 경영실태를 평가할 때 내부통제 체제 구축과 점검 체계의 비중을 보다 높여야 한다. 금융기관은 적절한 내부통제 체제 미비로 파산까지 이른 1995년 베어링(Barings)은행 사건을 기억해야 한다. 싱가포르 현지법인의 닉 리슨(Nick Leeson)이 파생상품거래 업무를 담당하면서 후선 결제업무까지 겸함으로써 내부통제 체제가 잘 작동하지 않았다. 금융사고는 금융기관의 신뢰를 잃게 만들고 금융산업의 발전을 가로막는다. 국회와 대통령도 최근의 빈번한 금융사고에 주목해야 한다. 근본적인 대책을 마련하지 않으면 금융 분야에서 제2의 '세월호 참사' 사건이 발생할 수 있다. 금융감독 당국은 외부 전문가도 참여하는 특별조사위원회를 구성하여 금융사고의 원인을 철저히 분석하고 근본적인 대책 방안을 마련하는 '백서'를 발간하는 일을 서둘러야 한다.

〈서울신문 「열린세상」 기고문, 2014. 5. 17.〉

10. '심상찮은' 금융산업, 진단과 처방

요새 금융산업이 심상치 않다. 은행권의 수익이 급격히 감소하고 있다. 감독당국인 금융감독원(금감원) 자료에 의하면, 은행들의 2013년 당기순이익이 2012년에 비해 무려 55.2%가 감소했으며, 2005년 이후 연평균

13%씩 계속 하락하고 있는 추세이다. 증권업계도 마찬가지이다. 증권사들의 자기자본 이익률이 2005년 이후 계속 감소하고 있으며, 2012년까지 이어오던 당기 순이익 추세가 2013년에는 당기 순손실로 돌아섰다. 이미 여의도 증권가에는 구조 조정의 바람이 불고 있다. 더욱이 신용카드사의 신용정보 유출 사고, 불법 대출·횡령 사고 등 크고 작은 금융사고의 발생도 끊이지 않고 있어 금융산업의 신뢰도도 떨어지고 있다. 은행권의 수익력 악화는 저금리 추세가 지속되면서 수익 비중이 높은 순이자 차익 수입이 크게 감소한 데 기인하는 것으로 보인다. 수수료 등의 비이자 수익의 감소도 영향을 미치고 있다. 증권·자산운용업계도 2008년 금융위기 이후 펀드 투자에 대한 신뢰를 상실한 투자자들이 시장을 떠나면서 수익의 큰 비중을 차지하는 증권 위탁매매수수료와 펀드 운용수수료의 수입이 급감한 데도 원인이 있는 것으로 파악되고 있다.

무언가 새로운 돌파구를 찾아야 할 때인 것 같다. 첫째, 금융기관 스스로가 새로운 수익원 창출을 위한 방안을 모색하는 것이 중요하다. 물론 금융당국의 법제도적인 뒷받침도 필요하다. 은행의 경우 전형적인 담보 대출 위주의 영업에서 탈피하여 보다 적극적인 자금 중개 기능을 통한 수익력 제고 방안을 마련하여야 한다. 겸업 확대를 통한 수익원의 다변화 방안도 생각할 수 있다. 증권·자산 운용업계도 증권 위탁매매 위주의 영업에서 벗어나 기업투자 금융 업무나 자산관리 업무의 확대 등 특화 전략을 추구해야 한다. 미국이나 일본의 경우 증권 위탁매매 시장이 위축되자 증권회사들이 자산관리 업무나 기업투자 금융 업무 등의 전문 분야를 특화해 성공한 사례가 있다. 특히 고령화 시대가 도래하면서 증가하게 되는 금융자산의 운용 및 판매 업무가 향후 주 수익원이 될 수 있다는 점을 고려할 때 이 분야의 특화 전략은 필요하다. 둘째, 좁은 국내 시장에 머물지 말고 해외 시장에 진출하는 전략을 추구하는 것도 방법이다. 제조업이 해외에 진출해서 성공한 것처럼 금융기관들도 해외 시장을 공략해야 한다. 만만치 않은 일이지만 신흥국 시장 진출 전략이나 현지화 전략 등 다양한 전략을 모색해야 한다. 이를 위한 금융당국의 법제도적인 뒷받침도 물론 필요하다. 특히 해외 진출의 성공을 위해서는 금융 전문 인력 양성이 필수적이다. 이를 위한 금융기관의 적극적인 관심과 투자가 필요하다. 셋째, 은행업과 증권업의 직접적인 겸영을 허용하는 겸업주의(universal banking) 제도의 도입도 적극 검토해야 한다. 금융의 복합화 현상이 나타나고 있는 금융산업에서 전업주의 체제에 따른 칸막이식 규제 체제는 한계가 있을 수 있다. 겸업주의 제도는 은행업과 증권업의 직접적인 결합에 따른 상승효과를 거둘 수 있고, 대형화를 통한 국제 경쟁력도 확보할 수 있다. 물론 효율적인 위험관리 체제의 구축이 전제 조건이 되어야 한다. 2008년 금융위기를 잘 극복한 도이체방크의 성공 사례를 참고할 수 있다. 넷째, 금융산업의 경쟁력을 가로막는 고질적인 '낙하산 인사' 등 관치금융도 빨리 척결되어야 한다. 최근 전산 체계 교체를 둘러싼 KB국민은행의 내분 사태는 낙하산 인사의 폐해를 보여 주는 전형적인 사례이다. KB국민은행의 금융사고가 최근 유독 많은 것도 낙하산 인사와 무관하지 않다. 인사 줄서기 등 불안정한 조직문화를 만들어 내는 낙하산 인사가 근절되지 않고서는 금융산업의 경쟁력 확보는 요원하다. 다섯째, 비효율적인 금융감독기구 체제도 빨리 개편되어야 한다. 금융위원회(금융위)와 금감원으로 나뉘어 있는 '수직적인' 금융감독기구 체제로는 금융산업이 발전할 수 없다. '상하' 관계에 있는 금융위와 금감원 사이에 상호 협조를 기대하기가 어렵고, 피해는 고스란히 감독을 받는 금융기관에게 돌아간다. 금융감독의 독립성을 확보할 수 있는 금융감독기구의 통합이 빨리 이루어져야 한다. 여섯째, 금융당국은 미래의 청사진을 보여 줄 수 있는 장기 금융산업 발전 계획을 수립해야 한다. 업계와 전문가 등의 다양한 의견을 수렴한 발전 계획을 만들어서 정권에 상관

없이 차질 없이 추진하도록 해야 한다. 금융산업의 발전 없이 경제 성장을 도모하기가 어렵다. 국회와 대통령도 금융산업의 중요성을 인식하고 적극적인 관심을 가져야 할 것이다.

〈서울신문 「열린세상」 기고문, 2014. 6. 20.〉

11. 금융기관 임직원 제재 절차, 법으로 정해야

「금융사고에 연루된 금융기관 임직원 200여 명 무더기 징계 사태 예고」, 「KB금융지주 회장과 KB국민은행장에 대한 중징계 통보」 등 요새 언론에 보도되고 있는 기사를 보면서, 금융기관 임직원에 대한 제재 절차에 관심을 갖게 된다. 금융감독원의 검사 등을 통하여 금융기관 임직원의 위법·부당 행위 등이 발견되면 금융감독원의 내부 심의기구인 제재심의위원회(제재심의위)의 심의를 거쳐 금융감독 당국이 최종 제재 조치를 결정하게 된다. 제재 대상 관련자는 제재심의위에 출석하여 의견 진술을 할 수 있다.

제재 조치는 해당 당사자의 권리 의무에 중대한 영향을 미치는 사항이다. 중한 제재 조치를 받은 자는 금융기관의 임원에 일정 기간 선임될 수 없다. 직업 선택의 자유가 제한되는 것이다. 재산권 행사의 제한도 받게 된다. 헌법상의 기본권을 제한하는 중대한 조치이다. 금융감독 당국에 의한 제재 조치 결정 과정에 적법 절차가 요구되는 이유이다. 부당한 제재에 의한 '억울한' 당사자가 나오지 않도록 제재 절차에서 공정성·적법성·투명성을 확보해야 한다. 이런 점에서 보면 현행 금융기관 임직원 제재 절차 제도의 개선이 필요하다.

우선 현행 제재 기준과 절차에 관한 내용은 명확한 법적 근거 없이 금융감독 당국이 스스로 제정한 감독규정과 시행세칙에 규정되어 있다. 그래서 금융감독 당국의 편의 위주로 제재 절차가 정해질 가능성이 있다. 제재 절차의 적법성과 공정성을 확보하기가 어려워질 수 있다. 제재는 사법 절차에 준하는 보다 엄격한 적법 절차가 요구되는 분야이다. 국민의 대표기관인 국회의 통제를 받아야 하는 이유이다. 금융기관 임직원 제재 절차에 관한 법률이 제정되어야 한다. 제재 조치는 헌법상 기본권 보호와 관련되는 것이어서 법률 제정의 당위성은 크다. 그래서 미국이나 영국 등 외국도 제재 기준과 절차를 법률에 자세히 규정하고 있다. 제재 당사자의 권리를 충분히 보호하고 있는 법제를 갖추고 있다. 또한 제재 절차에서 청문 제도를 내실화해야 한다. 청문은 금융감독 당국이 제재 조치 결정을 하기에 앞서 당사자의 의견을 직접 듣고 증거를 조사하는 절차이다. 당사자의 충분한 방어권을 보장하기 위해 필요한 제도이다. 현재 청문 제도는 거의 이용되지 않고 있다. 법률이 정한 아주 제한적인 경우와 제재권자가 청문이 필요하다고 판단하는 경우에 한해서만 청문이 실시되도록 되어 있다. 금융감독 당국이 청문 절차가 필요하다고 적극적으로 판단하는 경우를 기대하기는 거의 어렵다. 대개는 청문 절차 대신에 제재심의위에서 당사자의 의견 진술로 끝나버린다. 이런 절차에서 제재 당사자가 충분히 방어를 하기에는 한계가 있다. 모든 제재 조치에 청문 절차를 의무화해야 한다. 미국이나 영국 등 외국에서도 청문 절차가 기본이다. 미국의 경우 법률전문가 등 자격을 갖춘 청문주재관이 청문 절차를 주재한다. 독립성이 보장된 청문주재관이 제재 당사자의 의견 진술을 청취하고 증거 조사를 한다. 그만큼 제재 절차에서 공정성과 투명성이 확보된다. 우리도 이러한 청문주재관 제도를 도입해야 한다. 이의 신청 절차도 개선되어야 한다. 제재 조치에 대한 이의 신청은 해당 금융감독 당국에게 하도록 되어 있다. 해당 조치를 내린 금융감독 당국이 이의 신청을 받아들인다는 것은 거의 기대하기가 어렵다. 영국의 경우 이의 신청은 제재 조치가 최종 결정되기 전(前) 단계에서 이루어지며, 제재 조치를 내린 금융감독 당국이 아닌 별도의 독립된 기구인 금융심판원이 이의 신청 사건을 처리한다. 공정성 있는 이의 신청 심사가 이루어지게 된다. 우리도 이러한 제도 도입을 검토할 만하다. 이외에도 제재심의위를 개편하여 제재위원회를 설치하여야 한다. 심의기구가 아닌 최종 결정권을 갖는 법적 기구로 만들어야 한다. 제재위원회는 일정한 자격 요건을 갖춘 외부 위원 전원으로 구성함으로써 독립성을 갖추도록 해야 한다. 제재의 공정성을 확보할 수 있는 것이다. 영국의 경우 위원장을 제외하고 외부 위원 전원으로 구성된 위원회가 제재 조치를 최종 결정하고 있다. 이러한 제재 절차 제도의 개편은 금융감독 당국과 금융기관 사이에 신뢰를 형성시켜 궁극적으로 금융산업 발전에 이바지할 수 있을 것이다.

〈서울신문 「열린세상」 기고문, 2014. 7. 24.〉

12. 대통령 직속 '금융개혁위원회' 설치할 때다

지난 7월 감사원이 발표한 '동양 사태'에 대한 감사 결과는 다시금 금융위원회(금융위)와 금융감독원(금감원)으로 나뉘어 있는 금융감독기구 체제의 문제점을 확인시켰다. 경제정의실천시민연합 등 3개 시민단체가 청구한 공익감사의 결과이다. 감사원은 금융감독 당국이 동양증권의 그룹 계열회사 기업어음(CP)·회사채 불완전 판매 행위에 대한 적절한 감독 조치를 취하지 않아 투자자의 피해를 키웠다고 지적하였다. 그동안 제기되었던 금융감독 당국의 감독 실패를 확인한 셈이다. 증권회사의 계열회사 투자 부적격 회사채나 기업어음의 판매 규제를 위해서는 감독규정의 개정이 필요하다. 이는 금융위의 권한 사항이다. 금감원이 현장 검사를 통해 인지한 동양증권의 불완전 판매 사실을 금융위에 여러 차례 보고했음에도 금융위는 관련 감독규정인 '금융투자업감독규정'을 제때에 개정하지 않아 피해가 커졌음을 감사원은 지적하고 있다. 단일 금융감독기구였다면 바로 조치가 취해질 수 있었던 사안이다. 비효율적인 이원적 금융감독기구 체제의 문제점이 여실히 드러난 사건이다. 그런데 감사원이 이러한 근본적인 문제점을 지적하지 못하고, 몇몇 관련 담당자에 대한 주의 및 문책 조치로 마무리한 것은 아쉬운 점이다.

이번 감사원의 감사 결과를 계기로 해서 금융감독기구 체제 개편뿐만 아니라 현재 정체기에 있는 금융산업의 획기적인 발전 방안이 마련될 필요가 있다. 현행 금융감독기구 체제가 출범한 2008년 이후 대형 금융사고가 자주 발생하고 있음을 주목해야 한다. 2011년 상호저축은행 사태, 2013년 동양 사태, 올해 초 신용카드사 고객 정보 유출 사고, KB국민은행 등 금융기관의 대형 금융사고 등이 발생했다. 최근 은행·증권회사 등 금융기관의 수익력도 크게 떨어지고 있다. 고령화 시대의 도래와 정보기술(IT)의 발달 등 금융 환경의 변화에 따른 금융산업 재편 방안도 논의되어야 한다. 미래에 발생할 수도 있는 금융위기에 대비한 방안도 마련되어야 한다. 금융 제도 개편을 비롯한 금융산업 전반에 대한 검토가 필요한 시점이다. 업계와 학계 등 민간 전문가로 구성되는 '금융개혁위원회'를 대통령 직속 기구로 설치하여 금융 제도 개혁과 금융산업 발전 방안을 모색해야 한다. 2008년 세계적 금융위기에도 크게 흔들리지 않고 비교적 견고한 금융산업 체제를 유지하고 있는 호주의 사례가 참고할 만하다. 호주는 2013년 12월 호주 금융산업의 미래 청사진을 제시할 민간위원회인 '금융제도조사위원회'를 출범시켰다. 학계와 금융업계 출신 5인의 전문가로 구성된 위원회는 은행장 출신인 머레이(Murray)가 위원장을 맡았다. 호주는 그동안 두 차례 이러한 민간위원회를 출범시켜 비교적 성공한 금융산업을 만든 나라로 평가되고 있다. 1979년 출범한 캠벨(Campbell)위원회는 금융규제 완화를 통한 금융산업의 발전 방안을 제시하였고, 1996년 왈리스(Wallis)위원회는 쌍봉형 금융감독 체계 방안을 마련한 바 있다. 머레이위원회는 고령화 시대 도래, 정보기술 발달과 국제금융 환경의 변화에 따른 새로운 금융 제도 개편 방안을 마련하기 위한 것이다. 특히 향후 발생할지도 모르는 금융위기에 대비하기 위한 것이 목적 중의 하나라는 점이 눈에 띈다. 관(官)을 배제하고 민간위원으로 구성되어 있다는 점 이외에도 업계나 소비자단체 등 각계 이해관계자로부터 철저한 의견 수렴 절차를 거친다는 점도 특징적이다. 4개월에 걸친 1차 의견 수렴 과정에서 무려 280여 건의 의견을 접수했다는 점이 놀랍다. 이 중에는 재무부뿐만 아니라 금융감독기관도 포함되어 있다. 또한 국제금융 환경을 반영하기 위해서 외국 전문가의 자문 절차도 거친다. 올해 말에 발표 예정인 머레이보고서는 호주 금융산업의 미래 청사진을 제시할 것으로 기대된다. 우리도 시급하다. 크고 작은 금융사고가 계속 터지고 있으며, 금융산업은 정체기에 있다. 새로운 전기(轉機)가 필요한 때이다. '금융개혁위원회'의 출범이 절실한 때이다. 관(官) 주도로는 한계가 있다. 민간 전문가의 힘을 빌려야 한다. 각계의 의견을 수렴한 획기적인 방안을 제시함으로써 '금융개혁위원회'가 금융산업 재도약의 발판을 마련하기를 기대해 본다.

〈서울신문 「열린세상」 기고문, 2014. 8. 27.〉

13. 금융감독 독립성 해칠 금융감독원 공공기관 지정

금융감독기관인 금융감독원을 「공공기관의 운영에 관한 법률」(공운법)에 따른 공공기관으로 지정하자는 주장이 나오고 있다. 최근 채용 비리 등의 문제가 터진 만큼 금감원을 더 철저히 감시해야 한다는 논거에서다. 하지만 금감원의 공공기관 지정은 금융감독의 특수성을 고려하지 않은 금융감독의 독립성과 자율성을 해치는 일이 될 수 있다. 우선 법적 측면에서 타당성이 떨어진다. 공운법은 정부가 출연한 공공기관이나 일정 지분을 가진 기관과 더불어 정부 지원액이 총수입액의 반 이상을 차지하는 기관을 대상으로 한다. 관련 부처인 기획재정부(기재부)는 금감원이 금융기관으로부터 받는 감독분담금이 정부 지원액에 포함되고 그 금액이 총수입액의 반 이상을 차지하니 공공기관에 해당한다는 입장인 것처럼 보인다. 하지만 이러한 근거는 법의 위임 범위를 벗어난 시행령에 근거한 것이다. 법은 정부 지원액의 범위와 관련하여 정부로부터 업무를 위탁받은 기관이나 정부로부터 독점적 사업권을 부여받은 기관의 수입액을 정부 지원액으로 포함하도록 하고 있다. 하지만 시행령은 법령에 따라 규정된 해당 기관의 업무로부터 발생한 부담금 등도 정부 지원액에 집어넣고 있다. 이것은 법이 정한 정부 지원액의 범위를 넘어선 것이다. 기재부는 금감원을 공운법상의 '위탁집행형 준정부기관'으로 분류하려고 하는 것으로 보이는데, 이 또한 법적 타당성이 떨어진다. 금감원은 정부로부터 위탁받은 업무를 수행하는 것이 아니다. 금감원은 설립 근거법인 「금융위원회의 설치 등에 관한 법률」(금융위설치법) 제37조에 따라, 명시적으로 금융기관에 대한 검사 및 제재 업무를 수행하고 있기 때문이다. 금융감독의 독립성과 자율성을 강조하는 국제적 기준에도 부합하지 않는다. 바젤은행감독위원회를 비롯한 국제적 감독 기준 제정 기관은 금융감독의 독립성과 자율성을 감독 핵심 원칙의 하나로 강조하고 있다. 예산과 운영의 자율성이 확보되어야 한다는 것이다. 공공기관으로 지정되면 예산 통제가 더 강해지고 운영의 자율성은 더 없어질 게 뻔하다. 국제통화기금(IMF)은 회원국 금융 제도를 평가하면서 우리나라 금융감독기구의 독립성이 미흡하다고 지적한 바 있다. 다른 나라 예를 보더라도 타당하지 않다. 대부분의 국가는 금융감독기구의 예산 운영의 자율성을 최우선으로 삼고, 예산에 대한 통제는 국회나 관련 감독 정부 부처가 하는 정도이다. 금감원이 공공기관으로 지정되면 금융위원회뿐만 아니라 기재부도 예산 및 경영 통제를 하게 되어 이중규제가 되고, 기관 사이의 권한 충돌 문제가 발생해 혼란만 키울 수 있다. 금감원의 금융감독 독립성 확보 또한 요원해질 것이다. 지금도 금감원은 금융위의 지도·감독을 받게 되어 금융감독 독립성이 확보되지 않았다는 문제점이 늘 지적되고 있다. 그래서 금융감독기구 체제 개편 문제가 제기되고 있는데, 공공기관 지정은 이러한 논의 추세에도 역행한다. 기재부는 공공기관 지정을 기회로 금감원의 감독 검사 업무에 대해서도 통제를 할 여지가 있어 금융감독의 독립성 확보가 더 어려워질 수 있다. 금감원 운영상에도 많은 문제가 따를 수 있다. 공운법은 기관장 선임 등 지배 구조에 개별 설립 근거법이 아닌 공운법이 정한 절차에 따르도록 하고 있다. 각 기관마다 지배 구조의 특수성이 있는데, 이를 무시하고 공운법을 적용하도록 하고 있다. 일반법인 공운법이 설립 근거법인 특별법에 우선해 적용하도록 한 것은 법체계 측면에서도 맞지 않다. 금감원장의 해임 사유는 금융위설치법에서 엄격히 규정하고 있다. 하지만 공운법상 경영실적 부진 사유로 기관장을 해임할 수 있다. 금융감독의 독립성에 영향을 미칠 수 있다. 경영평가도 문제이다. 공운법에 따르면 대상 기관에 대한 경영평가를 하도록 되어 있는데, 감독 검사 업무를 수행하고 있어서 정량적 지표가 없는 금감원에 대해 어떻게 경영평가를 할 수 있을지도 의문이다. 이렇게 문제가 많은 금감원 공공기관 지정을 기재부가 왜 밀어붙이려고 하는지 모르겠다. 기재부가 '금융'을 이해하고 있다면, 그리고 금융에 애정을 갖고 있다면 금감원을 공공기관으로 지정하려는 것은 그만두어야 한다. 차제에 문제가 많은 공운법령도 손질하는 것이 마땅하다.

〈한국일보 기고문, 2018. 1. 17.〉

14. 'KB금융 사태'와 금융의 후진성

최근 일어난 'KB금융 사태'는 우리나라 금융의 후진성을 보여 준 단적인 사례이다. KB국민은행의 주(主) 전산기 교체 결정 과정에서 경영진 갈등으로 시작된 이번 사건은 금융감독 당국에 대한 보고와 이에 따른 금융감독 당국의 검사 및 제재 결정 절차에 이르는 단계에서 여러 문제점을 보여 주었다. 결국 KB금융지주 회장이 이사회에 의해서 해임되고 행장이 사퇴하는 것으로 사건이 마무리되었지만, 우리나라 금융의 부끄러운 민낯을 보여 준 사건이다.

이번 사태의 근원을 따지고 보면 결국 관치금융과 '낙하산 인사'에서 비롯되었다고 할 수 있다. 각각 낙하산 인사로 임명된 회장과 행장의 갈등이 표면화된 것이다. 2008년 KB금융지주회사 체제 출범 이후 회장이 계속 외부 낙하산 인사로 임명되면서 줄서기 인사가 만연되었다. 그러다 보니 조직의 안정을 기대할 수 없게 되었다. 유독 KB국민은행에서 금융사고가 많이 발생한 것도 이와 무관하지 않다. 그동안 KB국민은행의 수익력은 반 토막이 되었고, 한때 자산 규모로 1위이었던 KB금융지주는 3위로 전락하였다. 이러한 경영 실적의 부진은 결국 낙하산 인사의 결과로 볼 수밖에 없다. 낙하산 인사와 관치금융이 근절되어야 하는 이유이다. 둘째, 회장과 행장 등 최고경영자 선임 절차를 법제화해야 한다. 현재 최고경영자 선임 절차는 각 금융기관 내부 규칙이나 정관에 규정되어 있다. 기본적으로 경영지배 구조는 금융기관 스스로가 결정하는 것이 가장 이상적이지만, 이것이 잘 작동되지 않을 때는 법이 개입할 수밖에 없다. 이번 사건은 최고경영자 선임 절차를 법제화해야 할 필요성을 보여 주었다. 특히 최고경영자후보추천위원회에 종업원과 금융소비자 대표 등 다양한 이해관계자가 참여하도록 하고, 선임 과정을 투명하게 공개하여야 한다. 그래야 낙하산 인사를 막을 수 있다. 셋째, 금융기관 제재 제도에 대한 근본적인 개혁이 있어야 한다. 이번에 금융감독원 자문기구인 제재심의위원회(제재심의위)의 무용성이 드러났다. 제재심의위가 경징계 결정을 내렸음에도 불구하고 결정권자인 금융감독원장과 금융위원회는 중징계 결정을 내렸다. 물론 제재심의위가 자문기구이어서 결정권자가 이에 구속을 받을 필요가 없다고 해도, 9인 중 6인이 외부 전문가로 구성되고, 대심(對審) 절차를 거쳤다는 점에서 제재심의위의 결정은 나름대로 공정성과 신뢰성을 가졌다고 할 수 있다. 그럼에도 불구하고 결정권자가 제재심의위의 결정을 무시하고 중징계 결정을 내린 것은 제재심의위 기구의 한계를 드러낸 것이다. 제재심의위를 자문기구가 아닌 제재 결정기구로 만들어야 하는 이유다. 또한 법적 근거 없이 감독규정으로 규정된 현행 제재 절차 내용도 빨리 법제화하면서 제재 제도를 선진화시켜야 한다. 넷째, 이번 사건을 계기로 금융산업의 후진성을 벗어나기 위한 획기적인 방안이 마련되어야 한다. 최근 우리나라 금융산업에 대한 외부 평가는 가히 충격적이다. 세계경제포럼(WEF)은 지난달 2014년 국가 경쟁력 평가보고서에서 금융산업의 경쟁력 척도가 되는 금융시장 성숙도 부분에서 우리나라의 올해 순위를 144개 국가 중에서 80위로 발표했다. 이는 우리보다 경제 규모에서 훨씬 뒤떨어진 말라위(79위), 우간다(81위)와 비슷한 수준으로 말레이시아(4위), 페루(40위), 인도네시아(42위), 필리핀(49위), 인도(51위), 가나(62위)보다 순위가 낮은 것이다. 우리나라 금융산업의 심각성을 나타내는 징표이다. 한국 경제가 세계 14위의 경제 대국으로 성장했지만, 금융은 아직도 후진국 수준을 보여 주고 있다. 금융감독 당국과 금융기관은 물론 대통령, 국회도 관심을 갖고 금융산업의 개혁 방안을 마련해야 한다. 문제가 많은 금융감독기구 체제도 빨리 뜯어고쳐야 한다. 금융산업정책을 수행하는 금융위원회는 감독 권한을 내려놓아야 한다. 금융기관의 수익력을 높일 수 있는 방안도 마련되어야 한다. 제일 고질적인 병폐로 지적되고 있는 관치금융도 빨리 청산되어야 한다. 그렇지 않고서는 금융산업의 선진화는 요원한 일이 될 것이다.

〈서울신문 「열린세상」 기고문, 2014. 10. 2.〉

15. 이제 새로운 은행이 나타나야 한다

요새 금융산업이 예전 같지 않다. 특히 은행권의 수익성 악화는 금융산업의 위기감을 한층 더 높이고 있다. 금융감독원 자료에 의하면, 2013년도 은행들의 당기순이익이 3.9조 원으로 2012년도 8.7조 원에서 무려 55%나 감소했으며, 2005년 이후 총자산이익률(ROA) 감소 등 수익성이 하락하고 있다. 여기에 더하여 횡령이나 부당대출 사고 등 금융사고가 빈발하면서 은행권의 신뢰도도 크게 떨어지고 있어 은행산업의 위기감이 커지고 있다. 수익성 하락에 따른 은행 부실화는 제2의 금융위기를 야기할 수도 있다는 점에서 그냥 간과할 일이 아니다. 이러한 은행의 수익성 악화 현상은 저금리 추세에 따른 이자 수익의 감소, 은행의 안전 대출 선호 경향 등 여러 가지 이유가 있겠지만, 과점적 시장이 형성된 은행산업 구조도 원인의 하나로 진단할 수 있다. 지금 은행산업은 신한은행, 하나은행, KB국민은행, 우리은행 등 4대 주요 은행이 시장을 지배하는 과점적 구조로 되어 있다. 이는 1997년 말 외환위기 이후 금융산업의 구조 조정에 따른 은행의 통폐합 결과이기도 하지만, 정부의 은행 대형화 정책에도 기인한다. 그런데 문제는 독과점적 시장 구조에서는 혁신과 경쟁을 기대하기가 어렵다는 것이다. 지난 20여 년 동안 신설 은행이 나타나지 않았다. 이제 은행산업에도 새로운 은행이 나타나서 시장에 새로운 혁신의 바람을 일으켜야 한다. 주목할 것은 주요 은행으로 자리 잡고 있는 신한은행과 하나은행이

1982년과 1991년 각각 설립된 신생 은행이었다는 점이다. 후발 주자인 만큼 시장에서 살아남기 위해서 기존 은행보다는 차별화된 혁신적인 경영을 했다는 이야기다.

은행 설립 인가권을 갖고 있는 금융위원회의 정책 방향이 중요하다. 은행업 인가에서 인가권자의 재량권 행사 여지가 커 금융감독 당국의 확고한 의지 표명 없이는 은행 설립은 거의 불가능하다. 특히 인터넷전문은행 설립 문제는 시급한 과제이다. 인터넷전문은행은 영업점을 두지 않고 인터넷이나 모바일 등 온라인으로 영업을 하기 때문에 점포나 인력 유지 비용이 적게 들어 기존 은행보다 경쟁력이 있다. 그만큼 예금자에게는 보다 높은 예금 금리를, 대출 고객에게는 보다 낮은 대출 금리를 제시할 수 있어 소비자에게 혜택이 돌아간다. 또한 지역적 영업 제한이 없다는 점과 영업점 방문 없이 금융거래를 할 수 있는 신속성 및 편의성도 있어 기존 은행과 경쟁해 볼 만하다. 특히 인터넷이나 모바일 사용에 익숙한 젊은 고객층을 대상으로 특화된 영업 전략을 수립한다면 성공 가능성은 높다. 더 나아가 보다 앞서 나아간 정보기술(IT)로 무장하여 해외 진출도 모색해 볼 수 있다.

2008년에도 정부가 인터넷전문은행 설립을 추진하다가 좌절된 적이 있다. 이제 다시 추진할 때가 되었다. 지난 7월 금융위원회는 규제개혁 과제의 하나로 인터넷전문은행 설립 문제를 중장기 과제로 검토한다는 입장을 밝힌 바 있지만, 중장기 과제로 남겨 둘 일이 아니다. 인터넷전문은행 설립의 최대 걸림돌은 예금자 실명 확인 문제이다. 「금융 실명거래 및 비밀보장에 관한 법률」의 해석상 실지 대면(對面)을 통한 실명 확인을 요구하고 있기 때문이다. 그런데 화상 통화나 인터넷상에서 공인전자인증서에 의한 실명 확인도 가능하고, 최근 기술이 발전하고 있는 지문이나 목소리, 홍채, 얼굴 인식 등 생체 인식을 통한 본인 확인 방법도 가능하다. 반드시 대면 확인에 의한 실명 확인을 고집할 필요가 없다. 그리고 설립 최소 자본금도 기존 은행보다 낮추어 주고, 감독과 규제 기준에서도 차등을 주어야 한다. 미국, 영국, 일본 등 주요 외국에서도 인터넷전문은행의 수익성이 좋아지면서 시장이 커지고 있다. 미국과 영국에서는 1995년부터 인터넷전문은행이 영업을 시작했으며, 일본은 2000년 이후에 출범했다. IT 강국이라고 하는 우리나라에서 인터넷전문은행이 없다는 것이 의아스럽다. 증권과 보험 분야에는 온라인 전문 증권회사와 보험회사가 영업을 하고 있으며, 성공적이라는 평가를 받고 있다. 은행권에도 온라인 전문은행이 설립되어야 한다. 이제 새로운 은행이 나타나서 은행산업에 혁신의 바람을 불러일으켜야 할 때가 되었다.

〈서울신문 「열린세상」 기고문, 2014. 11. 5.〉

16. 'P2P 금융' 활성화 방안 필요하다

정보기술의 발전에 따른 인터넷 사용의 보편화는 금융거래에서도 많은 변화를 가져오고 있다. P2P(peer-to-peer) 금융거래가 하나의 예가 될 수 있다. 인터넷이나 모바일 등 온라인상에서 은행 등 금융기관을 거치지 않고 중개운영업체를 통해 다수의 개인 사이에 직접 금융거래를 하는 것을 말한다. 대출거래가 대표적이다. 자금이 필요한 개인이 온라인중개운영업체 사이트에 원하는 차입 조건을 제시하면 여러 대출 희망자들이 입찰하여 대출 조건이 결정되는 방식이다. 금융기관이 개재되지 않기 때문에 그만큼 거래 비용이 적게 드는 장점이 있다. 자금공급자인 투자자 입장에서는 금융상품에 투자하는 것보다 더 높은 이자 수익을 얻을 수 있고, 차입자 입장에서는 금융기관으로부터 차입을 하는 것보다 보다 낮은 금리로 자금으로 조달할 수 있는 유리한 점이 있다.

최근 저금리 시대에 마땅한 투자처를 찾지 못하는 개인들에게는 고수익의 새로운 투자 수단으로서 이용할 수 있다. 또한 제도권 금융기관으로부터 차입이 어려운 낮은 신용 등급 계층이 이 거래를 이용할 수 있다는 점에서 서민금융의 대안으로 자리잡을 수 있다. 특히 외국의 사례에서 보는 것처럼 자금공급자가 서민금융의 지원 목적으로 원금만 회수하기로 약정하고 서민금융 지원기관에게 대출해 주고, 이 기관이 금융소외계층에게 대출을 해 준다면 대표적인 서민금융 지원 수단이 될 수 있다. 또한 차입자 대상을 창업기업이나 중소기업으로 확대하게 되면 현 정부가 추진하는 창조경제와 창조금융 활성화에도 이바지할 수 있다. 이러한 P2P 대출거래는 2005년 영국에서 시작되어 미국과 유럽 국가를 중심으로 빠르게 성장하고 있으며, 최근에는 중국에서도 이 거래가 급속히 증가하고 있어 금융감독 당국의 주목을 받고 있다. 우리나라도 P2P 대출거래를 중개하는 머니옥션, 팝펀딩, 펀딩마켓, 피투피머니 등 몇 개의 온라인중개운영업체가 영업을 하고 있지만, 아직 시장 규모는 작은 편이다.

이러한 데에는 법제 미비에도 원인이 있다. 그래서 대출자가 차입자에게 직접 대출하는 원래 의미의 P2P 거래가 이루어지지 못하고, 상호저축은행 등 금융기관이 실제 대출을 실행하거나 자금공급자가 중개운영업체에게 현금을 담보로 제공하는 변형된 거래가 이루어지고 있다. 우선「대부업 등의 등록 및 금융이용자 보호에 관한 법률」(대부업법)상의 문제가 있다. 자금공급자가 1회 이상 대출을 하면 대부업을 영위하는 것으로 볼 여지가 있다. 이 경우 등록을 하여야 하는데, 개인이 번거로운 등록 절차를 거치면서까지 대출을 하려고 하지 않을 것이다. 그래서 현재 자금공급자가 직접 대출하는 거래 구조를 취하지 못하고 금융기관이 개재된 거래가 이루어지고 있다. 이렇게 되면 아무래도 거래비용이 늘어나게 되는 문제가 있다. 「유사수신행위의 규제에 관한 법률」상의 문제도 마찬가지이다. 차입자가 여러 번 차입을 하면 금지되는 유사수신행위에 해당한다고 볼 여지도 있어, 법적 불안정성에 노출되어 있다.

더 나아가 P2P 대출거래의 활성화를 위해서는 투자자인 대출자뿐만 아니라 차입자를 보호하기 위한 장치도 필요하다. 대출자를 보호하기 위해서는 차입자가 거짓 정보를 제공했을 때의 처벌이나 제재를 할 수 있는 근거가 있어야 하며, 대출 한도 설정도 필요하다. 차입자의 부도율이 높아져 시장의 신뢰가 무너지지 않도록 차입자의 신용등급을 필수적인 사항으로 하는 것도 검토해야 한다. 부당대출이나 사기대출 또는 부당채권추심 등으로부터 차입자를 보호할 필요도 있다. P2P 대출거래가 자금세탁이나 차명거래에 이용되지 않도록 해야 한다. 또한 중개운영업체도 자금조달 중개 기능을 하는 금융기관의 성격을 갖고 있다는 점에서 규제를 받도록 해야 한다. 그러기 위해서는 관련 법제가 정비되어야 한다. 여러 관련 법들을 개정하는 방법도 있지만, 별도의 법률을 제정하는 것이 바람직하다. 다만 규제 설정에 대출자와 차입자의 보호에만 치중하여 오히려 P2P 대출거래가 위축되는 결과가 되지 않도록 유의해야 한다. 금융당국도 현재 관련 법 개정안이 마련되어 있는 증권형 P2P 금융거래와 더불어 대출형 P2P 거래의 활성화를 위한 법제 정비에도 관심을 가져야 한다.

〈서울신문 「열린세상」 기고문, 2014. 12. 9.〉

17. '금융감독체계개편특별위원회'를 설치해야 하는 이유

요즈음 금융당국인 금융위원회(금융위)와 금융감독기관인 금융감독원(금감원) 사이에 갈등 현상이 많이 일어나고 있다. 삼성바이오로직스 분식

회계 의혹 사건 조사, 키코(KIKO) 사건 재조사, 금융기관 종합검사 부활, 금융위의 금감원 예산 삭감 조치에 대한 금감원의 반발, 금감원이 운영하는 특별작업반(T/F) 활동에 대한 금융위의 전수 조사 방침 등 여러 마찰음이 발생하고 있다. 서로 협조를 잘 해야 할 두 기관 사이에 왜 이런 갈등이 생기는 걸까. 근본 원인은 잘못된 금융감독 체계에 있다. 금융당국인 금융위가 금융감독 권한도 갖고 있기 때문이다. 금융위는 금융업 인가권, 금융감독 관련 규정 제정권 등을 통하여 감독 기능도 수행한다. 금감원은 금융기관 검사 업무를 주로 수행하는 금융감독집행기관이다. 두 기관이 금융감독 기능을 나누어 갖고 있다. 더욱이 금융위는 금감원을 지도·감독할 수 있는 권한이 있다. '상하관계'에 있는 셈이다. 이런 관계에 있는 두 기관이 어떻게 서로 협조를 잘 할 수 있는가. 갈등이 생길 수밖에 없는 체제이다. 오죽했으면 전임 금융위원장이 금감원을 방문하여 '혼연일체'(渾然一體)라는 액자 선물을 했을까. 혼연일체가 될 수 없는 태생적인 한계를 갖고 있는데도 말이다.

이렇게 수직적으로 이원화된 금융감독기구 체제에서는 올바른 금융감독정책이 나오기도 어렵다. 금융위는 금융기관 검사 업무를 수행하지 않으니 시장 상황을 반영한 제대로 된 금융감독정책을 수립하기도 어렵다. 금감원도 감독규정 개정권을 갖고 있지 않다 보니 시장에서 파악된 문제점을 반영한 제도 개선 조치를 적시에 취하기도 어렵다. 이게 얼마나 비효율적인 체제인지는 2013년 '동양그룹 사태'에서 여실히 드러난 바가 있다. 금감원은 동양증권이 계열회사 발행 부적격 등급의 회사채나 기업어음(CP)을 불완전 판매한다는 것을 검사를 통하여 알게 되었다. 금감원은 금융위에 관련 감독규정을 개정하여 이를 막아달라고 여러 차례 건의를 했다. 그런데 감사원 감사에서 드러났듯이 금융위는 무려 1년이 넘은 뒤에야 감독규정을 개정했다. 실기한 셈이다. 단일 금융감독기구가 있었으면 바로 감독규정 개정이 이루어져 적절한 감독이 이루어질 수 있었던 사안이다. 또 하나 사례가 있다. 작년에 삼성증권 배당 오류 사고가 발생했다. 금감원은 내부통제 체제가 제대로 작동하지 않았음을 인식하고 금융기관 내부통제 제도 개선 방안을 마련하기 위해서 학계와 실무가 등 외부 전문가로 구성된 특별작업반(T/F)을 꾸렸다. 특별작업반은 보고서를 통해 제도 개선을 위한 관련 감독규정 개정 방안을 제시했다. 그런데 이러한 사항은 금융위 소관이다. 금융위는 이런 개선 방안에 대하여 적극적인 수용 의사를 밝히지 않았다. 오히려 '학자들의 의견'에 불과하다고 폄하하기도 했다. 이렇게 시장의 문제를 파악해도 필요한 제도 개선이 적시에 이루어지 못하고 있으니 얼마나 비효율적인가. 이런 비효율적인 금융감독 체계에서는 금융혁신과 금융산업의 발전을 기대하기가 어렵다. 개편이 필요한 이유이다.

금융위 해체가 답이다. 금융위의 금융산업정책 기능은 기획재정부로 넘기고, 금융감독 기능은 금감원으로 넘겨서 명실상부한 독립적인 금융감독기구를 만들어야 한다. 대부분의 국가에서 정부가 아닌 독립된 기구가 감독 기능을 수행한다는 점에서 국제적 기준에도 부합하게 된다. 금융산업정책이 경제정책이나 조세정책과 조화를 이루어야 한다는 점에서 보더라도 기획재정부가 금융산업정책 기능을 수행하는 것이 맞다. 그러면 자연스럽게 국제 및 국내 금융정책 기능의 통합도 이룰 수 있다. 더불어 금융감독기구의 독립성과 전문성을 확보하기 위한 조치도 있어야 한다. 내부에 합의제 의사결정기구인 위원회를 두고 비상임 외부 전문가를 과반수로 해야 한다. 예산 결정과 운영의 독립성 보장도 필요하다. 전문성을 기르지 못하는 직원 순환보직제를 지양하고, 외부 전문가 채용을 늘려야 한다. 특히 독립성 확보를 위해서는 감사원이 금융감독기관에 대한 '정책 감사'를 해서는 안 된다. 그동안 몇 차례 금융감독 체계 개편 시도가 있었지만 실패했다. 이해당사자인 관료들이 주도했기 때문이다. 관료들이 관여해서는 절대로 올바른 금융감독 체계 개편이 이루어질 수 없다. 이제 대통령이 나서야 한다. 대통령 직속 기구로 민간 전문가로 구성된 '금융감독체계개편특별위원회'를 설치해서 올바른 개편 방안을 마련해야 한다. 외국도 금융 현안이 있을 때 외부 전문가로 구성된 독립적인 위원회가 개혁안을 마련한다. 금융감독기구 체제의 '정상화'가 시급한 때이다.

〈서울신문 「시론」 기고문, 2019. 1. 22.〉

18. 금융감독기구 체제를 개편해야 하는 이유

대선을 앞두고 금융감독 체계 개편 문제가 다시금 큰 관심사로 떠오르고 있다. 지난 2월 16일 금융발전과 금융소비자 보호를 위한 금융감독 체계의 개편을 촉구하는 금융학자 등 전문가 312명의 성명서 발표가 있었다. 2013년 7월 금융 전문가 143명이 금융감독 체계 개편 촉구 성명서 발표 이후 두 번째다. 서명자 숫자가 배 이상 늘어난 데서 알 수 있듯이 금융감독 체계 개편의 필요성에 대한 학계의 공감대가 커졌다. 이렇게 금융감독 체계 개편의 열망이 큰데도 불구하고 입법권을 갖고 있는 국민의 대표기관인 국회가 그동안 아무 일도 하지 않았으니 비판에서 자유롭지 못할 것이다.

그렇다면 금융감독 체계는 어떤 문제를 갖고 있는가. 무엇보다도 정치권이나 정부의 영향을 받지 않고 '독립적'이고 '중립적'인 금융감독이 이루어져야 하는데, 그렇지 못하고 있다는 점이다. 금융당국인 금융위원회가 금융산업정책에 관한 권한뿐만 아니라 금융감독정책 권한도 갖고 있는 체제가 문제의 근본 원인이다. 즉, 금융위원회가 금융에 관한 거의 모든 권한을 갖고 있어 마음만 먹으면 무엇이든지 다 할 수 있는 체제가 문제인 것이다. 다른 기관의 견제를 받지 않고 금융산업정책과 금융감독정책 기능을 다 수행하니 문제가 발생할 수밖에 없다. '사모펀드 사태'가 대표적이다. 금융위원회는 2015년 사모펀드 투자 활성화를 위해서 사모펀드 규제를 대폭 완화하였다. 규제 완화와 더불어 감독 강화 조치도 같이 이루어졌어야 했는데, 한쪽만 치중한 것이다. 이로 인해 많은 투자자들이 피해를 입었다. 잘못된 금융감독 체계가 결국 금융소비자 피해로 연결되었다는 점에서 금융감독 체계 개편 과제는 아주 긴요하고 시급한 일이다.

일각에서는 금융감독 체계 개편이 필요 없다고 하며, 오히려 독립된 금융감독기구의 권한이 커져서 권한을 남용할 가능성이 있다고 주장한다. 심지어 금융당국의 수장은 "금융감독 체계는 나라마다 다르며 정답이 없다."고 주장한다. 그렇지 않다. 정답이 있다. 독립성을 갖춘 금융감독기구 체제를 만드는 것이 정답이다. 이것이 국제적인 기준이고 대부분의 나라가 취하고 있는 체제이다. 우리는 이러한 독립성 기준을 충족하지 못하는 체제를 갖고 있어 문제이다. 정부 조직인 금융위원회가 금융감독정책 권한까지 갖고 있으니 독립성을 갖추지 못한 것이고, 금융감독집행기구인 금융감독원도 법률상 금융위원회의 지도와 감독을 받게 되어 있어서 독립성을 확보하지 못한 절름발이 금융감독기구인 셈이다. 이렇게 수직적으로 이원화된 금융감독기구 체제는 세계적으로도 유례를 찾아볼 수 없다. 아주 기형적인 체제이다. 그러니 국제적인 기준에 한참 벗어나 있고, 금융감독의 독립성을 확보할 수 없는 한계를 갖고 있다. 그리고 금융감독기관의 권한 남용 문제는 외부 감시 견제 장치 강화로 해결할 수 있다. 독립성을 갖춘 금융감독평가기구를 설립하는 것도 방안이다. 최근 호주가 이러한 평가기구를 설치해서 운영하고 있다. 이제 새 정부의 출범을 앞두고 있으니, 이번 기회에 올바른 금융감독 체계 정립이 있어야 한다. 금융위원회의 금융산업정책 기능은 정부의 경제정책 담당 부처로 이관하고, 금융감독 기능은 독립된 공적 금융감독기관에게 이관해야 한다. 금융위원회 '해체'가 답이다. 이렇게 하는 것이 궁극적으로 금융산업을 발전시키고 금융소비자를 훨씬 잘 보호할 수 있다.

〈소비자가 만드는 신문 「광화문논단」 2022. 3. 3.〉

찾아보기

[ㄱ]

감독 실패 • 82, 87
감봉 요구 • 181
개산지급금 • 385
건전성 감독 • 18
검사 • 151
검사의 집행력 • 154
견책 요구 • 182
결정 통지 • 225
계약이전 명령 • 391
계약이전의 결정 • 179
공개시장(open market) • 310
공개시장 운영 • 311
공동검사 • 73, 75, 412
공적 민간기구 • 109
과징금(financial penalty) 부과 • 216
과징금 부과 명령(civil money penalty order) • 203
과태금(科怠金) • 305
관리인 • 392
국고금 예수 • 315
규제결정위원회(Regulatory Decision Committee: RDC) • 223
금융감독 • 17
금융감독기관의 자율성 • 125
금융감독기관의 전문성 • 123
금융감독원 • 64, 153
금융감독의 독립성 • 93, 95
금융감독의 전문성 • 97
금융감독의 책임성 • 122
금융감독정책 • 50
금융감독정책 기능 • 41
금융감독평가기구 • 130
금융감독평가위원회 • 130
금융감독 행정권 • 112
금융거래정보의 제공 • 389
금융규제 • 17
금융분쟁조정기구 • 133
금융분쟁조정중재원 • 133
금융산업정책 • 50, 95
금융산업정책 기능 • 41
금융소비자 보호 • 120
금융안전망기구 • 344
금융안정 • 253
금융안정감시협의회 • 104
금융안정정책 • 129
금융안정협의기구 • 104
금융안정협의회 • 128
금융위원회 • 44
금융위원회 운영규칙 • 57
금융정보공유협의회 기구 • 418
금융통화위원회 • 272
금융통화위원회 권한 • 278
금융통화위원회 의장 • 273
금융통화위원회 회의 • 276
금융투자업 인가 취소 • 172
금융행정지도 • 22

기관경고 • 179
기관별 체제 • 24
기관주의 • 179
기능형 체제 • 23
긴급 여신 • 307
긴급 중지 명령(temporary cease and desist order) • 199

[ㄷ]

단일통합형 체제 • 27
당좌예금거래 약정 • 334
대심제 • 192
대통령직인수위원회 • 138
동양증권 사태 • 82

[ㅁ]

면직 요구 • 181
무자본특수법인 • 64, 261, 270, 363
문책경고 • 180
물가안정 • 253
물가안정 목표(inflation targeting) • 269
미국 연방예금보험공사 • 411

[ㅂ]

보험금 • 381
보험금 한도 • 382
보험료 • 377
부보(附保)금융기관 • 354
부보금융기관의 출연금 • 371
부실관련자 • 386, 420
부실금융기관 • 359
부실금융기관의 정리 • 390
부실우려금융기관 • 360
분담금 • 70
불복 절차 • 195
비상임위원 • 103

[ㅅ]

사무처 • 50
사전 예고 통지 • 225
상급심판원(Upper Tribunal) • 221
상호저축은행 부실 파산 사태 • 91
서면검사 • 155
손해배상청구권 대위 행사 • 388
수시검사 • 155
시정 명령 • 165
신용카드 부실 사태 • 91
쌍봉형 체제 • 29, 115, 118, 120

[ㅇ]

암호자산 시장 • 100
어음 (재)할인 방식 • 306
업무 수행 금지 명령 • 220
영리기업 • 317
영업행위 감독 • 18
영조물법인 • 64, 113
예금 등 • 355, 356
예금보험공사 • 363
예금보험기금 • 370
예금보험기금채권 • 371
예금보험기금채권상환기금 • 373
예금보험기금채권상환기금채권 • 374
예금보험기금채권상환특별기여금 • 379

예금보험위원회 • 361
외국환 업무 • 323
원상회복 명령(restitution order) • 200
위험가중보험료율(risk-weighted insurance premium) 방식 • 378
은행업 인가 취소 • 164
이의 신청 • 194
임원 • 183
임점(臨店)검사 • 155

[ㅈ]

정기검사 • 155
정리금융회사 • 399
정보공유협의체 • 347
정부대행기관 • 315
정책 감사 • 127
제재 사유 • 161
제재심의위원회 • 190
제재위원회 • 243
제재 절차 • 185, 206, 223, 236
제재 조치 • 161
제재 합의 • 228, 244
조사권 • 407
조사·확인권 • 341
주의 요구 • 182
주의적 경고 • 180
중앙은행의 독립성 • 258
중앙은행의 책임성 • 262
중앙은행의 투명성 • 263
중앙은행전자화폐(Central Bank Digital Currency: CBDC) • 299
중앙행정기관 • 44
중지 명령(cease and desist order) • 198
증권 담보 대출 방식 • 307
증권선물위원회 • 57
증권선물위원회 운영규칙 • 63
지급결제 제도의 관리 • 320
지급결제 제도의 안정성 • 257
지급준비금 예치 • 303
지급준비율 • 304
지급준비자산 • 304
지급준비 제도 • 301
집행간부 • 66, 280

[ㅊ]

차등보험료율 • 378
착오송금 반환 지원 • 401
착오송금지원계정 • 402
청문 절차 • 185, 210, 238
청문주재자 • 185, 210
청산인 • 392
최종대출자(last of resort)의 기능 • 251
최종 통지 • 226

[ㅌ]

통화신용정책 • 258
통화신용정책의 중립적 수립 • 264
투명성 • 124
투자자 예탁금 • 356

[ㅍ]

파산관재인 • 392

[ㅎ]

한계지급준비금 • 304
한국은행권(韓國銀行券) • 298
한국은행의 공공성 • 268
한국은행의 자주성 • 265
한국은행의 투명성 • 269
한국은행 총재 • 280
한국은행통화안정계정 • 314
한국은행통화안정증권 • 313
해임권고 • 180
해임 및 업무 수행 금지 명령(removal and prohibition order) • 201
행정적 제재 • 149
행정조사 • 151
행정지도 • 21
행정청문주재관(Administrative Law Judge: ALJ) • 211
행정청의 처분 • 159
현장검사 • 155
화폐 • 298
화폐 발행 • 298
환매 중단 사태 • 87